정조의 스승, 서명응의 철학

서양 과학에 대한 조선학자의 대응

정조의 스승, 서명응의 철학

—서양 과학에 대한 조선학자의 대응

초판 1쇄 인쇄 2013년 11월 05일
초판 1쇄 발행 2013년 11월 10일

지은이 / 이봉호
편집 / 권연주
강승혁
교정 / 황웅

펴낸곳 / 도서출판 **동과서**
412-270
경기도 고양시 덕양구 백양로 59, 608호(화정대우)
등록번호 / 제22-405호

D.K.S. Publishing Co.
608 Hwajeong-Daewoo, 59 Baekyang-st.,
Deokyang-Gu, Goyang City, Gyunggi-Do,
Korea 412-270

전화 / (02)333-7533
팩스 / (02)6280-2353

값 27,000원

ISBN 978-89-6525-106-4 (93100)

정조의 스승, 서명응의 철학

서양 과학에 대한 조선학자의 대응

이봉호 지음

국립중앙도서관 출판시도서목록(CIP)

정조의 스승, 서명응의 철학 : 서양 과학에 대한 조선학자의 대응 / 지은이: 이봉호. -- 고양 : 동과서, 2013
p. ; cm

참고문헌 수록
ISBN 978-89-6525-106-4 93100 : ₩27000

철학(사상)[哲學]
조선 시대 사상[朝鮮時代思想]

151.5-KDC5
181.119-DDC21 CIP2013022811

책머리에

필자에게 서명응 하면 떠오르는 이미지는 새로운 학문의 선구자이다. 그는 국립도서관이자 최고의 교육기관인 규장각의 설치에 관여하고 운영을 책임진 제학으로서, 정조시대의 학문을 이끌었는가 하면, 당시 전래된 서양학문에 대한 발언을 해야 할 위치에 있었다.

그는 동서양의 학문이 서로 충돌하는 상황을 목격하였고, 이를 해결하는 것을 학문의 목표로 삼았다. 동서양의 학문이 충돌하는 양상은 천문학에서는 천체 구조론과 역법을 둘러싸고 벌어지고, 수학에서는 기하학과 구고법의 충돌이 일어나고, 만물의 구성원리를 두고서는 사원소설과 오행설이 충돌하였다. 이는 동서양의 세계관이 충돌하는 것이었다. 이에 대해 그는 발언해야 할 위치에 있었던 것이다.

그에게 이러한 상황은 주자학과 성리학에 대한 학문을 포기하고 선천학을 탐구하게 한 사상적 전환을 이루는 계기가 된다. 그는 사서四書 등에서 인仁에 관한 학설을 탐구한 자신의 저서를 버리기도 하고, 성리학을 주제로 한 경연장에서도 그 내용을 상수학으로 설명하기도 하고, 그의 저서에는 주자학에 관한 내용을 전혀 언급하지 않는다. 이는 호락논쟁 등으로 성리학이 가장 심오하게 논변되던 조선의 상황에 견주어보면 놀라운 일이다. 그는 성리학이 아닌 서양의 기하학과 천문학에 대한 연구를 진행한다. 이덕무의 말에 따르면, 서명응과 그의 아들 서호수 등은 서양의 수학과 천문학을 전문적으로 연구한 사람이다. 물론 이들이 주로 보았던 책은 유클리드의 『기하원론』을 한역한 『기하원본』과 서양의 기하학과 동양의 수학을 결합한 청대의 수학책인 『수리정온』, 청대 학자 매문정의 『역산전서』 등이었다.

정조시기에 서양의 천문학과 기하학에 대한 연구에 열중한 일군의 학자들이 있었다. 이벽과 정철조, 이가환, 황윤석 등이다. 하지만 이들의 아버지 혹은 할아버지뻘 되는 서명응은 조선에서 가장 먼저 서양의 천문학과 기하학을 연구한 사람이다. 그것도 선천학이라는 학문 체계로 서양의 천문학과 기하학을 수용하려 한 점에서 1세대에 해당한다.

서명응의 시도, 다시 말해 선천학에 기초한 서양학문의 수용이 성공했는지 실패했는지에 대한 판단은 중요하지 않다. 그가 낯선 학문에 대해 어떠한 태도를 취하고, 어떻게 이해하려 했는지, 그것을 어떻게 수용하려 했는지를 살피는 것은 의미가 있다. 이는 한 사람의 사유를 확인하는 것이 아니라, 동서양의 사유체계, 세계관, 형이상학의 충돌과 접점을 확인하는 일이기 때문이다. 또한 미하일 바흐친이 "서로 다른 문화가 교차하는 순간, 비로소 의미가 생긴다"라고 한 것처럼, 서로 다른 사유와 세계관의 충돌은 새로운 학문과 사유를 창출하는 계기가 되기 때문이다. 불교가 중국에 전래되면서 벌어진 도교와 불교의 논변을 통해 새로운 사유가 형성된 것처럼, 그리스 사유가 유럽에 다시 전해지면서 르네상스 시대가 열린 것처럼 새로운 학문과 사유가 탄생하는 순간이기 때문이다.

필자가 서명응에 관심을 가진 것은 그의 『참동고』와 『도덕지귀』 때문이었다. 『장자』를 가지고 석사논문을 쓴 뒤, 한국 도가도교에 관한 연구를 하고 싶었다. 그래서 『참동고』와 『도덕지귀』를 번역하기 시작한 것이 2000년부터였다.

하지만 이 두 책을 번역하면서 툭툭 튀어나오는 '선천'이라는 용어를 이해할 수 없었다. 그리고 서명응의 책들에 나오는 천문학, 역법, 구고법 등에 대해서 이해하지 않으면 안 되었다. 그의 사상 전모를 확인할 필요가 있었다. 그 길로 규장각에 가서 마이크로 필름을 받아들고, 종일 복사를 한 날들이 여러 날이었다. 빈 가방을 들고 가서 복사지를 가득 채워 온 날들이 이어졌다.

『보만재총서』를 읽으면서 구두하고, 주요한 내용들을 번역하면서 보낸 시간은 놀라움의 연속이었다. 한 사람의 사유가 너무 복잡하고 체계적이어서 마치 르네상스형 인간을 보는 것 같았다. 하긴 그는 아들뻘이 되는 중인 문광도文光道에게 역법과 구고법을 배우기도 한다. 충분히 그럴 만한 인물이다.

하지만 서명응을 연구하는 연구자는 르네상스형 인간이 아니라서, 놀라우면서도 괴로운 시간의 연속이었다. 천문학과 기하학을 배우기 위해 재수생들이 다니는 단과반에 신청하러 갔다가 퇴짜를 맞기도 하고, 천문학책과 수학책을 다시 읽기도 했다. 이러한 일들이 추억으로 남았다.

학위 심사장에서 서명응의 사유가 억지스럽다는 질문을 받았다. 그럴 수 있다. 하지만 서양 학문과 사상을 조우하는 일은 오해로부터 시작해 이해로 나아가는 길일 것이다. 그런 점에서 서명응은 전통에 대한 창조적 해석자였고, 서양학문에 대해 비판과 긍정의 입장을 동시에 가진, 그래서 동서양의 사상을 체계지우면서 새로운 길을 모색한 사상가이다.

이 책은 필자의 박사학위 논문을 손질한 것이다. 2004년 학위를 받고 나서는 의도적으로 이 글을 쳐다보지 않았다. 가끔 서명응 연구자들에게 출판하라는 권유를 받았지만, 그럴 수 없었다. 자괴감 때문이다. 명색이 철학 박사학위 논문인데 철학 연구가 아니라는 점 때문이다.

이러한 자괴감을 원로 서양 철학자에게 토로한 적이 있다. 그 선생님은 "네가 서양놈들 학문방법에 물들어서 그런 거야. 그놈들도 희랍철학에 대해서는 문헌학 연구, 해제 연구를 다 철학논문으로 인정해. 그놈들도 희랍어, 헬라어로 된 책들 못 읽거든." 하셨다.

선생님의 이 말씀이 나의 자괴감을 한번에 일소했다. 나는 지금까지 주장을 세우고, 그 주장이 참임을 증명하는 것만이 철학 논문이라고 생각했던 것이다. 죽은 언어인 한문으로 된 텍스트를 읽고, 그 텍스트의 성격과 체계, 그 내용들을 규명하는 것이 쉬운 일이 아님에도, 이를 필자 스스로 인정하지 않은 셈이었다.

이 책에서는 오탈자와 비문, 중언부언한 내용들을 최대한 수정하였다. 그리고 서명응의 사상과 직접적인 연관이 없는 내용은 삭제하였다. 그리고 내용에서도 다소간의 보충을 하였다.

필자의 박사학위 취득 이후에 서명응에 대한 연구가 부쩍 많이 늘었다. 그간 서명응만을 다룬 박사학위논문만 세 편이 나왔고, 서명응과 다른 학자들을 같이 연구한 박사학위 논문이 두 편 있으며, 석사학위 논문도 적지 않게 나왔다.

이들 논문은 서명응의 사상 중에 특정한 주제를 다루고 있어서, 그의 사상의 전체적인 체계와 구조가 소개될 필요가 있다. 필자의 논문은 서명응의 사상 전반에 대해, 체계와 내용을 최대한 해명하려고 시도하였으므로, 그의 사상에 대한 안내서로서 의의가 있을 것이다. 그리고 서명응의 말들에 대한 번역에 신경을 많이 썼다. 이러한 점들은 이후의 서명응

연구에 어느 정도 도움이 되리라 판단한다.

최일범 선생님께 너무나 많은 도움을 받았다. 가난한 제자를 위해 여러 장학금을 주시고, 학교 앞 선생님의 집도 공부방으로 내어주셨다. 선생님의 연구실에 있는 책들도 자유롭게 열람할 수 있게 해 주셔서 논문 작성에 많은 참고가 되었다. 특히 청하자 권극중의 『주역참동계주』를 같이 읽어주신 것은 서명응의 『참동고』 연구에 토대가 되었다.

최영진 선생님께도 고마운 마음을 갖고 있다. "한국유학 3대 논쟁팀" 번역작업에서 잡무를 맡기지 않고 번역작업에만 참여하라고 배려해 주어 번역과 논문 작성에만 집중할 수 있었다. 심사 때 날카로운 질문을 해 주신 이기동 선생님, 중국측 자료를 지속적으로 소개해 주신 김낙필 선생님, 원고를 꼼꼼히 읽고 교정해 주신 윤찬원 선생님께도 감사드린다.

논문 심사와 관련이 없지만, 논문을 쓰다가 막히면 찾아가 툭툭 던지는 질문에 친절히 대답해 주시고, 번번이 점심을 사 주시던 서울대 국문과의 김명호 선생님께도 감사드린다.

무엇보다도 아내 김성재에게 고마움을 전한다. 경제적으로 무능한데다가 집안일에 신경을 쓰지 않고, 툭하면 술을 먹고 들어오는 남편을 대신해 어려운 살림을 꾸려낸 대장부다. 사랑하는 윤서, 윤규, 무탈하게 잘 자라줘서 고맙다.

팔리지 않을 책을 기꺼이 출판해 주신 도서출판 동과서에도 감사의 말씀을 전한다.

차례

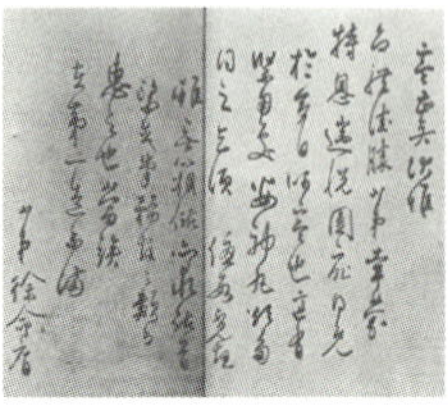

제1부 선천학의 체계와 철학적 특질

제4장 선천학과 북송의 리학理學

제5장 '태극太極'에 대한 재해석과 선천학적先天學的 심법론心法論

차례

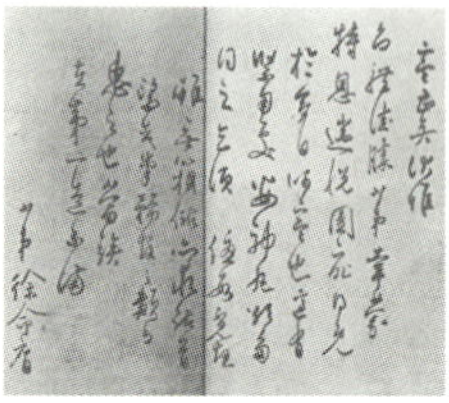

제2부 선천학과 서양 과학 그 접점 및 비판

총서론

1.

보만재保晩齋 서명응徐命膺(1716 ~ 1787)[1]은 영조와 정조의 2대에 걸쳐 소론계 실무관료이자 학자로 중앙정계의 고위관직을 두루 역임하였고, 정조 즉위 초에는 규장각의 창설에 관여하는 등 문사文事에 관한 일을 주로 담당하였다.

그는 정조와의 인연이 특별하다. 그는 1761년(영조 37년) 3월에 왕세손(나중의 정조)의 성균관 입학식을 주관하면서 정조를 대면하였고, 영조가 왕세손을 교육시키는 자리에 배석하여 가르친 경우도 여러 번 있었다. 그러나 서명응이 정조의 교육을 전담한 것은 1772년 3월 세손우빈객世孫右賓客을 겸하면서 시작되었다. 그는 정조를 위해 『역학계몽집전易學啓蒙集箋』, 『계몽도설啓蒙圖說』, 『자치통감강목삼편資治通鑑綱目三編』, 『주자회선朱子會選』과 같은 교재를 편찬했는데 이는 청년기 정조의 학문에 커다란 영향을 미쳤다.

특히 그는 정조와 함께 규장각을 건립하는 데 주도적인 역할을 한다. 정조의 즉위와 함께 규장각이 건립되고 서명응이 규장각 제학提

學을 겸하면서 국가적 편찬 사업을 주도한다. 정조는 즉위 초, 서명응을 좌의정 후보자로 직접 추천할 정도로 신임했고 이러한 정조의 신임은 서명응이 죽을 때까지 계속되었다.

서명응은 관직에서 물러나서도 국가적 편찬사업에 꾸준히 참여한다. 정조는 봉조하奉朝賀 서명응의 공적을 평가하여 1781년에는 '보만保晩'이란 호를 지어주었고, 이듬해에는 『보만재집保晩齋集』24권을 읽고 소감을 읊은 어제시御製詩를 하사했다. 『보만재총서保晩齋叢書』는 정조로부터 "우리 동쪽에서 400년간에 이런 거편이 없었다"는 평을 받았다.

서명응의 학문은 '선천학先天學'으로 규정된다.[2] 선천학은 상수역학에 대한 해석을 의미하는 말로, 소강절의 상수역학을 지칭하던 용어이다. 소강절의 상수역학은 하도河圖와 낙서洛書 등의 도식으로 천체의 운행을 설명하거나, 선천도先天圖 등으로 우주의 발생론을 연역하는 도상들에 대한 역학적 사유를 의미한다.

하지만 서명응은 이 개념의 내포와 외연을 확대 해석하여 서양 과학까지 포함하는 새로운 학문적 체계를 지칭하는 개념으로 사용한다. 서명응이 자신의 학문을 선천학이라고 규정할 때, 이를 구성하고 있는 사상의 갈래는 크게 세 가지 분야로 구분할 수 있다. 첫째는 도서역圖書易을 포함하는 상수학象數學[3]이며, 둘째는 『노자老子』와 『주역참동계周易參同契』(이하 『참동계』)[4]를 중심으로 한 도교사상[5]이며, 셋째는 천체의 구조와 운행을 설명하는 구고법句股法[6]을 포괄하는 천문학적 사유이다. 물론 여기서 말하는 천문학적 사유에는 당시에 전래된 서양의 천문학과 기하학까지 포함한다. 이 세 가지 영역의 사유가 하나의 거대한 체계를 이루고 있는데, 이를 '선천학'이라고 규정한 것이다.

각기 다른 세 분야의 학문을 선천학이라는 하나의 학문체계로 정립할 수 있었던 이유는 서명응의 선천학에 대한 독특한 이해에 기초한다. 서명응은 선천학에 대해 내포로는 복희의 선천역先天易[7]과 복희·신농·황제·요·순·우가 주고받은 "계천입극繼天立極의 도道"[8]로 규정한다. 그리고 외연으로는 도교의 사상과 구고법을 포함하는 천문학, 상수역학을 포함한다. 전자는 선천역을 중심으로 한 것이고, 후자는 선천역으로부터 연역된 사회제도와 천문, 수학 등을 의미한다.

서명응의 선천학에 대한 이러한 내포와 외연에 대한 규정은 선천학의 전래에 관한 그의 독특한 이해에서도 살펴볼 수 있다. 그는 복희의 선천역이 그 전래과정에서 유가로 전수된 것이 아니라, 도교의 은일자로 전수되었다[9]는 역사적 인식 때문에 선천학의 범주에 『노자』를 비롯한 『주역참동계』의 논리를 포함한다. 또한 선천역으로부터 연역된 천문과 역법, 구고법은 주나라 말기 혼란한 시기에 난리를 피해 서양으로 흘러간 주인疇人들에 의해 서양에 전파되고, 이것이 서양에서 천문학과 기하학으로 발전되어 명나라 말기에 되전해졌다고 본다. 이를 서명응은 선천학의 1, 2차 분리의 역사라고 본다.

이러한 선천학의 구성 내용들을 하나씩 거론해 보면, 복희의 역인 선천역은 상수와 도서로 이루어져 있고, 이로부터 천문과 역법이 연역되는 것으로 이해된다. 또한 천문과 역법에 기초한 국가 제도와 치국의 심법 역시 이로부터 연역된 것이다. 이것이 계천입극의 도이다.

그리고 복희의 선천역이 도가로 전수되었기에 『노자』와 『참동계』를 선천학의 범주에 포함하는데, 이들 서적은 상수역과 도서역뿐만 아니라, 천체의 구조를 반영하고 있다고 본다. 이는 「하도河圖」가 바로 천체 구조를 그려낸 것이고, 『노자』의 사유를 계승한 『참동계』가 「하도」를 중심으로 한 천체 구조를 반영하고 있다[10]는 의미이다. 그리고 선천의 시대는 천문天文을 기준으로 국가 조직과 사회 질서가 구축되었었다는 인식[11] 때문에 천문학 역시 선천학의 범주에 속하는 것으로 인식한다. 이를 총괄적으로 말하면, 천天과 역易,[12] 역易과 역曆,[13] 천天과 도圖,[14] 도圖와 상象,[15] 상象과 수數의 관계[16]를 통해 선천학의 체계를 제시한 것이다.

그런데 서명응은 송대의 이학자인 소옹邵雍(1011 ~ 1077)[17]과 주돈이周敦頤(1017 ~ 1073)[18]의 사유도 선천학의 범주에 포함한다. 그는 선천학의 전래 역사에서 공자가 분서갱유를 예측하고 선천역을 신선가神仙家에게 전수했으며, 신선가들은 그 가치를 알 수 없어서 술수와 결합시켰고, 그 결과 훼손되지 않고 온전히 보존하게 되었다고 본다. 이러한 선천역을 진단陳摶(871 ~ 989)[19]이 세상에 공표하였고, 이는 소강절과 주렴계에게로 전수되었다[20]는 역사적 이해에 기초한 논리이다. 이렇게 보면 서명응은 선천학의 범주와 전승에서 도교와 송대 이학理學을 결합하고 있다.

서명응의 선천학의 범주에 또 하나 추가할 것은 서양의 천문학을 선천의 용用으로 포섭한다는 것이다. 서명응은 서양의 천문학에서 말하는 천체 구조와 운행의 법칙을 설명하는 기하학을 선천학의 용으로 정립함으로써 당시에 전래된 서학을 수용해내는데, 이 논리가 바로 선천학의 체용體用개념이다. 여기서 선천학의 체體는 「하도」를 기초로 한 선천방원도先天方圓圖(「복희64괘방원도」)이고, 용은 「복희64괘방원도」에서 도출한 천체 구조天體構造와 구고법句股法[기하학]이다.[21]

서명응은 서양의 천문학이란 바로 천문과 역산曆算을 담당하던 주인疇人이 주나라 말기에 난리를 피해 서양으로 도망가서 『주비산경

周髀算經』의 구고법을 그들에게 전파한 것이고, 서양에서 들어온 서양 천문학은 『주비산경』을 주로 삼아 이루어진 것이라고 이해한다.[22]

이러한 결과는 선천先天과 구고句股의 수법은 분리되었고, 선천先天은 단약을 짓는 기술로 흘러 들어갔으며, 구고句股는 서국으로 흩어져서 선천학先天學이 중국에서 잊혀졌다[23]고 주장하게 되는 것이다. 따라서 서명응은 『주비산경』을 중심으로 한 천체 구조와 구고법 역시 선천학의 범주에 포함시킨다.

서명응 자신은 이러한 선천의 체용을 완벽하게 재결합하여 구현해 내는 것을 자신의 학문적 목표로 설정한다. 그리고 이러한 목적을 이루었다고 자부하기도 한다.[24]

서명응의 이러한 선천학에 대한 규정을 기초로, 본 연구는 두 가지 목적을 추구하고자 한다. 첫째는 서명응의 선천학 체계와 특징을 해명하는 것이다. 둘째는 서명응의 선천학이 서양 과학[25]이라는 외래의 지식에 대한 해석 과정임을 해명하는 것이다.

이를 구체화하면, 전자는 「하도」를 중심으로 한 선천역과 선천학의 역사 및 도교의 사유, 북송시대의 소강절과 주렴계의 사유를 어떻게 체계화하는 것인가를 해명하는 것이고, 후자는 전통적 천체론과 구고법句股法이 당시에 전래된 서양의 천문학과 기하학을 어떻게 이해하고 수용하는지에 대한 해명이기도 하다. 또한 선천학과 천체론 및 기하학을 하나의 체계로 정립함을 해명하는 것이다.

다시 이를 철학적 문제로 환원하면, '천天'에 대한 사유의 전환으로 규정할 수 있다. 전통 사상에서 '천'에 대한 사유는 사실과 가치의 근원으로 상정되어 왔다. 이에 해당하는 명제가 "천인합일天人合一"이다.

그런데 이후 송대 이학理學의 발전에 따라 사실로서의 천은 그 의미가 축소되고, 심성론의 근거인 가치로서의 천만이 논의의 대상이 되어 왔다. 결과적으로 사실로서의 천을 다루는 학문적 담당자들[曆象家]과 가치로서의 천을 다루는 학문적 담당자들[儒者所道]은 서로 다른 영역으로 분화되고, 소통이 어렵게 되는 상황으로 이어진다. 조선의 경우, 사칠논쟁四七論爭과 호락논쟁湖洛論爭 등에서 보이는 가치로서의 천에 기반한 철학적 사변과 논쟁이 이를 방증한다.

그러나 서양 천문학과 기하학이 전래되면서 사실로서의 천이 대두되고, 이에 대응하기 위해 가치로서의 천과 사실로서의 천은 서로 소통이 필요하게 된다. 서명응의 경우 이 소통을 가능하게 하는 근거로 상수학象數學에 주목하였고, 상수학을 통해서 가치로서의 천과 사실로서의 천이 선천학이라는 체계 속에 수렴되는 것이다.

이를 서명응의 논리로 풀어보면, "하늘만이 우리의 스승[天吾師]"[26]이라는 명제를 제출하면서, 유행지천流行之天과 형체지천形體之天의 일치를 추구하는 것으로 나타난다. 서명응의 철학적 문제의식은 천문天文과 역법曆法의 학문적 대상인 '형체지천形體之天'과 심성론心性論으로서 심법心法의 영역인 '유행지천流行之天'의 일치를 추구한 것으로 파악할 수 있다.[27] 그리고 천에 대한 사유를 통해 서양의 천문天文과 역법曆法 및 기하학幾何學을 해석한 것이었다.

서명응이 파악한 '유행지천'과 '형체지천'의 소통 근거는 선천학의 범주에 속하는 상수학이다. 선천학 중에서 상수학은 현대적 의미에서 과학[28]이라고 할 수는 없지만 자연학적 요소를 갖추고 있는 것이다. 왜냐하면 상수학 자체가 상象을 중심으로 하든 수數를 중심으로 하든지 간에 세계의 형성과 변화의 모델을 탐구한다는 점에서, 전통 사회에서는 자연학적 성격을 가진 것으로 판단할 수 있기 때문이다.

서명응에게 이러한 자연학적 성격의 원리는 천天과 역易의 등치 관계로 설정되고, 나아가 역易과 역曆이 표리 관계로 설명된다. 여기서 역이란 선천역, 즉 상수학을 의미한다. 이러한 내용들을 포괄하는 명제는 "「하도」의 상과 수가 천문"이라는 것으로 정립된다. 이러한 점에서 서명응의 상수학에 대한 이해는 세계의 형성과 변화의 모델이라는 전통 사회의 자연학에 기초한 것이다.

서명응은 선천학의 상수학적 요소로 당시에 전래된 서양 천문학과 기하학을 이해하고, 이를 선천학의 용用으로 정립시켜낸다. 즉 그는, 선천학은 체體이고 서양에서 전래된 천문학과 기하학은 선천학의 용用으로 인식한 것이다.[29] 주나라 말기에 천문과 역법을 담당하던 주인疇人들이 난리를 피해 서국으로 도망했고, 이들이 서국의 오랑캐에게 이러한 지식을 전파했다가 명나라 말기에 되전해진 것으로 이해하는 서명응에겐, 서양의 천문학과 기하학은 그 내용들이 모두 선천학에서 도출될 수 있고, 잃어버린 지식의 일부로 인식되었다.[30] 그래서 서양의 천문학과 기하학은 오랑캐의 학문으로 인식되는 것이 아니라, 잊혀진 지식을 되찾는 일로 선천학의 한 축인 형체지천을 회복하는 것으로 파악한 것이다.

또한 그는 '유행지천'으로서 심법心法을 선천학의 한 축으로 제시한다. 이를 압축적으로 보여주는 명제가 "선천先天은 심법心法이다"라는 것이다. 이 명제는 소강절이 제시한 것으로 알려져 있지만, 소강절 이전에 진단陳摶(871~989)이 『마의도자정역심법麻衣道者正易心法』(이하 『정역심법』)에서 제시한 명제이다.[31] 진단은 『정역심법』에서 복희의 역을 선천으로 문왕과 주공 및 공자의 계사를 후천으로 규정하고, "역을 공부하는 자는 마땅히 복희의 심지心地에로 내달려야지 주공이나 공자의 말에 얽매여서는 안 된다"[32]고 주장한다. 여기서 복희의 심지가 바로 심법心法이고, 복희의 심지로 내달리는 것이 '선천先天'을 지향하는 것을 의미한다.

그런데 서명응은 '심법' 개념을 소강절의 개념에 따라 사용한다. 서명응이 소강절의 심법 개념에 준하여 논의를 펼치는 것은 진단의 심법 개념에 포함된 불교적 이론을 제거하기 위한 것이기도 하지만,[33] 심성론과 상수학의 연결고리를 확보하기 위한 것이다. 왜냐하면 소강절은 선천학을 성인의 심법으로 규정하고, 「하도」와 「복희64괘방원도」의 도상 중앙부분(中)을 온갖 변화의 근거인 심으로 규정하는데,[34] 이것이 심성론과 상수학의 연결지점이기 때문이다. 서명응 역시 심법에 대한 소강절의 이러한 규정을 따른다.

서명응은 「하도」 중궁中宮을 '태극'과 '심'으로 규정한다. 그 이유는 온갖 변화의 근거로서 「하도」의 중궁을 상정하기 위한 것이다. 서명응은 「하도」 중궁을 태극으로 규정하면서, 태극을 온갖 변화의 근거[樞杻]로 규정한다. 이는 태극을 '중中'으로 해석하였기 때문이다.

태극을 '중'으로 해석하는 것에 대한 문제점은 주자에 의해 이미 지적되었던 일이다.[35] 그런데도 서명응이 태극을 중으로 해석하고 있는 점은, 「하도」를 천문도天文圖로 인식하고 「하도」의 중궁을 북극성으로 인식하면서, 「하도」의 중궁과 태극, 심을 하나의 체계로 이해하려는 의도 때문이다.

서명응이 「하도」 중궁을 태극으로 이해하고, 북극성과 심으로 규정하는 것은 상수학과 심성론의 일치, 즉 형체지천과 유행지천의 일치를 추구하려 했기 때문이다. 이처럼 서명응은 선천학이라는 학문적 체계 속에 상수학과 심법론, 서양 천문학에 대한 이해가 하나의 궤적을 형성하고 있는 것이다.

따라서 본 글에서는 서명응의 철학적 문제의식인 형체지천과 유행지천의 일치를 선천학의 체계라는 관점으로 해명하고자 한다. 이 과정에서 서명응이 이해하는 선천학의 역사, 유학과 도교의 사상적 결합, 서양 천문학에 대한 이해와 정당화 등이 다루어질 터이다. 아울러 서명응의 학문적 성격이 북학파의 비조로 규정되거나, 실학자의 한 사람으로 규정되는 측면도 아울러 검토될 것이다.

본 연구를 진행하기 위해 내용은 2부로 구성하고자 한다. 1부에서는 서명응이 규정하는 선천학의 체계와 특징 및 철학적 의미에 관해 살펴보고, 2부에서는 서양의 천문天文과 역법曆法 및 기하학幾何學에 대한 선천先天 상수학적象數學的 해석과 대응의 논리를 중심으로 구성하고자 한다. 즉, “1부 선천학先天學의 체계와 철학적 특질”에서는 선천先天과 후천後天이 어떻게 구분되며, 그 역사적 흐름을 어떻게 정의하는지, 선천학은 어떠한 체계로 구성되는지, 그 특징이 무엇인지를 중심으로 살펴보고, 태극이기론太極理氣論과 심성론心性論은 어떻게 구성되는지를 규명하고자 한다. 이는 선천학의 분리 역사에서 공자에 의해 선천역이 도가로 흘러가고, 다시 북송 이학에서 되살아나는 과정을 해명하는 것이기도 하다. “2부 선천학과 서양 과학의 해석논리 및 철학적 의미”에서는 서양 과학을 해석하는 선천학의 내용들을 중심으로 서술하면서, 서양 과학에 대한 인식과 해석의 논리 및 동양 자연학의 의미들을 규명하고자 한다. 이 과정에서 형체지천形體之天과 유행지천流行之天의 일치 과정을 해명하고자 한다. 이는 선천학의 체용의 분리를 다루는 것이기도 하고, 선천의 체용을 회복하는 것이기도 하다.

2.

서명응의 사상에 대한 선행 연구들 중에 철학적인 측면에서 그의 사상 전반을 다루고 있는 연구는 없다. 다만 그의 『도덕지귀道德指歸』[36]와 『참동고參同攷』[37]에 관한 소논문들이 몇 편 있을 뿐이다. 그러나 이들 논문에서는 서명응의 사상 전반에 기초하여 상기한 저술들을 다루고 있지 못해서 서명응의 선천학과 『노자老子』의 관련성 및 『참동고參同攷』와의 관련성이 분명하게 제시되지 못하고 있다.

철학계 외에서는 서명응에 관한 연구가 제법 있는 편이다. 우선 문헌정보학에서는 서명응의 문헌분류법에 관한 연구가 있는데,[38] 이는 서명응의 『보만재총서保晩齋叢書』에 나타난 사분법四分法에 관한 연구이다. 서명응의 『보만재총서保晩齋叢書』에 나타난 사분법이 기존의 사분법과 달리 독특한 체계를 이루는 것을 선천학의 관점에서 분석하고 있다. 또한 국악계에서 서명응의 음악관련 저술과 이론들을 다루는 소논문들이 있는데,[39] 이는 서명응이 『시악화성詩樂和聲』이라는 저술을 남기고 있어서, 국악계에서는 귀중한 음악 자료로 평가되기 때문이다.

그리고 서명응에 관한 사학계의 연구로는 서명응의 생애와 규장각에서의 활동을 다룬 소논문과 저술의 종류 및 특징을 다룬 논문들이 있다.[40] 문학계에서는 문장론文章論과 시경론詩經論을 다룬 소논문이 있다.[41] 그리고 과학사학계에서도 몇 편의 논문이 있다.[42]

선행 연구들에서도 보이듯이 철학계에서는 제대로 연구된 논문이 아직 없다. 그 이유는 서명응의 사유체계가 방대하기도 하고, 천문天文·역법曆法·구고句股 등의 다양한 사유의 궤적을 보이는 등 철학계에서 접근하기 어려운 천문과 역법 및 기하학에 관한 분야 때문으로 추측된다. 하지만 영정조 시대의 사상과 문화를 이끌었다고 평가[43]되는 서명응이 주목을 받지 못한 것은 의외의 일이다.

이 책은 서명응의 사상 전반에서 그의 문제의식을 '유행지천流行之天'과 '형체지천形體之天'의 일치라는 관점에서 다루었다. 당시에 전래된 서양 과학과 관련해서 서양 과학의 천문天文과 역법曆法 및 기하학을 이해하고 수용하는 기초가 되는 것이기도 하고, 선천학이라는 관점에서 유학과 도교를 통합하려한 것이라고 파악했기 때문이다. 또한 당시에 중국과 조선에서 수많은 학자들이 서양 과학을 이해하고 수용하는 하나의 경향성으로 선천학을 근거로 드는 경우를 검토하면서, 사상사적으로 북학파北學派의 비조鼻祖로 거론되는 서명응의 사상이 북학파에게 어떤 영향을 미쳤는지도 살펴보았다.

서명응의 사유를 분석한 자료는 『보만재총서』, 『보만재집』을 중심으로 하였고, 여기에 『도덕지귀』와 『보만재연보』를 참조하였다. 또한 서명응의 천문학과 역법 및 기하학에 관한 분야는 과학사학계의 선행 연구를 참조하였다. 이는 필자의 과학적 지식과 기하학적 지식의 한계 때문인데, 2부에서 논의되는 천문학적 이론과 기하학적 이론은 과학사 논문들을 주로 참조하여 작성하였음을 밝혀둔다.

제1부

선천학의 체계와 철학적 특질

제1부 머리말

서명응의 사유가 선천학적 체계를 갖는다는 점을 해명하기 위해서는 유학사儒學史에서 선천이라는 개념이 어떻게 형성되고 전개되는지를 규명할 필요가 있다. 선천과 후천이라는 개념어는 소강절에 의해 개념화되고 주자에 의해 수용되면서 역학사의 흐름으로 정립된다. 특히 소강절의 선천에 대한 개념 규정들은 주자에 의해 전폭적으로 수용되면서 『주역』 사유의 근거로 확립되고, 선천에서 후천으로 이어지는 역학사易學史를 형성한다. 이러한 사상적 흐름을 보여주는 것이 바로 주자의 『주역본의周易本義』 서문에 보이는 9개의 도상이다. 이 도상은 그 자체로 선천에서 후천으로 이어지는 역학의 발달사를 보여주는 것이기도 하다.

그러나 선천과 후천이라는 용어는 유학의 전유물도 아니거니와 도교에서도 중요한 개념어로 등장한다. 선천은 도교적 수련을 통해 도달하고자 하는 궁극적인 목표이다. 또한 수련의 대상인 정精·기氣·신神에도 선천과 후천이라는 개념의 구분이 존재한다. 필자의 판단으로, 도교에서 선천과 후천이라는 개념어가 처음 등장한 것은 당말의 인물인 최희범崔希範[44]의 『입약경入藥鏡』에서이다. 이 책에서 선천기와 후천기라는 용어가 등장하고, 당말 북송 초기에 외단수련이 실패하고 내단수련으로 전환될 때, 이 선천과 후천이라는 용어는 도교의 전문용어로 자리를 잡아간다.

서명응의 선천학은 도교의 내단 수련이론과 북송초기의 상수학과 도서학을 수용하여 하나의 체계로 삼고, 여기에 천문과 역법의 사유를 결합하고 있기 때문에, 유학에서의 선천개념과 도교에서의 선천개념을 모두 해명해야 한다. 또한 서명응의 선천학 체계와 그 특질을 구분하여 이것이 북송 사상가들의 사유와 어떠한 점이 같고 다른지, 도교의 사유가 어떻게 수용되어 체계를 형성하는지를 규명해야 한다.

따라서 제1부는 서명응의 사유가 형성되는 배경으로서 유학과 도교의 선천 개념을 규명하고, 서명응이 규정하는 선천과 후천의 개념 구분과 선천학의 역사, 선천학의 상수학적 특질 및 선천학적 심성론을 두루 검토할 것인데, 이 과정에서 사용하는 선천학이라는 개념은 복희의 「하도」를 중심으로 한 도서역과 도교의 연단술, 북송의 상수학을 포괄하는 개념으로 사용하고자 한다. 왜냐하면 서명응의 선천학 개념은 시대적으로 복희의 「하도」를 중심으로 한 도서역(선천역)과 주나라 초기, 문왕 이전에 『주례』가 탄생한 시기를 선천의 시대로 규정하고,[45] 이 시대의 선천학이 공자를 거쳐서 도교의 연단술로 흘러 들어간 것으로 규정하기 때문이다.

또한 서명응은 송대에 들어 도교의 사상에서 북송의 이학자들에게로 선천학이 전래된 것으로 이해하기 때문에 소강절의 상수학과 주렴계의 도서역 역시 선천학이라는 개념으로 포섭한다. 심성론으로는 복희·신농·황제·요·순·우가 서로 주고받은 "계천입극繼天立極의 도道" 역시 선천학으로 포섭한다. 서명응은 「하도」에서 연역된 선천의 도가 바로 "계

천입극의 도"라고 인식하기 때문에 심성론적으로는 심법이 이에 해당한다.[46]

제1부는 서명응의 선천학적 체계가 어떻게 구성되며 어떤 특징을 갖는지를 소묘하면서, 제2부의 논의를 준비하는 단계가 될 것이다. 또한 제1부는 체에 해당하고 제2부는 용에 해당하는 구성이 될 것이다.

제1장 서명응의 사상적 배경으로서 '선천先天'

제1절 도교의 내단이론과 선천

서명응은 소강절에 의해 개념화되고, 주자에 의해 역학사로 수용되는 '선천' 개념을 자신의 학문적 체계로 확립한다. 서명응은 이밖에도 주렴계의 『태극도설太極圖說』과 도교의 내단이론도 선천학의 범주에 수용한다. 이는 자신이 파악하는 선천학의 전래 과정이 복희에서 공자로, 공자에서 신선가로, 신선가에서 진단으로, 진단에서 북송의 소강절과 주렴계로 이어지고, 이것들이 주자에게 수용되는 것으로 파악했기 때문이다.

서명응의 선천학을 체계적으로 규명하기 위해 그가 파악한 선천학의 역사적 흐름에 따라, 도교와 상수역·도서역으로 범주를 구분하고 정리할 필요가 있다. 우선 그가 파악하는 선천학의 역사를 소묘하면서, 도교와 유학의 선천학에 대한 논의들을 정리하고자 한다.

서명응이 파악한 선천학의 전래 역사는 그 자신만의 논리는 아니다. 선천학의 전래에 관한 역사적 기록을 찾아보면, 송대 학자인 주진朱震(1072 ~ 1138)[47]으로부터 시작해 청대학자인 황종염黃宗炎(1616 ~ 1656)[48] · 모기령毛奇齡(1623 ~ 1716)[49] · 호위胡渭(1633 ~ 1714)[50] 등에 이르기까지, 도사 진단陳摶(871 ~ 989)을 선천학의 주요 발원자로 상정한다. 주자 역시 대체적으로 주진의 논리를 따르지만, 주렴계周濂溪의 『태극도설太極圖說』에 대해서만은 진단의 연원을 극구 부정한다. 이는 주렴계의 사상적 연원을 도교에 두게 되면, 송대 이학의 핵심 개념인 '태극'이 도교에 연원한다는 것을 인정하는 결과를 낳아, 성리학의 존립 기반을 무너뜨릴 수 있기 때문이다. 다른 하나는 주렴계를 성리학의 비조로 인정하는데, 이를 부정하는 결과를 낳기 때문이다. 주자가 주렴계의 사상적 연원을 도교와 연관 짓지 않으려 시도하지만, 그 스스로 주렴계의 사상적 연원을 도사 진단에 두고 있는 듯한 언급도 하고 있다. 가령 주자는 『태극도설통서서후太極圖說通書書後』에서 장영張詠(張忠定公)[51]이라는 사람과 『태극도설』의 관계를 언급한다. 이 글에서 진단의 학설을 전수 받은 장영의 논리와 『태극도설』의 뜻이 상당히 부합한다는 점을 지적한다. 그리고 『태극도설』이 전해진 것은 본래 단서가 있고, 주렴계가 이 설을 비로소 도설圖說로 만들었다라고 언급하고 있다.[52] 즉, 주자는 『태극도설』과 부합하는 학설이 진단에서 장영으로 이어지지만, 이를 그림으로 그린 이가 바로 주렴계라는 주장이다.

이처럼 북송의 사상가들은 당송교체기의 도사인 진단에게 사상적 연원을 둔다는 공통점이 있다. 서명응은 여기에다 진단의 사상적 연원을 위백양魏伯陽[53]으로 소급하고, 다시 공자孔子에게 소급하면서, 선천학의 근원을 복희에게 두고 있어서 이들과는 다른 관점을 보여준다.

이러한 선천학의 전수과정을 주진朱震의 글에서 확인해 보면, 북송초기의 사상가들이 모두 진단에게 사상적 연원을 두고 있음을 확인할 수 있다. 그리고 우리가 현재 만나는 상수역과 도서역의 모든 내용들이 진단이라는 인물에서 북송의 사상가로 전해짐을 확인할 수 있다.

> 진단은 「선천도」를 충방에게 전하였고, 충방은 목수에게 전하였으며, 목수는 이지재에게 전하였고, 이지재는 소강절에게 전하였습니다. 충방은 「하도」와 「낙서」를 이개에게 전하였고, 이개는 허견에게 전하였으며, 허견은 범악창에게 전하였고, 범악창은 유목에게 전하였습니다. 목수는 「태극도」를 주렴계에게 전하였고, 주렴계는 정호·정이에게 전했습니다. 이때에 장재는 이정과 소강절의 사이에서 학문을 연마하였습니다. 그리하여 소강절은 『황극경세』를 저술하였고, 유목은 『천지오십유오수』를 펼쳤으며, 주렴계는 『통서』를 지었고, 정이는 『역전』을 저술하였으며, 장재는 「태화」와 「참량」의 편을 만들었습니다.[54]

이상의 내용에서 주진은 도서역의 세 계통이 모두 진단을 거쳐 송대 역학으로 전수되는 것으로 서술하고 있다. 하나는 소강절의 「선천도」이고, 또 하나는 유목의 「하도·낙서」이고, 나머지는 주렴계의 「태극도」이다. 이 세 도서圖書는 모두 그림으로 역의 원리를 설명한 것으로, 송대 이학과 상수역의 연원을 진단에서 찾고 있는 것이다.

이러한 사상사적 과정을 현대 학자 료명춘 등은 여러 서적들에서 해당 도서圖書들을 끌어와 비교하면서 상수역과 도서역의 연원이 진단에 있음을 규명하고 있기도 하다. 이들의 연구를 우리의 주제인 '선천'과 관련한 내용으로 끌어와 보면, '선천'이란 도교가 내단內丹

을 단련할 때, 생겨나 갖게 된 기질을 가리키는 개념이다.[55]

선천이라는 개념어는 도교의 내단 수련과 관련하여 궁극적으로 도달해야 하는 목표로 설명할 수 있다. 도교에서도 선천이란 후천과 대비적인 개념으로 사용된다. 또한 선천은 수련을 통해 후천의 상태에서 회복해야 할 목표이다. 즉 도교에서 선천은 수련이론이 외단外丹에서 내단內丹으로 전환될 때 등장하는 개념으로, 수련을 통해 궁극적으로 도달하게 되는 무형의 경지이자 형이상학의 경지이다.[56]

여기서 도교가 외단술에서 내단술로 전환하는 과정을 간략히 언급할 필요가 있다. 이는 이후의 서명응이 파악하는 『노자』와 『참동계』의 수련이론과 맥이 닿아 있기 때문이다. 도교의 수련이론은 외부적인 약물을 통해 장생을 이루고 신선이 되려는 과정인 외단과 인체의 정·기·신을 수련의 대상으로 삼는 내단으로 구분된다. 도교사적으로 보면 외단이 먼저 탄생한다. 외단은 광물질로 불사약을 만들어 복용하는데 이에 심각한 문제가 발생하자 내단으로 전환된다. 외단에서 내단으로의 전환은 독성이 강한 수은과 납으로 만든 불사약을 복용하면서, 수은과 납 중독으로 사망하는 사태들이 만연하고, 이에 대한 문제 인식과 사회적 비판으로부터 외단에서 내단으로 전환해 간다. 특히 당나라 시기는 숭도崇道정책과 맞물려 황제로부터 수많은 문인재사에 이르기까지 외단 복용의 열풍에 빠졌었다. 당태종으로부터 외단을 적극적으로 비판했던 송대 이학의 선구자 한유韓愈(768~824)마저 납과 수은에 중독사하는 사실들은, 당시 사회의 외단 열풍과 그에 따른 사회적 문제가 심각하게 노정된 것을 보여준다.[57]

모종감에 따르면, 외단에서 내단으로의 전환은 소원랑蕭元郞(581~600, 자 青霞子)[58]으로부터 시작한다고 한다. 그가 내단이라는 용어를 사용하면서, 외단의 용어를 빌려 내단을 설명하기 시작했다고 한다.[59]

게다가 종리권·여동빈[60]이 완전한 체계로 내단의 논리를 제시한다. 『영보필법』과 『종려전도집』에서는 도를 수련하는 방법을 천도의 운행을 본받는 것으로부터 시작하여 이를 인체에다 적용하기 시작한다. 천도의 운행을 광물질을 제련하는 화후에 적용하지 않고 인체에 적용했다는 점에서, 이는 내단 수련으로의 전환을 의미하는 것이다.

『영보필법』과 『종려전도집』은 천도 혹은 대도의 운행을 설명한 뒤, 이를 인체의 기와 수로 수렴해 비유하는 체계로 서술된다. 가령 "천도는 건을 체로 삼고 양을 용으로 삼아 위에서 기가 쌓이고, 지도는 곤을 체로 삼고 음을 용으로 삼아 아래에서 수를 쌓으며",[61] "건곤이 서로 색索하여 육기를 생성하고, 육기가 사귀어 합하여 오행을 나누고, 오행이 사귀어 합하여 만물을 생성하고 이루듯이",[62] 수련도 "처음에는 천기天機를 본받고 음양이 오르내리는 이치를 사용하여 진수眞水와 진화眞火를 합하여 하나가 되게 한다. (이로써) 대약大藥을 단련하여 이루어 길이 단전丹田에 안치시켜 영원토록 죽지 않아 수명이 천지와 같아지게"[63] 하는 것을 본다. 여기서 진수는 심장 속에 있는 진액眞液을 의미하고, 진기는 신장 속에 있는 진기眞氣를 의미한다. 그래서 신장의 수水와 심장의 화火가 사귀어 왕복해야만 장수할 수 있다고 본다. 또한 심心을 리離·양룡陽龍·주사朱砂로, 신腎을 감坎·음호陰虎·연鉛으로 파악한다. 그래서 용호가 교구交媾하면 황아가 발생하게 되고, 금단대약을 얻게 된다고 본다. 그리고 이를 황정黃庭으로 옮기는 것을 '채약采藥'으로 파악한다. 이 과정에서 화후를 진행하여 신장 속의 양과 심장 속의 음을 뽑아내어 교구하는데 이를 '태선胎仙'이라고 하고, 이를 하거河車에 의지해서 삼단전三丹田에 반복적으로 운행하고, 금정옥액金精玉液이 환단還丹한 이후에 형形

을 단련하고 형을 단련한 이후에 기氣를 단련하고, 기를 단련한 이후에 신神을 단련하고, 신을 단련하여 도道에 합하면 이를 '도성道成'이라고 설명한다.

소원랑과 종리권·여동빈을 거치면서 내단 이론이 정식화되고, 이것이 『참동계』의 논리와 결합하게 된다. 소원랑이 성명쌍수性命雙修의 원칙을 제시했다면, 종리권과 여동빈은 심신心腎의 교구交媾, 연홍鉛汞을 추출하는 원리, 연형鍊形, 연기鍊氣, 연신鍊神, 합도合道라는 내단학의 체계를 완성해 낸다. 이것이 진단에 이르러, 현빈지문玄牝之門, 연정화기煉精化氣, 연기화신煉氣化神, 오기조원五氣朝元, 취감전리取坎塡離, 연신환허煉神還虛, 복귀무극復歸無極이라는 수련단계로 세워지고, 이 과정을 도상圖象으로 표현한 「무극도無極圖」가 정립된다. 이는 다시 북송시대 남종의 창시자 장백단張伯端(987 ~ 1082, 자 平叔 호 紫陽)[64] 등으로 이어져 내단학의 역사가 구성되는 것이다.

이처럼 도교에서는 외단술에서 내단수련으로 전환될 때, 선천과 후천의 개념이 등장한다. 선천과 후천을 구분하기 위해서는 내단수련의 목표로서 선천을 규명해야 하고, 수련의 대상으로서 정·기·신에서 선천과 후천을 구분할 필요가 있다. 논의의 편의상 수련의 대상인 정·기·신에서 선후천을 구분해 보고 수련의 목표로서 선천을 규명해보자.

당대唐代 인물인 최희범崔希範의 『입약경入藥鏡』에 선천이라는 용어가 등장한다. 『입약경』의 서두에서 선천기先天炁와 후천기後天氣라는 용어를 사용하여 선천과 후천을 구분한다.[65] 이 선천기와 후천기를 두고 『오류선종伍柳仙宗』에서는 '선천기'를 천지에 앞서 있는 무형한 기로, 유형한 천지를 생성하고, 유형한 나를 생성하는 원기元炁로 파악한다.[66] 이처럼 무형의 기로서 유형의 천지와 나를 생성하는 원기를 선천기라고 규정했다. 그리고 후천기는 하늘이 생긴 뒤에 있는 것으로, 천형天形이 있고 난 이후의 사물임을 말한 것으로, 나에게 몸이라는 형체가 있는 상태이다.[67] 이러한 구분에 의하면, 선천은 후천의 천지를 생성하며 나의 몸을 생성하는 원기이고, 후천은 천지가 생성된 이후의 나의 몸이 된다.

이를 정·기·신의 관점에서 보면, 태극이 음양으로 변하면 신神과 기炁(先天氣)로 나뉘는데, 이 신과 기가 음양이다. 음과 양에 모두 동정動靜이 있어서 서로 작용하여 넷이 되는데, 이는 둘이 넷으로 나뉘는 과정이다.[68] 그리고 이 과정은 후천의 상태에 해당한다. 음양이 동정과 상호작용을 하는 상태는 후천의 상태에 속하고 이 과정은 호흡에 의해 일어난다. 그렇기 때문에 선천의 기가 후천의 기로 전환된 것이다.[69] 이 때문에 선천은 원기元氣이고 후천의 기는 호흡呼吸의 기로 규정한다. 후천의 기는 음양이 나뉘어 동정이 상호 작용할 때에, 오고 감이 끊임이 없는 것이 호흡의 기가 된다는 것이다.

이 선천의 기는 정精으로도 변화하는데, 음양이 교감을 하는 상태에서 선천의 기가 동해서 후천의 무형한 기가 되고, 이때 색욕을 느끼게 되면 후천의 유형한 기로 전환하게 된다고 본다. 이 선천의 기는 선천의 원정元精의 상태로 있다가 음양의 동정과 교감이 일어나는 후천의 상태에 이르면, 선천의 기가 동해서 후천의 정으로 변화한다는 논리이다.[70] 여기서도 선천의 원정과 후천의 정이 구분되는데, 선천의 원정은 선천의 기로 맑은 것인 반면에 후천의 교감하는 정은 탁한 것으로 참되지 않은 것이다.[71] 이처럼 선천의 기가 후천의 호흡기로 후천의 정으로 전환된 것이다.

세상 사람들은 지극히 맑고 지극히 고요한 호칭인 선천이, 바뀌어 후천의 유형한 호흡이 되는 것을 모르는데 이것이 선천이고, 그것이 움직여 선천의 무형한 정이 되는 것을 모르는데 이것도 선천이며, 그것이 변화하여 후천의 유형한 정이 되는 것도 모르는데, 이것도 선천이다. 이것들이 순행의 이치이다.[72]

후천기와 정은 선천이 변화하여 전환된 것이다. 그리고 이러한 전환은 자연스러운 순행順行의 흐름이다. 그렇다면 이 선천은 변화하기 이전과 이후에도 우리의 몸에 남아 있어야 한다. 그래야만 후천의 상태에서 선천을 회복하는 도교적 수련이 가능하다. 그리고 이 선천의 기를 회복하여 신과 기를 합일해내는 것이 도교의 수련이라면, 후천 상태인 우리의 몸을 단련하여 선천을 찾고 그것을 회복해내야 한다.

도교적 수련에서 호흡은 후천의 기이지만, 이 기 역시 선천기가 전환된 것이므로, 후천의 호흡을 통해 선천기를 회복할 수밖에 없다. 이를 형체가 없는 선천의 기가 기혈에 들어가 있다가 형체가 있는 후천기에 의지하여 쓰임이 있게 된다고 한 것이다.[73] 후천의 참 호흡을 사용하여 거꾸로 거슬러 호흡하여 천지와 같게 한다. 그렇게 되면 진인의 호흡과 같게 되고, 선천의 정을 누설하지 않아서 선천의 일기와 합치되게 하며, 이 과정에서 신으로 기를 부리고 신을 응결하여 기혈에 들어가게 하는 것이다. 이렇게 되면, 선천을 회복하게 된다.

원기는 본래 거슬러 수련해야 한다. 호흡의 기도 거꾸로 되돌려야 한다. 거꾸로 되돌리지 않으면 일반 사람들이 입과 코, 목구멍으로 숨 쉬는 것과 무엇이 다르겠는가? 참된 호흡을 말한 것은 이 때문이다. 후천기의 호흡은 진기를 얻어서 이루어진 것이므로 동정과 선후 즈음에, 후천의 참 호흡을 사용하여 진인의 호흡처를 찾고, 한 뜻으로 중中에 귀착하며, 후천기의 축을 따라 거꾸로 되돌려 열리고 닫히게 한다.

> 들이마시는 기틀이 닫히면, 나는 돌려서 건에 이르는데, 이것은 올라가는 것으로써 나아가는 것을 삼고, 내쉬는 기틀이 열리면 나도 바뀌어 곤에 이르는데, 이것은 내려가는 것을 물러남으로 삼은 것이다. 선천의 정을 수련하여 일기에 합하면 선천을 회복하는 것이다.[74]

그렇다면 선천의 상태는 어떠한지 살펴보자. 선천의 상태는 지극히 고요하고 텅 비어 한 올의 생각도 없으며 지각에 관여되지 않은 상태이다.[75] 이러한 상태는 어떠한 구분도 없으며, 사유와 지각이 일어나지 않은 것으로 역학易學으로 보면 무극無極이면서 태극太極인 상태에 해당한다.

이러한 도교의 수련과정은 진단의 「무극도」에서 현빈지문玄牝之門으로부터 연정화기煉精化氣로, 연정화기에서 연기화신煉氣化神으로, 연기화신에서 오기조원五氣朝元으로, 오기조원으로부터 취감전리取坎塡離로, 취감전리에서 연신환허煉神還虛, 복귀무극復歸無極으로 이어지는 논리로 드러난다. 그리고 이는 주렴계의 「태극도」에서는 무극이태극無極而太極에서 음양陰陽으로, 음양에서 오행五行으로, 오행에서 성남성녀成男成女로, 성남성녀에서 화성만물化成萬物로 이어지는 발생론적 도식으로 전환된 것이다. 즉 선천에서 후천으로 전환되는 것은 주렴계의 「태극도」로, 후천에서 선천을 회복하는 도교적 수련은 진단의 「무극도」로 이해할 수 있다. 이를 '순행順行'과 '역행逆行'이라는 용어로 표현하고 있는 것이다.

이렇게 보면, 선천이라는 용어는 도교의 수련이론에서도 유학의 역학에서도 중요한 개념어로 자리하는 것을 알 수 있다. 소강절이 선천이라는 용어를 개념화했다는 것은 철학사에서 일반적인 상식이다. 소강절의 사유가 도교적 사유에서 기인한 것이라는 사상사적 이해들과 연관해 보면, 소강절의 선천 개념은 도교의 사유와 무관해 보이지 않는다. 나중에 이에 관해서 논의하겠지만, 소강절의 선천역이 진단에게서 기인했다는 논리를 간단히 언급하기로 하자. 이원국에 의하면, 소강절의 「선천4도」는 진단의 역학에서 기인하는데, 진단의 「소횡도」와 「대횡도」는 소강절에 의해 도상으로 그려져 「소횡도」는 「복희8괘차서도」로, 「대횡도」는 「복희64괘차서도」로 완성되고, 「소원도」는 「복희8괘방위도」로, 「대원도」는 「복희64괘방위도」로 바뀌어진다.[76] 이 밖에도 소강절의 저작들이 도교 경전을 모아 놓은 『도장道藏』에 수록되어 있을 뿐만 아니라[77] 당말 도사 진단의 사상에서 북송의 사유가 탄생했다는 사상사의 흐름으로 보아도 소강절의 선천학은 그 연원을 도교에서 찾을 수 있겠다.

도교와 유학에서 선천은 수양론이든 수련이론이든 도달해야 하는 궁극처이다. 그리고 그 궁극처로 제시된 용어가 '태극'이다. 선천으로 제시된 태극이라는 개념이 유학과 도교에서 공히 중요한 개념어로 정립된다. 태극은 유학적으로는 복희가 획괘畫卦하기 이전의 마음자리[心法]를 의미하고, 도교적으로는 수련을 통해 도달할 궁극점으로 정립된다.

제2절 소강절의 선천 개념 창안과 주자의 수용

일반적으로 선천과 후천에 대한 구분은 소강절이 건괘 문언전의 구절에서 선천과 후천을 개념화하면서, 선천역과 후천역이라는 역학적 개념이 탄생했다고 본다. 소강절의 이러한 구분을 주자가 수용하면서 역학에는 선천역과 후천역이라는 범주가 탄생하고, 선천역에서 후천역으로 이어지는 역학사를 형성하게 된다. 주자의 『주역본의』의 서두에 9개의 도서들(「하도河圖」, 「낙서洛書」, 「복희8괘차서도伏犧八卦次序圖」, 「복희8괘방위도伏犧八卦方位圖」, 「복희64괘차서도伏犧六十四卦次序圖」, 「복희64괘방위도伏犧六十四卦方位圖」, 「문왕8괘차서도文王八卦次序圖」, 「문왕8괘방위도文王八卦方位圖」, 「괘변도卦變圖」)은 바로 그 역사를 나타내는 도서들이다.

다른 하나는 도교의 내단수련에서도 선천이라는 개념을 만날 수 있다. 이것은 내단 수련의 궁극적 도달처로서 제시된 선천 개념과 수련의 대상인 정·기·신에서 선후천의 구분이다. 도교에서 선천이라는 개념은 외단에서 내단으로 전환되는 과정에서 등장하고, 이후 내단이론에서 주요한 개념어로 정립된다.

따라서 북송시대의 소강절과 주자가 선천개념을 어떻게 파악하는지를 먼저 규명하고, 도교에서 선천이 가지는 의미를 규명하고자 한다. 이를 위해 우선 소강절의 선천에 대한 규정과 주자의 수용을 확인하고자 한다.

소강절과 주자에게서 선천과 후천을 어떻게 구분하는지는 세 가지 측면으로 나누어 살펴볼 수 있다. 첫째는 선후천 개념의 탄생과 그 의미를 추적하는 것과, 둘째는 역학사에서 선후천이 어떻게 정리되는지와, 셋째는 역사적 단계를 구별하는 시간관에 의한 구분이 있다. 이러한 구분은 소강절의 개념에 기초하는 것이지만, 주자에 의해 체계화되어 역학사의 발전과정으로 정리된 것이기도 하다.

개념적으로, 선천과 후천의 구분은 소강절이 선천학을 통해 역易의 근본적인 도를 파악하려 한 시도에서 시발된다. 선천이란 용어는 소강절의 『황극경세皇極經世』에서 보이는 역학적 특징을 거론할 때 사용되어 온 용어이다. 소강절은 『황극경세』에서 "선천학을 높이고, 획전역을 회통함[尊先天之學, 通畫前之易]"을 자신의 이론적 특징으로 삼는다. 이러한 과정을 통해 『주역』 이전의 역, 복희[78]역의 원래적 구조를 해명하려 한다. 그리고 소강절은 이를 상수학의 체계로 해명하려 하였다.

이 과정에서 소강절은 건괘乾卦 문언전文言傳의 "천시가 아직 이르지 않았을 때에 천시에 앞서서 행하여 하늘에 어긋나지 않으며, 천시가 이르러 온 뒤에 천시에 따라서 행하여 하늘에 어긋나지 않는다[先天而天不違, 後天而奉天時, 天且弗違]"라는 말에서 '선천'과 '후천'을 개념화해 낸다. 그리고 복희의 역을 선천에, 문왕·주공과 공자의 역을 후천에 결부시켜 낸다.

소강절이 파악하고자 한 복희역은 역의 근본적인 내용들이라 할 것으로, 지금의 『주역』이라는 책에 앞서 존재하는 것이다. 소강절이 파악한 선천역이란 복희가 괘획을 그림으로 그리기 이전의 상태[畫前易]와 괘획으로 그리는 상태[畫卦]까지의 과정에 해당한다. 그리고 선천역을 우주생성의 본원이자, 천지간에 존재하는 만물이 따라야만 하는 객관적인 법칙으로 파악하고, 자연의 도로 파악했다.

이에 반해 문왕·주공과 공자의 역은 자연의 도에 대해서 일종의 주관적 인식과 이해를 거쳐낸 것으로 인간의 실용적인 목적에 의해 조직되고 편성된 인위적 기호체계로 파악한다. 그러므로 문왕·주공과 공자의 역은 후천역이라는 것이다.

복희의 역이 괘를 획으로 그리기 이전[畫前]의 상태에서 괘를 그리는[畫卦] 상태까지를 의미하고 모든 존재자들이 따라야 하는 자연의 도라고 한다면, 복희가 획을 그리기 이전에 자연의 도를 파악하는 단계와 자연의 도를 분류하는 단계가 있어야 한다. 복희가 자연의 도를 파악하는 단계는 첫째, 하수河水에서 나온 용마龍馬의 등에 그려진 선모旋毛를 「하도」로 옮기는 도상화圖象化 과정과 둘째, 「계사하전」 2장의 "옛날에 복희가 천하에 왕 노릇할 때, 우러러 하늘의 상象을 보고 구부려 땅의 법法을 보며, 새와 짐승의 무늬와 땅의 마땅함을 보며, 가깝게는 몸에서 취하고 멀게는 물건에서 취하는"[79] 형상화形象化의 단계이다. 도상화와 형상화를 거치고 나서 자연의 도를 분류하는 단계는 기호화記號化에 해당한다. 「계사하전」 2장의 "비로소 8괘를 만들어 신령스럽고 밝은 덕을 통하여 만물의 실정을 분류하였다"[80]고 한 내용과 「설괘전」 1장의 "음과 양의 변화를 살펴서 괘를 세우고, 강과 유를 드러내어 효를 만들었다"[81]는 내용이 바로 기호화이다. 이처럼 도상화와 형상화, 기호화의 과정이 자연의 도를 파악하고 분류하는 과정이며, 바로 획괘 이전의 상태에서 획괘로 이행되는 과정이다. 이 과정에서 복희는 천지와 조수, 인물 등의 자연현상을 관찰하여 파악한 다음에, 이를 분류·상징해낸다. 또 자연현상의 변화과정에서 음양과 강유의 개념을 포착해내고, 이를 기호화해 내고 있다는 것이다. 즉 「계사」와 「설괘전」에서 보이는 복희의 획괘 이전의 상태에 대한 언급들과 획괘하는 전과정이 선천역에 해당한다. 소강절은 이 과정을 복희의 '문자가 없는 네 그림[無文字四圖]'으로 이해하였다. 그리고 이에 대한 해석과 내용적 연역은 선천학에 속하는 것으로 파악한다. 이를 주자는 『주역본의』의 서두에 수용하면서 선천역으로 자리를 점하게 되는 것이다.

물론 이러한 도상화, 형상화, 기호화의 과정은 주희의 관점에 한정되는 것으로, 서명응의 논리와는 다르다. 서명응도 형상화와 도상화, 기호화의 과정으로 설명한다. 「계사하전」 2장에 따라 사물을 살펴보고 형상화하며, 그 이후에 「하도」라는 도상에 따라 괘상을 그려낸다고 본다. 이에 관해서는 2장에서 논의될 것이다.

이에 반해 문왕과 주공의 역은 인간의 필요에 의해 기호화되고 조직되어 일용의 생활에 쓰일 수 있게 변화해낸 것이다. 즉, 문왕이 괘체卦體의 상象을 보고, '건乾, 원형이정元亨利貞'이라거나, '곤坤, 원형이빈마지정元亨利牝馬之貞'이라고 하는 단사彖辭를 짓거나, 주공이 괘효의 변變을 보고 '초구初九, 잠룡물용潛龍勿用'이라고 하거나, '초육初六, 리상견빙지履霜堅氷至'라고 하는 효사爻辭를 지은 것은 인간의 필요에 의한 기호화와 조직화이다. 그러나 문왕과 주공의 역에 대한 해석이 점占을 치는 데 중점이 있었으므로, 이를 도덕적으로 해석할 필요가 제기되자, 공자는 문왕의 해석인 단사에 도덕적 의미를 부여하는 해석을 시도해 내는 것이다. 이를 주자는 "문왕의 마음은 이미 저절로 복희의 너그럽고 막힘없는 마음과 같지 않게 되어 급하고 긴요한 것을 말하였고, 공자의 마음은 문왕의 관대한 마음과 같지 않아 또 급하고 긴요하게 도리를 말한 것"[82]으로 파악했다. 주자는 문왕과 공자의 후천역은 당시의 시대적 요구에 부합한 것으로 새롭게 역을 해석해내는 과정으로 파악한 것이다.

이렇게 보면, 선후천에 대한 개념적 구분은 자연의 도를 따라 획괘를 한 선천역(자연역)과 인간의 일용적 목적과 시대적 상황에 따라 기호화되고 해석된 후천역(인위역)으로 구분된다. 이를 역사적

인물로 보면, 복희의 역은 선천역이 되고, 문왕·주공·공자의 역은 후천역이 된다.

역학사적으로, '선천역'이란 「하도」와 「낙서」를 중심으로 한 도서역圖書易을 의미하고, 통상 문왕의 후천역과 대비적으로 구분하여 사용한다. 도상으로 볼 때, 선천역이란 복희의 무문자사도無文字四圖를 중심으로, '괘획을 하기 이전의 상태[畫前易]'와 '괘획은 하였지만, 그것에 대한 언설이 없는 상태의 역[無文字易]'으로 규정된다. 이에 반해 문왕의 후천역은 「문왕8괘차서도」와 「문왕8괘방위도」로, 복희가 괘와 도를 그린 뜻을 개혁改革하여 별도로 문자를 덧붙여 해석하고 이를 인간사의 일들에 적용한 역을 의미한다. 이러한 구분에 대해 주자는 "소강절의 설에 의하면 선천이란 복희가 그린 역이고, 후천이란 문왕이 연역한 역이다. 복희의 역은 애초에 문자가 없이, 하나의 도상에 상象과 수數가 깃들어 있을 뿐이지만 천지만물의 이치와 음양시종의 변화가 갖추어져 있다. 문왕의 역은 바로 지금의 『주역』으로 공자가 전傳을 지은 것이 이것이다. 공자는 문왕의 역으로 말미암아 전을 지었기 때문에 공자가 논한 것은 당연히 문왕의 역을 위주로 하였다"[83]라고 이해한다. 주자의 구분에 의하면 복희의 역은 선천역이 되고, 문왕과 공자의 역은 후천역이 되는 것이다.

특히 주자는 『주역본의』의 첫머리에 아홉 개의 도식을 싣고 있는데, 이는 주자가 파악한 선천역에서 후천역으로 이어지는 역학사로도 이해할 수 있다. 이 도식들은 ① 「하도河圖」, 「낙서洛書」, ② 「복희8괘차서도伏犧八卦次序圖」, 「복희8괘방위도伏犧八卦方位圖」, 「복희64괘차서도伏犧六十四卦次序圖」, 「복희64괘방위도伏犧六十四卦方位圖」, ③ 「문왕8괘차서도文王八卦次序圖」, 「문왕8괘방위도文王八卦方位圖」, ④ 「괘변도卦變圖」로 이루어져 있다.

이 도식들로 선천과 후천의 개념에 대해서 음미해 볼 것들이 있다. 크게는 획전역과 괘획 이후의 역으로 구분할 수 있다. 획전역에 해당하는 도상이 ①에 해당하는 「하도河圖」와 「낙서洛書」이다. 「하도」와 「낙서」는 '자연의 역'에 해당한다. 이는 복희나 우임금이 그려낸 것이 아니라, 용마나 신령스러운 거북의 등에 그려진 무늬 배열이라는 점에서 그렇다. 또한 이 무늬 배열은 복희가 그 상과 수를 기초로 '획팔괘畫八卦'를 하거나 우임금이 '성구류成九類'를 하는 근거이다. 즉, 상과 수의 근거이자 역을 짓게 되는 근거라는 점이다. 이를 '획전역畫前易'이라고 부른다.

그런데 소강절의 경우 요임금을 기준으로 선천과 후천을 구분하기 때문에, 우임금이 도상화한 「낙서」는 선천에 속할 수 없게 된다. 그러나 주자는 「낙서」를 선천으로 본다. 주자는 선천 개념을 인위적인 인간의 사유가 출입하지 않은 자연스러운 도식으로 보았기 때문이다. 이에 비해 소강절은 「낙서」를 선천의 범주에 넣지 않는다. 왜냐하면 「낙서」는 땅에 기인하여 발생한 도상으로, 이는 땅을 구획하는 논리이자, 인간 생활의 필요에 따라 만들어진 오행五行, 오사五事, 팔정八政 등의 구류九類의 근거로 보기 때문이다.

다음으로는 복희가 오묘한 자연의 법상法象을 보고 괘획을 한 역으로 ②에 해당하는 도상들이다. 「복희8괘차서도」, 「복희8괘방위도」, 「복희64괘차서도」, 「복희64괘방위도」가 여기에 해당한다. 이를 '문자가 없는 네 그림[無文字四圖]'이라고 부른다. 이는 형상화와 기호화의 단계에 해당하고, 인위적인 가공이 없는 자연역에 해당한다.

다음으로는 문왕이 그려낸 도상으로 ③이 이에 해당한다. 문왕은 복희가 괘도를 그린 뜻을 연역하여 인간 일상에 적용하여 「문왕8괘차서도」와 「문왕8괘방위도」를 그린 것이다. 이것은 지금의 『주역』으로 후천역에 속하는 것이자 인위역에 해당한다.

그리고 공자가 문왕의 역을 기초로 단전을 짓고 괘의 변화로 괘가 이루어진 것을 설명하는 ④ 「괘변도卦變圖」 역시 후천에 속한다.

이렇게 구분해 보면, 『주역본의』 첫머리에 실려 있는 아홉 개의 도식은 주자가 역학사를 네 단계로 구분하여 이해하고 있음을 보여주는 것이다. 여기에다가 앞서 언급한 주자의 언설들과 이 도식들을 연결해 보면, 『주역본의』의 도식들은 선후천으로 구분되는 역학사를 보여주는 것으로 이해된다.

이제 시대사적 관점을 통해 선천과 후천을 구분해 보자. 앞서 선후천의 구분에 대해 논의하면서 시대적 구분이 드러났지만, 문왕과 주공을 시점으로 후천을 규정한다. 소강절은 복희로부터 요임금에 이르는 시기를 선천의 시대로, 요임금 이후의 역사를 후천의 시대로 구분한다.[84] 인간 역사의 발달과 그에 따른 역의 재해석을 준거로 삼는다면, 문왕과 주공이 개역改易을 한 주된 인물이기 때문에 이들이 선천역과 후천역의 구분 기준점이 된다.

이상으로 살펴본 선천과 후천의 구분은 소강절에 의해 기획된 것이지만, 주자가 이를 수용하면서 역학사를 이루게 된 것이다. 복희가 획괘하기 이전에서 획괘하는 과정을 선천으로 규정하면서, 이 과정에서 도출된 선천사도先天四圖라는 도서圖書들을 선천으로 분류하고, 문왕을 중심으로 한 역에 대한 새로운 해석들은 후천으로 규정한다. 이는 다시 시대사적으로 요임금을 기준으로 선천의 시대와 후천의 시대로 구분되는 과정을 거치게 된다.

그렇다면 소강절은 무엇 때문에 선천역을 기획했으며, 주자는 그것을 수용했을까? 이에 대해 일본 학자 이마이우 사부로우今井宇三郎는,

선천역이란 후천역의 근거를 고찰하려는 의도에서 기획된 송대 리학의 역에 대한 탐구 결과라고 설명한다. 즉, 선천역은 후천역(주역)의 근거를 고찰하기 위해, 『주역』 8괘의 차서와 방위에 새로운 근거를 부여하기 위한 송대 리학의 역에 대한 탐구 결과라고 본 것이다.[85]

그런데 후천역의 근거를 찾기 위한 송대 리학의 역에 대한 탐구 결과라는 해명은 일면 타당하지만 온전하지는 않다. 후천역인 『주역』 자체가 「설괘전」이나 「서괘전」을 통해서 괘획을 만든 이유와 괘획을 배치한 순서에 대해 해명하고 있기 때문이다. 즉, 『주역』 자체가 괘획과 괘획의 배치에 대한 온전한 설명을 제시하고 있는 완결된 체계라는 것이다. 오히려 필자는 '선천역이 후천역의 근거'라는 해명은 역학사적으로 한대 역학에서 제기된 요소들 즉, 도서圖書와 괘기卦氣, 납갑納甲 등의 학설들과 도교 등에서 드러난 우주론과 발생론적 요소들을 유학의 관점에서 정리한 결과로 판단한다. 송대 이전에 발생한 역학의 제요소들을 북송의 이학자들이 역학사에 수용하면서 선천역과 후천역으로 체계화한 것으로 본다. 필자는 이러한 점에서 송대 리학의 역에 대한 탐구 결과라는 설명은 일면 타당하다고 본다.

다른 하나는 천지의 구조와 변화를 설명하는 체계로서 선천역이 더 유용하다는 점이다. 이는 선천역의 도서들에서 나타난 규칙성이 후천역의 도서들보다 더 체계적이고, 천지의 구조와 변화의 설명에 적합하기 때문이다. 가령 「설괘전」에서 제시한 8괘의 방위를 그림으로 그린 것이 「문왕8괘방위도」인데, 이는 동서로 가로놓인 진·태괘가 중심축이다. 이에 반해 「복희8괘방위도」는 건곤괘가 남북의 축이 되면서 중심축을 이룬다. 그러면서, 건괘와 곤괘, 리괘와 감괘, 진괘와 손괘, 태괘와 간괘가 서로 대칭구조를 이룬다. 이는 서로 상반되는 괘상들이 대칭구조를 이루는 것으로 「문왕8괘방위도」에서 발견할 수 없는 규칙성을 갖게 되는 것이다. 이 상반되는 괘들이 짝으로 이루는 것을 '대대對待'라고 표현하는데, 이 '대대'의 구조는 체계적이며 천지의 구조와 사물의 분류와 변화에 더 적합한 설명체계를 갖게 한다.

이를 달리 설명하면, 「선천도」(「복희8괘차서도」 혹은 「복희64괘차서도」)에서 양효와 음효의 배열은 양효와 음효가 생성과 소멸을 하는 순서에 따라 괘를 배치하며, 이 괘들은 전체적으로 음양의 생성과 소멸을 형상화하고 있다. 이는 괘의 생성을 설명하는 것이나, 괘기이론을 설명하는 것이나, 자연의 변화를 설명하는 것이나, 천지의 구조를 설명하는 것 등에서 이점이 있다. 이러한 이유로 선천역을 자연역으로, 인위적인 개입이 없는 역으로 규정하는 것이다.

이러한 점들은 소강절의 선천역에 관한 사유를 추적하면 쉽게 확인할 수 있다. 소강절의 역학은 상수학적 입장에 서 있는 것이 가장 큰 특징이다. 그의 『황극경세』의 「관물외편」에 보이는 역에 대한 정의들, 즉, "역이란 음양이 갈마드는 것을 말한다"[86]라든지, "음양이 갈마드는 것을 도라고 하는데, 도는 소리도 없고 모양도 없어서 얻어서 볼 수 없는 것이다. 그러므로 도로道路의 '도道'자를 빌려 이름으로 삼았다. 사람이 어디를 가려 할 때 반드시 길을 통해서 가듯이, 음양이 갈마드는 것은 천지의 길[道]이다. 만물은 이로 말미암아 생겨나고 이로 말미암아 이루어진다"[87]라든지, "도가 태극"[88]이라는 규정들은 이러한 규칙성을 달리 표현한 것으로 볼 수 있다.

"역의 수는 천지의 처음과 끝을 다한다"[89]라든지, "건곤은 홀수 짝수로부터 기인하고, 홀수 짝수는 태극으로부터 생겨난다"[90]라든지, "태극은 일一인데, 움직이지 않고 이二를 생성한다. 이二가 되면 신령스럽다. 신령스러움은 수를 생성하고, 수는 상을 생성하고, 상은 구체적인 개별자를 생성한다”[91]라든지, “태극은 움직이지 않으니 본성이다. 드러나면 신령스럽고, 신령스러우면 수數가 있게 되고, 수가 있게 되면 상象이 있게 되고 상이 있게 되면 구체적인 개별자가 있게 되고, 구체적인 개별자가 있게 되면 변화하고, 변화의 과정은 다시 신령스러움에 복귀한다”[92]라는 언급을 통해서 소강절의 상수학적 특징을 확인할 수 있다.

소강절은 태극과 구체적인 개별자의 관계, 혹은 개별자들의 변화가 최종적으로 귀착하는 과정을 홀수와 짝수의 변화로 질서화하고 있다. 이 과정에서 상象과 수數를 개입한다. 그는 우주의 근원자인 태극에서 개별자로 이어지는 발생론과 그 과정에서 보이는 변화를 짝수와 홀수라는 수적 기호로 설명하려 한 것이다. 이는 우주의 형성과 변화를 설명하는 사변적 이론체계에 수를 개입하고, 수로서 설명할 수 없는 한계에는 상을 개입한 것이다. 이러한 점이 소강절의 사상이 상수학이라는 점을 확인시켜주는 내용이다.

결국 소강절의 역학적 특징은 특별히 홀짝수의 변화가 가지고 있는 패턴을 중시하여, 이를 바탕으로 수적 추론을 통해 역의 본질을 파악하려 했다는 점에 있다. 이를 가장 잘 보여주는 것이 태극에서 8괘로 이어지는 「복희8괘차서도」이다. 이는 태극에서 음양의 양의로, 음양의 양의에서 사상으로, 사상에서 팔괘로, 팔괘에서 …… 64괘로 이어지는 수적 질서이다. 이를 소강절은 “일분위이一分爲二, 이분위사二分爲四, 사분위팔四分爲八”의 과정으로 설명하는데, 이는 가일배법加一倍法이다. 이 가일배법은 64괘에도 그대로 적용되어, 태극에서 64괘의 형성과정이 1, 2, 4, 8, 16, 32, 64로 이어지고, 이를 도식화한 것이 「복희64괘차서도」이다. 소강절이 그린 것으로 인정되는 「복희8괘차서도」와 「복희64괘차서도」는 이러한 가일배법에 기초한 도서로, 현대 수학적 의미로 배수법에 기초한 도서의 작성이다.

이처럼 소강절의 역학은 수와 상을 통해 천지의 구조와 사물의 생성, 변화를 구조화하고 있다. 소강절의 이러한 선천역의 사유는 북송의 학자들이 한대 역학과 도교의 역학을 체계화하면서, 천지의 구조와 변화를 어떻게 학문적으로 처리하고 있는지를 보여준다.

주자는 소강절의 가일배법에 의한 수적 질서를 두고서, 소강절과 정명도(程顥, 1032 ~ 1085)만이 알아낸 선천의 지식으로 규정한다. 또한 이 가일배법은 공자가 복희의 획괘 과정을 밝힌 '역에 태극이 있으니, 이것이 양의를 낳고 양의가 사상을 낳고 사상이 8괘를 낳았다'는 말을 가장 잘 설명한 것으로 파악한다. 즉, 주자는 선천학의 핵심적인 지식이자 가장 긴요하고 간절한 지식을 소강절이 밝혔다고 본 것이다.

> '역에 태극이 있으니, 이것이 양의를 낳고 양의가 사상을 낳고 사상이 8괘를 낳았다'고 하니, 이 한 구절은 공자께서 복희의 괘를 그은 자연스러운 형체의 차례를 밝힌 것으로 가장 절실하고 중요한 것이다. 옛날부터 지금까지 말한 사람 가운데 오직 소강절과 정명도 두 선생이 능히 알았다고 할 수 있다. 그렇기 때문에 소강절의 말씀에 '하나가 나뉘어 둘이 되고, 둘이 나뉘어 넷이 되고, 넷이 나뉘어 여덟이 되고, ……예순 넷이 되니, 뿌리에 줄기가 있고, 줄기에 가지가 있는 것 같아서 커질수록 더욱 적어지고, 가늘수록 더욱 번성하다'고 했고, 명도선생이 '한 배만큼 더하는 법'이라고 하니, 공자의 말씀을 드러내 밝힌 것 중에 또한 가장 간절하고 긴요한 것이라 할 수 있다.[93]

주자가 소강절의 선천과 후천에 대한 구분들을 승인한 것은 그 전거가 너무 많아 일일이 거론할 수 없지만, 원추袁樞(자 機仲, 1131~1205)[94]

와의 문답에서 그 핵심들을 추려볼 수 있다. 주자는 원추에게 성인이 역을 지은 근원을 파악하기 위해서는 소강절이 그린 「횡도橫圖」를 이해하라고 지적한다. 그는 이 「횡도」가 하늘의 이치가 저절로 그러한 것을 옮긴 것으로 인간적 지혜가 조금도 가해지지 않은 것이라고 본다. 「횡도」는 태극에서 양의로, 양의에서 사상으로, 사상에서 8괘로 이어지는 「복희8괘차서도」를 「소횡도」라고 하고, 8괘에서 64괘에 이르는 「복희64괘차서도」를 「대횡도」라고 한다.

> 원추에게 대답하여 말하였다. "성인이 역을 지은 근원을 분명하게 알려면, 책머리에 있는 횡도를 보는 것이 좋다. 처음에 두 획만 있을 때부터 점차로 보아서 여섯 획이 생겨 가득할 때까지 이르면, 선후와 많고 적음에 차례가 있고 위치가 분명해서 말이 필요 없으니, 여기에서 보면 64괘가 모두 하늘의 저절로 그러함에서 차례로 배출되어 나왔음을 알 것이다. 성인이 다만 분명하게 보아서 본래대로 그어놓은 것일 뿐, 원래 조그만 지혜도 더하여 도운 것이 아니다."[95]

소강절의 선천과 후천에 대한 사유를 두고 주자는 원추에게 답한 서신에서 몇 가지 특징을 중심으로 정리를 하고 있다. 「답원기중서答袁機仲書」의 내용에 따라 선천학과 후천학을 구분해 보자. 첫째는 선천학이란 복희가 그린 역이고, 후천이란 문왕이 연역한 역이다. 둘째, 복희의 역은 문자가 없이 다만 하나의 그림[圖]에 그 상과 수를 깃들여 놓아 천지만물의 이치와 음양시종의 변화를 갖추어 놓은 것이고, 문왕의 역은 곧 지금의 『주역』이다. 그리고 공자의 전傳은 문왕의 역을 바탕으로 한 것이기 때문에 공자가 논설한 것은 본래 문왕의 역을 위주로 한 것이다.[96] 셋째, 복희의 역은 저절로 생겨난 것이며, 인간의 인위적인 지력이나 노력을 빌릴 필요가 없는 것이지만, 천지의 문文과 온갖 일의 이치가 모두 갖추어진 것이라는 점이다.[97] 넷째, 복희의 역은 획전역으로 획으로 긋기 이전에 이러한 이치를 갖추고 있다. 그러므로 총명하고 신령스러운 지혜를 지닌 사람(복희)에 의해 그 비밀이 드러난 것이다.[98]

주자가 소강절의 선후천에 대해 이상과 같이 구분한 것을 정리하면, 복희의 역은 자연역이며 선천에 해당하고, 문왕의 역은 인간의 지력에 의한 인위적인 역이며 후천이라는 점이다. 또한 복희가 획으로 그리기 이전의 이치, 즉 복희의 심법心法은 선천에 해당하고 이를 추구한다는 점이다. 이는 주자가 소강절의 선천학을 승인한 이유이기도 한데, 소강절이 선천학을 통해 역의 도道인 획전역을 찾고자 한 점을 인정했기 때문이다. 즉, 소강절은 역의 도를 추구하면서 복희의 심법을 추구한 것인데, 이는 「계사전」과 「설괘전」에서 제기된 획괘 이전의 상황과 획괘의 과정을 소강절이 적절하게 설명한 것에 대한 승인이기도 하다.

> ①"옛날에 복희가 천하에 왕노릇을 할 때에 우러러 하늘의 상을 보고 굽어 땅의 법을 보며, 새와 짐승의 무늬와 땅의 마땅함을 보며, 가깝게는 자신에게서 취하고 멀게는 물건에서 취해서 이에 비로소 8괘를 만들어 신령스럽고 밝은 덕을 관통하며 만물의 실정을 분류하였다."[99]

> ②"천지가 자리를 정함에 산과 못이 기운을 통하며, 우레와 바람이 부딪히며 물과 불이 서로 쏘지 않아서 8괘가 서로 섞이니, 가는 것을 세는 것은 순하고 오는 것을 앎은 거슬리는 것이니 이런 까닭에 역은 거슬러 세는 것이다."[100]

이 인용문에서, 소강절은 ①을 획괘 이전의 상황에서 8괘를 그려내는 과정으로, ②를 천지의 자리를 파악하여 8괘의 방위를 지정하고, 이에 기초해 64괘방위도를 해석한 것으로 설명하였다. 주자는 소강절의 이러한 설명을 인정한 것이다. 앞서 살펴본 주자의 논리에 따르면, 획괘 이전의 상황은 심법이자 획전역으로 이러한 이치를 이미 마음에 간직한 것이고, 획괘의 과정은 인위적인 노력을 가하지 않은 자연역에 해당한다.

소강절은 「관물외편」에서 인용문 ②인 「설괘전」 3장을 「복희8괘방위도」와 「복희64괘방위도」를 해석한 내용으로 이해한다. "'천지가 자리를 정함'이라는 구절은 '복희8괘'를 밝힌 것이다. 원문에서 '팔괘가 서로 섞임'이란 사귀고 서로 섞여 64괘를 이루어 낸다는 것을 밝힌 것이다. '가는 것을 세는 것은 순'이란 구절은 하늘을 따라 운행하는 것으로 좌선左旋하는 것으로 이미 생성된 괘이다. 그러므로 '수왕數往'이라고 한 것이다. '오는 것을 앎은 거슬리는 것'이란 하늘을 거슬러 행하는 것으로 우행右行하는 것이니 아직 생성되기 이전의 괘이다. 그러므로 '지래知來'라고 한다. 역의 수란 거슬러 이루어진다. 이 한 구절은 바로 그림의 뜻[圖意]을 해석한 것이다"[101]라고 소강절은 해석한다.

이에 대해 주자는 『주자어류朱子語類』에서 "건1에서부터 횡으로 배열되어 곤8에 이르기까지, 이는 온전히 저절로 그러한 것이다. 그러므로 「설괘전」에서 '역은 역수이다'고 하였는데, 모두 이미 생성된 것으로 아직 생성되지 않은 괘를 얻는 것이다. 가령 원도圓圖에서도 이와 같이 하면 음양이 소장消長하는 순서를 알 수 있다. 진괘의 일양一陽, 리·태괘의 이양二陽, 건괘의 삼양三陽, 손괘의 일음一陰, 감·간괘의 이음二陰, 곤괘의 삼음三陰이 다소 인위적으로 안배된 것 같지만 또한 자연의 이치가 아님이 없다"[102]고 이해한다. 주자가 언급한 원도는 「복희8괘방위도」와 「복희64괘방위도」이다. 전자는 「소원도」이고, 후자는 「대원도」이다. 이들 도상 중에 「소원도」인 「복희8괘방위도」는 괘들의 음양의 소장이 분명하지 않으므로 '다소 인위적'이라고 한 것이고, 「대원도」인 「복희64괘방위도」는 음양의 소장이 자연스럽게 배열되어 있어, '자연의 이치가 아님이 없다'고 한 것이다.

주자의 이러한 설명은 소강절의 설명과 동일한 논리의 연장선에서 있음을 알 수 있다. 주자는 소강절이 「계사전」과 「설괘전」에 제기된 획괘의 이전과 이후의 구분과 획괘의 원리 등에 대해 선천과 후천의 개념적 구분을 적용한 것에 대해 수용하고 있는 것이다. 더 나아가 소강절의 이러한 선천과 후천의 구분에 대해 주자는 좀 더 분명한 개념적 구분을 적용한 것이다. 주자의 세련화한 구분에 따르면, 선천은 우주생성의 근본이자, 천지간에 존재하여 만물이 따라야 하는 객관적 규칙인 자연의 도이고, 후천은 이 자연의 도를 인간이 인식하여, 인위적 요소를 더한 인간사의 실용적 부호체계로 만든 것으로 자연의 도가 아니다. 따라서 선천은 일차적인 것이고 후천은 이차적인 것이며, 선천은 체가 되고 후천은 용이 된다는 것이다.

또한 소강절이 '선천은 심법이고, 후천은 심법이 외재적인 형적으로 드러난 것[先天之學, 心也. 後天之學, 跡也]'이라는 명제도 복희의 심법에 의해서 우주와 천지 만물의 자연스러운 객관법칙으로서 도가 드러난 것으로 볼 수 있다. 이것은 획전의 역이자, 획괘의 과정에 해당함으로, 앞서 주자가 소강절의 선천과 후천을 구분한 넷째의 구분에 부합하는 것이기도 하다.

주자의 선후천에 대한 구분들은 소강절의 구분을 승인하면서도 세련화해 낸 것이다. 주자는 소강절의 선천과 후천에 대한 구분을 승인하고 자신의 사상체계 속에 수용하는데, 그것을 가장 극명하게 보여 주는 것이 앞서 언급한 『주역본의』 첫머리에 실린 9개의 그림들이다. 이 그림들은 선천과 후천으로 이어지는 역학사이자, 자연역에서 인위역으로 이어지는 역학의 흐름인 것이다.

제3절 주렴계의 『태극도설太極圖說』과 '태극太極'과 '선천先天'에 관한 주자의 논의

주렴계의 『태극도설』은 성리학의 핵심 개념인 '태극'과 성리학의 발생론적 우주론의 구조인 '무극이태극권無極而太極圈'으로부터 음정양동陰靜陽動의 '음양권陰陽圈', '오행권五行圈', '곤도성녀坤道成女, 건도성남권乾道成男圈', '만물화생권萬物化生圈'으로 이어지는 5단계의 발생론적 구조를 보여주는 책이다. 이 때문에 주자는 『성리대전性理大全』의 권1에서 『태극도설』을 가장 먼저 수록하고 자신의 해석을 덧붙이고 있다.

성리학에서 『태극도설』이 중요한 의의를 지니는 것은 '태극'이라는 용어 때문이다. 태극은 형이상학적 근거가 되는 핵심 개념이다. 성리학에서 태극이 가지는 위상은 이기론에서 리理에 해당하는 것이자, 심성론에서 성性에 해당하는 핵심적인 것이지만, 궁극적으로는 우주의 실체에 해당한다.[103] 주자를 비롯한 송대 이학자들이 전통의 유학을 이기론과 심성론으로 새롭게 해석할 수 있었던 근거는 바로 태극이라는 개념의 재발견에 기인한다.

유학을 재해석한 송대 이학에서, 그 시발점이 태극이기에 주자는 주렴계를 복희와 문왕, 공자의 사상을 직접 계승한 인물로 본다. 주자는 주렴계의 태극의 재발견을 두고서 역학사적으로 소강절에 의해 선천역이 확립되는 것과 동일한 의의를 지닌 것으로 본다. 그래서 복희로부터 공자에 이르는 역학사의 궤적을 잇는 것이자, 천성千聖이래의 전해오지 못한 비밀을 열어 낸 것으로 극찬한다.

주자가 말하기를, 복희씨가 역을 지은 것은 한 획에서부터 해가고, 문왕이 역을 연역한 것은 건원에서부터 해갔으나 모두 태극은 말하지 않았다. 그러나 공자는 태극을 말하였다. 공자는 역을 찬술하면서 태극으로부터 해나갔으나 무극은 말하지 않았다. 그러나 주렴계는 말하였다. 이러한 역사적 상황들을 볼 때, 선성과 후성들이 어찌 조條를 같이하고 관貫을 함께 한 것이 아니겠는가?[104]

'무극'이라는 두 글자는 주렴계가 뚜렷하게 도체를 보아서 멀리 상정을 넘어서 굳세게 앞으로 나아가 사람들이 감히 말하지 못한 도리를 말해 낸 것이다. 그리하여 후학들로 하여금 분명하게 태극의 오묘함을 알게 하여 유와 무에 속하지 않게 하고 구체적인 사물로 인식하지 않게 하였으니, 천성 이래의 전하지 못한 비밀을 얻은 것이다.[105]

두 인용문에서 전자는 주렴계의 「태극도」가 복희에서 공자, 주렴계로 이어지는 역학사의 궤적을 잇는 것이라는 점을 지적한 것이고, 후자는 태극을 통해 도체를 드러냈다고 보는 것이다. 이처럼 주자는 주렴계의 태극에 대해 도체라는 관점에서도 언급하고, 역학사적으로도 언급하면서 극찬한다. 주자가 「태극도」를 두고서 도체라는 관점에서 언급한 것은, 「태극도」의 설명체계가 음양 변화의 근원인 태극을 언급한 뒤, 사람의 선성善性과 사람의 형체에 기인한 음양·동정과 선악을 설명하고, 오성과 오행, 만물에 이르는 일관된 발생론적 체계를 설명했기 때문이다. 이는 태극이라는 도체가 사람의 선한 본성으로, 만물의 실체로 일관되게 연결되면서 체계화되었다는 의미이다. 주자는 이를 '수미가 맞닿고 맥락이 관통하는 논리'로 본다.[106] 이는 「태극도」가 유학의 발생론으로 확정된 것이자, 우주와 만물의 공통적 실체로서 태극이라는 개념이 확립되었다는 의미로 이해할 수 있다.

역학사적 관점에서 태극이 갖는 위상은 공자의 저작으로 인정되는 「계사」 11장의 "시고역유태극是故易有太極, 시생양의是生兩儀, 양의생사상兩儀生四象, 사상생팔괘四象生八卦"라는 구절과 관련된다. 앞서 살펴보았듯이, 「계사」 11장에 대해 주자는 선천학의 핵심적 지식으로 간주했었다. 주자는 이 구절에 대해 복희가 괘획을 그은 자연스러운 형체의 차례를 밝힌 것으로 보았다.

그렇다면 『태극도설』의 태극은 괘획의 과정을 설명하는 「계사」의 태극과 같은 개념인가 다른 개념인가라는 문제가 제기된다. 즉 『태극도설』의 태극과 「계사」의 태극이 같은 개념이라면, 『태극도설』의 도식과 「계사」의 도식이 불일치하는 문제를 해결해야 한다. 『태극도설』의 도상은 태극에서 음양으로, 음양에서 오행으로, 오행에서 성남성녀, 만물화생으로 이어지는 도상인 데 반해, 「계사」의 도상은 태극에서 음양으로, 음양에서 사상으로, 사상에서 8괘로 이어지는 「소횡도」의 그림을 그리는 설명이어서 서로 불일치한다.

물론 태극이 하나의 혼륜한 도리로 음양과 강유, 기우 등을 그 자체로 포함하고 있다[107]는 점에서 보자면, 『태극도설』의 태극과 「계사」의 태극은 다른 개념일 수 없다. 그래서 주자는 '주렴계가 말한 태극은 "역유태극易有太極"이라는 「계사」의 말에 근거하고 있으며', '위로는 선천역을 기초로 「태극도」를 저술한' 것으로 본다.

> 비로소 염계 주선생이 홀로 천년 동안 전해지지 못한 비밀을 전하여 위로는 선천역을 바탕으로 「태극도」를 지었다. 이른바 태극 운운한 것은 '역유태극易有太極'에 근본한 것이고, 음양오행과 인물이 모두 이것에서 기인한다는 것은 '태극생양의太極生兩儀, 양의생사상兩儀生四象, 사상생팔괘四象生八卦'한다는 말이다.[108]

이처럼 「태극도」의 태극이 괘획을 그리는 '역유태극'에 근본한 것이고, 「태극도」가 전개하고 있는 서술이 획괘의 과정과 다르지 않으며, 「태극도」의 태극과 획괘 과정의 태극이 같다면, 당연히 제기되는 문제는 괘획의 과정인 「복희8괘차서도」와 만물의 발생과정인 「태극도」의 일치를 논리적으로 설명해야 하는 문제가 제기된다.

이 문제를 소강절의 선천 개념으로 살펴보자. 소강절은 선천의 범주를 태극에서 음양까지만을 포함시킨다. 그리고 오행은 후천에 속한다고 본다. 소강절의 논리를 「태극도」의 도식에 적용하면, '무극이태극권'과 '음양권'만이 선천에 속하고 '오행권' 이하는 후천에 속하게 된다.

만약 주자가 소강절의 선천과 후천의 분류를 따르지 않고 이들 두 도상을 합치시킨다 하더라도, 도상에서 상과 수의 불일치 문제는 여전히 남게 된다. 즉 상과 수란 도상에 나타난 상과 수를 의미하기 때문에, 「태극도」와 「복희8괘차서도」를 일치시키려면, 두 도상의 상과 수를 일치시켜야 한다. 그러나 두 도서는 그 상과 수가 다를 뿐만 아니라, 상수와 도상 자체가 확연히 달라 동일한 상과 수로 설명되지 않는다.

이는 「복희8괘차서도」가 인위적인 개입이 전혀 없는 자연스러운 획괘 과정을 나타내는 도상이라면, 「태극도」는 발생론적 도식을 보여주는 것이어서 일치할 수 없는 것인지도 모른다. 두 도상에서 상과 수가 일치하지 않는 문제는 두 도상이 범주가 다른 대상을 표현하고 있는 것이어서 일치할 수 없게 된 것일지도 모른다.

그런데 주자는 앞서의 인용문처럼 두 도상을 동일한 내포를 가진 것으로 인식했다. 그렇다면 이 문제에 대한 제자 문인들의 문제제기는 당연한 것이다. 이에 관해 질문을 제기한 이는 황간黃幹이다. 황간의 질문이 어떤 내용인지 전모를 찾을 수 없지만, 주자의 답변에서 유추해 보면, 「선천도=복희8괘차서도」와 「태극도」의 관계를 물은 것이다. 답변의 골자는 「선천도」는 소강절이 창조한 것이 아니라 복희의 창조이며, 역에서 연역할 수 있는 모든 내용이 깃들어 있다는 것이고, 「태극도」는 주렴계의 창조로, 역의 대체적인 강령과 의미를 밝힌 것으로 전제한 뒤, 두 도상의 상과 수의 일치를 설명한다. 내용이 길지 않으므로 전문을 옮겨 본다.

> 전에 편지에서 논한 「선천도」와 「태극도」 그림에 대해서 오랫 동안 건강이 좋지 못하여 답할 겨를이 없었습니다. 「선천도」는 복희의 본래 그림으로 강절이 스스로 창조한 것이 아닙니다. 그 그림은 언어적 설명은 없지만, 갖추고 있는 의미는 매우 넓습니다. 대개 지금 역 가운데 한 글자, 하나의 의미도 그 그림에서 도출되어 나오지 않은 것이 없습니다. 그러나 「태극도」의 경우는 도리어 염계가 스스로 창조한 것으로 역 속의 대체적인 것과 강령, 의미 등을 밝혀낸 것입니다. 그러므로 두 그림의 구조를 논하면, 「태극도」는 「선천도」의 크고도 상세함만 못하고, 그 의미를 논한다면 「선천도」는 「태극도」의 정미하면서 요약된 것만 못합니다. 대개 원래 규모는 같지 않지만 「태극도」는 끝내 「선천도」의 범위 안에 있으며 또 「선천도」의 사려하거나 안배할 필요가 없는 저절로 그러함만 못합니다. 가령 수로써 말하면 「선천도」의 수는 1에서 2로, 2에서 4로, 4에서 8로 이어져 8괘가 됩니다. 「태극도」의 수도 또한 1에서 2로(강유), 2에서 4로(강선강악 유선유악) 이어지고, 드디어 그 1(中)을 더하여 오행이 되며, 드디어는 아래로 만물에 미칩니다. 대개 만물의 이치는 본래 같으므로 상과 수도 역시 두 가지 이치는 없습니다만, 유추하는 데 대소와 상세함과 간략함이 있을 따름입니다. 근자에 강론한 것과 문자를 고친 것이 자못 많으니 마땅히 서로 만나 얼굴을 맞대고 논의하기를 기다리겠습니다.[109]

주자의 답변에서 확인할 수 있는 내용은 「선천도」의 범위 속에 「태극도」가 속하고, 구조적으로는 「선천도」가 크고도 상세한 데 반해, 의미적으로는 「태극도」가 정미하면서 요약되어 있다고 본다. 수의 관점에서 「선천도」는 1, 2, 4, 8로 이어지는 데 반해, 「태극도」는 1, 2, 4, 5로 이어진다고 본다. 그러나 상과 수의 관점에서 보면 이 두 그림은 같은 이치라고 본다. 다만 이 두 그림은 '상세함'과 '간략함'에서 차이가 난다고 정리하고 있다. 결국 주자는 두 그림이 상세하고 간략함의 차이를 가질 뿐 동일한 내포를 가진 것으로 정리하고 있는 것이다.

주자의 이러한 관점은 「태극도」, 「선천도」, 「서명」, 「홍범」의 그림들을 비교하는 것에서도 동일하게 견지된다. 「태극도」는 1에서 2로, 2에서 5로 전개되어 만물에까지 이르는 것이며, 「선천도」는 1에서 2로, 2에서 4로, 4에서 8로, 8에서 16으로, 16에서 32로, 32에서 64로 전개되어 만물의 이치가 갖추어지고, 「서명」은 음양만을 말하는 데 그치고, 「홍범」은 오행만을 말하는 데 지나지 않지만 그 이치는 동일하다[110]고 본다. 주자는 이들 도서와 책들이 각기 다른 상수를 말하지만 진리는 동일하다고 본 것이다. 결국 주자는 보는 이의 관점에 따라 상세함과 소략함의 차이가 있다고 본 것이다.

주자의 이러한 논리는 몇 가지 점에서 미흡하다. 첫째, 상과 수의 불일치를 명확하게 설명하고 있지 못한다는 점이다. 「선천도」와 「태극도」는 상과 수에서 전혀 다른 모습을 보여준다. 둘째, 「선천도」와 「태극도」는 설명하는 대상이 다른 점에서 두 그림을 일치시킬 수 없다는 점이다. 「선천도」는 괘획의 자연스러운 도출을 중심으로 설명하고 있다면, 「태극도」는 발생론에 관한 도식이기 때문에 두 그림은 범주가 다른 것이다. 셋째, 소강절에 따르면 선천과 후천의 관점에서 태극과 음양은 선천에 속하지만, 오행 이하는 후천에 속하는데, 「태극도」를 「선천도」와 동일하게 결합시켜내는 것은 선천의 개념을 잘못 적용한 것에 속한다.

그러나 분명한 것은 '태극'이 선천의 범주에 속한다는 점이다. 선천의 범주에 태극이 속하기 때문에 「태극도」에 대한 바른 이해는 선천에서 후천으로 이어지는 발생론적 구조를 도식화한 것으로 파악해야 한다. 태극과 음양이라는 선천의 범주에서 오행 이하의 만물이 화생하는 과정으로 보면, 「태극도」는 선천에서 후천으로 이어지는 하나의 체계적인 도식으로 파악되는 것이다.

제1장의 논의를 정리하면 다음과 같다.

서명응이 자신의 학문체계로 세운 '선천'이라는 개념은 도교의 수련이론에서는 궁극적으로 도달해야 할 목표로 설정된 개념이다. 선천 개념은 도교의 발전사에서 외단도교에서 내단도교로 전환되면서 등장하고, 수련에서는 후천의 상태에서 수련을 통해 선천을 회복한다는 논리로 상정되면서, 도교 수련의 각 단계를 설명하는 도식에서는 최고의 수련단계에 해당하게 된다. 이러한 수련 단계를 도상으로 나타낸 것이 「무극도」이다.

유학에서는 소강절의 선천도들과 주렴계의 「태극도」가 역학사의 흐름으로 주자에게 수용되면서 이학의 근거 역할을 하게 된다. 이 과정에서 주자가 이들 「선천도」와 「태극도」의 도상들에 대해 관심을 기울인 이유는 한대의 역학과 도교의 역학을 유학의 관점에서 재해석하고, 수용할 필요가 있었기 때문으로 보인다. 주자는 「선천도」와 「태극도」를 일치시키려는 시도를 하였지만, 실패한 것으로 보인다. 하지만 소강절의 도식과 주렴계의 도식에 대한 다양한 해석들이 제시되면서, 이학의 형이상학적 근거로 정립되는 것이다.

제2장 서명응의 선천학先天學 체계와 특징

제1절 선천학의 범주와 구분

1) 선천학 체계로 구성한 저술

서명응은 소강절에서 주자로 이어지는 선천학에 대한 개념적 이해와 역사를 수용한다. 즉, 서명응은 '복희의 역을 선천이라고 하고, 문왕의 역을 후천이라고 한다'[111]라는 명제와 '선천은 천이 있기 이전이요, 후천은 천이 있은 후이며, 선천은 체이니 천지가 생기기 전부터 세워진 것이고, 후천은 용이니 천지가 있은 후에 생긴 것'[112]이라는 소강절의 구분을 수용한다. 또한 소강절의 이러한 선후천의 구분을 주자가 받아들여 선천역과 후천역이라는 두 가지 역학 체계를 확립한 것 역시 받아들인다.

서명응이 선천과 후천의 구분을 수용하고 자신의 학문을 선천학의 체계로 정립하는 것은 그의 저술인 『보만재총서保晩齋叢書』와 『보만재잉간保晩齋剩簡』에서 확인할 수 있다. 이 저술들의 체계에서 선천상수학의 내용을 확인해 보자. 『보만재총서』의 「범례」와 『보만재잉간』의 구성[113] 등에서 보이듯이, 이들 저서의 체계는 선천역을 중심으로 한다. 우선 『보만재총서』의 체제를 살펴보면, 기존의 학문체계인 경사자집經史子集의 4부형식과 『한위총서漢魏叢書』의 체계인 경익經翼 · 별사別史 · 자여子餘 · 재적載籍을 본떠 경익經翼 · 사별史別 · 자여子餘 · 집류集類로 체계를 형성한다. 하지만 『한위총서』의 체제와는 다른 형식인데, 『한위총서』에서 경익經翼이란 연원淵源을 상고하는 것이고, 사별史別은 휼괴譎怪를 넓히는 것이고, 자여子餘는 문호門戶를 변별하는 것이며, 재적載籍은 소요逍遙를 바탕으로 삼는 것이었다.[114] 그런데 서명응의 『보만재총서』는 경익에서 선천역을 밝히고, 사별은 기자箕子의 역사와 지리, 농정을 다룬다. 또한 자여에서는 천문역학과 음악, 『참동고參同攷』 등을 다룬다. 마지막으로 집류는 일상생활의 도움을 주기 위한 참고 서적이다.[115]

『보만재총서』에서 보이는 서명응의 학문적 체계는 이처럼 다양하다. 하지만 이를 관통하는 것은 선천역이다. 『보만재총서』는 13종 4부로 구성되어 있다. 이들 구성은 모두 선천역의 사상과 「하도」 중궁의 중연中衍으로 설명된다. 『보만재총서』의 「범례」를 보면, "옛사람들이 책을 엮을 때, 반드시 강기綱紀를 주재하는 것이 있다. 역의 강기를 주재하는 것은 음양이고, 서의 강기를 주재하는 것은 도법道法이며, 시의 강기를 주재하는 것은 성정이며, 예의 강기를 주재하는 것은 공양이다. 이 책은 13종으로 각기 한 책을 이루고 있어 문호가 다르지만, 모두가 선천으로 강기를 주재하는 까닭에 『선천사연先天四演』을 총서의 머리에 두니, 선천은 하나의 근본이고, 12종의 책은 만수萬殊이다. 하나의 근본이 만 가지 다름을 꿰뚫는다. 그러므로 선천을 12종의 머리에 두었다"[116] 라고 하여, 4부 13종을 꿰뚫는 것은 선천역이라고 한다.

또한 「범례」에서 『보만재총서』를 사목四目으로 나누었으나 그 실질적인 내용은 선천의 사상이라고 한다.[117] 그래서 경經에 관련된 책이 『선천사연』과 『상서일지尙書逸旨』, 『시악묘계詩樂妙契』, 『대학직지大學直指』, 『중용경위中庸經緯』로 모두 다섯 종류인 이유는 중연中衍의 수 전체가 5이기 때문이고, 사史에 관련된 책이 『주사疇史』, 『위사緯史』, 『본사本史』로 세 종류인 이유는 「하도」 중궁의 경위經緯()의 수가 3이기 때문이며, 자子에 관련된 책이 『비례준髀禮準』, 『선구재先句齊』, 『원음약元音鑰』, 『참동고參同攷』로 네 종류인 이유는 중연中衍의 외곽이 4점인 것을 가리키고, 집集에 관련된 책이 『고사십이집攷事十二集』으로 한 종류인 이유는 중연의 점이 1점인 때문이라고 풀이한다.[118]

이처럼 서명응은 자신의 저작들을 선천학의 상수로 체계화한다. 이러한 분류의 기준 역시 「하도」 중궁이다. 「하도」 중궁의 수적 조합에 기초하여 경經에 해당하는 저술의 권수를 5로, 사史에 해당하는 저술의 권수를 3으로, 자子에 해당하는 저술의 권수를 4로, 집集에 해당하는 저술의 권수를 1로 분류한다. 이렇게 보면 『보만재총서』가 기존의 학문분류인 경사자집이라는 4부에, 「하도」 중궁의 숫자들의 총화인 13이 되어, 4부 13종의 총서가 되는 것이다.

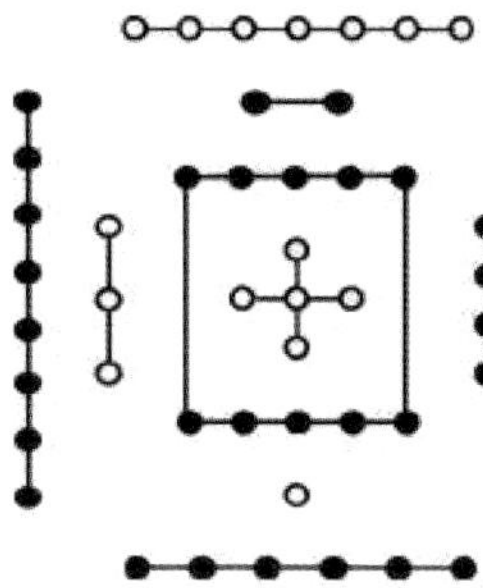

<그림 1>「하도河圖」

서명응은 여기에서 더 나아가 『보만재총서』의 전체적인 편수에 대해서는 후천역의 논리로 설명한다. 그는 선천역에 기초하여 4부 13종으로 저술을 분류하고 나서, 『보만재총서』의 총 권수인 60을 설명할 때는 후천역의 논리를 끌어온다. 이때 사용된 후천역의 논리는 '음양에서 사상으로, 사상에서 육효로'[119] 이어지는 후천역의 차서이다. 그가 『보만재총서』의 총 권수에 대해 후천역의 논리를 사용한 이유는 선천역이 후천역을 포함한다는 논리 때문이다.[120] 총 60권으로 이루어진 『보만재총서』에서 경에 해당하는 부분인 『선천사연』과 『상서일지』, 『대학직지』, 『중용경위』는 2권씩 이루어져 있는데 이는 음양을 의미하고, 그 중에서 『시경』을 해석한 『원음약』이 4권인 것은 사상을 의미한다. 그리고 자에 해당하는 『참동고』는 6권인데 이는 괘의 6효를 의미하며, 사에 해당하는 『위사』, 『본사』와 집에 해당하는 『고사십이집』은 12권으로 이루어져 있는데 이는 12개월을 상징한다. 그리고 총권수가 60권이 되는 것은 율력律曆의 60주와 60갑자를 본뜬 것이다.

서명응의 선천역과 후천역의 구분에 의하면, 선천역은 음양만을 말하고, 오행 이후의 일들은 말하지 않는다. 하지만 자연스럽게 오행 이후의 일들도 포함되며, 후천역 역시 선천역을 이해할 수 있는 방법들이 존재한다. 따라서 『보만재총서』를 사목四目으로 나눈 것은 선천역을 기준으로 한 것이고, 편제를 나누고 합한 것은 선천역 안에 포함한 후천역의 논리로 이해할 수 있다.

> 편제를 나누고 합하는 것은 비록 책 속에서 말하는 이치와는 관계가 없으나, 고서를 살펴보면 또한 편제에 뜻을 깃들였으니, 후천역서後天易書의 상하 이경二經은 음양을 본뜬 것이고, 이경십익二經十翼은 12월을 본뜬 것과 같은 것이 그 예이다. 이 책에서 2권으로 나눈 것은 음양을 본뜬 것이고, 4권으로 나눈 것은 사상四象을 본뜬 것이며, 6권으로 나눈 것은 6효爻를 본뜬 것이고, 12권으로 나눈 것은 열두 달을 본뜬 것이다. 모두 60권이 되는 것은 또한 율력의 60주周 60갑자甲子가 모두 60으로 실마리를 삼기 때문이다.[121]

이처럼 서명응의 학문체계는 선천역을 기준으로 체계화되었다. 즉, 선천역의 주요한 특징은 상과 수로 이 세계를 설명한다는 점이다. 이를 상수학이라고 하는데, 이는 앞서의 논의들에서 확인할 수 있는 것이다. 서명응은 『보만재총서』의 「범례」에서 "천지만물은 리와 기와 수의 셋을 벗어나지 않는다. 태극이 바로 이이고 음양오행이 바로 기이며, 「하도」의 1, 3, 5, 7, 9 와 2, 4, 6, 8, 10이 바로 수"[122]라고 말함으로써, 자신의 학문적 관심이 상수에 있음을 천명한다. 이러한 상과 수의 관계는 수가 존재하는 곳에는 언제나 상이 깃들어 있다[123]는 전제와 소강절의 사분법四分法을 전제로 하고 있다. 서명응은 『보만재총서』의 「범례」에서 "그 사목四目의 내용은 선천의 사상四象이다. 선천의 사상은 하늘에 있어서는 일월성신이 되고, 땅에서는 수화토석이 되고, 때에서는 온열냉한이 되고, 사람에게서는 예악정교가 되고, 책에서는 경사자집이 되지만, 그 원리는 하나이다"[124]라고 했는데, 여기서 밑줄 친 부분 전체가 소강절의 사분법을 그대로 옮기고 있는 것이어서, 소강절의 선천상수학을 자신의 철학적 전제로 삼고 있음을 확인할 수 있다.

그런데 여기서 주목할 점은 이러한 분류법은 유학의 전통적인 분류방법과 차이가 난다는 점이다. 즉 서명응은 『논어』와 『맹자』, 『주역』과 『예기』와 같은 중요한 경전들을 선천학에 포함하지 않는다. 그가 『논어』와 『맹자』, 『주역』과 『예기』를 선천학의 범주에 넣지 않은 것은 이들 저작들이 후천학에 속하는 것으로 판단하기 때문이다. 이러한 분류는 서명응이 소강절의 선천과 후천에 대한 구분을 준수하면서, 자신의 선천학과 후천학에 대한 분류에 따른 것이다. 소강절은 선천과 후천을 구분하면서, 요임금 이전을 선천으로, 요임금 이후를 후천으로 규정했다.[125] 서명응은 이를 준수하면서, 선천학의 시대를 하나라와 은나라로 한정한다. 그리고 주나라 초기의 몇몇 저작들은 선천의 학문으로 포함하는데, 이는 주공 당시에 선천학의 내용을 갖추고 있는 몇몇 저작들이 존재했다는 판단 때문이다. 이러한 저작의 대표적인 것으로 『주비산경』의 권상이 거론된다. 『주비산경』의 권상을 선천학의 내용으로 규정한 것은, 이 책의 내용이 선천학의 용인 구고句股에 관한 수법數法을 담고 있다고 판단하기 때문이다.

서명응의 이러한 선천과 후천에 관한 구분은 앞서 논의한 자연역과 인위역의 구분과도 상통한다. 주나라 초기에 이미 인간의 문명이 발전하였고, 그에 따라 인위적인 해석들이 가해지는데, 이를 후천의 시대로 접어든 것으로 파악한 것이다. 그래서 그는 『주역』과 『주례』, 『논어』와 『맹자』 역시 문왕이후의 저작들로, 후천에 속하는 것으로 규정한다. 서명응 자신은 학문적 목적을 선천학 탐구에 두었기 때문에 이들 후천학에 대한 관심은 전무할 정도다. 가령 그가 『논어』나 『맹자』에 관한 저술은 전혀 남기지 않고 있다는 점에서도 이를 확인할 수 있다.[126] 그는 굳이 이들 서적을 연구하지 않아도 선천학만을 규명하면 자연스럽게 연역해 낼 수 있는 것들이라고 보았기 때문이다. 이는 선천학이 그 자체로 후천학을 포함하고 있다는 그의 전제에서 본다면 당연한 귀결이다. 그는 선천학을 규명하는 것이야말로 자신의 학문적 목표임을 선언하고, 선천학을 공부한 과정과 선천학의 체계를 정립하고 난 뒤의 소회를 다음과 같이 기록하고 있다.

> 내가 선천에 대해서 처음으로 공부할 때는 마치 깊은 우물 속에 빠진 것 같았다가 중간에는 마치 단단한 나무를 손질하는 것과 같고, 갈래 길을 헤매는 것과 같았다. 그러다가 세월이 흘러 그림(「선천4도」)을 연역하는 법을 얻고 나서야 멍하니 마치 자욱한 운무를 열고 푸른 하늘을 보는 것과 같아, 마음을 깨끗이 하여 일을 따르니 즐거이 근심을 잊어버려 세월이 흘러가는 것을 알지 못하였다. 이제 해 그림자가 뽕나무 가지에 걸리는 데 이르렀으니 진실로 그 얻은 바를 글로 써서 선천을 공부하는 사람에게 주지 않으면 어찌 이른바 공평한 천하의 마음이라 하겠는가.[127]

이처럼 선천학을 자신의 학문적 목표로 삼은 그에게 특이한 점은, 소강절과 주자의 선후천에 대한 사유를 넘어서고 있다는 점이다. 이는 소강절과 주자의 상수학을 보다 철저히 체계화하고 도교적 사유를 결합하고 있는 것에서 알 수 있다. 그는 「하도」를 중심으로 선천역의 이론을 확장하고, 주렴계의 논리를 여기에 결합하여 새롭게 선천과 후천의 개념을 정립한 것이다. 이러한 과정에서 서명응은 『노자』와 『참동계』의 논리를 적극적으로 수용하고, 『참동계』를 통해서 선천학의 내용을 정립한다. 또한 선천과 후천의 개념을 천체 구조와 연결하고 심성론으로 확장하는데, 이것이 바로 소강절과 주자의 선천학에 관한 사유를 넘어서고 있는 점이다.

그가 선천학의 범주를 이렇게 확장하는 이유는 선천학의 역사를 바라보는 그만의 시각 때문이다. 그는 선천학이 복희에게서 기원하여 요·순·우를 거쳐 공자에게 전해졌지만, 그 이후의 전래 역사는 선천학의 체는 단丹을 제련하는 단조丹竈의 비결秘訣로 전해지고, 그 용은 서국西國으로 전해졌다고 본다. 그래서 선천학의 체는 북송 시기의 학자들에게로 전해지고, 용은 명나라 말기에 서국으로부터 되전해진 역사로 파악한다. 이러한 선천학의 분리 역사는 서명응 자신에 의해 체용의 결합, 선천학의 온전한 회복을 이루었다고 본 것이다. 이러한 그 자신의 역사인식 때문에 선천학의 구분과 범주, 역사가 기존의 소강절과 주자와 달라진 것이고, 소강절과 주자의 선천학에 대한 이해를 넘어서게 되는 것이다.

2) 「하도河圖」 중심의 선천론先天論

서명응은 선천과 후천의 구분에 대해 소강절과 주자의 구분을 따르지만, 몇 가지 점에서 그만의 특징을 찾을 수 있다. 그가 선후천을 구분하는 특징은 크게 세 가지 점으로 구분된다. 첫째는 「하도」를 선천학의 근거로 삼는다는 점이다. 둘째는 4정괘四正卦와 60괘를 구분하고, 이를 중심으로 선천과 후천을 구분하는 점이다. 셋째는 체용으로 구분하는 것이다.

이를 차례대로 정리해보자. 우선 「하도」를 선천학의 근거로 삼는 점은 소강절과 주자의 논리와 다를 것이 없다. 다만 서명응의 설명은 이들의 논리를 보다 구체화하고 있다는 점에서 특징적이다. 가령 주자는 「하도」와 「낙서」를 동일하게 선천의 범주로 보기 때문에 「하도」와 「낙서」의 가운데 텅 빈 부분을 태극으로 상정하고, 양의兩儀를 음양기우지상陰陽奇偶之象으로, 사상은 「하도」의 경우 1함含6, 2함含7, 3함含8, 4함含9로, 「낙서」의 경우 1함含9, 2함含8, 3함含7, 4함含6으로, 8괘는 「하도」의 경우 사정四正과 사우四隅의 자리로, 「낙서」의 경우 사실四實과 사허四虛의 자리로 이해한다.[128] 그러나 서명응은 「낙서」는 땅에 의해서 형성된 도서圖書로 파악하기 때문에 이를 후천의 범주에 분류한다. 그래서 태극, 음양, 사상, 8괘를 설명할 때 「낙서」를 끌어오지 않는다. 「하도」만을 중심축으로 놓고 선천학을 연역한다. 왜냐하면 서명응의 선천학 체계 속에서 「하도」는 「선천4도」(「8괘차서도八卦次序圖」, 「방위도方位圖」, 「육십사괘차서도六十四卦次序圖」, 「방원도方圓圖」)를 연역하는 근거이기 때문이다.[129]

서명응은 「하도」로부터 「선천4도」가 연역되는 과정을 복희라는 인물을 통해 서사적으로 묘사하고 있다. 즉, 복희가 「하도」를 얻게 된 경위와 음양에서 사상을 그리게 된 경위 및 후대에 「하도」가 전수되는 과정을 서사적으로 묘사하고 있는 것이다. 서명응의 이러한 서사는 「하도」와 「낙서」의 진위 문제를 제기하고 이들이 거짓 도서들이란 결론을 내린 구양수歐陽修[130](『역혹문易或問』)나, 귀유광歸有光[131](『역도론易圖論』), 황종휘黃宗羲[132](『역학상수론易學象數論』), 황종염黃宗炎(『역학변혹易學辨惑』), 호위胡渭(『역도명변易圖明辨』) 등의 논리와는 다르다. 서명응은 「하도」와 「낙서」가 참된 도서라는 것을 의심하지 않는데, 이는 선진시기 문헌들인 『상서/고명』, 『논어/자한』, 『예기/예운』, 『주역/계사』 등의 전거가 있기도 하거니와 복희의 「하도」

를 중심으로 선천역은 진단陳摶 이전에도 다양한 학설이 있어서 전거를 들 수 있다고 말한다.

강절이 희이(진단)에게서 전해 받은 것도 또한 그러하고, 희이의 이전에 공안국이나 유흠, 관량의 설에서도 또한 또렷하게 보인다. 그 털이 휘감겨 그려진 그림이 누구에게서 나왔는지는 모르겠지만 명나라의 양시교는 서산 채씨가 촉산의 은자에게서 얻었다고 한다. 그러나 채씨의 이전에 정초(어중)가 지은 통지通志에 이미 이 설이 있으니 양씨가 '서산 채씨가 촉산의 은자에게서 얻었다'라고 한 말은 어디서 들었는지 알 수 없다.[133]

이처럼 선진 시대의 문헌뿐만 아니라, 공안국·유흠·관량 등의 설이 역사적으로 존재하고 있어서, 이들 두 도서에 대한 진위문제는 그에게 문제될 것이 없었다. 또한 그의 선천학적 체계 속에서 이들 도서는 상수학적으로 「선천4도」를 연역하는데, 논리적으로 전혀 문제를 발생시키지 않으면서 자연스럽게 「선천4도」가 도출된다는 점에서 회의의 대상이 될 수 없었다.

그렇다면 그가 묘사하고 있는, 복희가 「하도」를 작도하는 과정에 대한 서사를 살펴보자. 서명응은 복희가 첫째로 "앙관부찰仰觀俯察(「계사하2장」)"하고 나서, 둘째로 「하도」를 작도하였으며, 셋째로는 태극·음양·사상을 그려내며, 64괘에 이르렀다고 묘사한다. 우리는 이 과정을 1장에서는 도상화와 형상화(이상 획괘이전), 기호화(획괘과정)로 파악했었다. 그런데 서명응의 묘사에서는 형상화가 먼저 서술되고 도상화, 기호화로 발전한다. 물론 괘획으로 그리기 이전의 단계(서명응은 이 단계를 '「하도」란 획전역'이라고 표현한다[134])와 괘획으로 그리는 단계라는 관점에서 분류하자면, 동일한 단계에 해당하지만 도상화와 형상화는 구분되어야 한다. 형상화와 도상화라는 개념적 구분을 해보면, 현실에 존재하는 구체적인 개별자들을 종류별로 구별하여 정리하는 것은 형상화에 해당한다. 이를 기초로 개별자들의 공통적 특성을 추출하여 도식화하는 것은 도상화에 해당한다. 따라서 개별자들을 분류하는 형상화의 과정 이후에 도상화의 과정을 밟는 것은 자연스러운 추상抽象의 과정으로 볼 수 있다. 이 때문에 서명응은 『참동고參同攷』(『주역참동계』에 대한 자신의 주석)에서 이 과정을 '추물상류推物象類'[135]와 '추류배상推類配象'[136]이라는 방식으로 설명하고 있다.

> 대개 복희가 위로는 우러러보고 아래로는 굽어보며 중간에 만물을 종류별로 나누었으니 신령스러운 지혜가 이미 거의 다 열렸다. 그러나 천지자연의 법상에 의거하여 인문 제작의 큰 줄기를 만들지 못하였다. 이에 하늘이 용마를 낳아 영하縈河에서 나오자, 이를 끌어 오게 하여 황궁에 이르렀다. 복희가 그 말 등을 보니, 마치 성상星狀과 같은 털가마(旋毛)가 모두 55점이 있었다. 이 55점은 기양 우음의 상이 있고, 1, 3, 7, 9와 2, 4, 6, 8의 수가 있으며, 또 수 5가 중앙에 거처하여 태극이 되어 사방의 여러 숫자들을 통솔하는 의미가 있었다. 복희가 점차 깨치고 마음에 통하여 마침내 그 형상을 판에 옮겨 써서, 깊이 생각하고 강구한 <u>끝에 먼저 음양의 두 의를 긋고 다음에는 태양 태음의 2태와 소양 소음의 2소의 4상을 긋고, 이를 차례차례 배로 더하여 64괘를 이루었다</u>.[137]

서명응에 따르면, 이처럼 복희가 사물들을 분류하여 형상화하고 용마로부터 「하도」를 얻어 태극과 양의 및 사상을 도상화하며 64괘를 기호화하였다. 뿐만 아니라 「하도」가 「선천4도」를 작도한 근거라고 하였기 때문에, 「하도」를 통해 선천의 네 그림(「선천4도」)을 도출할 수 있어야 한다. 우선 인용문 중에서 밑줄 친 부분을 통해 확인할 수 있는 내용은 「선천4도」 중에서 「복희64괘차서도」는 설명이 된다는 점이다. 이는 「대횡도」라고 불리는 것으로 태극에서 음양으로, 음양에서 사상으로, 사상에서 8괘로, 8괘에서 64괘로 확대되어 괘획이 그려지는 그림이다. 서명응은 이러한 획괘의 과정과 「계사」 11장의 "시고역유태극是故易有太極, 시생양의是生兩儀, 양의생사상兩儀生四象, 사상생팔괘四象生八卦"의 내용을 연결시킨다. 그는 「계사」 11장이 바로 복희의 획괘 과정을 공자가 설명한 것이라고 이해한다. 문제는 「계사」 11장은 단지 8괘만을 언급하고 있어서 64괘를 만들지 않았고, 64괘를 만든 이는 문왕이라고 오해하기도 한다는 점이다. 그런데 서명응은 이는 잘못으로 8괘가 64괘의 성명性命이 되고, 64괘의 변화운용이 오로지 8괘의 무한한 조화를 따른다고 본다.[138]

더 나아가 서명응은 이 과정에서 「8괘차서도」가 먼저 그려지고, 이로부터 「64괘차서도」가 만들어진다는 역학사의 일반적인 논리를 오류라고 지적한다. 서명응은 복희가 「하도」를 기준으로 절절이 가배加倍하여 64괘에 이른 「복희64괘차서도」를 완성하고 난 뒤, 이를 기초로 「8괘차서도」를 그렸다고 본다. 서명응의 논리에 의하면 복희가 64괘를 그려가는 과정은 앞서 살펴보았듯이 태극으로부터 64괘에 이르는 자연스러운 전개 과정이었다는 것이다. 소강절의 「선천도」(「복희64괘차서도」)에 보이는 가배법처럼 태극에서 64괘에 이르는 과정은 인위적으로 만들어진 것이 아니기 때문에, 8괘를 만들고, 이를 기준으로 가배를 한 것이 아니라는 것이다.

또한 이렇게 64괘까지의 도식을 완성하고 64괘까지의 획괘 과정에서 보이는 3중重의 구조가 「하도」의 3중 구조와 동일하고, 이 3중 구조를 기준으로 획괘 과정을 따져보면, 8괘가 도출된다는 것이다.

그래서 「복희64괘차서도」에서 8괘를 추출하여 「복희8괘차서도」를 완성한 것이라고 본다.[139]

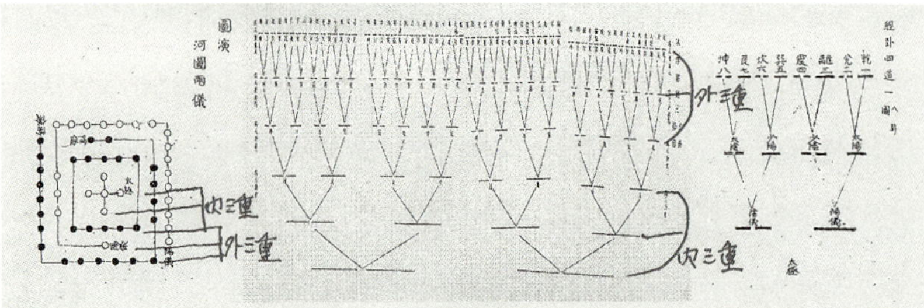

<그림 2> 「하도」에서 「복희64괘차서도」의 연역과
「복희64괘차서도」에서 「복희8괘차서도」의 연역과정

'「복희64괘차서도」에서 「복희8괘차서도」가 도출된다'는 주장은 서명응만의 독특한 주장이다. 그 이유는 복희가 「하도」를 통해서 그려낸 괘도卦圖는 양의와 사상에 한정된다. 그래서 어떤 것이 건괘가 되고, 어떤 것이 곤괘가 되어 이들이 8괘가 되는지를 알 수 없다고 보았다. 즉, 「하도」에서 나타난 그림의 형태는 음과 양, 기수와 우수, 음양의 관계 및 생수生數와 성수成數만 확인할 수 있을 뿐이어서 8괘를 확정지을 수 없고, 다만 괘획을 가배加倍하여 64괘를 만든 것에 지나지 않는다고 본 것이다. 이러한 점은 기존의 역학에서 설명하는 팔괘도의 설명 방식과 다른 것이다. 서명응의 이러한 설명은 「하도」의 구조를 기준으로 획괘의 과정을 이해했기 때문에 가능한 것이다.

> 복희가 획을 그린 것은 8괘八卦에서 시작한 것이 아니라 「64괘차서도」에서 시작하였다. 이를 어떻게 아는가. 복희가 괘를 그린 것은 실제로 「하도」에

> 서 근거한 것이니 만일 「하도」에 어떤 점이 건과 곤을 일으킬 수 있고, 어떤 점이 감과 리를 일으킬 수 있고, 어떤 점이 진과 손, 태와 간을 일으킬 수 있었다면 복희가 먼저 8괘를 그리고 8괘로부터 부연하여 64괘를 만드는 것은 당연한 일이다. 그렇지만 지금 「하도」를 보면 그 안에 하나의 홀수와 짝수가 상간하고 상착相錯하여 속에서부터 겉에 이르기까지 양의와 사상이 아닌 것이 없다. …… 복희는 다만 홀수로 분포되어 있는 것은 ━의 획을 그리고 짝수로 분포된 것은 --의 획을 그렸고, 또한 「하도」의 중5, 중10과 생수가 안으로 삼중三重의 모양으로 된 것에 의거해 가배하여 차서의 삼중을 만드니 8괘가 이에 생겨났다.[140]

위의 논리에 따르면 「하도」에서 8괘도를 연역할 근거가 없다. 단지 「하도」에 나타난 것은 음양의 획과 사상의 논리밖에 없다. 즉, 8괘는 그림에 나타나지 않는다는 것이다. 그러므로 「하도」에 근거해서는 8괘도를 연역해 낼 수 없다는 것이다. 이는 『선천사연』「하도상전2」에서 말한 "복희가 본받은 「하도」는 양의와 사상 두 짝일 뿐이다. 양의와 사상밖에는 다른 법이 없다"[141]는 논리와 같다. 그래서 「복희64괘차서도」에서 「복희8괘차서도」를 만들었다고 본 것이다.

서명응의 이러한 논리는 한걸음 더 나아가 「복희64괘방원도」와 「복희8괘방위도」에도 적용된다. 그는 「복희64괘방위도」가 먼저 만들어지고, 그것을 기초로 「복희8괘방위도」가 만들어진다고 한다. 서명응의 이러한 주장 역시 「복희64괘차서도」에서 「복희8괘차서도」가 만들어진다는 논리와 동일하다. 서명응은 복희가 「64괘방원도」와 「8괘방위도」를 만든 이유를 천지간의 낮과 밤이 유행하는 것과 만물의 변화, 인간의 탄생을 설명하는 상으로 제시한 것으로 보지만,[142] 싱겁게도 「복희64괘차서도」가 바로 「복희64괘방원도」이

며,「복희64괘방원도」는「복희64괘차서도」를 둥글게 하여 원의 형태로 만든 것이다.[143]

> 바야흐로 복희가「64괘차서도」로써 둥글게 하여「64괘방원도」를 만들 때, 다만「횡도」의 차서를 둘로 나누어 양의陽儀로써 좌편에 있는 것은 좌편에 둥근 모양을 이루니 좌편 32괘 횡도는 양의를 따라 둥글게 된 것이고, 음의陰儀로써 우편에 있는 것은 우편에 둥글게 이루니 우편 32괘 횡도는 음의에 따라 둥글게 된 것이니 어찌 계획적으로 만들고 인위적인 노력을 가한 것이겠는가?[144]

그리고「복희64괘차서도」에서「복희8괘차서도」를 만들었듯이,「복희64괘방원도」에서「복희8괘방위도」를 만들었다고 본다. 즉, 복희가 이미「차서도」에서 내층內層의 소성小成한 8괘를 추출하여「8괘도」를 만들고, 또한「방원도」에서 내층의 소성한 8괘를 추출하여「방위도」를 만들었다고 본 것이다.[145] 그리고 이「64괘방원도」와「8괘방위도」는 절기節氣를 설명하기에 적절할 뿐만 아니라, 천지의 구조를 형상화한 것이며, 기화와 형화에도 적용되어 도상의 쓰임이 매우 원활한 것으로 파악된다.

> 도상의 쓰임은 매우 원활하여 막히는 곳이 없으니 이것을 가지고 절기를 맞추어 보면, 건오乾午와 곤자坤子가 동지·하지의 중심이 되고, 리동離東과 감서坎西가 춘추분의 중심이 되며, 진손간태가 입동, 입하, 입추, 입동의 중심이 된다. 또한 이를 가지고 천지에 맞추면 건과 곤은 상하에 위치하니, 이는 곧 천지가 존귀하고 비천함을 정한 것이요, 감과 리가 동서에 위치하니 이는 곧 해와 달이 출입하는 곳이요, 간은 서북 사이에서 태는 동남 사이에서 각각 상대하고 있으니 이는 곧 서북에 산수의 천맥이 많아 바다에 이르고, 동남은 택자澤滋한 토석이 많아 산에 윤택을 주는 것이요, 손은

> 서남에서 진은 동북에서 각각 상대하니, 이는 곧 바람은 서남에서 일어나서 번개를 따르고 번개는 동북에서 일어나서 바람을 따르는 것이다. 이를 가지고 기화와 형화에 맞추면 방위도의 좌측 반은 기氣와 시始와 생生을 주관하고, 우측 반은 형形과 종終과 성成을 주관하면서 각각 음양의 대대로써 서로 변화하고 응하여 좌가 변하면 우가 응하고 우가 변하면 좌가 응하여 인물이 여기에서 생화하고 천지간에 밤낮으로 유행하는 것이 변變과 응應뿐이니 이것이 방위도의 상이다.[146]

그런데 서명응의 이러한 「선천4도」에 대한 설명은 기존의 이해와 다르다. 기존의 이해에서는 『주역 · 계사전』의 "역에는 태극이 있으니 이것이 양의를 낳고, 양의가 사상을 낳으며, 사상이 8괘를 낳는다"는 설명에 따라, 자연스럽게 8괘를 배열한 「8괘도」가 먼저 나오고, 이에 기초하여 「64괘차서도」를 그리고, 「64괘차서도」에서 「8괘

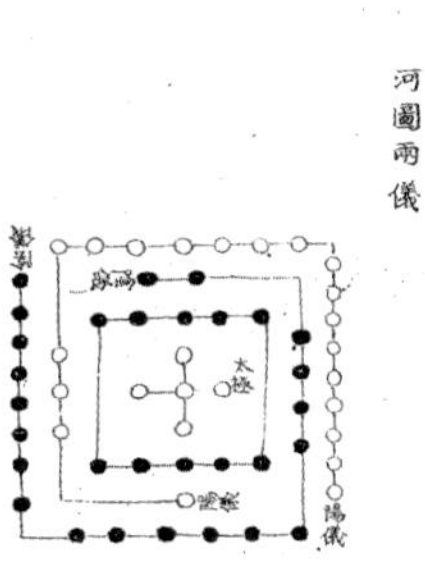

「河圖兩儀」

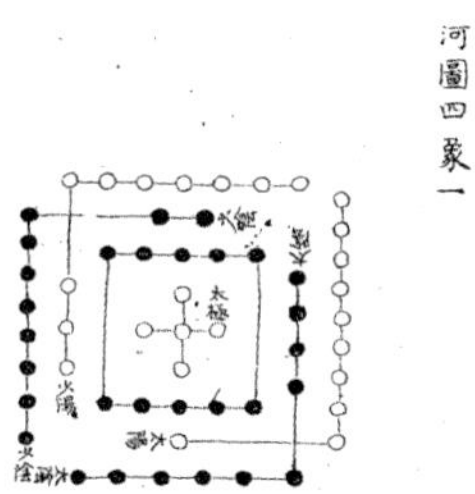

「河圖四象」

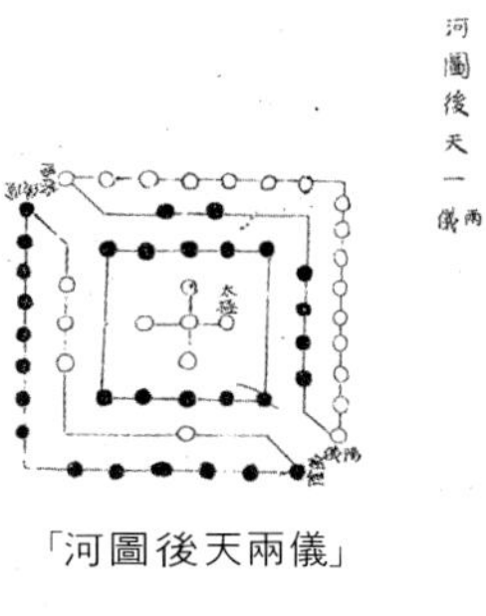

「河圖後天兩儀」

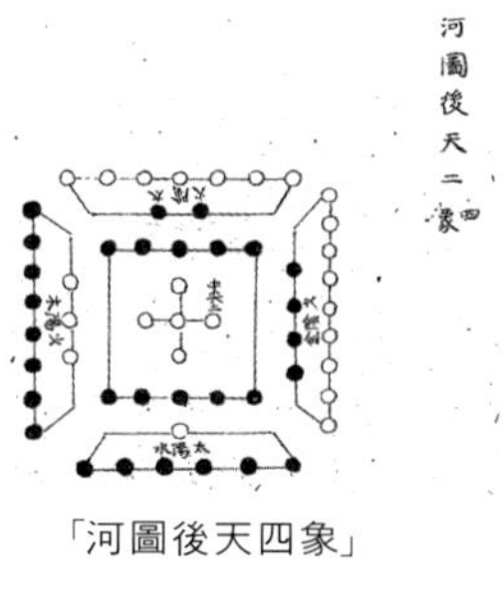

「河圖後天四象」

<그림3>

방위도」와 「64괘방원도」를 그린 것으로 이해한다.

서명응은 「선천4도」가 「하도」를 기준으로 도상화된 것으로 보기에 자신만의 독특한 설명체계를 가지게 된 것이다. 복희의 「하도」는 태극과 음양, 사상만을 나타내는 그림(圖)으로 생각하기 때문에 태극太極 → 양의兩儀 → 사상四象 → 8괘八卦로 이어지는 획괘의 과정을 인정하지 않은 것이다. 이는 「하도」에서 8괘를 지적해 낼 수 없는데, 이는 획전의 역으로 이해한 것[147]에 기초한다. 그러므로 서명응은 "복희가 괘를 그린 것은 8괘에서 시작한 것이 아니고, 「차서도」에서 시작하였다고 한다. 선유들은 「차서도」를 혹은 「괘도」, 혹 「횡도」라고 일컫는다"[148]고 말한다.

서명응은 철저하게 「하도」를 기초로 「선천4도」를 연역하고서, 도교 연단이론의 대표적인 서적인 『주역참동계』에 대한 자신의 주석서인 『참동고』에서 선천의 체계를 세분하여 설명하고 있다. 서명응이 『참동고』에서 선후천을 구분하면서 선천의 체계를 설명하는 이유는 『주역참동계』에서 보이는 역학이 선천역과 일일이 부합한다는 인식 때문이다.

3) 선천사정괘先天四正卦를 중심으로 한 선후천先後天의 구분

서명응은 선천에 대한 탐구를 4정괘正卦인 건곤감리로부터 시작한다. 그 이유는 선천의 4정괘 자체가 '천의 경과 위', '체와 용', '사시의 운행과 유행의 기준'이 되고, '만물의 생성과 이룸의 근거'가 되며, 64괘중에서는 '4정괘가 체가 되고 60괘가 용'이 되어 60괘의 운행을 통제하기 때문이고, '교역의 역과 변역의 역의 기준'이 되기 때문이며, 온갖 상象의 모범인 역의 상이 4정괘에 다 갖추어졌다고 보기 때문이다. 여기에서는 4정괘의 다양한 기준 중에서 천의 경위, 사시의 운행과 만물의 생성 근거, 교역과 변역의 기준을 다루기로 한다.

첫째, 선천역의 4정괘를 천의 경과 위로 구분해 보면, '하늘의 대대로 말하면 남극과 북극, 두 극은 건괘와 곤괘의 경이 되고, 황도와 적도의 두 도는 감괘와 리괘의 위가 된다. 유행으로 말하면 동지와 하지는 건괘와 곤괘의 경이 되고, 춘분과 추분은 감괘와 리괘의 위가 된다. …… 춘분과 추분은 천만 번 변화하는 음양을 덮어 싸며, 남극과 북극, 적도와 위도는 천만 번 운행하는 음양을 덮어 싼다. 오호라, 지극하도다. 4정괘의 이치가 진실로 열림이여'[149]라고 하여, 하늘의 방위와 운행, 체용을 대대와 유행의 측면으로 설명한다.

그런데 서명응이 선천과 후천을 구분할 때 늘상 사용하는 개념이 대대對待와 반대反對이다. 서명응은 대대를 「선천4도」에서 괘들의 배치가 대대를 이룬다는 것에 기초하여, 하늘의 경과 위, 유행 역시 대대로 이루어져 있다고 설명하는 것이다. 이에 반해 후천을 설명하는 반대는, 『주역』의 상하경을 분편分篇한 것도 반대이고, 서괘序卦의 상하경도 반대이며, 열위列位한 것도 반대이고, 상을 취한 것도 반대로 이루어져 있는데, 이는 하늘의 선천이 땅 때문에 후천으로 바뀐 것[150]이라고 설명한다.

'후천역에서 괘의 자리로 말하면 건괘와 곤괘는 물러나 서북쪽과 동남쪽에 위치하고, 감괘와 리괘는 나아가 정남쪽과 정북쪽에 위치하므로 책역가들이 적도를 경도로 삼고, 북극을 위도로 삼는 것은 후천역의 방위도와 일월로 역의 이름을 삼는 것과 같은 뜻이다'[151]고 하여 선천역의 방위도와 비교하고 있다.

둘째, 4정괘가 만물의 생성과 이름에 대해서 살펴보면, "건괘가 수컷이 되고 곤괘가 암컷이 되어 만물의 씨줄이 되며, 감괘가 암컷이 되고 리괘가 수컷이 되어 만물의 날줄이 되어 만물을 고동시켜 주물을 뜨는 것'이 마치 장인이 승묵규구繩墨規矩의 네 가지 것으로 천하의 온갖 물건들을 만들어 내는 것과 같고, 말몰이꾼이 어비궤철禦轡軌轍의 네 가지 것으로 천하의 온갖 행위를 본떠 내는 것과 같다"[152]고 하여, 4정괘가 만물의 생성과 이룸의 근거임을 밝히고 있다.

셋째, 4정괘는 '변역의 역'과 '교역의 역'의 근거이기도 하다.[153] 『참동계』 1장의 "건곤자, 역지문호, 중괘지부모乾坤者, 易之門戶, 衆卦之父母." 에 대한 주석에서 "건곤자, 역지문호乾坤者, 易之門戶"를 양이 음으로 변하거나 음이 양으로 변하는 것인 '변역의 역'으로 해석하고, "중괘지부모衆卦之父母"를 음이 양과 교호하고 양이 음과 교호하는 '교역의 역'으로 이해한다.

> 선천도先天圖는 곤괘의 순음으로부터 열려서 그 자람이 극에 이르면 건괘의 순양이 되고, 또 건괘의 순양이 닫혀서 그 쇠약해짐이 극에 이르면 곤괘의 순음이 되니, 한 번 닫히고 한 번 열림은 모두 건괘와 곤괘에서 근본하고 온갖 변화가 이것에서 말미암아 들고난다. 그러므로 말하기를 "건괘와 곤괘는 역易에서 출입문이다"고 한 것이니, 이것은 곧 주자가 말한 '변역의 역易'이다. 건괘(☰)가 곤괘(☷)에서 한 번 구하여 진괘(☳)가 되고, 곤괘에서 두 번 구하여 태괘(☱)가 되고, 곤괘에서 세 번 구하여 건괘(☰)가 되며, 곤괘가 건괘에서 한 번 구하여 손괘(☴)가 되고, 건괘에서 두 번 구하여 간괘(☶)가 되고, 건괘에서 세 번 구하여 곤괘(☷)가 된다. 비록 64괘의 대성괘에 이른다 하더라도 또한 다만 이 하나의 양에서부터 여섯 양에 이른 것이고, 하나의 음에서부터 여섯 음에 이른 것일 뿐이다. ……그러므로 "건괘와 곤괘는 뭇 괘들의 부모"라고 한 것이니, 이것이 곧 주자가 말한 '교역의 역易'이다.[154]

서명응은 선천역의 4정괘를 기준으로 선후천역을 구분하면서, 4정괘를 '천'에 해당시켜서 하늘의 남북극, 황적도, 이지이분二至二分의 운행과 만물의 생성, 그리고 역의 변역과 교역을 설명한다.

4) 체용體用을 기준으로 한 선후천역先後天易의 구분

또한 4정괘를 체용론으로 살펴보면, 건곤이 체가 되고 감리가 용이 된다. '대대적인 측면에서 리괘는 해가 되고 감괘는 달이 되며, 유행의 측면에서 바람은 불에서 생겨나니 불은 곧 리離이고, 비는 물에서 생겨나니 물은 곧 감坎으로, 이것이 건곤乾坤의 용'[155]이라고 하여 4정괘 안에서 체용을 구분하고 있다. '천'에서는 남북 두 극이 체가 되어 변하지 않지만, 감리괘는 해와 달이 되어 하늘을 운행하는 것이다. 이를 대대의 측면에서 리괘가 해가 되고, 감괘가 달이 되며, 유행의 측면에서 불에서 생겨나는 바람과 물에서 생겨나는 비가 하늘에서 자연현상으로 일어나지만 이는 모두 건곤의 용에 따른 현상이라고 말하는 것이다.

그런데 후천역에서 감리괘를 쓰지 않고 '용구用九'와 '용육用六'을 쓰는 것에 대해서 다음과 같이 설명한다. 감리괘가 달과 해가 되어 하나의 정해진 자리가 없이 상하전후좌우로 유행하여 조화를 이루는 것과 같이, '9와 6 역시 정해진 효의 자리가 없이 상하전후좌우로 유행하여 변화를 낳는 것과 같다'[156]고 하여, 선천과 후천을 구분한다.[157]

또한 64괘에서도 체용의 구분이 존재한다. 즉, 4정괘는 체가 되고 60괘는 용이 된다. 그래서 체가 되는 '건곤감리 4정괘는 남북동서의 가운데에 처해서 사방의 여러 괘들을 제어하면서 숨고, 용이 되는 60괘들은 항상 운행하는 것'[158]이다. 체는 변화하지 않는 것이기 때문에 '64괘에서 불변하는 4정괘를 제거하고 남은 60괘가 율력의 기준'이 된다.[159] 선천역에서 건곤감리 4정괘를 제거하고 남은 60괘가 북두칠성의 첫째별의 운행을 실마리로 5성 12율이 교대로 타고 인하여 60수에 그치는 율律과 갑자甲子로 해와 별의 왕래를 실마리로 십간십이지十幹十二支가 교대로 타고 인하여 60에 그치는 역曆의 율력律曆으로 설명한다.[160] 하늘의 운행을, 건곤감리 4정괘를 제거하고 60괘로써 별자리의 운행과 해와 별의 왕래로써 설명한 것이다. 이것 역시 불변하는 체와 변화하는 용이라는 관점에서 설명한 것이다.

그런데 후천역에서 "일日과 진辰으로 일의 간지를 배치하거나 진의 간지로 날을 배당하여, 한 해에서는 자子에서부터 사巳에 이르는 6개월이 봄과 여름이 되고, 하루에서는 자에서부터 사에 이르는 6시간이 오전이 되거나, 한 해에서 오午에서부터 해亥에 이르는 6개월이 가을과 겨울이 되고, 하루에서 오에서부터 해에 이르는 6시간이 오후가 되는 것은 모두 후천의 괘기직일법이니"[161] 선천의 율력과 월절과는 다른 것이라고 설명한다.

선천과 후천의 이러한 차이는 "선천은 대대로 되어 있으며, 후천은 반대로 되어 있고, 선천은 천에 본래 있는 것이고, 후천은 천에 본래 있는 것이 땅 때문에 변화되어 반대가 된 때문"[162]이라고 한다.

선천역의 4정괘에서 체용이 구분되고, 64괘에서도 체용이 구분되듯이, 선천과 후천 역시 체용으로 구분된다. 선천은 체이고, 후천은 용이며, 선천은 대대이고, 후천은 반대이다.

대개 선천은 체요, 후천은 용이다. 선천은 대대이고 후천은 반대이다. 대대의 체가 위에서 서면 반대의 용이 아래에서 나타난다. 그러므로 일월의 낮과 밤이 반대로 배치되고,[163] 후천역에서 이괘직일이배기사以卦直日而配其事하면, 기제미제괘의 그믐으로부터 둔몽괘의 초하루 아침에 이르는 것이 60괘의 마침이고 복괘로부터 시작하는 것은 또한 건곤감리괘를 제거했기 때문[164]이라고 한다.

제2절 선천학의 역사

서명응은 소강절이나 주자와는 달리 선천학의 역사를 '장대하게' 밝히고 있다. 여기서 '장대하게'라고 표현한 것은 기존의 철학사에서 언급하는 것을 넘어서서 대서사를 밝히기 때문이다. 가령 주자는, 소강절의 선천학을 언급할 때 그 연원을 북송초기의 도사 진단이라고 언급했었다. 그러나 주자는 더 이상의 역사적 소급을 진행하지 않는 데 반해, 서명응은 소강절과 진단을 넘어 위백양으로, 다시 노자로 그 연원을 거슬러 올라가 추구한다는 점이다. 서명응의 이러한 기획은 중국사상사에서 주진과 모기령, 호위, 황종염으로 이어지는 선천학 탐구 역사와 맥이 닿아 있다.[165] 이들 중에서 주진을 제외하고는 모두 「하도」나 「선천도」, 「태극도」에 대한 비판적 시각에서 그 연원을 추구한다는 점이 그 특징이다. 그러나 서명응은 이들과 달리 「하도」의 진위 문제나, 「선천도」, 「태극도」에 대한 진위를 문제 삼지 않는다. 서명응의 경우, 복희의 선천역은 「하도」가 중심이고, 이를 통해 도출되는 「선천4도」는 천체의 구조를 그리고 있거나, 수양론에서 선천을 지향하거나, 구고句股의 수법을 담고 있는 내용들이어서 애초에 회의의 대상이 되지 않는 것들이다. 이들 선천역의 도서들은 인위적인 조작이 가해지지 않은 자연역의 상태이자, 그대로 천문의 도상이며, 수양론의 궁극처로 인식되기 때문이다.

선천학에 대한 확신으로부터 그는 그 역사를 서술해 간다. 그가 파악한 선천학의 역사는 두 차례의 분리 과정이 있었다. 1차 분리는 주나라 말기에 천문과 역산을 담당하던 주인疇人[천문과 역법을 다루던 사람]들에 의해 선천학의 용用인 천문과 구고수법이 서국으로 전파된 결과로 일어난 선천의 체와 용이 분리된 것이고, 2차 분리는 공자에 의한 선천역과 후천역의 분리이다.

1차 분리인 '선천의 체용 분리'는 주나라 말기에 천문과 역산을 담당하던 주인疇人들이 중원이 장차 어지러워질 것을 알아서 천문현상과 운행, 역산을 측량할 구고句股의 법을 가지고 서국으로 도망갔으며, 이들이 구고의 법을 서국에 전파함으로써 서양의 천문과 역법이 명나라 말기에 되전해진 것이라는 논리다.

> 주나라가 쇠퇴할 무렵 천문天文과 역산曆算을 담당하던 주인疇人들이 장차 중원이 어지러워질 것을 알고 대부분 외국으로 도망하였고, …… 명나라 말기에 구고의 수법이 서국으로부터 중국에 유입되어 천체의 운행도수를 추측해본 결과 착착 들어맞아 해와 달의 일식과 월식에 이르기까지 조금도 오차가 없었는데, 그 법이 하나같이 『주비산경周髀算經』을 주로 삼았다. 적도와 황도의 이름은 한대의 「동의銅儀」와 딱 맞아떨어지고, 주야와 절기의 차이는 「요전」의 태사와 맞아떨어지며, 숭고천정의 명칭은 『수경주해水經注解』의 '중토지설中土之說'과 맞아떨어지며, 지원리차地圓裏差의 이치는 『대대예기』의 증자 말과 맞아 떨어지니, ……이는 필시 주인들이 『주비산경』을 가지고 서국으로 가서 그 법술을 전한 것이 의심의 여지가 없는 것이다.[166]

서명응은 서양 천문학이란 천문역산을 담당하던 주인들이 서국으로 도망해서 『주비산경』의 구고법을 그들에게 전파한 것이고, 서국에서 들어온 서양 천문학은 『주비산경』을 주로 삼아 발전한 것이라고 이해한다. 『주비산경』은 복희가 만든 천문상수天文象數와 주천도수周天曆度가 주공周公에게 이르렀고, 주공이 구고수법句股數法을 논하면서 사관에게 기록하게 하여 만들어진 것으로 본다. 그렇기 때문에 『주비산경』에는 천문과 역법, 천체현상을 계산할 구고의 수법이 깃들어 있고, 『주비산경』을 기초로 천문을 측량하고 관직의 제정을 바로 하여 『주례周禮』를 만든 것으로 이해한다. 『주비산경』에 대한 서명응의 이러한 인식은, 그 자신의 천문학에 관한 역사 인식에 기초한 것이다.[167] 서명응은 이러한 『주비산경』이 주인들에 의해 서국으로 전파되고 중국에서는 그 내용과 가치를 잊어버린 것으로 이해했다. 이것이 선천학의 체용 분리이다.

2차 분리인 역학의 경우, 선천역과 후천역의 분리는 공자에 기인한다고 본다. 공자는 선천역과 후천역을 모두 전수받았었다. 그런데 후천역은 상구商瞿와 교비橋庇를 거쳐 전하田何로 이어져 세상에 성행하게 되지만, 선천역은 무명의 은일가에 전해주어 세상에 유행하지 않게 된다.

> 복희의 역을 일러 선천이라 하고 문왕의 역을 일러 후천이라고 한다. 후천역은 공문으로부터 상구와 교비에게 전해졌다가 전하에 이르러 마침내 세상에 널리 행해졌고, 「선천4도」는 공문이 은일가에게 전하여 천오백 년 뒤에 진단이 위나라 진인 백양에게서 얻어 소강절 선생에게 전하였다. 소강절 선생은 매양 선천은 선천이요, 후천은 후천이라 칭하면서 말하기를, '선천은 체이니 천지의 앞에 세워진 것이고, 후천은 용이니 천지의 뒤에 일어난 것이다'고 하였는데, 이것도 또한 공자 문하로부터 흘러 전해진 말이다.[168]

이러한 선천역과 후천역이 분리되는 구체적인 과정은 공자가 선천역과 후천역이 모두 진나라의 분서갱유에 훼손될 것을 걱정하여 죽간竹簡에 적어 벽속에 감추려고 하였다가, 선천역만을 신선가에 전수해 주었기 때문이다. 공자가 이렇게 한 이유에 대해 서명응은 도圖와 서書가 잘못되지 않게 하고, 술수로 변하더라도 그 본질은 변하지 않을 것이며, 그 결과 훼손되지 않고 온전히 보존할 수 있다는 이유를 들고 있다.

> 「선천4도」는 …… 공자가 전했다. 누가 그것을 들었는가. 희이[진단]가 들었다. 공자는 성인이고, 희이는 신선으로 도가 같지 않은데 무엇 때문에 전하고 전해 들었는가. 이것은 이유가 있다. 옛날에 공자가 진나라의 분서갱유가 「선천4도」에 미칠까 걱정하여 죽간과 함께 모두 벽 속에 감추고자 하였으나, 도圖와 서書가 같지 않고 베껴서 전하면 쉽게 잘못되고, 또 도를 연역하는 법을 알지 못하면 흘러가 술수가 되지 않음이 드물게 되니, 이에 그것이 전하여 오래되어도 차이가 없을 것을 헤아려 「선천4도」와 도圖를 연역하는 법으로서 따로 은사에게 전하였다. … 희이는 네 그림이 끝내 선부가 사유할 물건이 아님을 알았고, 또한 송나라의 문운이 장차 네 그림을 열어 세상에 드러낼 것을 알아서, 단약을 짓는 부엌에서 뽑아내 이 세상에 크게 드러내니 한번 변하여 염계 태극학[太極圖說]을 열었고, 두 번 변하여 강절의 경세[皇極經世]의 학문이 되었으며, 세 번 변하여 주자가 네 그림을 드러내 밝혀 후천의 앞머리에 배열하고 역서를 육경의 우두머리로 삼았다.[169]

이처럼 선천학은 천문과 역산을 담당하던 주인들에 의해서 1차 분리가 일어나고, 공자에 의해 선천역과 후천역의 2차 분리가 일어났다. 이러한 분리의 결과는 선천의 체용이 분리되는 결과를 낳았고, 역학적으로는 선천역과 후천역이 분리되는 결과를 낳았다.

서명응은 선천역이 북송시대에 다시 세상에 출현하지만, 이는 용을 잃어버린 체만 남은 것이어서 온전한 쓰임이 되지 못하는 형편으로 판단한다. 이는 역사의 과정에서 후퇴로 귀결된다.

> 복희로부터 「선천도」가 만들어지고 『주비산경』의 수법數法이 연역되어 신농과 황제를 거쳐서 요, 순, 우에 이르기까지 서로 주고받아 위로는 하늘을 헤아리고 아래로는 땅을 헤아리며 가운데로는 인사를 모듬 짓다가, 진한 이후에 이르러 선천은 단을 짓는 부엌으로 흘러들어가고 주비수법은 서국으로 흘러들어가 두 가지가 서로 쓰여지지 못했다.[170]

선천의 체용이 분리된 결과는 복희에서 우임금에 이르는 선천의 시대에는 나무꾼과 아이 업은 아낙네도 다 아는 천문과 역법[171]이 서로 무관한 것으로 이해되거나, 한대 이후의 학자들은 『주비산경』을 천문을 관측하는 기구에 대한 책이라고 오해하는 일들이 있어났다는 것이다.

> 주나라 말기에서부터 주인 자제가 수서數書를 끼고서 외이外夷로 흩어졌지만 다행히 『주비경』 1편은 중국에 남아 있었다. 그러나 여러 유학자들은 망연히 그 책이 무슨 말을 하는지 알지 못하였다. 그래서 채옹은 단지 『주비경』 속에 있는 삿갓으로 하늘을 그려낸 문이 있는 것만 보고, 그것이 천문을 관측하는 의기儀器의 책인 줄 의심하여 선야宣夜, 혼천渾天 등의 의기와 함께 나열하여 세 종류의 의기로 만들고, 태사공과 장횡거는 구고句股의 수에 천문天文이 갖추어져 있다는 것을 몰랐으므로, 그 결과 공자가 천문으로 안자와 민자에게 말하지 않은 것을 의심하였다. 그런데 이미 몸으로 육예를 달통하였다고 하였으니, 육예를 가르칠 때 이미 천문을 가르친 것이다.[172]

또한 서명응은 한대 이후의 학자들이 「선천방원도先天方圓圖」(복희64괘방원도)에서 '원도圓圖'는 하늘을 표상한 것이고, '방도方圖'는 땅을 표상한 것으로만 이해하고, 「복희64괘방원도」를 종이 위의 노리개로 전락시키고 말았다고 인식한다. 그래서 중국에서 선천을 연구하는 자들이 「복희64괘방원도」의 원도는 하늘을 본뜬 것이고, 방도는 땅을 본뜬 것으로만 이해해서 천지가 서로 맞물리는 것과 해와 달이 교차하여 운행하는 것이라든가 오성이 머무르고 나아가고 물러나는 것들에 대해서 망연히 아는 바가 없게 된 것[173]이라고 한다.

> 한대 중엽에 『주례』와 『주비산경』이 다시 세상에 나왔으나, 『주례』의 경우는 주공의 책으로 인정되어 육경에 들어갔고 소疏와 주註가 있지만 『주비산경』의 경우는 처음에 영방과 진자의 무리에 의해서 혼란되었고, 끝에 가서는 채옹이 천상에다 징험해 본 결과 대부분 어긋나고 잃어버렸다고 한 말 때문에 세상에서 다시는 『주비산경』이 주공의 책이라는 것을 알지 못하였다.[174]

물론 한대 중엽에 위의 두 책(『주비산경』과 『주례』)이 세상에 다시 나왔지만, 사마천과 같은 해박한 지식을 갖춘 사람에 의해서도 이해될 수 없었던[175] 이유는 주나라 말기에 천문과 수학을 담당하던 주인들이 대부분 외국으로 도피했고, 진나라 때의 분서갱유와 설금법設禁法 때문에 이 책들이 민간에 숨어버렸기 때문[176]이라고 인식한다. 이러한 결과는 선천과 구고의 수법은 분리되었고, 선천은 단약을 짓는 기술로 흘러 들어갔으며, 구고는 서국으로 흩어져서 선천학이 잊혀졌다[177]고 주장하게 되는 것이다.

이처럼 선천학은 두 차례의 분리 과정을 겪으면서, 그것의 온전한 체계를 훼손당하고 말았다고 인식한다. 그러나 다행히 송대에 선천역이 세상에 다시 출현하고, 명나라 말기에 서국으로부터 구고의 수법이 되 전해지게 된다. 서명응은 자신이 이 선천학의 체용과 선천역과 후천역을 결합하여 하나의 완전한 체계로 회복할 임무를 맡은 것으로 자임한다. 그래서 그는 선천학을 일생동안 탐구하면서, 개인적으로 느꼈던 감정들을 '깊은 우물 속에 빠진 듯[始焉若墮深井]' 한 나락에서, 도저히 갈피를 잡을 수 없어 '단단한 나무를 손질하는 듯, 길을 헤매는 듯[中焉如攻堅木彷徨岐路]'한 과정을 거친 다음에, '그림을 연역하는 법을 얻고서야[及得演圖之法]', '세월 가는 줄 모르고 연구하다가, 해그림자 뽕나무 가지에 걸린 만년에[樂而忘憂, 不知歲月之愈邁. 及今景迫桑榆]', '선천학에 관한 글을 써서 후세에게 전해 주는[苟不筆其所得, 以與學先天者共之]' 과정을 서술하고 있는 것이다.

제3절 선천학의 특징

1) 선천학과 우주론의 일치

서명응은 천체 구조와 관련해서도 선후천 개념을 적용한다. 즉, 선천은 천天에 후천은 지地에 적용하여 논리를 전개한다. 서명응의 이러한 논리 적용은 선천학이 형체지천과 유행지천의 일치로 이어지는 그의 사유 속에서 당연한 귀결이다. 그래서 그는 선천이 대대對待인 경우와 후천이 반대反對인 경우를 들어 천과 지에 대한 선천학적 사유를 전개한다. 선천역을 천지의 체와 용에 적용할 때, 앞서 살펴본 대대와 반대의 논리가 그대로 적용되는 것이다. 이는 천체의 운행에서도 역시 마찬가지이다. 천체의 운행으로 보자면, 천이 좌선하는 것과 태양의 우전右轉, 태양의 좌선左旋과 달의 우전이 대대의 관계에 있으며, 땅의 운행에서 동지의 밤과 하지의 낮이 반대가 되고, 춘분의 낮이 추분의 밤과 반대가 되는 것들이 천과 지의 관계를 대대와 반대로 규정하게 한 예이다.

> 지금 선후천 두 역으로 천지의 체와 용을 참구하면 선천은 대대이고 후천은 반대이다. 대대는 하늘에 있는 것이며, 반대는 땅에 있는 것이다. 하늘의 운행은 좌선하며 해의 운행은 우전하고, 해의 운행이 좌선하면 달의 운행은 우전하니, 이것이 하늘에 있는 대대가 아니겠는가. 동짓날의 밤은 하짓날의 낮과 반대이고, 춘분의 낮은 추분의 밤과 반대되며, 아침 햇발이 긴 것은 저녁의 햇발이 긴 것과 반대되며, 남경南景의 안은 북경北景의 밖과 반대가 되니 이것이 땅에 있는 반대가 아니겠는가.[178]

그런데 대대는 하늘이 본래 갖추고 있는 것이지만 반대는 땅에 의해 일어나는 현상으로 설명한다. 천체의 회전방향이 북극과 남극에서 상대적으로 반대로 보이는 것은 땅에 의해 일어나는 현상이라는 것이다. 이를 「복희64괘방원도」에 의해 설명하고 있다.

> 대체로 일체가 도는 것이 좌와 우의 다름이 없을 것 같으나, 위에서 좌선하는 것은 아래에서 마주보면 모두 우전이 된다. 따라서 북극이 좌선하는 것은 남극에서 마주보면 도리어 우전이 되는 것이다. 이는 또한 도圖 왼쪽의 좌선과 더불어 물物을 시작하고 도圖 오른쪽의 우전과 더불어 물物을 이루는 것과 더불어 그 상象이 한 범주에서 나온 것과 같으니, 도圖와 천天이 어찌 다르다고 하겠는가.[179]

이러한 논리는 「복희64괘방원도」에 나타난 순수順數와 역수逆數의 상이 천체의 운행을 표상한 것이라는 논리로 전개된다. 이때 순수·역수 배치 관계란 다음과 같은 사실을 말한다. 「복희64괘방원도」의 외도外圖인 원도 상에 있는 64괘는 8궁으로 나누어지고, 이때 원도의 왼쪽 부분, 즉 좌반에서는 각 궁내의 모든 괘들은 상괘上卦가 시계반대방향으로 건1, 태2, 리3, 진4, 손5, 감6, 간7, 곤8의 순서를 이루도록 배치되어 있다. 이 순서가 바로 순수의 배열인 것이다. 이에 반해 원도의 우반에서는 괘에 배당된 수가 좌반과 반대방향으로 증가한다. 즉 우반에 각 궁내의 괘들은 상괘가 시계방향으로 건1, 태2, 리3, 진4, 손5, 감6, 간7, 곤8의 순서를 이루도록 배치된 것이다. 이 배열의 순서를 역수라고 말하는 것이다.

서명응은 「복희64괘방원도」에 나타난 이러한 순수와 역수의 배열관계가 천체의 회전방향을 나타내는 것이라고 본 것이다. 그의 이러한 설명은 「복희64괘방원도」의 좌반과 우반에 나타난 괘의 순수와 역수 배치관계를 천체의 운행에 대한 상수로 해석한 것이다.

또한 여기에서 더 나아가 선후천의 상象과 『주역』의 체제를 가지고 선후천을 구분하기도 한다. 선후천의 상에 의하면, 대대와 반대의 논리로써 천지에 대해 적용하고, 『주역』의 체제로는 상하경의 편찬 체제와 「서괘전」의 괘배열로 구분하는 것이다.

> 대대는 하늘이 본래 갖춘 것이므로 체이고, 반대는 반드시 땅으로 인해서 있으므로 용이다. 이 때문에 선천의 상을 세움은 모두 대대이다. 횡도는 좌우로써 대대가 되고 원도는 주선으로 대대가 되고 방도方圖는 표리로써 대대가 되니, 변화가 미루어 옮겨가 조화의 체에 밀합하니, 그 학문을 하는 데 간이함으로 그 심법心法을 세우고 중中에서 위位를 이루는 것이니 이 또한 체體일 뿐이다. 후천의 상을 세움은 모두 반대가 되니 그 편을 나눔이 반대이며, 그 괘를 차례대로 배열한 것이 반대이며, 그 위를 배열함이 반대이며 그 상을 취하는 것도 반대이다. 변동하고 추이하여 인사의 용을 포괄한다. 그 학문을 하는 것도 천 갈래 길과 만 갈래의 흔적이 혹간 험하고 혹간 평이하므로 모두 한 마음의 응함이 중中을 얻고 정正을 얻고자 하는 것이니 이 또한 용用일 뿐이다.[180]

그런데 서명응이 선후천의 구분을 천체 구조에 연결하는 것 역시 「하도」에 기인하는 것이다. 서명응에 따르면 하늘에는 북극·남극과 황도·적도가 있는데, 이는 64괘 중에서 건·곤·감·리의 4정괘가 있는 것과 같으며, 이때 북극과 남극은 건괘와 곤괘가 해당되고 적도와 황도는 감괘와 리괘가 해당된다. 이러한 건·곤·감·리 4정괘의 배당은 하늘의 남북극과 황적도에 대해서뿐만 아니라 절기와 사람에 대해서도 행해지고 있다. 즉, 절기에서는 동지·하지·춘분·

추분이 4정괘에 해당되고, 사람에게서는 기정혼백氣精魂魄에 건곤감리乾坤坎離의 4정괘가 배당되는 것이다.[181]

이러한 사유는 「하도」의 상수象數와 북극의 행성行星의 구조와 일치하는 것으로 드러난다. 앞의 논의가 상을 중심으로 한 것이라면, 이젠 「하도」의 점들의 수와 북극을 중심으로 한 행성의 수와의 일치를 중심으로 논의를 하는 것이다. 즉, 「하도」를 구성하는 수적 조합이 바로 북극과 남극의 별들의 수와 일치한다는 논리를 펼친다.

> 대개 북극의 별이 5개인 것은 「하도」 중궁에 있는 천의 수인 5에서 비롯한 것이고, 남극의 별이 15개인 것은 「하도」 중궁에 있는 지의 수인 10이 천의 수인 5를 함유하였기 때문이다.[182]

서명응은 이와 같은 상수학적 지식을 동원하여 북극과 남극의 별자리와 천체의 회전운동을 해석하고, 다시 자신의 천문학적 지식을 바탕으로 「계사전」의 말을 새롭게 해석하고 있다. 즉, 「계사전」의 '삼극三極'을 천지인의 삼재가 아니라 적극과 황극, 그리고 지평극地平極을 지칭하는 말로 해석한 것이다. 여기서 적극赤極은 적도좌표계에서 북극을 지칭하는 것이고, 황극黃極은 황도좌표계에서 극을 의미하며 지평극地平極은 관찰자가 위치한 지방의 천정을 의미한다.[183] 서명응의 삼극三極에 대한 해석이 천지인이 아니라 적극과 황극 및 지평극이라는 것은 그의 역에 대한 이해의 단면을 보여주는 것이다. 서명응은 역을 『주역』이라고 인식하지 않는다. 서명응은 역을 선천과 후천을 아울러 말하는 것으로 『주역』이라 하지 않고 '역易'이라고 한다[184]는 그의 인식에 기초해서 보자면, 역은 천문을 나타내는 형체지천과 심성론을 나타내는 유행지천의 결합체인 것이다.

이것이 서명응이 이해하는 역의 의미인 것이다. 따라서 「계사」의 삼극三極을 천지인이 아니라 천체 구조 안에서 해석해내는 것이다.

이러한 사유는 행성의 운행과 구조에도 적용된다. 이 역시 선천4정괘를 중심에 두고 논의를 진행한다. 4정괘를 체용론으로 살펴보면, 건곤이 체가 되고 감리가 용이 된다. '대대적인 측면에서 리괘는 해가 되고 감괘는 달이 되며, 유행의 측면에서 바람은 불에서 생겨나니 불은 곧 리離이고, 비는 물에서 생겨나니 물은 곧 감坎으로 이것이 건곤乾坤의 용'[185]이라고 하여 4정괘 안에서 체용을 구분하고 있다. '천'에서는 남북 두 극이 체가 되어 변하지 않지만, 감리괘는 해와 달이 되어 하늘을 운행하는 것이다. 이를 대대의 측면에서 리괘가 해가 되고 감괘가 달이 되며, 유행의 측면에서 불에서 생겨나는 바람과 물에서 생겨나는 비가 하늘에서 자연현상으로 일어나지만 이는 모두 건곤의 용에 따른 현상이라고 말하는 것이다.

서명응이 선천상수학으로 천체 구조와 현상을 설명할 수 있었던 근본적인 이유는 "옛날에 복희가 주천역도周天曆度를 세웠다"는 논리와 공자가 『주역』, 「계사전」 4장에서 "성인이 하늘과 땅의 조화에 범위를 잡아 지나침이 생기지 않도록 하였다[範圍天地之化而不過]"라는 경전의 구절들에 근거한다. 그래서 "복희는 위로는 하늘의 운행을 관찰하고 아래로는 해 그림자를 굽어 살펴서 「선천방원도」의 상과 수에 징험하여 두 극과 적도를 정하였으니, 하늘은 대체로 아홉 겹이었다. 그리고 제9중천은 지극히 고요하여 움직이지 않아 그 안에 있는 나머지 8중천들을 품은 범위가 되었다"[186]는 논리를 펼치게 된 것이다. 이러한 경학적 전거에 따라서 서명응은 선천상수학의 입장에서 천문학을 이해하고 설명하는 것이다.

서명응은 우주의 7개의 행성과 달의 삭망朔望 현상 역시 상수로 해석한다. 즉 태양의 우행右行과 오행성의 역행운동을 「복희64괘방원도」에 나타난 순수와 역수의 상으로 해석하고 있는 것이다. 또한 달의 모양이 변하는 삭·망·회·현의 현상 역시 괘와 효를 배당하여 설명한다.

> 두건斗建은 좌선하여 지상방위인 자·축·인·묘·진·사·오·미·신·유·술·해를 돌아 순수順數하니, 곧 「복희64괘방원도」의 좌반에서 괘가 진으로부터 건에 이르기까지 순수順數이다. 한편 일전日躔은 우전하여 천상방위인 해·술·유·신·미·오·사·진·묘·인·축·자를 회전하여 역수逆數하니, 이는 곧 도圖의 우반에서 괘가 손으로부터 곤에 이르기까지 역수逆數이다. 하늘은 좌선하는 중에서도 별은 좌선左旋하고 해는 우행右行한다. 마찬가지로 해가 우행右行하는 동안에도 해는 동쪽에서 나오고 달은 서쪽에서 나온다. 달은 서쪽에서 생기는 가운데서도 밝음은 왼쪽에서 생기고 어둠은 오른쪽에서 생긴다. 오행성의 유복진퇴에 이르기까지 큰 것에는 큰 좌우역순 左右逆順이 있고 작은 것에는 작은 좌우역순左右順逆이 있다. 또한 양이 음의 가운데 있을 경우 양은 역행逆行하고 음이 양의 가운데 있을 경우 음은 역행逆行한다. 이것들은 도圖의 순수順數 중에 또한 순수·역수逆數가 있고 역수 중에 또한 순수·역수가 있는 것이다. 그러므로 역으로 하늘의 운행을 기록하는 자는 반드시 그 역수逆數의 부분에서 미루어 나가 앉아서도 천년 후에 태양이 어디에 이를지를 알아내니, 어찌 역曆이 역수逆數의 책이 아니겠는가. 환언하면 역曆과 역易은 서로 표리가 되는 까닭에 역曆을 말하면 역易도 알 수 있다.[187]

서명응에 따르면 전체 하늘이 좌선하는 것은 「복희64괘방원도」의 궁宮들 사이에 나타나는 순수順數 관계를 보여주고, 전체 하늘의 좌선 과정에서 별들은 좌선左旋하고 태양은 우행右行하는 것은 「복희64괘방원도」의 각 궁들 내에서 나타나는 순수와 역수의 상을 보여준다는 것이다. 또한 일월이 우행하는 것에도 이와 같은 순수와 역수의 관계가 나타난다. 즉 태양이 동쪽에서 뜨고 달이 서쪽에서 생기는 것이 「방원도」의 궁宮들 사이의 순수·역수 관계를 보여 준다면, 달이 서쪽에서 생기는 동안에도 밝음은 좌에서 생기고 어둠은 우에서 생기는 것은 궁 자체 내의 순수·역수 관계를 보여준다는 것이다.

한편 서명응은 태양과 지구, 달이 이루는 각도에 따라 발생하게 되는 달의 차고 이지러지는 현상을 선천의 사상의 개념으로 설명하고 있다.

> 그 수는 곧 「하도」의 중궁에서 일어났다. 매월 초하루에서 상현까지의 8일간과 상현에서 망까지의 7일간은 소음의 8과 소양의 7을 합한 것이다. 망에서 하현까지의 7일간과 하현에서 다시 회晦까지 이 8일간은 소양의 7과 소음의 8을 합한 것이다. 망 전의 15일간은 다시 노음의 6을 노양의 9에 합한 것이고, 망 후의 15일간은 노양의 9를 노음의 6에 합한 것이다.[188]

여기서 제시된 사상은 선천의 사상이지만 달의 차고 이지러지는 현상을 납갑법納甲法[189]을 이용해서 설명하기도 한다. 이는 선천방위도의 납갑법을 이용해 달이 뜨는 방향을 설명하는 것이다. 달이 뜨는 방위와 달의 차고 이지러짐을 설명한 내용은 특히 『참동고』 상편에서 상세히 설명하고 있는데, 서명응은 이 납갑법을 주자가 『역학계몽』을 찬술할 수 있었던 근거라고까지 말하고 있다.[190]

> 그 법은 곧 「선천도」의 방위납갑법에서 일어났다. 달은 초하루에서 초닷새까지 5일간은 날이 저물 무렵 지상의 경庚방위에 보인다.(진시에 나와서 술시에 진다.) 이것은 「선천도」에서는 진궁震宮이 된다. 따라서 육경六庚으로서 진궁에 배당된다. 또

한 달은 초엿새에서 초열흘까지 5일간은 저녁에 지상의 정丁 방위에 보인다.(오시에 나와서 자시에 진다) 이것은 「선천도」에서는 태궁兌宮이 된다. 따라서 육정六丁으로서 태궁에 배당된다.[191]

서명응이 천체 구조와 행성들의 운행 및 달의 차고 짐을 선천학의 상수로 설명하는 것은, 당시에 전래된 서양 과학의 천문학과 역법의 논리들을 선천상수학으로 이해하고 대응할 수 있게 한 논리적 근거이기도 한 것이다. 그리고 이러한 선천상수학적 천체 구조 및 역법의 이해는 유행지천과 형체지천의 일치를 이루기 위한 자신의 철학적 문제의식을 반영한 것이기도 하다.

2) 천天과 심心의 일치

서명응은 천天과 심心의 동질성을 여러 차례 강조한다. 천과 심의 동질성을 형체적 측면과 유행적 측면 및 그 역할 측면 등으로 일치시킨다. 유행지천의 관점에서 천을 심과 일치시키는 사유는 성리학자들에게 일반적인 경향이다. 하지만 서명응의 경우에서는 형체천과 심의 유비도 나타난다. 이는 기존의 견해에서 찾아보기 힘든 측면이다. 서명응은 유학이 주로 다루고 설명해 온 것이 유행천이며, 형체천은 역상가들이 전문적으로 학습한 것이라고 구분한다.

하늘이 둥글고 높아서 해와 달과 별들을 매단 상은 형체의 하늘이고, 위와 아래로 오르고 내려 춘하추동의 차례가 되는 것은 유행의 하늘이다. 형체의 하늘은 마치 혈육의 마음과 같고, 유행의 하늘은 마치 신명의 마음과 같다. 신명의 마음은 유자가 도로 삼는 것이고 혈육의 심은 의학자가 높이는 것이다. 그러므로 옛 성현으로부

> 터 해 온 말과 육경에 실린 것이 대부분 유행의 천이고 형체의 천은 역상가들이 오로지 익힌 것이다.[192]

천도가 성으로 심에 간직된다는 유학의 심성론의 논리에 따라, 서명응 역시 심은 천도를 간직한 것으로 본다. 그래서 심을 중심으로 천에 이르고, 사물에 이를 수 있다고 본다. 그는 심은 천도의 지도리로 보고, 천과 사물을 연결하는 축으로 심을 본다. 왜냐하면 천天 → 도道 → 명命 → 성性 → 심心 → 정情 → 의意 → 사事 → 물物로 이어지는 천과 사물의 연쇄에서 심이 중심이고, 심이 도의 추뉴樞紐라고 인식하기 때문이다.

> 도는 하늘에서 나와 명命에서 행해지고 성性에서 이루어져서 마음에 갖추어진다. 마음은 정情에서 발하고 뜻에서 실정이 있고, 일에서 나타나서 물物에서 형形을 이룬다. 마음으로부터 거슬러 올라가 하늘에 다하니 하늘 밖에는 도가 없다. 마음으로부터 따라 내려가 물物에 다하니 물 밖에는 도가 없다. 그러므로 마음이란 도의 지도리이다. 지극히 은밀하여 귀신도 엿볼 수 없고, 지극히 드러나서 아녀자도 또한 알 수 있으며, 지극히 가까워 동정어묵간動靜語默間에도 오묘하게 응결되어 있으며 지극히 크고 넓어서 점차로 천지의 화육에 참여할 수 있다.[193]

이러한 논리는 외관상으로 유학의 심성론적 구조를 준수하는 것으로 보이지만, 성性에 대한 강조로 치우친 성리학적 사유와는 달리, 심心을 중심에 두고 있다는 점에서 성리학적 사유와는 구별된다. 또한 성리학의 사유에서는 억제되거나 조절되어야 할 심心과 정情에 대한 열린 사유를 보여준다는 점에서도 구별된다.

이러한 천과 심의 유비는 위치의 측면에서도 일치된다. 심장과 태양은 그 위치가 가운데 있으면서 다른 장기와 행성들을 주재하기 때문이다.

> 일곱 행성이 하늘의 가운데 있고 태양은 또 일곱행성의 가운데 있다. 위아래로부터 말하면 토성과 목성 및 화성이 위에 있고 금성과 수성, 달이 아래에 있으니, 오직 태양만 위아래의 한 가운데에 있으며, 좌우로 말하면 달은 구행九行이 있고, 오성은 각각 운행하는 길이 있는데 혹 순행하기도 하고 혹 역행하기도 하여, 황도 남북 육도六度를 출입한다. 그런데 오직 태양만 남북의 가운데를 운행하니 이미 상하의 가운데를 얻었고, 또 남북의 가운데를 얻은 것이니, 이는 마치 사람에게 심장이 있는 것과 같다. 대체로 사람의 심장은 화火로써 오장의 가운데 위치하고 태양도 화로써 오성의 가운데 위치하니 태양이 하늘에 있어 심이 아니겠는가.[194]

이 인용문은 천체에서 태양의 위치와 운행을 심장의 속성과 위치로써 비유하고 있는데, 이러한 비유는 심과 천의 해석에도 적용된다. 그래서 "형체지천은 인심의 외형[郛郭]과 같으며, 유행지천은 인심의 성정과 같다. 성정과 부곽에는 애초에 두 이치가 없다. 그러므로 일월이 운행하는 차서와 기가 차례로 유행하는 것이 항상 서로 합치하니 이것이 지극히 오묘한 자연의 이치가 아니겠는가"[195]라고 하여, 인심의 광곽(심장)과 형체지천을 일치시키고 인심의 성정을 유행지천으로 일치시킨다.

> 심心은 하나인데 성性이라고 하고 정情이라고 하고 지志라고 하고 의意라고 하고 기幾라고 하고 사事라고 하고 미발이발未發已發이라고 하고 인심도심人心道心이라고 한다. 무엇 때문에 그 이름이 한결같지 않은가. 천天은 하나인데 선善이라고 하고, 성誠이라고 하고 리理라고 하고 제帝라고 하고 신神이라고

> 하고 성性이라고 하고 도道라고 한다. 무엇 때문에 그 명칭이 이리도 번잡한가. 하늘과 심은 체의 경우엔 체가 같고, 용의 경우엔 용이 같으니, 마땅히 그 명칭이 같지 않을 수 없다.[196]

심에 대한 용어가 다양하듯이 천에 대한 용어 역시 다양하다. 하지만 그는 심과 천의 체와 용이 같다고 인식한다. 이러한 인식은 우주관과 심을 일치시키려는 그의 선천학적 체계에 기초한다. 또한 유행지천을 신명지심神明之心으로 형체지천을 혈육지심血肉之心으로 일치시키면서, 우주에 일월성진이 매달려 있는 것은 형체지천이고, 상하를 오르내리며 춘하추동이 되는 것은 유행지천이라고 본다.

또한 "형체지천은 혈육의 심과 같고, 유행지천은 신명의 심과 같다"[197]고 구분하기도 한다. 서명응의 이러한 천과 심의 유비 내지 일치는 형체지천과 유행지천이 같다는 자신의 철학적 문제의식에서 기인한 것이다.

그리고 앞서 살펴보았듯이 천체의 구조와 운행을 상과 수로 설명하듯이, 천지와 심의 관계 역시 선천의 상수로 설명한다. 이는 특히 호괘법互卦法을 중심으로 천지와 심의 구조를 설명하는 것이다.

> 소강절이 일찍이 방도중궁方圖 中宮에 대하여 논하기를 사상四象이 서로 교차하여 16사事를 이룬다고 했는데, 대개 방도 중궁은 곧 천지의 심의心意이니 사람과 만물에 부여한 심의이다. 그러므로 각 괘의 가운데 네 효가 서로 교차하고 중첩한 것은 방도 중궁의 네 진괘와 네 손괘가 서로 교차하여 서로 중첩된 것을 본뜬 것이다. 심의心意 가운데 반드시 오성五性, 사단四端, 칠정七情 이 16가지의 일이 있는 것은 또 방도 중궁의 네 진괘와 네 손괘가 바람, 비, 우레, 이슬 등의 16가지 일을 포함한 것을 본뜬 것이다. 16가지가 서로 교차하여 온갖 일이 일어나며, 온갖 일이 교차하여 온갖 변화

> 가 일어나며, 득실이 서로 인하며 길흉이 서로 번갈아 타며 화복이 서로 찾아드는 등 고금의 우주가 지극히 심오하고 지극히 어지러운 것은 또 모두 호괘互卦의 법상 때문이니, 호괘의 심과 의로써 호괘의 법상을 추론하면 그 모두 얻지 못함이 있겠는가?[198]

위의 문장에서도 서명응의 천과 심의 일치가 상과 수로 해석되는 것을 확인할 수 있다. 서명응은 선천학의 체계 속에서 천과 심의 일치를 규명하고, 그것을 상과 수로 해석하여 자신의 형체지천과 유행지천의 일치를 추구하려 한 문제의식을 보여준 것이다.

2장의 논의를 정리하면 다음과 같다.

서명응은 자신의 선천학을 「하도」의 논리에 따라 구성하기 때문에 자신의 저술들 역시 「하도」의 상과 수에 따라 구성하고 있다. 이러한 체제를 가장 분명하게 보여 주는 것이 『보만재총서』의 구성이다. 이 총서는 「하도」의 상수에 따라 4부 13종으로 구성되어 있다. 또한 「하도」를 중심으로 선천론을 펼치지만, 소강절과 주자와는 다른 특징을 찾을 수 있는데, 그것은 64괘를 4정괘와 60괘로 구분하여 선후천을 나눈다는 것이다. 4정괘를 선천에 배당하고 60괘를 후천에 배당하여, 선후천을 구분하는 것이다. 다른 하나는 체용론에 의한 선후천의 구분이다. 64괘 중에서 4정괘는 체가 되고, 60괘는 용이 되는 설명체계로 선후천을 구분한다. 이러한 선후천론의 구분이 가장 분명하게 보이는 책으로는 『선천사연』과 『참동고』가 있다.

그는 선천학의 역사를 서술하면서, 선천학을 구성하는 선천역과 천문역법이 1, 2차의 분리 과정을 겪는다고 본다. 선천역은 도교의 연단술에 남아 있게 되지만, 천문역법은 서국으로 전래되어 중국에는 남아 있지 않는 분리의 역사를 서술하면서, 이 분리를 자신이 결합했다고 선언한다. 이러한 선언의 결과가 자신의 선천학 학문체계일 것이다.

서명응의 선천학의 특징은 선천역과 우주론을 일치시키는 것이고, 다른 하나는 천과 심의 일치이다. 선천역과 우주론을 일치시키는 것은 「하도」의 상수가 바로 천문으로 드러난다. 「하도」에 드러난 상과 수가 천체 구조를 나타내거나, 천문현상을 나타내는 것으로 설명되면서, 선천역이 바로 천문이라는 주장을 도출해 낸다. 천과 심의 일치는 천체의 구조에서 태양의 위치와 인체에서 심장의 위치, 천체에서 태양의 운행과 인체에서 심장의 역할로 유비되는데, 이는 유학에서 유행지천이 인간에게 본성으로 심에 간직된다는 논리를 포함하면서도, 형체지천의 사유를 결합하고 있다. 이는 도교적 사유에서 천체와 인체의 유비를 통한 수련을 설명하는 것과 유사한 설명체계이다.

제3장 도교사상과 선천학

제1절 도교와 상수학

앞서 보았듯이 서명응은 선천학의 전수과정에서 도교를 중요한 징검다리로 삼고 있다. 도교를 징검다리로 삼았다는 의미는 선천학의 도상들과 그것에 대한 연역법들이 도교의 신선가들에게 전수되어 단약을 만드는 단조지비결丹竈之秘訣이 되었고, 이 과정에서 선천학의 도상들과 그 연역법은 어긋남이 없이 도사 진단에게 전수되어, 북송의 도학자들에게 이어진 것으로 보았다는 의미이다.

따라서 서명응은 선천학의 범주 안에 도교의 내용인 『노자』와 『주역참동계』(이하 『참동계』)[199]를 포함한다. 서명응이 선천학의 범주에서 이들 서적들을 포함한다는 의미는 도서역과 상수역을 포괄하는 의미에서 상수학과 천체 구조, 도교적 수련이론이라는 세 측면에서 주석 작업을 한다는 것이다. 물론 서명응이 이들 서적을 통해 선천학의 내용을 탐구하려고 했다는 점은 자명하다.

서명응이 선천학의 내용을 확립하기 위해 『노자』와 『참동계』를 연구한 내용은 그의 『연보年譜』에 나타나 있다. 그는 『노자』와 『참동계』를 읽기 이전에 『역선천학易先天學』이란 책을 저술하여 선천학에 관련된 내용들을 정리하였는데, 그것을 버리고 『노자』와 『참동계』에서 찾은 선천학의 내용으로 『이경통해二經通解』를 저술한 경위가 나온다.[200] 『연보』에 따르면, 그는 1766년(영조44)에 이미 『역선천학』을 편찬했다. 그 이후 『참동계』와 『노자』를 선천상수와 비교해 보니 일일이 합치되어, 옛날에 편찬한 『역선천학』의 구주舊註를 버리고 따로 이들의 책에서 내용을 찾아 전석箋釋을 만들어 『이경통해』(1768)를 저술하였다는 것이다.

> 애초에 공이 이미 선천학을 편찬하셨다. 그런데 어떤 사람이 『도서전집道書全集』[201]을 팔러 왔는데 그 속에 『참동계』에 대한 3가家의 주석이 있었다. (공이) 한가한 날에 두루 참고해 보니, 위백양의 『참동계』가 선천상수와 일일이 합치하였으므로 마침내 옛날 주註들을 버리고 별도로 전석을 만드셨다. 또 소강절이 '『노자』가 역의 체를 얻었다'고 한 말 때문에 『도덕경』을 참고하시고 말하기를 '제자 중에서 오직 『노자』가 선천의 시대와 거리가 멀지 않기 때문에 그의 말이 대부분 선천에 근거한다. 지금 그 도는 생략하고 선천에 합치되는 것을 취하였다. 또한 뒤따라 그 주석을 바로 잡은 다음 마침내 『도덕경』은 현경玄經이라 하고 『참동계』는 단경丹經이라 하고, 이를 총괄해서 『이경통해二經通解』라고 이름을 붙여 선천학에 일조가 되도록 하였다' 라고 하셨다.[202]

이 인용문에 기초해서 보자면, 서명응은 『노자』와 『참동계』를 통해서 선천학을 찾고, 그 체계를 이루고자 한 것임을 알 수 있다. 그러므로 서명응이 『노자』를 주석하여 저술한 『도덕지귀道德指歸』는 『이경통해二經通解』 중의 ‘현경玄經’에 해당하고, 『참동계』의 주석인 『참동고』는 ‘단경丹經’에 해당한다.[203] 그렇다면 서명응은 『노자』와 『참동계』를 도교 내단사상의 보고寶庫일 뿐만 아니라 선천학의 핵심을 고스란히 간직한 책으로 이해한 것이다.

우선 서명응이 『노자』를 보는 관점은 첫째, ‘『노자』가 시간적으로 선천학에 가장 가깝다’는 역사적 인식과 소강절이 ‘『노자』가 역의 체를 얻었다’는 평가에 기초하여 『노자』를 선천상수학적 입장에서 장절을 구분하고 체계지운다는 것이다. 둘째는 『노자』의 사상과 주렴계의 『태극도설』의 내용을 ‘태극의 회복’이라는 수양론적 입장에서 밝히는 것이다. 서명응은 『노자』를 주석하면서 그 내용들을 주렴계의 『태극도설』의 논리와 결부시키는데, 이는 ‘태극太極’과 ‘무극無極’의 존재를 확인하고 체득하는 과정이기도 하다. 이는 ‘태극과 무극’을 체인한다는 점에서 유교의 수양론과 내단 수련사상의 접점이기도 하다.[204] 태극을 어떻게 규정할 것인가가 문제이지만, 서명응은 『노자』의 ‘도’를 역의 태극이라고 규정하면서, 『노자』 주석을 통해 유가와 도교의 합치점을 추구한다. 셋째, 『노자』의 구절들이 천체 구조론을 반영하고 있다고 본다는 것이다. 그래서 서명응은 『노자』의 장절체제는 소강절의 상수학적 입장에서, 내용적 측면은 주렴계의 『태극도설』의 사유로 이해하는 것이다.

『참동계』에 관한 서명응의 이해는, 선천학에 관한 가장 충실한 내용을 간직한 책으로 본다. 그는 ‘「계사」 이후 『황극경세』 이전에, 복희의 선천과 문왕의 후천의 은미한 뜻을 천명한 것은 단지 이 한 책일 뿐’[205]이라고 인식한다. 그래서 서명응은 『참동계』를, 선천역을 이해할 수 있는 계제로 보고, 「선천4도」를 연역하기 위해 『참동계』

를 연구한 사람은 자신만이 아니라고 한다.[206]

이러한 관점에서 보자면, 서명응은 『참동계』를 통해 선천역을 밝히려 한 것이고, 이 과정에서 선천역을 중심으로 한 역이론과 내단사상의 일치인 단역참동론丹易參同論에 관한 독특한 이론을 제시한 것이다.[207]

서명응이 『참동계』를 통해 추구한 선천학 역시, 첫째, 도서를 포괄하는 상수학과 둘째, 천체 구조와 인체구조의 유비 셋째, 선천을 지향하는 수련이론으로 정리된다. 따라서 『노자』에 대한 주석서인 『도덕지귀』[208]와 『참동계』에 대한 주석서인 『참동고』를 상수학의 관점과 천체 구조론, 수련이론으로 정리하고자 한다.

1) 「하도河圖」 상수象數에 따른 『도덕지귀道德指歸』의 분장分章

서명응이 상수학의 관점에서 『도덕지귀』를 이해했다는 점을 확인할 수 있는 내용들은 상당히 많다. 대표적인 것들을 거론하면 다음과 같다. '노자는 이 책을 지을 때, 스스로 그 말이 조화를 본뜬 것이라고 여겼기 때문에 또한 장과 절의 구분을 모두 역수易數로 구분하고 입상立象했다',[209] '노자는 대역大易(선천역)에 대해 깊이 이해하고 있다',[210] '대역은 음양은 말하되 오행은 말하지 않는다',[211] '오행을 기준으로 보자면 도가와 선가가 나뉜다'[212] 등이다. 이 말들이 갖는 의미는 그가 선천학의 관점에서 『도덕지귀』를 저술한 것임을 알 수 있게 한다. 게다가 서명응의 『노자』 주석은 주렴계의 『태극도설』 중에서 태극과 음양의 관점만으로 진행하고 있다는 점[213]에서, 그가 『노자』를 통해 선천학을 추구한 것임을 알게 한다.

『도덕지귀』에서 서명응의 상수학적 관점이 가장 분명하게 드러나는 것은 이 책의 장절을 새롭게 나누고 있는 점이다. 그는 선천역의 상수론을 기준으로 『노자』 81개 장을 9개의 절로 구분하여 『도덕지귀』의 체제를 구성한다. 이를 표로 그려보면 다음과 같다.

구분		『노자』의 장	분절의 이유
道經	1절	1장(太極)	一章爲一節而象太極之一
	2절	2장—10장(太陽)	自第二章至此, 言煉精煉氣煉神之功用, 爲詩語首尾葉一韻. 古人言心, 以爲言有盡, 而意無窮也. 必以詩語歎發之. 觀於洪範皇極之無偏無黨, 亦可驗也.
	3절	11장—16장(太陰)	自第十一章至此, 凡六章爲一節, 而象太極之含六. 故卽夫一節之終, 備言致虛守靜之自有而無, 以及乎王乃天, 天乃道, 道乃久之成效極功焉.
	4절	17장—23장(少陽)	自第十七章至此, 凡七章爲一節, 而象少陽之含七.
	5절	24장—31장(少陰)	自第二十四章至此, 凡八章爲一節, 而象少陰之含八.
	6절	32장—36장(中宮의 5개점)	설명 없음.
德經	7절	37장—51장(中宮數15)	自第三十七章至此, 凡十五章爲一節.
	8절	52장—66장(中宮數15)	自第五十二章至此, 凡十五章爲一節.
	9절	67장—81장(中宮數15)	自第六十七章至此, 凡十五章爲一節, 而以知信結之於終焉.

서명응이 절을 이렇게 구분을 하고서, 그 구분의 기준을 역수易數로써 상을 세운다고 하였다. 여기서 역수란 「하도」를 중심으로 한 상수를 의미한다. 도표에 정리된 것처럼 「하도」의 흑백권 점들의 수와 「하도」의 숫자 조합으로 이룬 「하도사상河圖四象」(그림2 참고)이 분절의 중심축으로 작용하고 있다.

서명응은 『노자』 1장을 하나의 절로 삼고서, '태극지일太極之一'을 형상한 것이라고 했다. 그런데 이를 「하도」의 상과 수로 이해할 수 없다. 먼저 「하도」의 수數로 이를 이해해보면, 중궁은 가운데 수 5와 외곽의 수 10으로 구성되어 있고 이를 합한 수는 15이다. 그리고 중궁을 둘러싼 외곽의 수들은 선천의 사상, 즉 하도사상河圖四象을 만드는 수적 조합으로 2태太(태양—1, 9와 태음—4, 6)와 2소少(소양—3, 8과 소음—2, 7)의 사상을 만든다. 「하도」 중궁의 수 5와 10을 기준으로 외곽의 수와 조합을 하면, 태양수 1과 태음수 4를 더하면 「하도」 중궁의 수 5가 되고, 소음수 2와 소양수 3을 더하면 중궁의 수 5가 된다는 것이다. 또한 중궁의 수 모두를 합한 수 15는 「하도」 바깥쪽의 수, 즉 태양수인 9와 태음수인 6을 합하면 「하도」 중궁의 전체 수인 15가 되고, 소음수 7과 소양수 8을 합하면 중궁 전체의 수인 15가 된다는 것이다. 따라서 「하도」 중궁의 수는 5이거나 10이거나 15이다. 또한 「하도」의 수적 조합으로 사상을 만들더라도 수 1을 설명하지 못한다.

상象의 관점에서 보더라도 숫자 1의 의미를 유추할 수 없다. '하도사상'의 그림을 기준으로 보면, 「하도」 중궁의 전체가 '태극'에 해당하기 때문에 이를 숫자 1로 보기는 힘들다. 나머지 하도사상의 조합들로도 숫자 1의 의미로 파악할 수 없다.

결국 『노자』 1장을 '태극지일'로 주석한 이유는 태극이 음양으로 나뉘기 이전의 혼일한 전체성을 형상한 것으로 이해할 수밖에 없다. 왜냐하면, 선천역의 관점에서 '하도는 상수象數에서 중中이자, 태극지일이 되어 불변하는 것이다. …… 일은 변할 수 없는 태극'[214]이기 때문이다. 따라서 『노자』 1장을 '태극지일'로 파악한 의미는, 태극의 전체성과 혼일성을 의미하고 수로서는 음양이 나뉘기 이전의 1이 된다.

또한 서명응은 『선천사연先天四演』에서 시초점을 칠 때, 시초 50개 중에서 먼저 한 개를 떼어 내어 손가락 사이에 끼우는 것을 태극지일을 상징한 것[215]으로 설명하기도 한다. 따라서 『노자』 1장이 태극지일을 형상한 것이라는 의미는, 『노자』의 도가 전체성과 혼일성을 가진 것으로 이해한 것이기도 하고, 처음이라는 의미에서 1이지 수적인 것은 아니다.

서명응이 『노자』 2장에서 10장까지를 2절로 삼고, 연정煉精·연기煉氣·연신煉神의 공용을 말한 것[216]이라고 주석한 것은 『노자』를 내단사상과 연관지어 설명한 것이다. 이 9개 장을 한절로 삼고는 『서경』 「홍범」의 '황극皇極'을 언급하고 있는 것으로 보아, 이는 구주九疇를 상징한 것이고 태극의 9를 상징한 것으로 이해된다. 특히 "서경 홍범편의 임금의 도인 황극이 치우침도 없고 무리지음도 없다라고 한 것에서도 또한 징험할 수 있다[洪範皇極之無偏無黨, 亦可驗也]"라고 주석을 하고 있는 것으로 보아 태극을 계천입극繼天立極하여 극을 세운 인군의 심으로 설명한 것이다.[217] 인군의 심이 치우치거나 편당지음이 없는 극의 의미를 나타내고, 이것은 「하도」의 태양의 수 (1, 9)에서의 9로 연결되는 것이다. 또한 정기신의 단련과 그 공용이라는 내용[煉精煉氣煉神之功用]과 연결해 보면, 이는 도교적 수련으로 도달한 경지에서 치우침이 없는 상태이자 순양純陽의 상태를 의미한다. 연정, 연기, 연신이란 도교 내단수련에서 수련의 단계를 의미하고, 이 수련을 통해 얻어진 공용이란 인체를 순양의 상태[太陽]로 만드는 것이기도 하다. 그리고 상수론으로 보면, 「하도」에서 태양의 수 조합이 9와 1인 것이다.

이러한 「하도」의 상과 수로 절을 구분한 것은 계속 이어진다. 3절의 주석에서 『노자』 11장에서 16장까지 6개 장이 '태극이 6을 포함하고 있는 것'이라고 주석하고, 23장에서 '17장에서 여기에 이르기까지 7개 장이 하나의 절이 되는데, 이는 소양이 7을 포함하고 있는 것'이라고 하며, 31장에서 '24장에서 여기에 이르기까지 8개 장이 하나의 절이 되는데, 이는 소음이 8을 포함하고 있는 것'이라고 주석한다. 논의의 편의상 4절과 5절을 먼저 설명하고 3절과 6절을 설명해보자.

4절의 주석에서 『노자』 17장에서 23장까지 7개 장이 소양이 7을 포함하고 있는 것을 본뜬 것이라고 한다. 이를 후천역으로 보면 소양은 수의 조합이 3과 8이 되므로 7의 의미를 찾을 수 없다. 그런데 하도사상의 논리로 이해하면 소양은 수의 조합이 3과 7이 되어, 생수 3과 성수 7이 소양이 된다. 따라서 성수를 기준으로 보면 소양 수는 7이 된다.

또한 5절의 소음이 8을 포함한다는 것 역시 후천역의 소음은 수의 조합이 2와 7이 되므로 8이라는 수의 의미를 찾을 수 없다. 그런데 하도사상의 논리로 보면 소음은 수의 조합이 2와 8이므로 소음 수는 8이 된다.

서명응은 우리가 익히 아는 일반적인 사상(후천)의 수적 조합과 달리, 선천사상이라는 기준을 제시한다. 그가 선천사상으로 제시한 기준은 음양의 사상四象으로, 우리가 아는 사상의 숫적 조합과 다르다. 우리가 일반적으로 이해하는 사상은 후천역의 오행을 기준으로 한 사상으로 태양(1,6), 소음(2,7), 소양(3,8), 태음(4,9)으로 구성된다. 선천역에서는 음양의 사상이기 때문에 태양(1,9), 소음(2,8), 소양(3,7), 태음(4,6)으로 구성된다.[218] 이에 관해서 2장의 <그림 3>를 참조하면 더욱 분명하게 이해할 수 있다.

양의兩儀가 포함하고 있는 수 9, 1 태양은 밖에서 둘러싸는 데 위치하며, 3, 7 소양은 가운데 위치한다. 음의가 포함하고 있는 수 2, 8 소양은 밖에서 둘러싸는 데 위치하고, 4, 6 태음은 중에 위치한다. 이와 같이 서로 반대되는 것은 무

> 엇 때문인가. 2태太는 주로 변화하고 2소少는 변하지 않는다. 변화하지 않으면 그 기는 오로지 한결같고 변화하면 비로소 점차 변하여 화생함이 있게 된다.[219]

이상과 같이 「하도」의 상과 수로 분장한 설명 방식은 나머지 절들에 대해서도 동일하게 진행된다. 7, 8, 9절에 대해 수로써 접근하면, 이들 절은 모두 「하도」 중궁의 수 5와 수 10을 합한 수 15로서 장절을 구분한 것이다. 이들 절을 구성하는 『노자』의 장수는 모두 15개의 장인데, 이것이 「하도」 중궁의 수 5와 10을 합한 15를 의미하기 때문이다. 그렇다면 「하도」 중궁의 수 15가 의미하는 것이 무엇인지 해명해야 한다. 이는 「하도」 중궁을 상으로 접근한 것으로, 「하도」 중궁의 전체가 바로 태극을 형상한 것이기 때문에 이들 절들은 모두 「하도」 중궁의 태극을 형상한 것에 해당한다.

> 「하도」 사방 여러 수의 변동과 이합에는 진실로 각각 의가 존재하고 있다. 그 중앙의 10음수와 5양수가 혹은 종횡으로 참열하여 사지사향四指四向하여 있고, 혹은 대대對待로 우열하여 두루 펼쳐져 있으니, 리理로 말하면 태극太極이고, 기氣로 말하면 중앙 토土이고, 천天으로 말하면 북극北極이고, 사람으로 말하면 심법心法이다.[220]

따라서 6, 7, 8절이 모두 15개 장을 묶어서 하나의 절로 삼은 것 역시, 「하도」 중궁의 수인 5와 10을 합한 15로써 입상立象을 한 것이다. 그리고 이러한 「하도」 중궁이 태극으로 중앙토로, 심법으로 연결된다고 인식하는 것이다.

또한 『노자』 11장에서 16장까지의 6개 장을 3절로 구분한 것도 역시 「하도」의 논리로 설명할 수 있다. 「하도」에서 태음은 그 수가 4와

6으로 태음의 수 4와 6은 가운데 거처하면서 불변하는 것이기도 하고, 후천의 태음 수水는 선천의 태양 1과 태음 6이 묘하게 합해진 것이기도 하다.[221]

그런데 태극의 진체眞體는 지정至靜한 상태에서 볼 수 있는 것이므로 태극이 6을 머금고 있다는 의미는 지극히 고요한 상태에서 태극을 볼 수 있다는 논리로도 연결된다. 즉, 이는 태극이란 음양이 충화한 기라는 이해에서 태극이 충화한 상태의 지정함을 설명한 것으로 이해해야 한다. 태음의 4와 6은 지허至虛와 지정至靜한 상태를 나타내는 것으로 바로 태극의 고요한 상태를 형용한 것이다.

또한 조화造化의 처음은 천일생수天一生水에서 시작하기 때문에 태극을 조화의 관점에서 보자면, 수水를 의미하는 6이 당연히 태극에 포함되어 있게 된다. 따라서 '태극이 6을 포함하고 있다'는 16장의 주석은 후천역의 사상인 오행의 사상을 의미하는 것이 아니라, 선천역의 사상인 음양의 사상을 의미한다.

그리고 6절의 32장에서 36장까지는 별다른 설명이 없다. 필자의 판단으로는 「하도」의 상과 수를 기준으로 분장하여 절을 만들었기 때문에, 6절의 5개 장은 「하도」 중궁의 다섯 개 점을 본뜬 것으로 이해된다. 「하도」 중궁의 다섯 개 점은 숫적으로도 5일 뿐 아니라, 이는 「하도」의 상과 수를 성립시키는 근거이기도 해서, 굳이 설명하지 않아도 그것의 의의를 확인할 수 있다. 또한 절들의 구성이 태극(1절), 태양(2절), 태음(3절), 소양(4절), 소음(5절), 중궁수15(7, 8, 9절)로 주석하고 있는 것을 볼 때, 6절은 중궁 수 5가 됨을 쉽게 파악할 수 있다. 6절을 중궁 수 5로 이해하면, 『도덕지귀』의 분장과 분절의 구성이 철저하게 「하도」의 상과 수를 기준으로 되어 있음을 확인할 수 있다.

서명응이 『노자』를 철저하게 「하도」의 상과 수로 장절을 재구성한 이유는 『노자』가 대역大易에 정통하고 있었다고 보았기 때문이다. 『노자』는 「하도」의 선천역이 음양만을 말할 뿐 오행을 말하고 있지 않다는 점을 알았기 때문에, 오행을 언급하지 않았다고 본다.[222] 그리고 이는 『노자』가 선천역에 대한 이해가 높았다는 것을 의미하는 것으로 본다. 그래서 서명응은 『노자』의 선천역에 대한 이해를 높이 평가한 학자들이 많았다고 언급한다.

> 공자가 말하기를 지자知者는 그것을 보고 지知라고 한다고 하고 또 말하기를 지자는 중도를 넘친다(過之)고 한 것은 『노자』를 가리키는 것이다. 그러나 『노자』가 그 역리易理에서는 대단히 절실함을 얻었다. 그러므로 소강절이 말하기를 『노자』는 역易의 체를 얻었다고 했으며, 주자가 말하기를 『노자』는 이 도리를 알았다고 했으며, 또한 지극히 오묘한 이치는 낳고 낳는 뜻에 있다고 한 것은 정자가 『노자』에게서 취한 설이다. 그 『노자』를 인정한 바가 또한 이미 많다.[223]

2) 『참동고』의 내단이론과 역이론의 일치[丹易參同論]

『주역참동계』에 대한 서명응의 주석서인 『참동고參同攷』는, 그 자신에게 매우 중요한 책이다. 서명응이 선천학의 체계를 세울 때, 도서圖書들을 연역할 방법을 얻지 못하고 헤매다가 이 책을 통해 도서를 연역할 법을 찾게 되었을 뿐만 아니라, 이 책이 그리고 있는 상수학적 내용들은 그가 구상하는 선천학의 전모를 모두 보여주었기 때문이다.

서명응의 『참동계』에 대한 인식은 복희의 선천역이 공자에게서 단조천부지비결丹竈天符之秘訣로 흘러 들어갔다는 것에서 단적으로 드러난다. 서명응은 복희의 선천역을 공자가 진단(希夷)에게 전했고,

은사에게 전해졌다가 주렴계의 「태극도」로 드러나고 소강절의 『황극경세』로 드러났으며, 주자에 의해 역서易序의 머리에 배열되어 육경의 우두머리가 되었다고 인식한다. 심지어 서명응의 『참동계』에 대한 인식은 유가에서 『논어』의 지위와 같으며[224], 『대학』의 경전과 표리를 이룬다.[225]

그리고 선천역이 단조천부지비결과 결합했다고 인식했기 때문에 '선천역을 연구하기 위해서 『참동계』에 대한 연구가 있어왔다'[226]라고 주장한 것을 통해서도 『참동계』의 위상을 짐작할 수 있다. 왜냐하면 서명응은 「계사」 이후 『황극경세』 이전에 복희의 선천과 문왕의 후천의 은미한 뜻을 천명한 것은 단지 이 한 책뿐[227]이라고 생각하기 때문이다.

> 주자는 채계통과 자주 『참동계』의 미지微旨를 강론하였고, 만년에 이르러서는 친히 주해를 짓기도 하였는데, 그 어찌 연단의 여법에 자질구레하게 관심이 있어서였겠는가. 아마도 이 책으로써 선천학에 들어가는 사다리로 삼은 듯하다.[228]

결국 선천역을 연역할 근거로 『참동계』를 제시하고 있는 것이다. 서명응은 『참동계』를 통해서 선천역을 해명하고 소회를 서술하면서 '「선천4도」를 연역하는 방법이 폐기되지 않은 것은 단부지비결의 공'이라고 하였다. 이는 선천도의 연역법을 『참동계』를 통해서 알 수 있다는 주장이다.[229] 그는 『역 · 계사』를 근본으로 삼고, 『참동계』를 보조로 삼아 선천역을 해명하는 방법론을 제시하였는데, 이것 역시 『참동계』가 유일하게 선천역을 연역할 대상으로 인식된 것이다.

또한 그는 선천역을 연역하는 구체적인 방법으로 "백배의 공력과 여러 학설을 아울러 취하지 않는다면 쉽게 그 출입문을 얻지 못할 것이니, 반드시 공자의 『역·계사』로써 먼저 대본大本을 세운 연후에 두루 『참동계』를 상고하고 보조한다면 거의 선천학에 도달하여 그 관건을 터득할 것이다"[230]라고 하여, 『역·계사』를 대본으로 한 다음에 『참동계』를 보조하면 선천역을 이해할 수 있다고 본다.

서명응은 『참동계』를 선천의 진전으로 여겨,[231] 도圖만 남은 복희의 역(선천역)을 연역할 방법을 『참동계』에서 찾았으며, 그 연역의 결과를 『선천사연先天四演』으로 밝혔고, 이렇게 밝혀진 대역으로 『노자』의 사상을 내단사상과 연관시켜 『도덕지귀』를 서술한 것이다. 그리고 선천역에 도달하는 구체적인 방법으로 『역·계사』와 『참동계』를 교차적으로 이해해야 한다고 보았다.

서명응의 『참동계』에 대한 이러한 극찬은 『참동계』 자체가 역학적 내용을 담고 있기 때문이다. 『참동계』는 『역』의 논리로 단약을 제련하는 과정을 제시하고 있기 때문에, 그 자체로 역학의 내용을 담고 있다. 즉, 『역』이 제시한 음양의 운행을 끌어와 황로사상黃老思想과 단약丹藥을 제련하는 정로鼎爐를 설명하고 있기 때문에 『참동계』의 약물 제련을 '단역참동론丹易參同論'이라고도 한다.

구체적으로 『참동계』는 정로鼎爐를 건곤괘로, 약물藥物을 감리괘로, 나머지 60괘를 약물을 다려내는 과정인 화후火候로 설명한다. 이런 점에서 『참동계』의 금단제련은 『역』의 원리를 따르는 것이다. 이 과정에서 한대 역학인 납갑법納甲法과 소식괘消息卦들이 동원되면서 화후를 설명하고 있어서 역의 논리와 금단의 제련은 밀접한 관계를 가진다.

그런데 『참동계』의 역학에 좀 더 세밀한 오행론을 결합하고, 몸속의 요소들로 금단을 형성하고, 이 금단이 다시 옥액환단과 금액환단이 되는 과정을 도식적으로 파악하는 시도가 진단에 의해서 시도

된다. 물론 진단의 이전에 팽효에 의해서 '수화광곽도水火匡廓圖'와 '삼오지정도三五至精圖'의 그림이 그려지지만, 이를 앞서 언급한 '단법삼관丹法三關'과 결합해내고, 여기에 '무극無極'과 '현빈지문玄牝之門'을 결합한, 지금의 '무극도無極圖'를 그려낸 이는 진단이다.

진단은 역학사적으로 송대 상수학의 창시자로 규명되고, 그의 학설은 소강절의 선천역과 주렴계의 『태극도설』로 이어져 주희에게서 상수역으로 정립된다. 진단이 송대 상수학의 개산자로 평가되는 것은 「하도」와 「낙서」, 「무극도」가 그의 손에 의해서 세상에 드러났기 때문이다. 이를 두고 모기령은 "태평흥국 연간에 이르러 홀연히 화산도사 진단이 「하도」, 「낙서」 및 「선천도」(「무극도」)의 옛 역을 갑자기 끄집어내 보였다. 그러자 세상 사람들은 이를 세 가지 보물이라고 불렀다"[232]라고 전하고 있다.

이처럼 진단은 상수역학 혹은 선천학을 연 선구자로 평가되지만, 그의 이러한 학문적 연원은 『참동계』와 관련된다고 평가된다. 가령 주희는 진단의 학문 중에 어떤 것은 위백양의 『참동계』가 원류라고 파악하고,[233] 특히 선천도는 방사가 수련한 것으로 『참동계』에서 언급한 것이라고 말한다.[234]

『참동계』가 가진 성격은 선천학과 밀접하다. 그러므로 서명응에게 이 책은 선천학에 도달하기 위한 핵심적인 책이 될 수밖에 없다. 선천학적 특징을 『참동계』의 용어로 말하자면, '단역참동론丹易參同論'이다.

'단역참동론'이란 건곤괘를 정로로, 감리괘를 약물로, 60괘를 화후로 이해하는 일반적인 견해와 역을 우주조화의 원리로 보고 내단사상도 그 조화의 원리를 벗어나지 않는다는 견해, 그리고 『주역참동계周易參同契』라는 책명을 해석하는 데서 '참參'의 의미를 어떻게 풀

이하느냐의 견해로 구분한다.[235]

서명응은 『참동고』에서 「선천4도」를 한 몸에서 상으로 세우고, 또 한 몸으로 「선천4도」에 상을 세운 것으로 이해하기 때문에,[236] 『참동계』와 선천4도는 서로 표리가 된다고 본다. 이러한 입장은 기존의 '단역참동론'에서 이야기하는 건곤괘와 정로의 관계나 감리괘를 약물로 보는 관계, 그리고 60괘를 화후로 보는 관계를 한 마디로 정리한 말이 된다. 또한 건곤정기설乾坤鼎器說과 납갑설 역시 받아들인다.

> 지금 운방과 동빈이 서로 도를 강론한 설을 고찰하면 건이 세 번 구하고 하늘이 땅과 사귀면 세 양을 생성하고 곤이 세 번 구하고 땅이 하늘과 사귀면 세 양이 생성하며, 양 속에는 음이 감추어져 있으니 이것이 진음이 되고, 음 속에 양이 감추어져 있으니 이것이 진양이 되며, 양을 간직하는 것은 혼이고 음을 지키는 것은 백이니 백이 혼을 응결하고 혼이 모여 교합하여 도를 얻으면 자연히 장구한다고 했으니, 이것은 참동 속의 건곤 정기의 설이다. 달이 해의 혼을 받고 해가 달의 백을 받는 것이 앞의 15일이고, 달이 그 혼을 없애고 해가 그 혼을 더하여 정화가 가득 차면 뒤의 15일이다. 해가 그 혼을 없애고 달이 그 백을 더하여 음백이 정해진다고 했는데, 이것이 또 참동 속의 명백 납갑明魄 納甲의 설이다.[237]

그리고 역이 조화의 원리이고, 내단사상이 조화의 원리를 벗어나지 않는다는 단역론丹易論도 받아들인다. 그래서 호인胡寅(1098~1156)[238]의 말을 인용하여, '위백양이 참동계에서 논한 내단은 건괘와 곤괘로써 정기鼎器를 삼았으니, 즉, 사람의 상하 체가 이것이다. 감괘와 리괘로 약물藥物을 삼았으니, 즉, 사람의 심장과 신장이 이것이다. 천지는 반달에서 보름달이 되면 해와 달이 상대하고, 그믐과 초하루가 되면 해와 달이 서로 만나기 때문에 지기地氣가 상승하고

천기天氣가 하강하며, 사람이 아침과 낮이면 심장이 신장에 대할 수 있고, 저녁과 밤이면 심장이 신장에 간직된다. 음기가 상승하고 양기가 하강하기 때문에 성태聖胎를 이룰 수 있다'[239]고 하여, 일반적인 의미에서 내단사상의 이론들을 수용한다.

서명응은 심지어 외단의 논리 중에서 조화造化의 논리만은 인정한다. '외단外丹은 황금으로 정기鼎器를 삼는데 마치 하늘이 땅밖을 포함하는 것과 같고, 흑연을 약물로 삼는데 마치 땅이 천간天幹을 포함하는 것과 같다. 자子에서부터 사巳에 이르는 것은 양화陽火가 나아가 금이 납의 진기를 들여마셔서 단을 생성한다. 오午에서부터 해亥에 이르는 것은 음화陰火가 물러나 납이 금의 진기를 들여마셔서 단을 이룬다. 이것은 비록 우리 유학이 강론할 것은 아니지만 또한 천지조화의 기틀이고, 이치의 지극히 오묘한 것이다'라고 언급한다.[240]

물론 외단사상에 대한 서명응의 이해는 비판적이다. 그래서 서명응은 주로 『참동고』 중편과 하편에서 '외단의 이치 없음'과 '근거 없음', '도가 아님' 등이라는 표현으로 외단의 불합리함을 지적한다. 그런데도 서명응은 외단에서 몇 가지 이론들을 자신의 사유 속에서 수용한다. 그것은 천체의 구조와 운행에 관한 내용들이다. 외단에서도 천체의 구조와 그에 따른 운행은 화후火候를 진행하는 데 중요한 기준점이기 때문에, 천체 구조와 운행에 대한 외단의 기록들은 서명응에게는 중요한 참고자료일 수밖에 없다. 그는 당시에 전래된 서양 천문학과 역법에 대한 대응의 논리를 동양의 고전에서 찾기에 외단의 천문학에 관한 내용은 자신의 사유 속에 수용하게 되는 것이다. 이에 관해서는 2부에서 논의한다.

그러면 '역참동계易參同契'의 명칭을 풀이한 것을 살펴보자. 서명응이 규정하는 '역'은 선후천을 포괄하는 것이기에, 『주역참동계周

易參同契』라는 서명을 거부하고 『역참동계易參同契』라는 명칭을 고집한다. 또한 '참參'의 의미를 천지의 도에 참여하는 것이라고 풀이하여, 『중용』 22장의 천지와 더불어 참여할 수 있다[241]의 의미로 풀이한다. 그리고 '동同'의 의미를 몸과 나라를 하나로 하는 이치라고 풀이하여, 수신修身과 치국治國의 의미[242]로 풀이한다. '계契'의 의미는 금단의 비결을 합함이라고 풀이한다.[243]

서명응은 선천역을 규명하고자 하였기 때문에 '주역'이라는 명칭을 거부하고 선후천을 포괄하는 의미에서 '역'을 주장하였다. 그렇다면 서명응이 말하는 '역'이란 무엇인가.

서명응은 『선천사연』과 『도덕지귀』에서 선천역 혹은 '대역大易'이라는 용어를 사용하면서, 선천역이나 대역이 음양만을 이야기하고 있지만, 오행까지 그 안에 포괄하고 있다는 주장을 한다. 이러한 의미에서 『참동고』에서 '주역'이라는 명칭을 거부하고 '역'이라는 명칭을 고집한 것은 『선천사연』과 『도덕지귀』에서 말하는 후천역을 포괄하는 의미에서 복희역, 즉 대역이라고 이해할 수 있다.

다시 '단역참동론'의 논리로 돌아와 보자. 서명응이 펼치는 '단역참동론'은 첫째, 「선천4도」와 선천4정괘인 건곤감리괘로 인체와 장기들을 유비하는 것이고, 둘째, 정로와 약물을 괘상에 배당하는 것이고, 셋째, 오행을 사용하여 괘와 장기를 유비하는 것이다.

첫째, 서명응이 「선천4도」와 선천4정괘를 인체의 장기로 유비시키는 논리를 보자. 서명응은 「선천4도」를 한 몸에서 상象으로 세우고, 또 한 몸으로 사도四圖에 상象을 세운 것으로 이해하기 때문에[244] 선천4정괘를 인간의 네 장기와 일치시킨다. 그래서 '폐금肺金이 솥(鼎)이 되고, 비토脾土가 정기鼎器가 되고, 심화心火와 신수腎水가 약로藥爐가 되니, 폐비심신肺脾心腎은 인간 몸의 사정四正이다. 인간 몸의 4정이 밝으면 선천과 후천의 4정 또한 밝다'[245]고 하여 선천 4정괘를 인간의 네 장기에 유비시킨다.

그러면 건곤감리라는 선천역의 4정괘와 폐비심신肺脾心腎이라는 인간의 네 장기의 참동론을 어떻게 설명하는지를 살펴보자. 우선 서명응은 인간의 몸을 작은 천지로 인식한다. 그 근거는 몸과 천지의 기가 운행하는 방식이 닮았다는 것과, 천지의 상象과 인체의 상이 닮았다는 것과 천지에서 행성들의 위치[位]와 인체에서 장기의 위치[位]가 유비된다는 점 때문이다.

가령 천天과 폐肺는 다음과 같이 유비된다. 폐는 오행 중에 금金에 속하는 기이고, 다섯 장기의 위에 위치한다. 이는 천이 온갖 것들의 위에 위치하는 것과 같다. 이는 그 위치[位]로서 유비한 것이다. 또한 천에는 24절기가 1년의 네 계절에 나누어져 있듯이, 폐 또한 24개의 구멍이 있다고 한다. 이는 닮음[象]으로서 유비한 것이다. 폐기는 몸의 청탁영위에 나뉘어 흩어져 있어 천의 기가 운행하는 것과 합치된다고 한다. 이는 기의 운행으로서 유비한 것이다.[246]

이러한 유비는 내단 수련으로 확대된다. 선천4정괘 중에 천이 건괘에 해당하듯, 인간의 장기 중에서는 폐장이 이에 해당한다. 그 위치는 윗부분에 자리하므로 단약을 만드는 솥의 솥뚜껑에 해당한다[247]고 설명한다. 그리고 건곤에 용구用九와 용육用六이 없으면 건곤의 일을 변화시켜낼 수 없듯이, 폐장과 비장에 리화離火와 감수坎水가 없다면 폐장의 기를 운행할 수 없다[248]고 본다. 선천4정괘에서 건괘가 무위의 조화를 행하고 감리가 건괘의 기를 운행하듯이, 사람의 몸에서는 비록 심장과 신장이 약로藥爐로써 수련의 요체가 되지만, 폐금의 기를 운행하지 않을 수 없으므로 폐금의 기가 중요한 요소인 것이다. 그래서 건괘와 폐와 솥뚜껑을 일치시켜 설명한 것이다.

감괘와 신장의 일치는 '오행의 상생 순서로 보면 천일생수天一生水에서 조화가 시작되며'[249], '폐금肺金의 기가 신장의 수기를 살피어 거처하는 것이기 때문'[250]에, 건괘인 폐금의 기가 감괘인 신수腎水에서 거처하는 것으로부터 조화가 시작되는 것이다. 괘상卦象으로 보면 감괘는 곤괘의 초효와 상효가 두 음이고 건괘의 일양一陽을 가운데 둔 것[251]이어서, 감괘인 신수腎水와 곤괘인 비토脾土가 서로 문과 빗장이 되어[252] 활활 타오르는 일양一陽을 간직하는 것이 된다.

이를 단약을 만드는 단조丹竈의 비유로 보면, 신장은 두 개를 한 쌍으로 하는데, 좌우로 각각 마치 초승달 모양으로 비장의 아래에 이어져 있으며, 마치 두 개의 돌로써 솥의 밑바닥을 버티어 화로를 삼은 것과 같다[253]고 하여, 감괘의 상象과 신장의 모양을 일치시켜 설명한다.

따라서 감괘는 오행상생의 순서로 천일생수의 논리를 따라 건괘를 이어 수가 처음과 끝을 이루는 것을 의미하고, 드러난 상으로는 감괘의 상과 신장의 모양이 일치한다는 것이다.

리괘는 인간의 몸에서는 심장에 해당한다. 심장은 폐장과 신장의 중간에 위치하면서 폐장과 비장의 기를 주로 운행하는 것이다. 이는 인간이 천지의 가운데 있으면서 천지의 기를 두루 다스리는 것과 같다.

> 삼재三才의 상은 천天은 금의 기氣로서 위에 있고, 지地는 토의 정精으로서 아래에 있으며, 인은 그 가운데 처해서 나란히 서니, 삼자가 되는 것은 그 심장의 신神일 따름이다. 그러므로 신선가들의 경전에서는 심을 강궁진인絳宮眞人이라 부르는데 강궁은 심의 집이다. 진인은 심의 신이다. 이것은 대개 심장이 폐장과 신장의 중간에 있으면서 폐장과 비장의 기를 주되게 운행하니, 마치 인간이 천지의 가운데 있으면서 천지의 기를 두루 다스리니 그 용 됨이 지극히 오묘하고 오묘한 것과 같음을 말한 것이다.[254]

이를 내단사상과 연관지어 이해하면, 심장인 강궁진인이 실과 같이 가는 기를 이끌어 폐로부터 아래로 내려 간에 나누어 베풀어 간의 부분을 지키게 하고, 비장에 나누어 베풀어 비장의 부분을 지키게 하고, 신장에 나누어 베풀고 신장의 부분을 지키게 하는 것으로[255], 마치 대지의 온갖 기들이 하늘에 근본하지만 실제로는 리일離日로 말미암아 천지의 사이에 거하면서 그 공용을 부리는 것과 같다. 그래서 리괘를 심장에 일치시키고 약물에 일치시킨 것이다.

곤괘坤卦와 비장脾臟의 일치는, 천원天圓의 관점에서 대지의 위치와 사람 몸에서 비토의 위치가 같다는 점과 우주 안에서 대지의 역할과 인신 안에서 비토의 역할이 동일하다는 상象의 관점과 천지와 인신의 수數가 동일하다는 수의 관점, 대지가 열리고 닫히는 과정을 통하여 사시의 기를 출납하고 만물을 생성한다는 점과 인신에서 비토가 기를 운용하여 정과 혼을 만드는 역할이 동일하다는 점에서, 곤괘와 비장과 정기의 일치를 설명한다.

> 대체로 천원의 안에 대지大地가 그 가운데 있어 여섯 음과 여섯 양이 대지의 상하를 오르내리고, 사람의 몸 안에 비토脾土가 그 가운데 있어 여섯 음과 여섯 양이 비토에서 오르내리니, 상하라는 것은 천지와 인신이 그 상을 같이 한 것이고, 비장의 길이가 1촌2분이니 12개월의 수에 응하고, 위 아래로 심장과 신장과의 거리가 3촌6분이니 6x6=36의 수와 응하니 천지와 인신이 그 수를 같이한다. 이 때문에 상고에 글자를 만드는 사람이 비脾자를 육肉자에 비俾자를 결합하여 만들었으니, 비俾자는 사使이다. 비장의 뜻이 한 몸의 기에서 가리키고 시켜 운용하게 하여 정과 혼을 만드는 것이 마치 대지가 열리고 닫혀 사시의 기를 출납하여 만물을 생성하는 것과 같다. 이것이 수련공부를 이루어 대단大丹을 이루는 까닭이다.[256]

서명응은 선천역의 4정괘와 인신의 4정인 네 장기를 상과 수 그리고 기능이라는 측면에서 닮음 혹은 같음이라는 기준으로 일치시킨다. 이는 인간의 몸을 작은 우주라고 이해하고, 천지의 기가 운행하는 것과 인신에서 기가 운행하여 단丹을 형성하는 과정이 동일하다고 이해했기 때문에 가능한 유비였다. 이처럼 서명응의 '단역참동론'은 「선천4도」와 인체의 유비, 선천4정괘와 장기의 유비로 드러나고, 작단作丹의 과정에서는 오행과 일기一氣의 관계 등으로 드러났다.

이제 서명응은 천지와 인체의 유비를 넘어서, 호체법互體法과 효들에 의한 단역참동론을 펼친다. 서명응은 『참동고』 「중편」에서 초효와 상효를 버려두고 2, 3, 4, 5효를 취해 새로운 괘를 만들어 변화를 설명하는 호체법을 기준으로 단역참동론을 펼친다. 이는 각괘의 효와 정기신의精氣神意의 관계를 중심으로 연단이론을 펼치는 것이다. 그가 각괘의 효와 정기신의 연단을 연결시키는 이유는 후천역에서는 오행에 하나의 괘가 배당되기도 하고 두 개의 괘가 배당되기도 하는데 반해, 선천은 하나의 효가 하나의 기를 담당하기 때문이다.[257]

서명응은 이러한 호괘법을 조화의 체용과 운행으로 이해한다. 그래서 역易의 건괘乾卦에 초효初爻와 상효上爻 두 효는 초구初九, 상구上九라고 하여, 반드시 위位를 먼저 한 후에 효를 밝히고, 중간의 네 효는 구이九二, 구삼九三, 구사九四, 구오九五라고 하여, 반드시 효를 먼저 한 이후에 위를 밝힌 것처럼, 64괘에서 초효와 상효는 먼저 위를 말하고서 효를 밝히고, 2, 3, 4, 5효는 효가 음인지 양인지를 먼저 밝히고 위를 밝힌 점을 들어, 초효와 상효는 대대待對로 밖에서 체體가 되는 것으로 이해하고, 가운데 4효는 유행流行하는 용用으로 안에 있는 것이라고 생각한다.

이것은 성인이 중간의 네 효를 섞어 괘가 되는 묘용妙用을 보인 때문이다. 지금 대저 천지만물이 대대가 있지 않음이 없는 것은, 밖으로 체體를 세우고 유행하는 것은 안으로 용用으로 오묘하게 했으니, 하늘에는 북극과 남극 두 극이 있어 남북의 자리를 정하고, 땅에는 정면과 뒷면이 있어 앞과 뒤의 자리를 정하고, 만물에는 머리와 꼬리가 있어 위와 아래의 자리를 정하였으니, 비록 바꾸어 두고자 하나 할 수 없으니, 어찌 대대가 아닌 것으로 밖에서 체를 세우겠는가. 하늘에는 해와 달이 남극과 북극의 가운데에서 교차하여 변화함이 있고, 땅에는 기기氣機가 정면과 뒷면의 가운데에서 서로 변화함이 있고, 만물에는 지각이 머리와 꼬리의 가운데에서 교차하여 변화함이 있어, 서로 인하여 반복 운행하니 어찌 유행하는 것이 아닌 것으로 가운데에서 용을 오묘히 하겠는가.[258]

이러한 호체법을 류를 미루어 상에 짝지어 보면[推類配象], 초효와 상효는 형체가 되고, 중간의 네 효는 심心과 의意가 되어 일을 주고받아서 온갖 일들이 일어나고 변화하는 것이 된다. 그래서 하늘과 땅이 대대가 되어 체로서 밖에 자리하면 바람과 비, 우레와 같은 자연현상이 다양하게 일어나듯이, 우리의 육체가 체로써 밖에 있으면 심과 의는 안에서 온갖 일들을 일으켜, 길흉과 화복의 일들이 일어나는 것이다.

초효와 상효 두 효는 형체이니 심과 의를 갖추고 있는 것이고, 중간의 네 효는 심과 의이니 일을 주고받는 것이다. …대개 방도중궁은 곧 천지의 심의心意이니 사람과 만물에 부여한 심의心意이다. 그러므로 각 괘의 가운데 네 효가 서로 교차하고 중첩한 것은 방원중궁이 네 진괘와 네 손괘가 서로 교차하여 서로 중첩된 것을 본뜬 것이다. 심의의 가운데 반드시 오성五性과 사단과 칠정이 있으니, 이 16가지의 일은 또 방도중궁의 네 진괘와 네 손괘를 본떠 바람, 비, 우레, 이슬 등의 16가지 일을 포함한

> 다. 16가지가 서로 교차하여 온갖 일이 일어나며, 온갖 일이 교차하여 온갖 변화가 일어나며, 득실이 서로 인하며 길흉이 서로 번갈아 일어나며 화복이 서로 찾아든다.[259]

인체로 말하면 초효와 상효는 외부적인 몸이고, 중간의 네 효는 심과 의이다.[260] 초효와 상효는 심과 의를 갖추는 외부적인 몸이고, 중간의 네 효는 심과 의로써 일을 꾸민다. 심과 의에는 오성과 사단과 칠정이 있어 온갖 일들이 일어나며, 온갖 변화가 일어난다.[261]

서명응의 '단역참동론'의 가장 큰 특징은 선천4정괘의 각 효를 정기신의에 배당하여 내단수련을 설명하는 것이다.[262] 앞에서 '선천은 하나의 효가 하나의 기를 담당하므로 음양으로부터 오행에 부여하여 괘를 그릴 처음에 상을 세우는 것이기 때문에 선천4정괘의 각 효들이 정기신의精氣神意의 수련과 연관된다'고 했다. 또한 서명응은 선천역에서 효란 천하의 움직임을 본뜬 것이라고 하여, 천문이 인사에 상의 조짐을 보이는 것과 괘효가 인사에 길흉을 보이는 것은 같은 것[263]이라고 한다.

서명응의 이러한 이해는 『참동계』의 "상찰하도문, 하서지형류, 중계어인정, 참동고삼재, 동즉순괘절, 정즉인단사上察河圖文, 下序地形流, 中稽於人情, 參同考三才, 動則循卦節, 靜則因彖辭."라는 구절에 근거한다. 이러한 이해는, 천문이 위에서 두루 펼쳐진 것이 「하도」의 문文이고, 이는 상수로써 드러나는 것이며, 지기地氣가 불어대고 들이마시며 오르내리는 것은 지형류인데, 이는 인간의 희로애락에서부터 어묵동정에 이르기까지 천지와 더불어 관통되는 것으로 동효動爻의 말로써 천하의 변화를 다할 수 있다고 이해한 것과 같다.[264] 따라서 서명응의 선천4정괘의 괘상과 인간 몸의 네 장기의 일치, 그리고 선천4

정괘의 각효와 정기신의精氣神意의 참동은 선천역과 후천역을 결합한 단역참동론으로 파악할 수 있다.

제2절 도교의 우주론과 선천학

서명응은 선천학의 범주에 『노자』, 『참동계』를 포함시킨다. 그 이유는 이들 두 서적에서 천체 구조와 운행을 확인할 수 있었기 때문이다. 『참동계』 자체는 「계사」에 나타난 천체 구조뿐만 아니라, 『노자』의 경문들을 끌어오고, 한대 역학의 요소들을 끌어와 천체 구조와 운행을 설명하고 있다. 그래서 서명응이 『참동계』를 통해 선천학의 탐구를 진행하는 것은 당연해 보인다. 서명응은 자신의 저서 『참동고』를 통해 천체 구조와 운행을 주로 설명하는데, 이는 앞서 그가 말하는 선천학 체계의 설명 방식과 동일하다. 「하도」를 중심으로 천체 구조를 설명하고, 「복희64괘방원도」를 통해 설명하는 방식이다.

서명응에게 「하도」는 선천학을 설명하는 핵심적인 근거이다. 「하도」의 구조는 북극을 중심으로 한 별들의 구조이자 인체의 구조이기도 하다. 그래서 「하도」가 천문天文이라고 규정하고[265], 「하도」의 구조를 인체에 적용하여 자연의 변화 궤적과 일치하는 것을 도교적 수련으로 본다.[266]

그런데 도교 자체의 역학이 존재할 수 있었던 것은 그 연단법이 외단이든 내단이든 연단의 과정에서 시간의 변화와 기후의 변화를 기준점으로 하여 연단을 진행할 필요가 있었기 때문이다. 가령 외단에서 제단을 설치하고, 제단 위에 정로를 안치한 다음, 약물을 솥 안에 넣고 화후(火候, 불떼기)를 진행할 때, 솥 안에서 일어나는 화학적 반응을 외부에서 알 수 없었다. 이를 위해 일정한 시간적 기준들이 필요하였다. 그래서 1달에서는 달의 변화를 기준으로 삼고, 1년에서는 북극성의 자루가 28수의 방향으로 운행하는 것을 기준으로 삼았던 것이다. 이 과정에서 기후의 변화에 따라 봄·여름에는 문화文火를 뗀다든지, 가을 겨울에는 무화武火를 뗀다든지 하는 식으로 연단의 공정을 진행한 것이다. 이를 1달의 과정으로 축소하여 적용하고 또한 오행에 따른 방위와 12간지, 괘상으로 기호화하여 도상화한 것이 이른바 「주천도周天圖」이다. 이 '주천周天'이라는 말이 천체의 운행을 의미하듯이, 「주천도」란 연단의 과정을 천체의 운행과 그에 따른 기후의 변화를 기준으로 삼아 연단을 진행한 도상을 의미한다.

아래 그림은 조선 시대 청하자 권극중의 『주역참동계주해』에서 따온 그림이지만, 1달 동안 달의 변화와 내단 수련 과정을 표현하고 있어서 옮긴 것이다. 이 그림 역시 달의 변화와 28수의 별자리·오행·12간지·괘들이 입체적으로 구조화되어 있다.

<그림 4>「소주천도」

서명응의 「하도」 중심의 천체 구조 이해와 운행에 대한 설명은 『참동계』에 상당히 의존해 있다. 그가 『참동계』로부터 「하도」를 연역할 수 있었던 것은, 이처럼 도교 연단술 과정에서 역학적 사유를 자체적으로 포함하고 있었기 때문이다. 즉, 『참동계』가 도교적 연단 과정을 설명할 때, 천체의 구조와 운행을 기준으로 삼아, 연단을 진

행하고, 『참동계』 자체가 천체 구조와 운행을 주요 내용으로 포함하고 있기 때문이다.

이와 관련해 서명응의 『참동고』를 살펴보면, 상편 「초의고初擬攷」는 천체 구조와 운행을, 중편 「호체고互體攷」는 정기신의 수련을, 하편 「인중고因重攷」는 단丹의 완성을 중심으로 서술되어 있음을 통해 확인할 수 있다.[267]

서명응이 『참동계』를 주석하면서 이렇게 3편으로 구성한 이유는, 『참동계』를 천체 구조와 운행, 단의 완성을 향한 정기신의 단련, 단의 완성으로 구분해서 볼 수 있기 때문이지만, 궁극적인 이유는 『참동계』 자체가 천체 구조와 운행에 대한 지식들을 많이 담고 있기 때문이다. 우선 천체 구조론에 관해서 살펴보면, 「초의고」 1장에서부터 3장에 이르기까지 이를 주된 내용으로 설명하고 있을 뿐 아니라, 다른 장들에서도 동일하게 나타난다. 그리고 화후와 관련해서 천체를 구성하고 있는 행성들의 운행이 수련의 주요 단계로 나타나고 있어서, 서명응의 『참동계』 이해는 적절해 보인다.

우선 천체 구조를 살펴보고 운행과 화후를 연결해서 살펴보자. 천체 구조를 나타내는 내용은 『참동계』의 처음부분에서 확인할 수 있다. 『참동계』는 역의 「계사」나 「설괘전」의 내용 중에서 천체의 구조로 해석될 가능성이 있는 경문들을 인용하고 있는데, 이에 대한 서명응의 주석들은 천체 구조를 나타내는 내용으로 풀이를 하고 있다. 『참동계』 1장의 "건곤자, 역지문호, 중괘지부모乾坤者, 易之門戶, 衆卦之父母."라는 경문은 그 내용이 「계사하」 6장과 「설괘전」 10장으로 구성되어 있는데, 서명응은 이를 「복희64괘차서도」로 파악한다.[268] 또한 2장의 "천지설위, 이역행호기중의天地設位, 而易行乎其中矣."라는 경문은 「계사상」 7장인데, 이를 「복희8괘방위도」로 파악한다.[269]

다른 하나는 『노자』의 경문을 『참동계』가 인용한 것으로, 1장의 "감리광곽, 운곡정축. 빈모사괘, 이위탁약坎離匡廓, 運轂正軸. 牝牡四卦, 以爲橐籥."과 같은 것들이다. 여기서 "감리광곽, 운곡정축坎離匡廓, 運轂正軸."은 『노자』 11장을 변형한 것에 해당하고, "이위탁약以爲橐籥."은 『노자』 5장을 변형한 것에 해당한다. 서명응은 『노자』 11장에 대한 주석을 선천방위도[270]로 설명하고, 5장에 대한 주석을 선천방위도와 천체의 운행으로 설명하고 있다.[271]

이처럼 『참동계』의 원문을 통해 확인해 볼 수 있는 천체 구조는 '혼천설'에 가깝다. 이는 역의 천체론과 『노자』의 사유, 한대 천문학이 반영된 결과이다. 즉, 『참동계』는 「계사」의 천체 구조로 이해되는 "천존지비, 건곤정의, 비고이진, 귀천위의天尊地卑, 乾坤定矣, 卑高以陳, 貴賤位矣."라는 구절에다가 『노자』의 우주론적 모형을 결합하고, 한대에 성행했던 '혼천설'의 우주론을 채택하여 발전시켰기 때문이다.

그런데 서명응의 논리를 따라가다 보면, 『참동고』를 통해 설명하고 있는 천체 구조는 세밀화된 '혼천설'에 가깝다. 이는 2부에서 상세하게 논의될 것이지만, 잠깐만 언급하면 「복희64괘방원도」의 「방도」 구조를 변형하여 이해하기 때문이다. 「방도」를 정방형에서 마름모형으로 바꾸어 내면, 개천의 구조가 혼천의 구조로 전환되어 입체적인 혼천도설이 완성된다. 이러한 전제 위에서 서명응은 「복희64괘방원도」에서 적도를 경도로 삼고, 북극을 위도로 삼는다는 식의 설명을 할 수 있었던 것이다.[272]

서명응의 이러한 『참동계』 1장에 대한 주석은 기존의 『참동계』 주석들과 다르다. 기존의 주석들은 『참동계』가 주역의 괘와 효상을 빌려 작단作丹하는 것을 설명한 것이라고 보지만[273], 서명응은 『참동계』의 수련이론이 「복희64괘방원도」와 표리를 이룬다[274]고 보기에 이러한 주석을 가한 것이다.

그런데 『참동계』를 외단으로 해석하든 내단으로 해석하든, 그 자체로 천체 구조와 운행, 그리고 변화를 그 내용으로 가질 수밖에 없다. 왜냐하면, 연단을 통해 불사약을 추구하든, 내단수련을 하든, 도사들은 우주적 질서와 자연의 순환을 지도 이념으로——이를 화후火候라고 한다—— 약을 제련하거나, 내단수련을 하기 때문이다. 그러므로 『참동계』는 천체의 구조와 운행을 자신의 핵심적인 내용에 포함하고 있는 것이다.

『참동계』를 외단서로 이해할 경우, 광물질 등을 약재藥材로 삼아 솥과 화로[鼎爐]를 통해 제련해 가고, 내단서로 이해할 경우 우리 몸속의 정 · 기 · 신을 약재藥材로 삼고 몸속의 오장을 솥과 화로로 삼아 연단을 해 가는데, 이 연단의 과정을 화후火候라고 한다. 이때 외단가들은 솥과 화로를 작은 우주로, 연단의 화학적 반응을 우주의 운행으로 본다. 이에 반해 내단가들은 우리의 몸을 작은 우주로 상정하고, 몸의 변화를 우주의 운행으로 본다. 이러한 연단의 과정이 화후로 말해지는 것이다.

외단이든 내단이든 화후의 기간을 1달, 혹은 1년으로 삼기에 1달의 변화와 1년의 변화를 따라 화후를 진행한다. 이를 소주천小周天과 대주천大周天으로 구분한다. 소주천은 1달 동안 달의 운행과 변화를 기준으로 화후를 진행하며, 대주천은 1년 동안 천체의 운행을 기준으로 화후를 진행한다. 소주천이든 대주천이든 모두 괘들과 동서남북을 대표하는 28개의 별자리, 달의 차고 이지러짐[盈虛], 12지, 오행 등을 배당하여 이 화후의 과정을 설명한다. 학자들마다 괘들의 수를 달리하지만, 대체로 소주천은 건 · 감 · 간 · 진 · 손 · 리 · 곤 · 태의 8괘를 배당하며, 대주천의 경우는 64괘 가운데, 건곤감리괘를 제외한 60괘를 배당하여 그 과정을 설명한다.

이 과정에서 건괘와 곤괘는 천과 지를 의미하고 감괘와 리괘는 달과 태양을 의미하며, 하늘과 땅 사이를 태양과 달이 운행하는 우주론의 구조가 나타난다. 이 우주의 구조 속에서 해와 달은 음과 양이라는 기氣의 소식消息에 따라 운행하고, 화후의 진행도 이를 따른다.

『참동계』가 약물을 제련하는 외단이든 몸속의 약물들을 연단하는 내단이든, 천체 구조를 전제하고 천체의 운행을 따른다는 점에서, 이 책이 저술될 당시의 우주론과 자연변화를 설명하는 한대의 괘기설과 납갑설을 가장 잘 반영하고 있는 책이라 할 수 있다.

『참동계』에 나타난 이러한 천체 구조와 운행에 대한 설명은 『참동고』「초의고」에서 주로 개진되고 있다. 서명응은 건곤감리괘로 천체 구조를 설명하는 8괘방위도를 「문왕8괘방위도」로 이해하지 않는다. 기존의 『참동계』 주석가들은 대부분 「문왕8괘방위도」를 끌어와 천체 구조를 설명하는 데 반해, 서명응은 『참동계』를 선천역을 간직한 책으로 보기 때문에 「복희64괘방위도」로 이해한다. 이는 2장 제1절에서 규명한 서명응의 「선천4도」의 발생순서와 동일한 이유이다. 「하도」에서 연역되어 나온 최초의 도식이 「복희64괘차서도」이고, 이를 둥글게 배열한 것이 「복희64괘방원도」이며, 『참동계』가 그리고 있는 우주론적 도식은 바로 「복희64괘방원도」라고 인식한 것이다. 이 64괘 가운데 선천의 4정괘인 건곤감리괘를 제외한 60괘가 화후이자, 천체의 운행과 변화를 설명하는 것으로 본다.

> 선천도[선천방위도]를 살펴보면 건괘와 곤괘는 뭇 괘들을 통섭하여 온전한 모양을 이루고, 감괘와 리괘는 건괘와 곤괘의 둘 사이에 위치하여 중앙 가로대를 꿰뚫었으니, 그 체용과 경위의 분수를 알 수 있다.[275]

건·곤·감·리괘가 남북동서의 가운데 위치하여 사방 밖의 여러 괘들을 제재하는데, 체가 되는 수는 늘 숨고, 용이 되는 수는 늘 행한다. 그러므로 64괘에서 건·곤·감·리괘를 제하면 쓰는 것은 60개의 괘인데, 그 수 60을 율력律曆의 벼리에서 징험할 수 있다. 대개 율律은 맑고 흐린 것으로써 북두칠성의 첫 번째 별이 운행하는 기준이 되는데, 오성五聲·십이율十二律이 교대로 서로 타고 인하여 60수에서 그치는 것은 건·곤·감·리괘를 제했기 때문이다. 역曆은 갑자甲子로써 해와 별이 왕래하는 기준이 되는데, 십간十幹·십이지十二支가 교대로 타고 인하여 60수에서 그치는 것은 건·곤·감·리괘를 제거했기 때문이다.[276]

두 인용문은 모두 「복희64괘방원도」를 설명한 것이다. 전자가 천체 구조를 말한 것이라면, 후자는 그 운행을 말한 것이다. 「복희64괘방원도」를 기준으로 천체의 구조를 설명하는 것은 하늘과 땅[天地]이 건곤괘로 자리하고, 해와 달이 리감괘로 그 사이를 운행하는 구조와 맞물리기 때문이다. 후자는 북극성의 첫째별이 기준이 되어 운행하고, 이에 따라 간지와 괘들이 배당된 것이다.

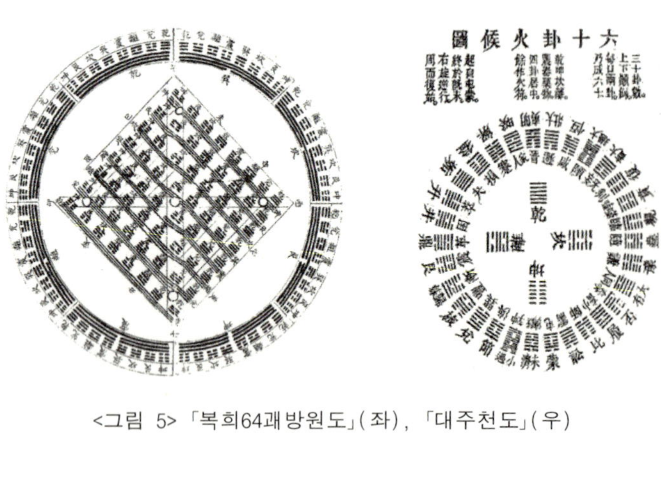

<그림 5> 「복희64괘방원도」(좌), 「대주천도」(우)

위 그림의 왼쪽은 서명응이 재구성한 「복희64괘방원도」이고, 오른 쪽은 청하자 권극중이 도교의 내단 수련의 1년 과정을 그린 <대주천>의 그림이다. 도교의 내단이론에서 1년 동안의 수련과정인 <대주천>은 「복희64괘방원도」와 다르지 않다. 도교의 연단이론에서 화후는 천체의 구조와 그것의 운행을 기준으로 삼기 때문이다.

이처럼 도교의 연단 과정은 천체의 구조와 그 운행을 따르는 것이기에, 도교 연단을 대표하는 『참동계』는 천체의 구조와 운행을 그 내용으로 가지지 않을 수 없다. 그래서 도교의 이론가들은 『참동계』를 통해 연단의 과정과 역의 이론을 일치하여 해석해 왔었다. 그들의 해석은 주로 『주역』의 논리에 기초해서 진행되어 왔지만, 서명응은 선천과 후천의 논리가 모두 『참동계』에 들어 있다고 보았고, 선천학의 탐구 대상으로 『참동고』를 접근했기 때문에 이를 「하도」와 「복희64괘방원도」로 해석한 것이다.

제3절 도교의 수련론과 선천

내단사상에서도 태극은 중요한 개념으로 사용된다. 내단사상에서는 종국적으로 무극을 추구하여 봉새를 타고 신선이 되는 것을 지향하지만[277], 신선이 되기 전에 태극인 중토中土에서 금단金丹을 형성하는 것이 전제되어야 한다. 따라서 내단 사상에서도 중토中土인 태극[278]은 금단의 형성을 이루는 핵심 개념이다.

그래서 서명응은 『노자』의 도를 태극[279]으로 규정한다. 그는 태극이 처음으로 음양을 타는 때를 도를 체인하는 중요한 시기로 상정[280]하고, 마음을 태극의 허정한 상태로 유지하여 태극의 진체를 체인하라고 주장한다. 무극은 태극의 본연이고, 태극의 상태, 즉 무극을 회복하기 위해서는 '주정主靜'과 '종용從容'·'근신謹愼'의 수양 방법을 거쳐야만 무극의 본연을 회복할 수 있다는 것이다. 여기서 가장 중요한 수양의 방법이 '주정'이다. 이는 유학의 수양론과 내단사상의 수련이 만날 수 있는 접점이기도 하다.

> 무극이라는 것은 태극의 본연(그 자체)이다. 무극은 본래 소리와 냄새가 없고 방향과 장소가 없고 정해진 형체가 없지만, 음양을 타게 되면 음양을 운용한다. 오로지 음정陰靜만이 무극의 본연을 닮을 수 있고, 양동陽動한 다음에는 기의 기틀이 성대하게 움직여 더 이상 본연을 볼 수 없다. 그래서 사람이 마음을 두고 일을 세움에[處心立事] 항상 고요함을 주로[主靜]해야 한다. 예컨대 종용從容함이란 기상氣象을 고요하게 함이고, 삼감[謹愼]이란 말을 고요하게 함이다. 그리고 깊고 치밀함[深密]이란 일 처리를 고요하게 함이고, 빛남을 가리고 화려함을 거둠[韜光斂華]이란 몸과 명예[身名]를 보존하기를 고요히 함이다. 진실로 이런 것들에 대해 참으로 쌓고 오래 힘쓴다면 무극의

> 본연으로 다시 되돌아갈 수 있으니, (이 경지는) 영아嬰兒는 말할 것조차 없다.[281]

이를 도교적 수련방법인 존심포일存心抱一의 방법으로도 말할 수 있다. 서명응은 '포일'의 '일一'을 '일양一陽이 지극한 정靜 속에서 복귀함'이라고 주석하고 있다. 이는 도교적 수련법에서 '포일'의 개념과 같다. 도교적 수련법에서 '포일' 혹은 '수일守一'을 '지극히 순수한 양의 일기一氣로 해석하기 때문이다.

> 혼이 백을 싣고 그것[혼]이 백에서 반드시 영위한다면, 백으로 하여금 항상 '혼으로서의 양陽'을 포용하기를 한결같이 하게 하여 잠시도 이탈되게 함이 없게 함을 말한 것이다. '벗어나지 않게 할 수 있는가?'란 그 일을 어렵게 여겨 경계한 것이다. 혹자가 말하기를 '『노자』는 몸이 물러난 뒤에 포일로써 계승한 자이다'고 하였는데, 그 뜻은 포일抱一의 도는 오직 거두어 물러난 후에 쉽게 이룰 수 있음이다. 마치 일양一陽이 지극한 정靜 속에 복귀함과 같다.[282]

이 인용문에서 혼과 백은 양과 음이다. 음인 백魄의 속성은 허虛하고 정靜한 데 반해, 양인 혼魂의 속성은 동動하는 것이어서, 음인 백魄이 동하는 양인 혼魂을 포용하여 이탈함이 없게 하면[抱一], 지극한 정인 태극에서 일양一陽이 복귀한다는 것이다. 여기서 일양은 원기元氣이다. 태극의 허정한 상태가 전제되어야 원기인 일양이 생성된다.

이는 앞서의 인용문에서처럼 "오로지 음정만이 무극의 본연을 닮을 수 있고, 양동한 다음에는 기의 기틀이 성대하게 움직여 더 이상 본연을 볼 수 없기" 때문에 허정한 상태 혹은 지정한 상태에서 태극의 진체를 볼 수 있다는 것이다. 이러한 '주정主靜'과 '허정虛靜'을 중시하는 서명응의 사유는 '지정'과 '지중'이 태극을 형용하는 것이라는 사유로 전환되는 것과 관련이 있다.[283] 즉, 지정지중至靜至中은 태극이며 토土이고, 일양一陽은 선천일기先天一氣인 단丹이 처음으로 탄생한 것이라는 의미이다.

그런데 내단사상에서 혼과 백은 내단오행內丹五行의 요소[284]로 불리기도 하고, 육체적인 것이 백魂이요, 정신적인 것이 혼魄이라는 측면에서는 성명론性命論이기도 하며, 진양眞陽과 진음眞陰을 간직한 것으로서는 음양론陰陽論으로 이해되기도 한다. 내단사상은 진양과 진음이 묘합해야만 단을 형성하고 장수할 수 있는데, 진양과 진음의 묘합을 혼백의 묘합[육체와 정신의 묘합, 성명쌍수性命雙修]으로 설명하기도 한다. 그래서 서명응은 『참동고』에서 혼백을 진양眞陽과 진음眞陰으로 해석한다.

> 지금 운방(종리권)과 동빈(여동빈)이 서로 도를 강론한 설을 고찰하면, '건삼색乾三索'은 하늘이 땅과 사귀면 세 양을 생성하는 것이고, '곤삼색坤三索'은 땅이 하늘과 사귀면 세 음陰을 생성하는 것이다. 양 속에는 음이 감추어져 있으니 이것이 진음이 되고, 음 속에 양이 감추어져 있으니 이것이 진양이 되며, 양을 간직하는 것은 혼이고 음을 지키는 것은 백이니, 백이 혼을 응결하고 혼이 모여 교합하여 도를 얻으면 자연히 장구한다.[285]

『참동고』의 '백응혼취魄凝魂聚'의 논리는 『도덕지귀』의 '포일抱一'의 논리인 것이다. 따라서 "마음을 간직하여 하나로 껴안을 수 있으면, 태극의 진체에 짝할 수 있는 것이다."[286]

또 『도덕지귀』 50장의 주석에서는 『참동계』의 수양법을 인용하면서 음양과 오행의 관계, 장기와 정기, 혼백의 관계를 말하고 있다. 음양과 오행의 관계는 음양은 어미이고 오행은 자식으로, 어미인 음양을 얻었다면 자식인 오행을 알 수 있고, 이미 자식인 오행을 알고 어미인 음양을 지켜내면 죽을 때까지 위태롭지 않다고 해석한다.[287] 그리고 이를 『참동계』의 논리로는 다음과 같이 설명한다.

> 『참동계』가 또한 이것을 인용하여 수양의 법을 밝혀서 말하기를 '백을 알아서 흑을 지키면 신명이 스스로 이른다'고 했는데, 폐금肺金의 기氣를 알아서 신수腎水의 정精을 지키면 혼백魂魄이 자연히 장성하고 왕성해진다는 말이다. 대개 기氣는 알아서 이끌어올 수 있고, 정精은 지켜서 단단히 감출 수 있다. 또 말하기를 '금은 수의 어미가 되니, 어미는 자식을 태에 감추고, 수는 금의 자식이니 자식이 어미의 태에 감추어 있다'고 했으니 폐기肺氣가 왕성하면 아래로 신정腎精에 거주할 수 있고, 신정腎精이 강성하면 위로는 폐기肺氣에 거주할 수 있다.[288]

이 인용문에서 정精과 기氣가 왕성해지면 인간의 성명으로서 혼백은 자연히 왕성해진다는 설명을 연정과 연기의 관계, 정과 기의 모자母子 비유로서 밝힌 것이다. 우선 연정과 연기의 논리로 말하자면[289], 정精은 오행에서 수水에 해당하고 인간의 장기臟器로는 신장腎臟에 해당한다. 기氣는 오행에서 금金에 해당하고 인간의 장기에서는 폐肺에 해당한다. 그리고 백魄은 금金이고 혼魂은 수水이다. 단의 응결은 신장에서 시작한다. 신장이 정精을 주관하는 장기이고 보면, 정의 단련은 단丹의 형성에 시작인 점이 되며, 이를 연정煉精이라고 한다. 연정이 이루어지고 나서 폐금肺金의 기가 신장의 수水에 거처하는 것[290]이다. 폐금의 기가 신장에 거처하도록 하는 것이 연기煉氣이다. 연정과 연기의 단계에 이르면 인간의 성명性命으로서 혼백魂魄이 왕성해진다는 말이다.

그리고 정과 기의 모자母子 비유로 보자면, 오행의 상생의 논리로

금이 수를 생하는 것을 내단사상에서는 처음에는 폐肺의 금金이 아래로 신腎의 수水를 낳고, 마침에는 신의 수가 위로 폐의 금을 녹이는 것[291]으로 설명한다. 또한 이를 괘상으로 설명하면 리괘離卦의 기氣를 감괘坎卦의 정精에 내린 것이고, 감괘의 정을 리괘의 기에 끌어 올린 감리교구坎離交媾의 수련법이다.[292]

魄(肉體) — 陰 — 水 — 坎 — 腎 — 精 — 煉精

↓

魂(精神) — 陽 — 火 — 離 — 肺 — 氣 — 煉氣

↓

煉神還虛

서명응이 혼백포일魂魄抱一의 논리로 태극의 지정至靜한 상태에서 일양一陽이 래복來復함을 설명한 것은 내단수련의 세 단계 중에서 연정과 연기의 단계로 한정해서 설명한 것이다.

정·기·신 개념은 한대의 『황제내경』과 『태평경』에서 그 단초가 나타나고, 육조시대를 전후로 일반화된 개념이다. 그런데 정·기·신 개념은 초기 외단을 중심으로 한 도교에서 광물질과 약초 등을 사용한 약물제조 과정에서는 중요한 의미를 지니지 못하다가, 당말 북송시대에 내단이론으로 전환되면서 중요한 지위를 점한다. 일반적으로 정精은 생명력의 근원을, 기氣는 약동하는 생명활동을, 신神은 생명력에서 나오는 정신적 활동을 의미한다.

내단사상에서 정·기·신은 그 수련의 과정과 함께 중요한 수련의 대상이 된다. 내단 수련은 정의 단련으로부터 기의 단련으로, 기의 단련으로부터 신의 단련으로 이어지고, 최후의 단련 과정인 신의 단련으로부터 무극으로 환원하는 것이다. 따라서 정기신의 단련은 연정·연기·연신·환허의 수련 과정이며, 단을 형성하는 과정이고 종국에는 무극의 단계를 이루어 신선이 되는 과정인 것이다. 이러한 내단사상의 정기신론精氣神論을 서명응은 『도덕지귀』와 『참동고』에서 수차례 언급하고 있다.

서명응은 『노자』 2장에서 10장까지를 연정煉精·연기煉氣·연신煉神의 공용을 말한 것이라고 한다.[293] 그렇다면 어떠한 내용이 연정이고 연기이며, 연신인가? 내단사상에서 연정煉精의 수련은 『노자』 8장의 '상선약수上善若水'로 설명된다. 이는 조화造化에서 수水가 오행의 처음이기 때문이고, 수가 천일天一에서 생겨나기 때문이다. 내단사상을 선천의 태극을 회복하는 것으로 이해하기 때문에 조화의 처음에 수水와 화火가 하나인 상태를 회복하는 것으로 이해할 수 있다. 이러한 조화의 처음 상태를 수련하는 것이 연정煉精이다. 그래서 서명응은 『참동고』에서 연정煉精을 '수水로써 화火를 안정시키지만 그 본래는 수水일 뿐이다. 이는 대개 도의 본원이다. 그러므로 상선上善은 수水를 본받고, 그 덕은 지극히 맑아서 흠결이 없다'[294] 라고 한다. 여기서 수로써 화를 안정시킴이란 바로 연정煉精의 수련이다. 이는 조화의 처음에 수水가 가장 먼저 생겨났지만 수 속에 화기가 있는 것[295]이기 때문에 『노자』는 그 기의 근본과 시초를 온전히 하는 것으로 도를 삼았다[296]고 본 것이다.

> 대저 『노자』의 뜻은 태극太極이 비록 음양陰陽에 행하지만 양은 기의 기틀이 움직여서 태극의 진체를 볼 수 없고, 오직 음의 지극히 고요하고 지극히 허함이 마치 물이 담연히 고요해진 이후에야 태극의 진체가 바야흐로 드러난다는 것이다.[297]

연기煉氣는 조화의 처음인 수水 속의 화기火氣를 단련하는 것이다. 이 수 속의 화기는 바로 음양이 사귀어서 생겨난 조화로운 기[沖氣]이고, 이 충기沖氣가 만물의 앞뒤를 두루 유행하면서 전체적인 조화를 이루는 것이다. 그래서 『노자』 42장의 주석에서 '일一은 양을 가리키는 일一이다. 이二는 음을 가리키는 이二이다. 삼三은 음양의 사귐을 통해 성립되는 충기이다'[298]라고 말하고, 이어서 '저 충기 같은 경우는 (만물의) 앞면과 뒷면을 두루 운행하면서 전체적인 조화를 이루어낸다'[299] 라고 하여 연기의 과정으로 설명한다.

그런데 이 충기는 거칠어져서는 안 된다. 왜냐하면, '유약한 기는 자연스러운 것인데, 마음이 기를 부리게 되면 인위가 되어 기가 강해지고, 기가 강해지면, 양생의 핵심인 마음을 충화하고 겸허하게 하여 희노우욕喜怒憂欲에 의해 움직이지 않게 할 수 없기 때문이다.'[300] 그러므로 서명응은 『노자』 10장 '전기치유, 능영아호專氣致柔, 能嬰兒乎'의 주석에서 주자의 말을 인용[301]하여 연기를 말한 것이다.

정精과 기氣의 사귐이 왕성해지면 자연스럽게 신神이 생겨나서[302] 연신煉神의 단계로 접어드는데, 신은 기를 운행하는 주체[303]이기도 하고 금단을 형성하여 출신을 하는 자유로운 주체이기도 하다. 그리고 신은 기가 왕성하고 정이 왕성해질 경우에 신이 거처하는 심을 활물活物로 만들어 고요한 상태를 유지하기 어렵게 만들기도 한다.[304] 그래서 내단사상에서는 신이 자신의 거처인 심에서 머무르면 만사가 번창한다[305]고 말한다.

『도덕지귀』에서 연신煉神과 관련된 내용은 일기一氣인 단이 반복하는 기틀을 자신의 몸에서 반복하는 것으로 설명한다. '반反'은 반복이고, '동動'은 돌아와서 회복함[來復]이다. (그러므로 도가) 돌아와서 회복하는 기틀[來復之機]은 실로 반복이 진행되는 도중에 존재한다. 이 때문에 사람이 자신의 심신心神을 모으고 수렴시켜서 내 몸에 반복케 할 수 있다면, 천기天機 또한 그 속에서 반복할 것이다.[306]

이를 「하도」 중궁인 태극과 연관지어 말하면, 심이 거처하는 자리가 인체의 중앙이 되고, 신의 자리는 심의 중앙이 되어서 중 속의 중이 되는 것[307]으로 「하도」 중궁의 한가운데 자리이다. 그래서 「하도」가 태극太極의 일一에서 64괘의 대연수大衍數로 변하거나, 만 가지 일로 변하는 것과 마찬가지로 사람의 몸에서 신이 기기氣機를 굴신왕래屈伸往來하게 하는 것이다.

그런데 만약 마음이 허정한 상태를 유지하지 못해, 욕심에 사로잡히거나 화를 낸다면, 기가 신神을 해치게 되어 신이 떠나게 된다.[308] 따라서 연신煉神의 단계에서 마음의 허정은 중요한 전제 조건이 된다. 서명응은 『노자』의 "곡신穀神"에 대한 주석에서 '사람의 마음이 텅 비고 고요한 이후에야 그 신이 바야흐로 모이고 붙어 도를 간직하고 사물에 응하는 것'[309]이라고 주석한다.

그래서 연신의 단계에서 마음을 허정하고 무욕하게 하는 것이 가장 중요한 것이다. 마음이 허정하고 무욕한 상태는 다름 아닌 "수중守中(6장)"이고, 이 수중은 '마음을 비워 신과 기가 안을 지켜 단전丹田을 채우는 것이다(3장).' 그래서 서명응은 대녕설씨大寧薛氏의 말을 인용해 '고요히 담박하여 생각이 없으면 마음이 텅 비고, 신과 기가 안으로 지키면 배가 차고, 물러나 낮추어 함이 없으면 의지가 약해지고 정력을 소비하지 않으면 뼈가 강해지니, 대저 앎이 없고 하고자 함이 없는 것은 사람 마음의 근본이 이와 같은 것이다'[310] 라고 한 것이다.

이상으로 서명응의 도교 수련이론을 정리해 보았다. 이제 수련이론과 선천학의 관계를 확인해 보자. 필자의 판단으로는 서명응이

『도덕지귀』에서 선천역과 내단사상을 일치시키는 접점은 두 가지다. 하나는 태극음양론太極陰陽論이고, 다른 하나는 오행五行과 오상五常이 결합된 지신론知信論이다. 우선 태극음양론太極陰陽論을 살펴보고, 다음으로 지신론을 살피기로 한다.

서명응은 왜 주자와 달리 음양이 충화한 선천의 일기一氣로 『노자』의 도를 이해하는가 우선 답할 수 있는 것은, 서명응이 이해한 『노자』의 내용이 조화造化를 말한 책이기 때문이다.[311] 선천역이 조화에 관한 것이 듯이[312] 『노자』 역시 조화를 말하고 있다는 이해 때문이다. 다른 하나는 선천역이 음양대대陰陽對待의 논리이고, 후천역은 음양반대陰陽反對의 논리[313]이기 때문에, 음양이 조화調和를 이룬 선천역은 조화造化를 추구하는 입장에서 당연히 주의 깊게 살펴야 할 논리이다. 조화造化를 추구한다는 것은, 개인적으로는 어린아이의 상태를 회복하는 것이고, 사회 국가적으로는 오제五帝 이전의 고대 사회인 요堯 이전의 사회국가를 추구하는 것이다.

서명응은 이러한 논리를 『도덕지귀』 안에서 추구하는데, 전자를 내단양생의 논리로도, 선천역의 논리로도 이해할 수 있다. 그래서 서명응은 「하도」의 중궁자리인 태극의 조화로운 상태를 개인의 양생과 연관지어 '저 충기沖氣 같은 경우는 (만물의) 앞면과 뒷면을 두루 운행하면서 전체적인 조화調和를 이루어낸다'라고 말하고, '오직 이 미약한 기운이야말로 조화발육造化發育하는 작용에서 근본이 된다고 한다. 이 때문에 사람이 마음을 세우고 일을 처리해나감에 있어 강포強暴하게 해서는 안 되니, (강포함은) 기의 본연이 아니기 때문이다'[314]라고 말한다. 그리고 왕이 치국을 할 수 있는 근거로 '천지의 중에 거처하는 후왕侯王이나 만물이 참으로 한결같이 박樸할 수 있다면, 흘러가는 기를 능수능란하게 이끌어 들여 음양의 근본인 태화太和가 모아 빚은 바와 같은 감로甘露로 만들 수 있다고 본다. 이 때문에 백성 중에 혹 외면을 화려하게 꾸미거나 특이한 지견知見을 지니거나 엇길로 빠진 의론을 일삼음으로써 한결같이 박樸할 수 없는 자가 있더라도 (한결같이 박樸할 수 있는 후왕이나 만물의 조화가) 이들에게 이르게 되면 고르게 됨을 기약하지 않더라도 저절로 고르게 된다'[315]라고 제시한다.

조화造化의 논리는 결국 조화調和의 논리로 연결된다. 그래서 '화和'와 '태화太和', '균均'이라는 용어를 사용하여 내단內丹과 선천역이 조화를 내포로 삼고 있다는 것을 말한다. 그런데 조화造化를 이루기 위한 선결 요건은 바로 음정陰靜이다. 그래서 음정한 상태인 허와 정을 이루는 것이 태극의 상태를 회복하는 것이고, 내단양생의 길인 것이다. '중은 마음이다. 중을 지킨다는 것은 그 신묘한 용[神用]을 돌이켜 우리의 마음에 귀착시키고, 그 마음을 텅 비고 고요하게 하여 마치 풀무의 속과 하늘과 땅의 중中과 같게 하면 또한 저절로 마르지 않고 더욱 생겨나는 오묘함이 있게 된다'[316]라고 하여 음정陰靜의 상태인 허정虛靜을 중시한다.

그리고 「하도」의 중궁의 중中을 중시하는 논리는 『참동고』에서도 드러난다. '천지의 지극한 정精은 「하도」에서 관찰하면 알 수 있다. 「하도」의 모든 수는 55인데, 이는 본래 천지의 정영精英이다. 중궁中宮의 5는 또 50의 정영이다. 그러므로 50의 가운데 위치하고, 3은 또 5수의 정영이다. 그러므로 5수의 가운데 위치한다. 「하도」의 중앙 다섯 점은 종수와 횡수로 되어 있어 3을 이루고 있지 않음이 없고 모두 사방의 중에 위치하는 것이 이것이다. 1은 또 3의 정영이다. 그러므로 3의 중앙에 위치한다. 예컨대 5중의 1은 종으로 3인 중앙, 횡으로 3인 중앙에 해당하니 종으로 3이건 횡으로 3이건 중中을 취하지 않음이 없는 것이 이것이다. 대개 수數가 있는 곳에 상象이 반드시 거처하고, 상이 있는 곳에 정기신精氣神이 반드시 갖추어진다'[317]라고 하여 중中을 중시한다. 이 중은 마음이고 태극이어서, 이 중이 허정한 상태를 유지하면 태극에서 일기一氣가 나와 천지의 조화를 시작하듯이, 우리 몸에서 마음을 허정한 상태로 유지하면, 일기一氣가 온 몸을 돌아 영아嬰兒의 상태를 이룬다는 것이다.

서명응이 선천역과 내단사상을 일치시키는 또 다른 근거는 지신론知信論이다. 지신론은 오행五行과 오상五常이 결합된 논리이다. 즉, 오행의 수水는 오상에서는 지知이고, 화火는 예禮이며, 목木은 인仁이고, 금金은 의義이며, 토土는 신信이다. 이를 계절과 연관시키면, 수는 겨울이고, 화는 여름이며, 목은 봄이고, 금은 가을이 되며, 토는 네 계절에 고루 나뉘어져 있는 것이다.

그런데 서명응은 지신론을 선천역과 내단사상의 교차점으로 이해한다. 그래서 『선천사연』에서와 동일하게 『도덕지귀』의 마지막에 지신론을 서술하여 조화造化가 둘임을 강조한다.[318] 이는 선천역과 『노자』의 내용이 바로 조화를 말한다는 앞의 서술과 같다.

1)대개 지知는 겨울 물이고, 신信은 중토中土이니 지와 신으로 도와 덕의 처음과 끝을 이룸은 곧 황종 궁토가 겨울 물에서 생겨나는 상象이다. 그러나 상편은 지와 신이 오토의 처음과 끝에 거하게 하고, 2)하편은 지와 신이 아울러 한 책의 끝이 되니 왜 그런가. 대개 조화는 반드시 끝맺음에 두 가지가 있으니 사방의 북쪽이 거북과 뱀이 두 가지가 되는 류가 이것이다. 그러므로 고대의 성인이 말씀을 세움은 모두 두 가지로 맺는다. 『역易』의 맺음은 기제와 미제가 둘이 되고, 『서전書傳』의 맺음은 '진서'와 '비서'가 둘이 되고, 『시경詩經』의 맺음은 '노송'과 '상송'이 둘이 되고, 『요전堯傳』의 맺음은 두 '흠재欽哉'가 둘이 되고, 『대학大學』의 맺음은 두 의리가 둘이 되니, 모두 조화

를 본떴기 때문이다. 하물며 『노자』는 동지에 양이 회복하는 것을 도로 삼았으니, 지금의 일을 이미 이루고 또 내세의 일을 시작하는 것이니 또한 거북과 뱀의 둘과 같다. 그러므로 지와 신 두 가지로 한 책을 맺었으니, 그 뜻이 은미하다.[319]

위의 인용문에서 주의 깊게 살펴보아야 할 것은 1)지知와 신信이 도道와 덕德의 처음과 끝을 이룬다는 언명이다. 그리고 『도덕지귀』 상편은 지와 신이 오토五土의 처음과 끝에 거하게 하고, 2)하편은 지知와 신信을 아울러 한 책의 결론으로 삼았다는 것이다.

먼저 1)의 지知와 신信이 도道와 덕德의 처음과 끝을 이룬다는 언명은, 조화의 처음은 수水인 지知에서 시작하고, 이때에 태극의 진체를 볼 수 있기 때문에 이를 도道로 이해한 것이다. 그리고 조화의 시작은 토土인 신信에서 끝나기 때문에, 이를 덕德으로 이해한 것이다.

'고대의 성인들은 대부분 물로써 도를 비유했는데 대개 수는 천일天一에서 생겨나니, 그 성질이 가볍고 맑아서 도체가 막힘이 없기 때문이다'[320]라고 하여, 천일에서 수가 생겨난다는 것은 조화의 처음은 수에서 시작한다는 것을 밝혔다. 그리고 이 조화는 오토五土를 거쳐서 육지六地에서 끝난다고 말한다. 따라서 『참동고』에서는 '조화에서 살피면 오토五土가 중앙에 위치해서 수화목금이 낳고 이루도록 주고받는다. 그러므로 천일天一은 반드시 오토土五를 거쳐서 지육地六에 이른 연후에 비로소 그 체를 이룬다. 이것이 「하도」 음양오행의 순서이다. 그러므로 대개 물이 음양오행을 품부해서 생성되는 것은 반드시 먼저 물의 검은색으로써 토의 황아黃芽를 포함한 연후에 곧 열리고 닫히고 움직이고 고요할 수 있어서 그 모양을 이룬다'[321]라고 하여 단丹의 형성과 연관지어 설명한다.

또한 수水인 지知의 상태에서 태극의 진체를 볼 수 있다. 그래서

'오직 음의 지극히 고요하고 지극히 허함이 마치 물이 담연히 한결 같아진 이후에야 태극의 진체가 바야흐로 드러난다고 생각하였다' 라고 말한 것이다. '물은 그 속성이 만물을 이롭게 하고 다투지 않는다는 점에서 충沖이고, 다른 사람들이 싫어하는 곳에 처하는 겸손함을 갖추었기 때문에 도에 가까운 것이다.'[322]

그리고 토土인 신信에서 단의 형성을 이루고 태극의 진체를 얻는다. 이는 내단 수련에서 감괘坎卦는 무토戊土를 받아들이고, 리괘離卦는 기토己土를 받아들여 비장脾臟인 토土에서 단丹을 이룬다는 논리를 따르는 것이다. 다시 말해, 감괘의 중효인 음효陰爻와 리괘의 중효인 양효陽爻가 서로 자리를 바꾸어 비장인 토土에서 순양純陽인 건체乾體를 이루는 감리교구坎離交媾의 논리와 같다. 이는 무토와 기토가 비장에서 합쳐져서 금단을 형성하는 것으로 본 것이다. 그래서 서명응은 젖먹이의 상태를 들어 단의 형성과 태극의 진체를 설명하고 있다.

> 내가 생각건대 젖먹이가 처음 태어나서 손 아귀힘이 매우 견고한 것은 순양으로서 지극한 정을 품고 있기 때문이다. 순양으로써 지극한 정을 품고 있는 것은 건괘의 체가 충화한 중토의 금(金丹)을 얻었음을 이른다. 그러므로 『참동계』는 '15일에 건체가 가득 찬 것을 한 달의 중으로' 말했으니, 가령 양생을 추구하는 자가 젖먹이의 정을 손상하지 않으면 또한 도와 더불어 하나가 되어 장생할 수 있다.[323]

서명응은 여기에서 더 나아가 토는 신信에 속하고, 이 신은 성誠이고 중中이고 토土이다. 토土는 음과 양 두 기氣를 충화沖和하고, 중中은 만물의 운행을 제어하고 성誠은 만물의 변화를 다스리고 신信은 네 가지 덕[四德]을 꿰뚫는다.'[324]고 본다. 토가 이렇게 다양한 성격을 갖는 것은, 오행으로 보면 그 위치가 중앙에 해당하며, 이를 다섯 가지

덕인 오상과 연관 지으면 토는 신에 속하기 때문이다. 또한 음양의 기가 변화하는 것과 관련지으면 토는 사계절 모두에 관여한다. 이를 '토왕사계土旺四季'라고 표현한다. 그리고 '하도河圖' 상에서 천일天一은 중앙의 오토五土를 얻어 육수六水의 질質을 형성하듯이, 나머지 오행에서도 동일하게 오토가 작용한다. 이렇게 보면 '토'는 만물의 운행을 제어하거나 만물의 변화를 다스리는 역할을 하는 것이다.

내단의 연단 과정에서는 토는 음과 양을 상징하는 감괘와 감괘가 중앙의 자리인 토에서 합쳐진다[충화沖和]. 8괘를 10간지幹支에 배당하는 납갑법納甲法에 따르면, 감坎의 납納은 육무六戊이고, 리離의 납은 육기六己이다. 따라서 무기가 중앙인 토에서 충화한다는 것은 감괘의 중효인 양과 리괘의 중효인 음이 중궁인 토에서 합치한다는 의미이다.

서명응의 토에 대한 이해는 역학적으로는 상수학으로, 한 대시기의 납갑법으로 이해하며, 유학적으로는 오상으로 논리로 접근하고 있기도 하며, 연단이론으로는 감리교구의 논리로 이해하고 있는 것이다.

2)하편은 지와 신을 아울러 한 책의 결론으로 삼았다는 것은 조화는 항상 둘의 상태를 이룬다는 의미이다. 기화氣化가 유행하는 것은 음양의 양단에 있고, 기기氣機는 동정의 양단을 포함하고, 선천은 후천을 포함하여, 후천에 근원하고 있는 것이 모두 둘이기 때문이라는 것이다.

서명응이 『노자』를 통해서 선천역만을 말하지 않고, 내단사상과 결부해서 『노자』를 이해한 것은 자신의 선천학 전수 역사에 대한 이해와 맥을 같이한 것이다. 지금까지 서명응의 논리에 따르면 선천역의 추구는 결국 내단사상의 추구와 같아질 수밖에 없다. 서명응은 이러한 관점에서 『노자』가 대역大易에 관해 정통했으며, 대역이 오행을 말하지 않았듯이 『노자』도 오행을 말하지 않고 유독 토土만을 취했다고 이해했다. 『노자』가 유독 토만을 취했다는 서명응의 평가가 바로 선천역과 내단사상의 접점이라고 할 수 있으며, 이것이 지신론이다.

제3장의 논의를 종합하면 다음과 같다.

서명응은 선천학의 논리를 도교의 사유에서 추적한다. 이는 선천학의 전수가 도교라는 징검다리를 거쳐 송대 이학으로 이어졌다는 그의 역사관에 따른 것이다. 그는 선천4도만 남아 이를 연역할 방법이 없었는데, 『노자』와 『참동계』를 통해 이 도상들을 해석할 수 있었다고 본다. 이러한 서명응의 논리는 역학사의 논리로도 참에 가깝다. 한대漢代의 역학을 수용해 연단술을 설명한 『참동계』는 송대의 도서역과 상수역을 탄생시킬 수 있었던 자료 중에 하나이다. 한대 역학의 괘기설과 납갑설, 도서圖書들이 『참동계』의 연단이론에서 수용되고, 이것이 북송시기의 상수역학으로 전개되는 징검다리이기 때문이다.

또한 이 장에서는 서명응이 이해한 인체관과 우주론, 연단이론들을 다루었는데, 여기에서 드러난 사유는 천체관과 인체관의 유비 그리고 이로부터 연단이론이 전개된다는 점이다. 천체 구조와 운행을 괘상으로 설명하고, 이를 다시 장기에 유비하는 사유는, 『주역참동계』를 내단으로 이해하는 논리에서 볼 수 있는 것이자, 진단이 주석한 『정역심법』에서도 볼 수 있는 것이다. 하지만 서명응의 논리는 이러한 수련에 의학적 관점을 결합하고 선천학으로 체계화한 것이 특징이다.

도교의 수련에서 화후火候를 운행하는 것은 매우 중요한 의미를 갖는다. 화후는 수련과정에서 일정한 시기마다 불떼기를 달리해 약물을 채취하는 전과정을 의미한다. 이러한 과정에서 시간적 기준들이 필요하고, 이 기준은 1달에서는 달의 변화상을 1년에서는 주천도수周天度數를 기준으로 삼았다. 이러한 화후의 과정을 설명하는 도상들이 「소주천도」, 「대주천도」였다. 「소주천도」나 「대주천도」는 천문현상을 기준으로 하기에, 그 자체로 우주론의 내용들을 포함할 수밖에 없다. 이 내용들이 천체의 구조나 운행을 반영하고 있는 것이다. 서명응은 「소주천도」와 「대주천도」를 「복희8괘방위도」와 「복희64괘방원도」로 이해한다. 왜냐하면, 그는 선천학의 도서들이 도교 신선가들의 단약 만드는 단조지비결丹竈之秘訣이 되었고, 이를 통해 「선천4도」를 해석해낼 수 있었다고 보기 때문이다.

제4장 선천학과 북송의 리학理學

제1절 선천학의 역사와 「태극도太極圖」 및 「선천도先天圖」

1) 「무극도無極圖」와 「태극도太極圖」

앞에서 언급하였듯이 서명응은 선천역의 흐름을 복희에서 공자로, 공자에서 은사로, 은사에게서 희이希夷(진단)로, 희이에게서 주렴계의 『태극도설』로, 소강절의 『황극경세』로 이어지고 주자에 의해서 역서易序에 배열되어 육경의 우두머리가 되었다고 인식한다. 서명응의 이러한 이해는 청대의 모기령毛奇齡(1623 ~ 1716)과 호위胡渭(1633 ~ 1714)에 의해 제기된 주렴계의 「태극도」가 『주역참동계』에 나타난 「수화광곽도水火匡廓圖」와 「삼오지정도三五至精圖」를 절취, 합하여 하나의 도圖로 만든 것이라는 주장을 인정하고 있는 것이다.[325]

수, 서명응은 이들 청대학자들과 같이 주렴계 「태극도」의 연원을 『주역참동계』로 인정한 것이다.

그런데 주렴계의 「태극도」에 대한 연원을 설명하는 방식은 일반적으로 두 가지 입장으로 구별해 볼 수 있다. 첫째는 주렴계의 「태극도」가 『주역』 「계사」의 "역유태극易有太極"에 기초한 도설이라는 입장이다. 둘째는 도교에서 기원했다는 입장이다.

주렴계의 「태극도」가 『주역』에 기초한 도설이라는 입장은 일찍이 주자에게서 제기된다. 주자는 『태극도설주해太極圖說註解』 서문에서 주진(內翰)과 호오봉씨胡五峯氏의 말을 거론하면서 『태극도설』이 주렴계의 저작이며 다른 사람에게서 전해 받은 것이 아니라고 주장한다.

> 「태극도」는 염계선생이 지은 것이다. ……반청일 선생이 작성한 주렴계 선생의 묘지문에 선생의 저술을 기록하면서, 특별히 「태극도」를 지었다는 것을 글의 처음으로 삼았다. 그렇다면 이 그림이 선생 작품의 첫 번째가 되는 것은 마땅하니 의심할 여지가 없다. ……또 일찍이 내한內翰 벼슬을 한 주진이 임금에게 올린 역설표[進易說表]를 읽어 보니, (그가) 이 도圖의 전함은 진단陳摶, 충방种放, 목수穆修로부터 온 것이라고 하고, 호오봉씨胡五峯氏가 지은 서문에 또 선생(렴계)은 충방과 목수의 학문을 전적으로 한 것이 아니고, 이것은 단지 그의 학문 중 하나의 스승일 뿐이므로 지극한 것이 아니라고 하였다. 대개 선생의 학문의 오묘함은 이 그림을 벗어나지 않으니, 다른 사람에게서 얻었다면 결코 충방과 목수가 이를 미칠 바가 아니며, 그 지극한 것이 아니라고 한다면 선생의 학문은 이 도에 더할 것이 무엇이 있겠는가. 이러한 이유로 내가 일찍이 의심하였는데, 묘지명을 얻어서 참고한 이후에 그것이 정말 선생이 저작한 것이고 다른 사람에게서 전수받은 것이 아님을 알았다. 주진과 호오봉은 아마도 이 묘지명을 보지 못해서 그렇게 말한 것일 것이다.[326]

주자가 주렴계의 사상적 연원을 도교와 연관 짓지 않으려고 했던 이유는 주렴계를 송대 이학理學의 비조로서 평가했기 때문이다. 이는 도통의 연원을 말할 때 광의로 말하면 주렴계가 성리학의 시조라고 할 수 있지만, 진유眞儒를 말할 때에는 맹자 이후 정명도를 인정하는 도통론 때문인 것이다.[327]

이와는 달리 현대 철학자인 진래陳來는 「태극도」의 본래 명칭이 '태극도역설太極圖易說'이었다는 점을 들면서, 「태극도」의 사상적 연원을 『주역』으로 이해한다. 그리고 송 초기에 『주역』에 대한 해석이 일반적으로 중시되었기 때문에 많은 학자들이 그 나름의 역학 저작들을 가지고 있었으며, 최종적으로 도식에 대한 해석에 의해서 그 의의가 결정되어야 한다고 설명한다.[328] 진래의 이러한 주장은 「태극도」의 본래 명칭인 '태극도역설'에서 '역설易說'에 방점을 찍은 것이다. 그래서 진래는 「태극도」의 연원을 『주역』으로 본 것이다. 하지만 필자는 이에 대해 동의하지 않는다. 첫째는 주자가 『태극도설통서서후太極圖說通書書後』에서 「태극도」의 연원에 대해 진단陳摶에서 장영張詠으로 이어지는 사상적 연원을 말하고, 이것이 주렴계로 이어졌다는 설을 펼치기 때문이다. 이에 관해서는 1장에서 이미 언급했다. 둘째는 주진과 청대 학자들의 논리처럼 진단으로부터 연원하여 주렴계로 이어진 것으로 보는 것이 적절하기 때문이다. 셋째는 '역설'이라는 것이 『주역』을 의미하지 않을 수도 있다는 점이다. 왕필의 『주역』에 대한 이해가 있듯이 역학이 유학만의 전유물이 아니기 때문이다.

오히려 류승국의 논리가 객관적인 것으로 보인다. 류승국 역시 주렴계의 사상을 천인합일의 유학적 이념이 드러난 것이며, 오랜 역사를 통하여 도가와 불교의 형이상학을 섭취하는 동시에 공맹孔孟의

근본 사상을 체로 하여 그 시대사상을 용用으로 조화한 것이라고 평가하고 있다.[329]

류승국의 진술에서 주의를 기울일 것은 "도가와 불교의 형이상학을 섭취하였다"는 말이다. 여기서 '도가의 형이상학을 섭취하였다'는 말은 진단으로부터 송대 도서역이 기인하였다는 의미이고, '불교의 형이상학을 섭취하였다'는 말은 종밀宗密(圭峯, 780 ~ 841)의 「아뢰야식도阿犁耶識圖」에서 영향을 받았다는 의미이다.

류승국의 논리는 일본 학자들이 행한 「태극도」의 연원에 대한 연구를 반영한 것으로 보인다. 일본 학자들 중에는 주렴계의 「태극도」가 종밀의 「아뢰야식도」에 근원한 것이라는 주장을 한 학자들이 있다. 다케우치 요시오武內義雄과 우이 하쿠주宇井伯壽, 나카무라 하지메中村元, 이마이우 사부로우今井宇三郎 등이 이러한 주장을 한다. 일본 학자들의 이러한 주장은 아뢰야식도의 두 번째 그림과 「감리도」가 서로 유사성이 있다는 점에서, 주렴계가 선종의 승려들과 교유하였다는 점에서, 당송 교체기에 도설이 유행하면서 유불도가 서로 교차하면서 핵심개념들을 공유했다는 점에서 이러한 주장을 한다.

금정우삼랑今井宇三郎의 『송대역학의 연구宋代易學の研究』에 따르면, 「아뢰야식도」는 종밀이 유식종, 삼론종, 화엄종을 비판한 뒤, 진여의 진眞을 '○'로 표시하고, 망妄을 '●'로 표시하며, 아뢰야식阿犁耶識을 '◎'로 표시하여, 진심眞心이 유전하는 경로와 수양의 과정을 도식화한 것이라고 한다. 그리고 『대승기신론』의 일심이문一心二門의 구조를 규봉이 도식화한 것이 있는데, 이 역시 이와 관련이 있는 것으로 판단한다. "대승법체를 중생심으로 하여 이것을 '○'로 표시하고, 이것이 진眞과 망忘의 두 문을 총섭하였으니, 진은 '◉'으로 망은 '●'으로 표시하며, 이 양자의 화합과 불화합 이문二門을 섭한다. 이

진망을 화합하여 비일비이非一非二한 것을 아뢰야라고 하고, 각覺과 불각不覺의 이의二義가 있어 '◎'로 표시한 것"[330]이라고 한다. 특히 우정백수宇井伯壽는 이 도식이 주렴계의 「태극도」에 일정한 영향을 미친 것으로 파악한다.[331] 이 점이 류승국이 '불교의 형이상학을 섭취하였다'라는 표현의 의미이다.

또한 '도가의 형이상학을 섭취하였다'라는 말은 청대 학자들의 논의를 따라, 주렴계의 「태극도」의 연원을 도교적인 것으로 설명하는 것이다. 주렴계의 「태극도」에 대한 도교적 연원에 따른 설명은 류승국의 논문을 정리하여 옮겨보면 다음과 같다.

① 『송사』 「유림전」의 '주진전'에 기록된 것으로, "목수가 「태극도」를 주돈이에게 전했다"라는 것이다. ② 모기령毛奇齡(1623 ~ 1716)의 주장으로, 참동계 팽본(팽효본)에 있는 「수화광곽도水火匡廓圖」와 「삼오지정도三五至精圖」에서 취하여 「태극도」의 제2위와 제3위가 이루어졌다고 보는 관점이다. ③ 황종염黃宗炎(1616 ~ 1656)의 주장으로, 주렴계의 「태극도」는 본래 「무극도」라고 하였었다고 하며, 진단陳摶이 화산에 거처할 때 「무극도」를 석벽에 새겼고, 이것은 연신환허煉神還虛하여 복귀무극復歸無極하는 도가의 것이었으며, 주렴계가 진단의 「무극도」를 취하여 그 순서를 바꾸고 그 이름을 고쳐서 대역大易에다 근원을 대어 유가에서 비전한 것이라고 여기나, 대개 이것은 도교 방사들의 비결이다. 「무극도」는 거슬러 그 의미를 해석하여 성단成丹하는 이론이 되는 '종하이상從下而上'의 설명이요, 주렴계의 뜻은 '순이생자順而生者'라는 원리를 이용하는 '종상이하從上而下'하는 설명이라는 것이다.[332]

류승국의 이러한 정리를 구체적으로 따져보면, ①의 주진의 논리를 이미 언급했었다. 그러나 그 내용을 간략하게 정리해보면, 다음과 같다. 「선천도」는 진단 → 충방 → 목수 → 이지재 → 소강절로 이어지고, 「하도 · 낙서」는 진단 → 충방 → 이개 → 허견 → 범악창 → 유목으로 전수되고, 「태극도」는 진단 → 충방 → 목수 → 주렴계 → 정호 · 정이로 전수된다는 것이다.[333] 여기서 「태극도」의 전수 과정은 진단에서 충방으로, 충방에서 목수로, 목수에서 주렴계로 이어진다. 주진의 논리는 앞서 인용문에서 호오봉胡五峯의 언급과 맥을 같이한다고 볼 수 있다. 필자의 판단으로 주진의 주장은 정당하다고 평가한다. 왜냐하면 현대 학자들이 여러 전거에서 찾은 도서들과 그 내용, 그 도서들의 저술자로 지목된 인물들이 일치하기 때문이다.[334]

①의 논리는 「태극도」가 진단이라는 도사에서 기인했다는 전수 과정에 관한 것이라면, ②와 ③은 구체적인 내용을 다루고 있어서 주의해서 볼 필요가 있다. 모기령과 황종염의 논리 속에도 「태극도」의 전수 과정이 들어 있지만, 이들은 「태극도」의 기원과 관련해 논의를 집중하고 있어서 주진의 논리를 확정하게 한다.

② 모기령의 입장은 『주역참동계』 1장에서 "감리광곽坎離匡廓, 운곡정축運轂正軸[감坎괘와 리離괘는 광곽匡廓으로 수레통을 움직이게 하고 굴대를 바로잡는다.]"는 말을 그림으로 그린 것이 '수화광곽도水火匡廓圖'이고, '수화광곽도'에서 중앙에 있는 ○은 감리坎離괘의 태胎가 되는 것으로, 오른쪽의 감坎과 왼쪽의 리離가 삼三이 되는 것과 오행의 관계를 설명한 것이 '삼오지정도三五至精圖'라고 이해한 것이다.(이하 모기령과 황종염의 글을 인용할 때 원문을 확인할 서적을 구하지 못해, 今井宇三郎 著, 『宋代易學の硏究』, 東京:明治圖書出版株式會社, 1944에서 인용한 원문들을 번역하여 사용하였다.)

'수화광곽도水火匡廓圖'란 (주역참동계) 수장의 '감리광곽坎離匡廓, 운곡정축運轂正軸'이라는 두 말을 표현한 것이다. 수화水火라고 한 것은 감리坎離이다. 단가丹家는 감리坎離를 용用으로 삼기 때문에 수화로써 상징한 것이다. 또 '수화이용도水火二用圖'라고 부르는 경우는, 천지는 건곤乾坤의 상이고, 감리坎離는 건곤의 용用이라는 말에서 취한 것이다. 대개 그 그림은 감리 두 괘를 운행하여 하나의 축으로 삼았으니 이른바 양의兩儀가 아니며, 또한 이른바 양이 동하여 음을 생성하고 음이 정하여 다시 양을 생성하는 것이 아니다. 그 가운데 하나의 ○은 감리의 태胎이고, 왼쪽의 ◐은 리離가 되어 백흑백白黑白이니 ☲이고, 오른쪽의 ◑은 감坎이 되어 흑백흑黑白黑이니 ☵이다.335

위 인용문에서 "천지는 건곤乾坤의 상象이고 감리坎離는 건곤乾坤의 용用"이라는 말은 『주역참동계』의 7장에 나오는 말이다.336 모기령은 『주역참동계』의 원문과 「수화광곽도」 및 「삼오지정도」를 상호 증거로 삼아 주렴계의 『태극도설』이 성립된 것으로 이해한 것이다. 모기령은 「수화광곽도」는 주렴계의 「태극도」 제2권圈의 '감리도坎離圖'로, 「삼오지정도」는 제3권圈의 '오행도五行圖'로 이해한 것이다. 그리고 『참동계』의 두 그림을 연결하여 「태극도」를 만들었다고 본 것이다.

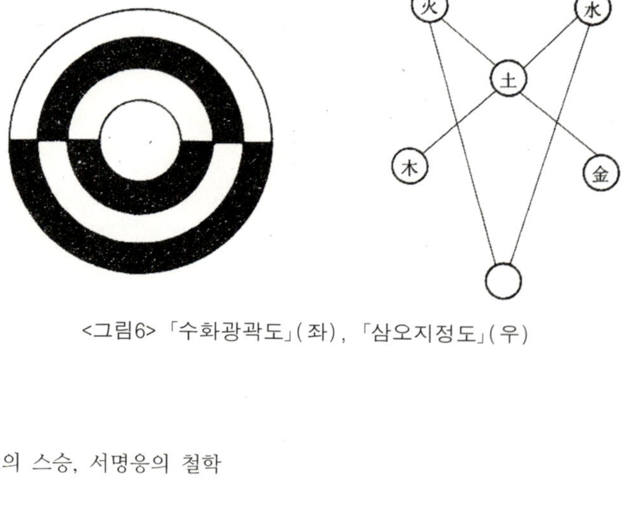

<그림6> 「수화광곽도」(좌), 「삼오지정도」(우)

이제 ③ 황종염의 논리를 살펴보자. 황종염은 『역학변혹易學辨惑』에서 "이 도圖는 본래 이름이 「무극도」이고 진단이 화산 석벽에 새기고 이름과 이치를 나열하였다. 하상공河上公으로부터 창조되었는데, 위백양이 얻어 『참동계』를 지었고, 종리권이 얻어서 여동빈에게 주었다. 여동빈은 뒤에 진단(도남)과 더불어 화산에 은거하였는데, 이 때문에 진단에게 주었다. 진단은 마의도자麻衣道者에게서 「선천도先天圖」를 받았는데, 이 두 그림을 충방에게 주었으며, 충방은 목수와 승려 수애에게 주었다. 목수는 「선천도」를 이정지에게 주었고, 이정지는 소천수에게 주었으며, 소천수는 자식인 소요부(소강절)에게 주었다. 목수는 「무극도」를 주무숙(주렴계)에게 주었다. 무숙은 또 선천의 게송을 수애에게 얻었으니, 이는 곧 방사가 수련하는 술이다"[337]라고 한다.

황종염은 「태극도」의 전수를 이렇게 설명하고 나서, 주렴계가 진단의 「무극도」를 취하여 그 순서를 바꾸고 그 이름을 고쳐서 대역에다 근원을 대어 유가에서 비전한 것이라고 여긴다. 여기에서 '순서를 바꾸고 이름을 고쳤다'는 내용은 방사(신선가)들이 거슬러 올라가 단丹을 이루기 때문에 아래에서 위로 올라가지만, 주렴계는 위에서 아래로 순서에 따라 해석하여 발생론의 구조로 설명한다는 것이다.

그리고 '순서를 뒤집고, 이름을 바꾸었다'는 것은 "진단의 「무극도」에서 가장 아래의 그림은 이름이 '원빈지문元牝之門'(원래 '현빈지문玄牝之門'이지만 황종염이 이를 저술할 당시 청나라 강희제의 이름이 '현엽玄燁'이어서 휘하느라 '현玄'을 '원元'으로 바꾸었다)이다. 원빈은 곡신穀神이고, 빈은 규이다. 곡은 허이다. 현과 신은 모두 지적하여 측량할 수 없는 것을 가리킨다. 노장에 있는 말로 '원묘신화

元妙神化'라고 하니, 곧 '허무'이고 만유의 근원이다. 수련학파에서는 '원빈곡신'으로, 사람 몸에서는 명문命門으로 삼는다. 두 신장의 틈이 기가 말미암아 생겨나는 것이니, 이것이 '조기祖氣'이다. 대개 사람의 오관과 백해의 운용지각은 모두 이것에 근거한다. 그 '조기'를 위로 끌어올리는 것을 '연정화기鍊精化氣 · 연신환허鍊氣化神'라고 부른다. 유형의 정精을 단련하여 미미하고 털끝 같은 기氣로 변화하고, 희미한 호흡의 기로 단련하여 나오기만 하고 들어감이 없는 신神으로 변화한다. 곧 오장육부를 관통하고 가운데가 되니 '오기조원五氣朝元'이라고 부른다. 행하여 얻으면 수화水火가 교구交媾하여 또 그 위의 것이 되니 이름하여 '취감전리取坎塡離'라 하니 곧 '성태聖胎'를 이룬다. 또 무시無始에 되돌리게 하면 최상의 일이 되니 '연신환허鍊神還虛'라고 하고 '무극'에 복귀하니 공용이 지극하다"[338]라는 내용으로 설명하고 있다.

이 내용에 의하면 「태극도」의 제5권圈인 '화생만물化生萬物'은 '현빈지문玄牝之門'에 해당하고, 제4권圈은 '연정화기鍊精化氣'와 '연기화신鍊氣化神'에 해당하며, 제3권圈은 '오기조원五氣朝元'에 해당하고, 제2권圈은 '취감전리取坎塡離'에 해당하며, 제1권圈은 '연신환허鍊神還虛, 복귀무극復歸無極'에 해당한다는 것이다. 그리고 단丹을 이루는 과정은 아래에서 위로 향하는 과정인데, 『태극도설』은 위에서 아래로 내려오는 과정을 통해 만물의 생성을 설명했다는 것이다.

모기령과 황종염의 논리는 다음과 같이 정리될 수 있다. 첫째는 주렴계의 「태극도」가 도사 진단에서 주렴계로 전수된다는 것이다. 둘째는 「태극도」의 구성을 설명하는 주요한 논거로 『참동계』가 제시된다는 점이다. 그래서 모기령은 『참동계』의 「수화광곽도」와 「삼오지정도」를 연결하고, 「수화광곽도」의 중앙에 있는 ○를 '환허합도還虛合道'의 그림으로 이해하면, 「무극도」의 그림이 되는 것으로 파악했다. 게다가 「수화광곽도」는 「태극도」의 '음양권'으로, 「삼오지정도」는 「태극도」의 '오행권'으로 파악을 한 것이다.

황종염 역시 하상공 → 위백양 → 종리권·여동빈 → 진단이라는 도교의 신선가 계열을 나열하고, 내단 수련의 과정으로 「무극도」를 이해한다. 그리고 주렴계는 이를 만물의 생성과정으로 해석했다고 본 것이다. 「무극도」를 내단 수련의 과정으로 보면, 가장 아래의 '○'은 현빈지문이 되고, 바로 위의 '○'은 연정화기와 연기화신의 수련단계에 해당하며, 「삼오지정도」는 오기조원의 수련단계이며, 「수화광곽도」는 취감전리의 수련단계이고, 최상의 '○'은 연신환허·복귀무극의 수련경지를 의미하는 것이 된다.

이를 주렴계의 「태극도」로 이해하면, 위로부터 아래로 '태극이무극권太極而無極圈'에서 '음양권陰陽圈'으로, '음양권'에서 '오행권五行圈'으로, '오행권'에서 '건도성남곤도성녀권乾道成男坤道成女圈'으로 '건도성남·곤도성녀권'에서 '화생만물권化生萬物圈'으로 이어지게 되는 것이다. 그래서 황종염은 이 두 그림을 동일한 것으로 보면서, 아래에서 위로 수련을 해가는 과정과 위에서 아래로 만물이 발생되는 과정으로 이해한 것이다(<그림 6>과 <그림 7> 참조).

필자는 「무극도」와 「태극도」라는 두 도식이 동일한 도식을 다른 관점에서 설명하고 있다고 본다. 또한 이 두 도식은 그 전수의 역사 과정이 어떠하든 간에 『참동계』의 내용에서 찾을 수 있다고 본다. 따라서 주렴계의 「태극도」는 바로 진단의 「무극도」를 유학적으로 재해석한 도식으로 판단한다.

그렇다면 종밀의 「아뢰야식도」, 진단의 「무극도」, 주렴계의 「태극도」의 관계를 어떻게 보아야 할까? 우선 거론할 것은 종밀과 진단, 주렴계 사이의 생몰 연대가 일치하지 않는다는 점이다. 그렇다면 이들 사이는 직접적인 사승관계가 성립하지 않는다. 하지만 사상사의 흐름이라는 큰 틀에서 보자면, 진단과 주렴계가 종밀의 사유에 영향을 받지 않았다고 단정할 수 없다. 사상이란 교섭하면서 발전하는 것이기 때문이다.

우선 종밀과 진단 사이의 관계를 살펴보자. 이는 불교와 도교의 교섭 및 투쟁사를 살피는 것이기도 하다. 불교와 도교의 교섭과 투쟁은 육국시기에 불교가 전래되고 나서 지속적으로 교섭과 투쟁이 진행되다가, 당 시기에는 이론적 투쟁이 극에 이르러 도가에서는 불교의 이론을 받아들인 중현학重玄學이 탄생한다. 이러한 과정에서 불교와 도교의 형이상학적 이론들이 융섭되는 측면이 강하다. 이러한 역사적 흐름이 북송시기에 와서 종밀의 「아뢰야식도」가 진단의 「무극도」에 영향을 주었을 것이라는 추론은 가능하다. 또한 종밀의 사유가 주렴계의 「태극도」에 일정한 영향을 주었을 것으로 추측할 수도 있다. 하지만 이는 추측일 뿐이다. 종밀과 진단, 주렴계의 생몰 시기가 일치하지 않고, 그들이 자신의 도식이 누구의 영향을 받았다고 밝히고 있지도 않기 때문이다.

이제 진단과 주렴계 사이의 영향에 대해 생각해보자. 우선 진단으로부터 송대 초기의 도서역이 전수된다는 기록들이 존재한다. 이는 움직일 수 없는 전거이다. 북송초기 주진의 기록과 청대 고증학자들의 연구에서도, 심지어 주자의 기록에서도 진단을 북송시기의 도서역의 연원자로 보는 기록이 존재한다. 다른 하나는 「아뢰야식도」와 「무극도」의 사이에는 도식에서 그림이 유사하지 않다. 따라서 「아뢰야식도」와 「무극도」의 영향관계는 단정할 수 없다. 하지만 「무극도」와 「태극도」의 도식들은 그림이 동일하다. 다만 이에 대한 설명들이 다를 뿐이다. 그렇다면 진단의 「무극도」와 주렴계의 「태극도」는 그 연관성이 매우 높은 것으로 보아야 한다. 진단의 「무극도」가 도교적 수련을 설명한 그림이라면, 주렴계의 「태극도」는 진단의 「무극도」를 유학의 발생론으로 재해석한 것으로 보는 것이 적절해 보인다.

2) 진단陳摶의 사상과 「선천사도先天四圖」

앞서 살펴본 것처럼 선천학의 전래에서 진단과 소강절의 관계는 「선천4도」의 전수자와 전수받은 자로 정리되었다. 이 선천학의 전래를 증명하는 길은 진단의 글에서 「선천4도」를 연역할 내용을 찾기만 하면 된다. 물론 사상사적으로 소강절의 사상이 진단에서 기인했다는 점은 주자로부터 줄곧 언급되어 온 내용들이다. 결국 진단의 사상에서 「선천4도」의 내용만 확인하면, 사상사에서 논의되었던 논리 즉, 진단으로부터 소강절로 이어지는 「선천4도」의 전수 과정이 증명되는 것이다.

소강절의 사상이 진단에게서 연원한다는 주장은 유학 내에서만 언급되는 것은 아니다. 『불조통기佛祖統記』에서도 소강절의 사상이 진단에서 연원한다는 내용을 추출할 수 있다. 『불조통기』 권43에서 전의방錢義方은 "진단의 선천도는 모두 네 종류인데, 횡橫, 원圓, 대大, 소小의 네 그림이 있다"고 하였다.[339] 여기에서 「대횡도」는 「복희64괘차서도」이고 「소횡도」는 「복희8괘차서도」이며, 「대원도」는 「복희64괘방위도」이고, 「소원도」는 「복희8괘방위도」이다.

진단의 『정역심법正易心法』의 주석에 「선천도」의 네 그림은 등장하지 않지만, 그림을 설명하는 내용들은 찾을 수 있다. 앞에서 언급하였듯이 진단의 그림은 「횡도」과 「원도」로 구분된다. 「횡도」는 「소횡도」와 「대횡도」로 구분되는데, 「소횡도」는 「복희8괘차서도」이고 「대횡도」는 「복희64괘차서도」이다. 「원도」 역시 「소원도」와 「대원도」로 구분되는데, 「소원도」는 「복희8괘방위도」이고, 「대원도」는 「복희64괘방위도」이다.

「횡도」를 먼저 살펴보자. 「횡도」는 복희가 8괘를 만드는 과정과 이를 확대하여 64괘를 그림으로 설명하는 것이다. 앞에서도 언급하였지만, 「횡도」를 그려내는 논리는 「계사」 2장과 11장이다. 전자는 복희가 천지와 사물들을 괘상과 결합하여 분류하였다는 것이고, 후자는 태극에서 양의로, 양의에서 사상으로, 사상에서 8괘로 괘가 자연스럽게 전개되어가는 것으로 설명한 것이다.

우리의 논의 대상은 후자이다. 후자의 '태극→양의→사상→8괘'로 전개되는 과정을 설명하는 방식이 바로 「횡도」를 그려내는 과정이다. 그런데 이 과정을 그림으로 그려내는 방식은 학자마다 다르다. 주희는 이러한 전개과정을 '일분이법一分二法'이라고 설명하고, 정호는 '가일배법加一倍法'으로 설명하며, 소강절은 '사분법四分法'으로 설명한다.[340]

주희의 '일분이법'은 태극에서 음·양의 둘로, 양에서 태양·소음, 음에서 소양·태음의 넷으로, 태양에서 건괘·태괘로 … 여덟으로 전개되는 방식을 설명한 것이다. 그리고 정호의 '가일배법'은 양에서 양을 더하여 태양이 되고, 양에서 음을 더하여 소음이 되고, 음에서 양을 더하여 소양이 되고, 음에서 음을 더하여 태음이 되는 전개과정을 말한다. 소강절의 '사분법'은 태극×2(1×2=2)하여 음양이 되고, 음양×2(2×2=4)하여 사상이 되고, 사상×2(4×2=8)하여 8괘가 되는 전개방식이다. 소강절의 '사분법'은 태극의 단계에서 2배수 한 것이고,

음양의 단계에서 2배수 한 것이며, 사상의 단계에서 2배수 한 것이다. 이는 태극의 단계, 음양의 단계, 사상의 단계, 8괘의 단계를 4분하여 2배수 한 것이다. 이를 수학적 모형으로 옮겨보면, 1×2, 2×2, 4×2의 형식을 갖춘 수열이 된다. 그리고 이는 2를 기준으로 하는 배수법이다. 이러한 전개과정을 확대하면 64괘를 그려낼 수 있다.

진단의 『정역심법』 주석에서도 배수의 방법으로 괘들을 그려내는 설명을 하고 있다. 이는 2배수의 방식으로 64괘를 그려내는 것으로 소강절의 설명과 다르지 않다. 진단은 태극을 수의 근본인 1로 인식하고, 1이 태극이 되어 움직이지 않는다는 점을 거론하고[341], 이로부터 배수법을 통해 64괘를 연역해 낸다.

> 옛 사람들이 무엇으로 역을 알았는가! 선천의 여러 괘들이 처음에는 하나의 음과 하나의 양이 서로 간여하고 다음에는 두 음과 두 양이 서로 간여하는 데 이르고, 수를 거듭하여[倍數] 32음과 32양이 서로 간여하는데(64괘)에 이른 것이다.[342]

여기서 태극인 1은 움직이지 않는 수의 근본이고, 태극이 배수가 되어 일음과 일양이 되고, 일음과 일양이 2배수하여 2음[태음/소음]과 2양[태양/소양]이 되고, 이러한 배수를 거듭하여 32음과 32양에 이른다라고 설명하고 있다. 이는 태극에서 음양으로, 음양에서 4상으로, 4상에서 8괘로, 8괘에서 16괘로, 16괘에서 32괘로, 32괘에서 64괘로 이어지는 배수의 방식으로 괘를 그려낸 것을 의미한다. 소강절은 진단의 배수법을 계승하여 사분법으로 발전시킨 다음, 수학적 범주로 이 세계를 설명하는 상수학을 확립한 것으로 이해할 수 있다. 진단의 배수법과 소강절의 사분법은 동일한 것으로 진단의 선천4도가 소강절로 전수된 것을 확인할 수 있는 내용이다.

이제는 「원도」, 즉 「복희8괘방위도」와 「복희64괘방위도」를 그려낼 수 있는 근거를 찾아보자. 이 그림들 역시 「설괘전」에서 그 연원을 찾을 수 있다. 일반적으로 「복희8괘방위도」는 「설괘전」에서 기원한다고 한다. 그 내용은 「설괘전」 3장 "천지정위天地定位, 산택통기山澤通氣, 뢰풍상박雷風相薄, 수화불상사水火不相射, 팔괘상착八卦相錯, 수왕자순數往者順, 지래자역知來者逆, 시고역역수야是故易逆數也."이다.

이것의 의미를 확인해보자. '천지정위'는 '건곤괘가 남북으로 바른 자리를 잡는다'는 의미이고, '산택통기'는 '간괘와 태괘가 서로 기를 통한다'는 의미이므로 간괘와 태괘가 마주한다는 것이다. '뢰풍상박'은 '진괘와 손괘가 역시 마주한다'는 의미이다. '수화상사'는 '감괘와 리괘가 마주한다는 것'이다. 이처럼 두 괘를 마주하게 그려내면 팔괘도가 그려진다. 그리고 '수왕자순數往者順'은 방위도의 건과 곤의 자리를 중심으로 8괘의 순서 건1, 태2, 리3, 진4로 순수順數하는 것을 말하고, '지래자역知來者逆'은 그 역수逆數하는 것을 의미한다.

『정역심법正易心法』의 진단의 주석에는 이를 괘와 인체의 기관과 연관시켜 설명하고 있다. 이는 도교 역학이 수련의 과정을 설명하면서, 인간의 장기와 괘상을 연관시켜 설명하는 것과 동일한 논리이다. '천지정위天地定位'를 건괘로 형상되는 머리와 곤괘로 형상되는 배로, '산택통기山澤通氣'는 간괘로 형상되는 코와 태괘로 형상되는 입으로, '뢰풍상박雷風相薄'은 손괘로 형상되는 손과 진괘로 형상되는 다리로, '수화상체水火相逮'는 감괘로 형상되는 귀와 리괘로 형상되는 눈으로 설명하고 있다.

> 대개 건괘가 머리가 되고 곤괘가 배가 되는 것은 천의 정해진 자리이다. 감괘가 귀가 되고 리괘가 눈이 되는 것은 수화가 서로 갈마드는 것이다. 간괘가 코가 되고 태괘가 입이 되는 것은 산택이 기를 통하는 것이다. 손괘가 손이 되고 진괘가 발이 되는 것은 우레와 바람이 서로 붙드는 것이니, 이것이 복희 8괘가 응하는 것이다. 그 이치가 밝고도 밝다.[343]

「복희8괘도」는 건괘는 정남에 위치하고, 곤은 정북에 위치하며, 리괘는 정동에 위치하고 감괘는 정서에 위치한다. 그리고 진괘는 동북쪽에 위치하고, 태괘는 동남에 위치하고 손괘는 서남에 위치하고, 간괘는 서북에 위치하여 음양이 교착하고, 피차가 대대하는데, 이는 64괘방위도와 동일한 원칙이다. 그러므로 그림을 그릴 때, 종으로 횡으로 펼쳐지기도 하고, 기가 쇠하거나 젊어지기도 하고, 대대의 이치가 있기도 하고, 착종도 일어난다. 그래서 진단은 이를 원칙으로 그림을 그려내는 기준으로 삼는다.

> '종으로 횡으로 펼쳐졌다는 것'은 아마도 여러 그림[圖]을 그릴 때, 혹 두 기가 점차로 노쇠하거나 젊어지는 경우도 있고, 혹 삼대의 조손祖孫의 구별이 있기도 하고, 혹 대대의 이치가 있기도 하며, 혹 진위의 뜻이 있기도 하고 혹 태갑胎甲의 상이 있기도 하며, 혹 착종의 점이 있기도 하여, 그것을 펼칠 때 모두 오묘한 이치를 간직하여 어디를 가도 옳지 않음이 없으니, 이것이 「계사」에서 '만상을 포괄하였다'고 하는 것이며, '역도가 큰 까닭'이라고 한 것이다.[344]

여기서 '두 기가 점차로 노쇠하거나 젊어지는 경우'는 「8괘도」의 괘배열이 양이 자라는 경우와 음이 자라는 경우로 괘들이 배열되는 것을 의미하고, '조손의 구별'은 중심이 되는 괘와 그 괘로부터 생성된 괘를 의미하며, '대대의 이치가 있다'는 것은 건괘와 곤괘가 짝이 되고, 리괘와 감괘가 짝을 이루고 있다는 의미이다.

그리고 「복희64괘방위도」의 외도外圖와 내도內圖, 즉 원모양의 괘배열과 정방형의 괘배열 역시 설명하고 있는데, 이것의 근거는 「하도」이다. 「하도」의 가운데 자리[중궁]의 다섯 점이 나타내는 형상은 정방형의 도상이고, 생수와 성수로 중궁을 둘러싸고 있는 형상은 둥근 원형을 나타낸다. 그 내용은 다음과 같다.

> 대체로 기氣에 붙어있는 모양은 반드시 둥글다. 둥근 것은 지름이 1이고 둘레가 3인데, 하늘에 세 가지 때가 있는 까닭도 기 때문이다. 대개 모양[形]에 붙어 있는 것은 반드시 모가 난다. 모난 것은 지름이 1이고 둘레가 4인데, 땅에 4방이 있는 까닭도 그 모양이 있기 때문이다.[345]

이상에서 『정역심법』의 주석에서 「선천4도」의 그림들을 그려낼 내용들과 그림을 그려내는 방법에 관한 근거들을 찾아보았다. 필자의 판단으로는 이에 대한 보다 분명한 이해는 『하락진수河洛眞數』[346]와 『불조통기』를 아울러 검토해야 할 것으로 생각한다. 하지만 필자의 능력을 벗어난 문제로 논의를 이쯤에서 줄이고자 한다.

이처럼 주렴계와 소강절의 도서들이 진단에서 연원한다는 내용을 검토해 보았다. 필자의 판단으로는 사상사에서 북송의 초기 사상가들이 모두 진단에 그 사상적 연원을 둔다는 학설이 정당하다고 판단한다. 북송 이전의 유학이 처했던 상황들을 근거로 생각해보면, 당송 시대의 유학이란 금고문논쟁今古文論爭을 거쳐 한유, 이고로 이어져서야 유학적 전통들이 살아나는 데 반해, 이 시대는 도교의 시대이자, 불교의 시대로 도교와 불교간의 사상적 투쟁들이 활발했고 그 결과 도교의 이론이 세련화된 시기이다. 또한 도교 자체적으로 보면 외단外丹의 실패에 기인한 내단內丹으로의 전환이 이루어진 시기여서 그에 걸맞는 새로운 이론적 체계가 성립 발전한 시기이기도 한 때문이다.

제2절 서명응의 「무극도無極圖」와 「태극도太極圖」에 관한 이해

앞서 언급하였듯이 서명응은 선천학의 전수 과정에서 주렴계의 『태극도설』의 논리가 진단의 「무극도」에서 연유한 것으로 인정하였다. 그렇다면 『참동고』에서 서명응이 어떻게 「태극도」를 연역해 내는지와 어떻게 「태극도」를 파악하는지를 확인할 수 있다면, 서명응의 선천학 전수과정에 대한 이해와 내단이론의 수양론을 확인하게 될 것이다.

이러한 점들을 확인할 수 있다면, 앞서 논의한 모기령 · 황종염의 논리와 대체적인 맥(물론, 서명응이 복희와 공자를 선천학의 주요 인물로 보는 것은 다르지만)을 같이하는 것이기도 하다. 모기령과 황종염의 논리에 의하면, 주렴계의 「태극도」는 「무극도」인데, 하상공이 만들었고, 위백양이 이를 얻어 『참동계』를 지었으며, 종리권이 진단에게 전수하고, 주렴계가 이를 전해 받은 것이다. 따라서 『참동고』 속에서 「태극도」의 내용을 확인하고, 이를 어떻게 이해하는지를 해명하는 것이 본 절의 목적이다.

서명응은 『참동고』 권3 「인중고」 3장 1절의 "도의 형상은 진眞이요 일一이니, 그리기 어렵다[道之形象, 眞一難圖]"라는 경문에 대한 주석에서 「무극도」를 그려내고 있다. 그는 '무극', '태일', '「광곽도」', '「삼오도」' 등의 용어들을 직접 노출하면서, 이 내용이 공자의 「계사」의 문법을 본뜬 것이자, 주렴계의 『역통』과 같은 문법이라고 말한다. 이제 그 내용을 옮겨와 논의해 보자.

> ①‘진’은 무극으로 말한 것이고 ‘일’은 태일로 말한 것이다. 무극과 태일이 신묘하게 합하는 처음이 바로 도이다. 이때의 그 형상은 진실하여 거짓이 없고 전일하여 안정되는데, 그림으로 그릴 수 없다. …… ②이 글이 위로는 공자가 저술한『역』「계사」의 문법을 본뜨고 아래로는 주렴계가 저술한『역통』의 문법과 동일하다. ③희이가 진인에게 전수받은「광곽도」와「삼오도」두 그림을 살펴보면 그 학문이 진인으로부터 나온 것임을 전혀 의심할 것이 없다. 그런데 세상에 전하는 이야기에 주렴계의 학문은 희이에게서 얻었다고 하였는가 하면 주자가 주렴계 문집의 뒤에 쓴 글에도 ‘전수받은 바가 정말로 단서가 있다’고 말하였으니, 혹시『역통』의 문법이 여기에서 얻은 것이 아닌지 모르겠다. ④두 그림의 원류는『역서장정』의「전도편」에 상세히 나타나 있다.[347]

이 인용문을 내용별로 정리해 보면, 3가지 정도이다. 우선 ②와 ③은 서명응 자신의 논리로 선천학 전수 과정을 확인하고 있는 내용이다. 서명응은 선천학이 복희로부터 공자로 이어지고, 진인에게 이어져서 진단으로 이어진다고 본다. 다른 하나는「수화광곽도」와「삼오지정도」의 전수 과정인데, 이들 도서는 진인이 진단(희이)에게 전한 것이고, 진단으로부터 주렴계에게 전수되었다는 것이다. 여기서 ‘진인’은 위백양이고, 위백양은 종리권과 여동빈에게 이를 전수했다는 의미이다.[348] 왜냐하면『참동고』안에서 진인이라는 표현을 사용하여 설명한 내용은 모두 위백양을 지칭하고 있기 때문이다. 서명응의 이러한 주장은 황종염의 주장과 대체적으로 동일하다. 황종염은 위백양에게서 종리권으로, 종리권에서 여동빈을 거쳐 진단에게 전수되었다는 논리를 펼쳤었다.

②와 ③에서 또 확인할 내용은「무극도」가「계사」의 논리를 본뜨고 있으며,「태극도」와 동일하다고 본 것이다. 여기서『역통』이라

는 표현을 쓰고 있는데, 이것은 주렴계의 「역설」과 「통서」를 통칭한 것이다. 주렴계의 대표적인 저작은 「태극도」, 「역설」, 「통서」인데, 서명응이 『역통』이라는 표현을 쓰고 있는 것으로 보아, 이는 「역설」, 「통서」를 통칭한 것으로 볼 수 있다. 그렇다면 서명응은 「무극도」와 「태극도」를 동일한 그림으로 파악하고서, 이 내용들을 기초로, 「역설」과 「통서」를 저술한 것으로 본 것이다. 그리고 그는 이를 확증하기 위해 '세상에 전해 오는 말들'인 주렴계의 사상은 진단에 연유한다는 것과 주자 역시 주렴계의 사상적 연원을 진단에 두고 있다는 것을 덧붙인다. 특히 인용문에서 "주자가 주렴계 문집의 뒤에 쓴 글에도 '전수받은 바가 정말로 단서가 있다'"라는 말은 주자가 「태극도설통서서후太極圖說通書書後」에서 한 말을 끌어온 것이다.[349]

그리고 ④에 대해서는 필자가 과문하여 전거를 찾을 수 없다. 다만 김윤수의 논문에 의하면 『참동고』의 권6 「거안고」에 여러 도식들이 나열되어 있다[350]고 하는데, 이를 확인할 수 없다. 왜냐하면 『참동고』의 완질본은 간송미술관에 소장되어 있지만, 개인의 재산이어서 일반에 공개하지 않고 있기 때문이다.[351] 서명응의 『참동고』는 전 6책으로 구성되어 있고, 1책에서 3책까지는 주석에 해당하고 4책에서 6책까지는 『주역참동계』에 관련된 여러 학설들을 수집하고 정리한 것이다. 우리가 확인할 수 있는 내용은 1책에서 4책까지 한정된다.

이제 ①의 내용을 해명하고 ③의 내용과 결부해보자. ①에서 도의 형상을 두 가지 용어로 설명한다. 그 하나는 '진眞'이라는 용어이고, 다른 하나는 '일一'이라는 용어이다. 그리고 '진'이라는 용어는 '무극無極'으로, '일'이라는 용어는 '태일太一'[352]이라는 용어로 환치한다. 일단 '무극'이라는 용어를 「무극도」와 연관해서 보면, 수련의 최고 단계인 "연신환허煉神還虛, 복귀무극復歸無極"(도상으로는 '○'에 해당한다)의 의미로 이해할 수 있겠다. 그런데 '태일'이라는 개념은 「무극도」와 관련지어 보면 이해하기 곤란해진다. 사전적으로 '태일'의 의미는 도인 '태을太乙'과 천지가 아직 나누어지기 이전의 혼돈한 기, 그리고 별이름 정도이다. 서명응의 『참동고』에서 '태을'을 '일'로 풀이하거나, 별이름으로 풀이하거나[353] 혼돈한 기로 풀이하거나 도교적 신으로 풀이한 경우[354]가 모두 존재한다. 그러나 「무극도」와 연관해서 생각해보면, '태일'에 해당하는 그림이 없다. 그러나 필자는 '태일' 역시 "연신환허煉神還虛, 복귀무극復歸無極"(○)에 해당한다고 판단한다. 왜냐하면, 「수화광곽도」를 진음眞陰과 진양眞陽의 결합체로 보고, 이 과정을 "취감전리"로 이해하면서, 감괘의 중효 ☵ 를 리괘의 중효 ☲ 에 넣어 결합한 상태라면(<그림6>의 「수화광곽도」 참조), '태일'은 그보다 한 단계 더 나아간 것이 될 것이다. 그러한 단계는 음양이 나눠지 않은, 천지가 나눠지 않은 혼돈한 상태의 기로 이해할 수 있고, 이는 '태일'의 의미와 동일해진다. 따라서 태일이란 태극을 의미하는 것으로 볼 수 있다. 그래서 서명응은 '진'과 '일'이 결합된 상태가 '도'라고 본 것이다. 이렇게 보면, 「무극도」의 도상 중에 맨 위의 그림은 설명이 된 것이다.

여기에다 ③의 내용인 「수화광곽도」와 「삼오지정도」를 연결하면 「무극도」의 대체적인 그림이 완성된다. 「수화광곽도」는 『참동계』 1장의 "감리광곽坎離匡廓, 운곡정축運轂正軸."에 근거하여 그린 그림인데, 감리괘는 수水와 화火가 된다. 감괘☵의 괘상이 수이고, 리괘☲의 괘상은 화이다. 그래서 감괘와 리괘를 오행의 수화로 이해하고, 괘상을 원의 형태로 그려내면 <그림6>의 「수화광곽도」가 된다. 그리고 「삼오지정도」는 "삼과 오가 하나가 되니 천지의 지극한 정이다[三五與一, 天地至精]"라는 원문을 그림으로 그린 것이다. 이 그림은 팽효가 그린 것이라고 하는데, 진단이 이를 조금 수정하여 '오기조원도'로 만들었다고 한다. 서명응은 이 두 도상 중에서 「수화광곽도」는 '감리교구'의 논리로[355], 「삼오지정도」는 하도 중궁의 중앙 5개의 점으로 설명한다.

> 이는 마치 중앙의 5점을 종수로 보나 횡수로 보나 3을 이루지 않음이 없지만 모두 사방의 한가운데에 위치한 것처럼 보인다. 1은 또 3의 정영이기 때문에 3의 한가운데 위치한다. 이는 마치 5 가운데 1점이 종수3과 횡수3의 가운데에 해당하여 종수3과 횡수3이 중앙의 수를 취하지 않음이 없는 것과 같다. 대개 수가 있는 곳에 상이 반드시 붙어 있고 상이 있는 곳에 정·기·신이 반드시 갖추어져 있다. 대개 수가 가운데로 갈수록 더욱더 정밀하고 순수해지기 때문에 지극한 정[至精]이라고 한 것이다. 지극한 정이란 것은 정밀한데다 또 정밀한 것을 말한 것이니, 바로 정의 지극함이다. 나머지는 『역서장정』 <전도편> 「삼오지정도설」에 자세히 나타나 있다.[356]

이처럼 서명응은 「무극도」와 「태극도」를 동일한 그림으로 인정하면서, 『참동고』 속에서 이들 그림을 도출해내고 있다. 그가 설명하고 있는 방식들은 청대 학자들이 선언적으로 말하고 있는 것과 달리, 『참동계』라는 책 속에서 내용적으로 도출하고 있어서 더욱 구체적이며 논증적이라고 할 수 있다. 이제 남은 점은 이 그림들에 대한 그의 이해이다. 그는 이 그림들을 수련의 내용으로 파악하고 있어서, 도교적 수련과 유가적 수양의 소통 가능성을 확인할 수 있는 내용이다.

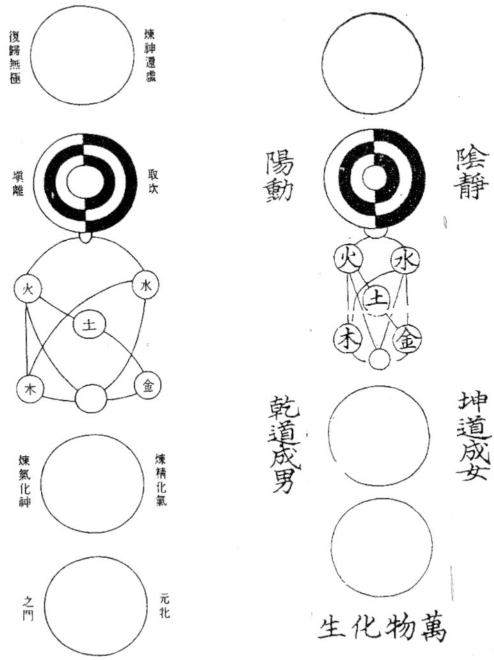

<그림 7> 「무극도」(좌), 「태극도」(우)

수양론의 관점에서 보자면, 주렴계는 『태극도설』에서 "주정설主靜說"을 주장하여 성인의 경지에 도달할 수 있다고 본다. 이는 진단의 「무극도」가 취하는 "복귀무극"의 논리와 같을 수 있다. 서명응도 수양론의 관점에서 선천의 상태를 추구하면서 주정설主靜說을 제시한다. 특히 서명응은 주렴계의 "주정설"이 『노자』의 "수정守靜"의 수행법과 같은 것이고[357], 『통서』에서 말하는 "정허靜虛" 역시 동일한 주정主靜의 수양법이라고 본다.

『통서通書』: 성인은 배워서 될 수 있습니까. 그럴 수 있다. 방법이 있습니까. 있다. 청하여 듣고 싶습니다. '일一'이 비결이다. 일一이란 사사로운 욕심이 없는 것이다.

> 욕심이 없으면 마음이 정허靜虛하여 동할 때도 바르게 된다. 마음을 정허靜虛하게 하면 밝아지고[明], 밝아지면 달통[通]하게 된다. 동함이 바르게 되면 공정[公]하고, 공정하면 두루 미치게 된다[博]. 밝고 달통하고 두루 미치게 되면 성인에 가까울 것이다.[358]

> 『도덕지귀道德指歸』: 여기서는 허虛의 지극함을 이룸에 대해서 말하였다. 상常을 알면 허虛에 이르러 사물을 포용하게 되며, 사물을 포용하면 공평[公]해져 두루 미치[博遍]게 되니, 이것이 곧 제왕의 덕이며, 상천上天의 일이며, 대도大道의 요체이다.[359]

주렴계의 『통서』에서 제시하는 성인이 되는 길은 "무욕無慾 → 정허靜虛 → 명明 → 통通 → 공公 → 박博 → 성인聖人"이다. 서명응이 제시하는 대도의 요체를 체인하는 방법은 "치허극致虛極 → 용물容物 → 지공至公 → 박편博遍 → 대도지요大道之要" 이다. 위의 두 구절을 비교해 보면, 주정主靜을 성인이 되는 방법이든 대도의 핵심을 체인하는 것이든 동일한 방법으로 설명하고 있다. 따라서 주렴계의 주정을 중심으로 하는 수양법과 진단의 수련법이 무극을 지향한다는 점에서 동일한 수양법이 될 수 있다. 이러한 점이 서명응에게서 보이는 유가의 수양론과 내단사상의 수련법의 일치점인 것이다. 그리고 『노자』를 주렴계의 『태극도설』의 내용으로 주석을 한 이유이기도 한 것이다.

따라서 서명응은 진단의 「무극도」와 주렴계의 「태극도」가 그 그림의 외형적인 모습의 닮음뿐만 아니라, 수행론의 관점에서 동일한 성인의 경지인 무극을 추구한다고 이해한 것이다. 그리고 무극의 본연은 음정陰靜한 주정主靜의 상태를 전제로 해야만 체득할 수 있는 것으로 이해한 것이다.[360]

이상으로 서명응은 유학이 궁극적으로 "무극이태극無極而太極"의 상태를 추구하는 수양론과 내단사상에서 단을 이루어 "복귀무극復歸無極"하는 수련이 동일한 경지를 추구하는 것으로 이해하였다. 서명응의 이러한 논리는 그 스스로 내단적 수련을 했음을 보여주는 글들에서도 확인할 수 있다. 서명응이 내단수련을 하였다는 기록은 그의 『보만재집保晩齋集』과 『연보年譜』에 보인다. 이를 옮겨보자.

> 공께서 항상 "장자방이 병을 핑계로 문을 걸어 닫고 적송자를 따라 소요하기를 원했는데, 아마도 도덕경에서 얻음이 있었을 게다. '명예가 이루어지면 몸이 물러난다' 장 아래에 '백을 싣고 영위하여 하나를 안는다' 장으로 이은 것은, 그 뜻이 몸이 물러난 뒤에 바야흐로 양생과 학선學仙할 수 있다는 것을 말한 것이다. 옛사람이 문장들을 정밀하고 자세히 보았다는 것을 여기에서 또한 알 수 있다"고 하였다. 공께서는 벼슬에서 물러난 후에 문을 걸어 닫고 손님을 맞이하지 아니하고 종일토록 뜰에 내려가지 않았으므로 비록 이웃에 있는 곁방이나 사랑채에도 왕래하지 않은데다가 용모와 정신이 항상 3,40대의 젊은이와 같으니 사람들이 혹간 공이 몰래 『참동계』의 연단의 법을 사용하였다고 의심하여 말하기도 했다.[361]

이 밖에도 『보만재집』 권1 「우음偶吟」이라는 시에서 "늙어서 삼단전에서 연단하니, 미세한 구멍으로 우주를 보는 것 같네. 마음엔 기쁨과 근심의 경계가 없어지고, 몸엔 시비가 일지 않네. 밤에 고요히 천기를 돌리니 새벽에 맑고 맑은 기가 되돌아온 나머지 책을 짓는 일에 뜻 가는 대로 방해가 되지 않네"[362]라고 읊조리는가 하면, 『연보』에서는 서명응의 내단수련이 어느 정도 경지에 올라, 70세에 정계에서 은퇴하고 난 뒤에도 3,40대의 용모와 기상을 가지고 있었다고 한다. 이처럼 서명응의 선천학에 대한 이해는 역사적 이해뿐만 아니라 수련과 수양이라는 문제에서도 자신의 수련과 밀접하게 관련되어 있는 것으로 보인다.

서명응은 『참동고』에서 「무극도」의 그림을 연역하여 그리는 주석을 내고 있을 뿐만 아니라, 「무극도」의 내용이 주렴계의 「태극도」와 동일하다고 본다. 또한 주렴계의 사유가 진단에게서 전수되었다고 보기도 한다. 그리고 이러한 도식의 같음은 '주정主靜'을 중심으로 한 수련으로 전개해 낸다. 이는 「무극도」와 「태극도」가 그 그림에서 동일한 것을 넘어서 수련에서도 동일한 것으로 보는 것이다.

제3절 「선천도先天圖」와 「태극도太極圖」의 관계

선천학의 전수에서 북송 도학자들의 사상이 진단으로부터 기인한다고 논의했는데, 서명응의 주된 관심은 소강절과 주렴계의 사유에 집중되고 있다. 일반적으로 북송 5자라고 불리는 사람들 중에 특히 이들에게 집중하고 있는 이유는 도서학과 상수학을 선천학의 주요 범주로 삼기 때문이다. 그래서 장횡거나 정명도, 정이천에 대해서 거의 언급하고 있지 않은 실정이다. 특히 장횡거를 몇 차례 언급하지만, 그 내용은 그에 대한 신랄한 비판이 주를 이룬다. 가령 『노자』 40장의 "유생어무有生於無"라는 구절을 주석하면서, 장횡거가 대역은 유무를 말하지 않았다고 한 말을 끌어와 신랄하게 비판하거나[363], 『비례준』에서 『주비산경』을 오해한 대표적인 인물로 거론하고 있다.[364] 그의 이러한 비판은 장횡거가 상수학을 모른다는 점에 근거한 것이다. 서명응은 상수를 모르면, 온전한 사상가로 치부하지 않기 때문에[365], 북송의 다섯 사상가 중에서 이들을 제외하고 있는 것으로 판단된다.

상수학자로서 서명응에게 부여된 과제는 소강절의 「선천도」(복희64괘차서도 – 이하 「선천도」라고 함)와 주렴계의 「태극도」의 관계를 해명하는 것이다. 소강절과 주렴계의 도식이 진단에서 연원한 것이라면, 진단의 사상 속에 「선천도」와 「태극도」는 밀접한 관계를 가질 수밖에 없다. 따라서 이를 해명해야 한다. 또한 서명응 자신의 사유에서도 「하도」와 「태극도」, 「선천도」의 관계를 설명해야 한다. 물론 『참동고』에서 「태극도」를 도출할 때, 「하도」를 끌어와 설명하였기에 「하도」와 「태극도」의 관계는 해명되었다고 볼 수 있다. 하지만 그의 선후천에 대한 개념 규정에 따르면, 「태극도」에서 선천은 '태극권'과 '음양권'만 해당하고, '오행권' 이하는 후천에 해당되기 때문에 이를 해명해야 한다. 이런 문제를 염두에 두고 논의를 진행해 보자.

우선 「태극도」와 「선천도」의 관계를 해명하기 위해 상象과 수數를 기준으로 접근할 수 없다. 이 두 도서는 상과 수가 전혀 다른 것이기에 두 도서의 일치를 주장하는 논리는 실패에 직면하게 된다. 이런 경우를 우리는 주자에게서 보았다.

1장에서 살펴보았지만, 내용을 환기하는 의미에서 다시 끌어와 보자. 필자는 주자가 두 도서를 일치시키지 못한 이유를 세 가지 점에서 논구했었다. 그 내용은 첫째, 두 도서에 나타난 상과 수의 불일치를 명확하게 설명하고 있지 못하다는 점이다. 둘째, 「선천도」와 「태극도」는 설명하는 대상이 다른 점에서 두 그림을 일치시킬 수 없다는 점이다. 셋째, 선천과 후천의 관점에서 태극과 음양은 선천에 속하지만, 오행 이하는 후천에 속하는데, 「태극도」를 「선천도」와 동일하게 결합시켜낸 것은 선천의 개념을 잘못 적용한 것이라고 규명했었다. 주자의 논설 중에서 대표적인 것을 재인용해 보자.

> 두 그림의 구조를 논하면, 「태극도」는 「선천도」의 크고도 상세함만 못하고, 그 의미를 논한다면 「선천도」는 「태극도」의 정미하면서 요약된 것만 못합니다. ①대개 원래 규모는 같지 않지만 「태극도」는 끝내 「선천도」의 범위 안에 있으며 또 「선천도」의 사려하거나 안배할 필요가 없는 저절로 그러함만 못합니다. 가령 ②수로써 말하면 「선천도」의 수는 1에서 2로, 2에서 4로, 4에서 8로 이어져 8괘가 됩니다. 「태극도」의 수도 또한 1에서 2로(강유), 2에서 4로(강선강악 유선유악) 이어지고, 드디어 그 1(中)을 더하여 오행이 되며, 드디어는 아래로 만물에 미칩니다. ③대개 만물의 이치는 본래 같으므로 상과 수도 역시 두 가지 이치는 없습니다만, 유추하는 데 대소와 상세함과 간략함이 있을 따름입니다.

주자는 ①에서처럼 「선천도」의 범주 안에 「태극도」가 포함된다고 본다. 그렇다면, 「선천도」와 「태극도」는 상과 수에서 동일한 내포를 지닐 수밖에 없다. 그래서 ③처럼 상과 수에 두 가지 이치가 없고, 이치는 본래 같은 것이라고 주장한다. 그러나 ②처럼 분명하게 상과 수가 차이가 난다. 즉, 「선천도」의 수적 전개는 1 → 2 → 4 → 8 → … → 64로 이어진다. 이에 반해 「태극도」의 수적 전개는 1 → 2 → 4 → 4+1 → 5 → 만물로 전개된다. 물론 「선천도」의 수적 전개는 태극 → 음양 → 사상 → 8괘 → … → 육십사괘이고, 「태극도」의 수적 전개는 태극 → 음양 → 오행 → 만물이다.

이 두 도서는 태극에서 음양까지는 동일한 전개를 보이다가, '사상'과 '오행'으로 갈라져 전혀 다른 전개를 보인다. 따라서 수數적으로도 상象적으로도 두 도서는 일치할 수 없게 되는 것이다. 결국 주자의 궁색한 논구는 '유추의 상세함과 간략함'이라는 이유를 댈 수밖에 없었다.

그런데 서명응은 『참동고』에서 「무극도」를 설명하는 내용에서도 「하도」를 인용하여 해명하고, 「하도」를 통해 「낙서」를 연역하고 있어서 「낙서」에 기초한 오행의 도출은 논리적으로 자연스럽다. 따라서 「무극도」와 「태극도」의 관계도 자연스럽게 설명해 낸다.

전자의 논리는 「무극도」를 설명하면서 서명응이 「하도」를 끌어온 경우로 「삼오지정도」를 설명할 때 제시되었다. 앞의 절에서 언급하였듯이 「하도」 중궁의 5개 점이 종으로 횡으로 3을 이루고, 이는 다시 가운데 1개의 점으로 수렴되고 있다는 점을 들어서 "삼오여일三五與一"을 설명했었다. 그리고 「하도」 중궁의 5개 점이 상과 수로 볼 때, 매우 정밀하다는 점을 들어 "천지지정天地至精"을 거론했었다.

물론 이러한 언설은 「하도」가 천문상수라는 전제 위에서 논의된 것이다.

후자의 논리는 선천과 후천의 구분을 전제로, 선천이 후천을 포함하고 있으며, 후천이 선천을 갖추고 있다는 논리 위에서 성립된 것이다. 서명응의 논리 안에는 「선천도」는 선천에 속하고, 「태극도」의 전체 그림은 후천에 속하는 것으로 구분된다. 그러나 「태극도」의 그림 속에 '태극권'과 '음양권'만은 선천의 범주에 해당하는데, 이는 선천에 대한 그의 규정이 상象으로 드러나기 이전의 기氣, 즉 음양으로 한정하기 때문이다. 그래서 선천의 사상은 음양의 사상이고, 후천의 사상은 오행의 사상으로 정리하고 있기도 하다.[366]

> 「하도」는 조화의 온전한 체여서 오행 이전의 음양과 오행 이후의 음양을 아울러 포함하고 있다. 그러므로 복희가 이를 본받았으니, 그것은 오행 이전의 음양이지만 오행 이후의 음양을 그 속에 포괄한다. 문왕이 이를 본받았으니, 그것은 오행 이후의 음양이지만 오행 이전의 음양이 그 속에 갖추어져 있다. 이것이 선천과 후천의 체용이다.[367]

서명응은 인용문에서처럼 선천과 후천을 오행을 기준으로 구분하지만, 두 개념의 관계에서는 서로 포함하고 있는 체용의 관계로 설명하고 있는 것이다. 이를 「하도」와 「낙서」라는 도서로 이해해보면, 「하도」는 선천의 도서이지만, 그 속에 후천의 도서인 「낙서」를 포함하고 있으며, 후천의 도서인 「낙서」는 그 속에 선천의 도서인 「하도」를 갖추고 있는 셈이다.

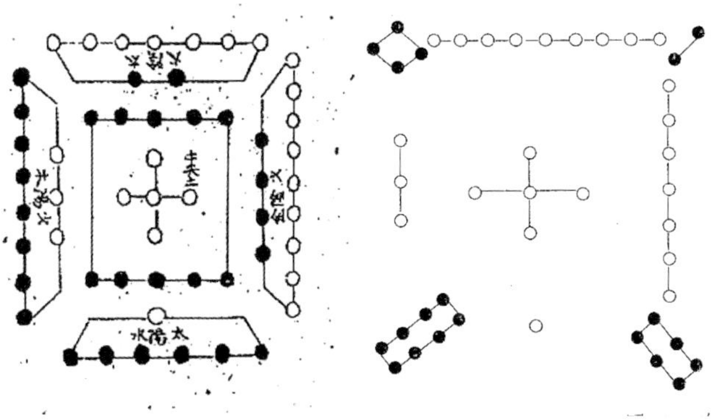

<그림 8>「河圖後天四象」(좌), 「洛書」(우)

위의 그림 「하도후천사상」의 도상은 「낙서」의 도상과 다른 점이 없다. 「하도」의 중궁이 '중앙토'로 바뀌어져 있고, 나머지 수·화·목·금의 수적 조합도 「낙서」와 다르지 않다. 즉, 「낙서」에서 1·6 수水는 「하도후천사상」에서 태양 수水로, 3·8 목木은 「하도후천사상」에서 소양 목木으로, 2·7 화火는 「하도후천사상」에서 태음 화火로, 4·9 금金은 「하도후천사상」에서 소음 금金으로 일치되고 있다. 이는 선천의 「하도」가 후천의 「낙서」를 포함하고 있다는 논리에 해당한다. 「하도」에 대한 이러한 해석은 그만의 독특한 해석이자, 창의적인 해석이다.

그런데 「낙서」에서 「하도」의 상수를 찾기란 쉽지 않다. 「하도」의 수적 구성과 「낙서」의 수적 구성이 다르기 때문이다. 「하도」는 수의 구성이 1에서 10까지이고, 총화가 55이지만, 「낙서」는 수의 구성이 1에서 9까지이고, 총화는 45이다. 그러나 상의 측면에서 보자면, 두 도서는 유사성을 가진다. 위의 그림에서 보듯이 「하도후천사상」의 구조로 수적 조합을 해내면, 「낙서」의 상과 유사해지기 때문이다.

이제 「선천도」(복희64괘차서도)와 「태극도」의 일치 문제를 논의해 보자. 서명응은 「하도」로부터 「선천도」를 연역해 냈었다(2장 참조). 그러므로 여기에서 다시 설명할 필요는 없겠다. 남은 문제는 「태극도」를 「하도」와 관련지어 설명하는 것이다. 「하도」로부터 「태극도」를 설명해 낸다면, 「하도」를 중심으로 「선천도」와 「태극도」는 연결될 수 있기 때문이다.

「태극도」의 도상을 살펴보면 '태극권'에서 '음양권'으로, '음양권'에서 '오행권'으로 전개되는 것에서 '오행권'을 기준으로 선천과 후천이 구분되면서, 이 두 범주는 연결되고 있다. 「태극도」가 존재자들의 발생론적 과정이라면, '오행권'을 기준으로 선천에서 후천으로 이어지고 이는 발생론적 과정으로 전개된 것이다. 이는 「하도」 중궁으로부터 온갖 변화가 발생되어 나온다는 서명응의 '하도론'에 비추어 보면, 선천의 상태에서 온갖 변화를 거쳐 후천의 상태로 전환되는 것과 동일한 논리이다.

또한 「하도」라는 도상이 비록 선천의 범주에 속하고, 선천학을 연역하는 기준이지만, <그림 8>처럼 그 자체로 후천을 포함하고 있기에 선천에서 후천으로의 전개는 「하도」로부터 「낙서」를 연역하는 일과 논리적으로 다르지 않다.

이처럼 선천과 후천을 개념적으로 구분하고 그 범주를 단절하지 않으면, 「하도」를 통해 '태극권'과 '음양권'을 설명할 수 있고, 또 「하도」를 후천의 관점으로 연역한 「하도후천사상」에서 오행을 도출할 수 있어서 「태극도」의 '오행권'을 설명할 수 있게 된다.

결국 서명응의 논리 속에서 「선천도」와 「태극도」는 「하도」를 선천학으로 해석하느냐, 후천학으로 해석하느냐에 따라 이들 도식들이 연역될 수 있다는 것이다. 이 두 도식이 상과 수에서 일치하는 것이 아니라, 「하도」라는 도식을 통해 이 두 도식들이 연역될 수 있다는 점에서, 또한 두 도식들은 「하도」라는 도식으로 수렴될 수 있다는 점에서 동일한 논리로 설명되는 것이다.

필자는 서명응의 이러한 논리가 주자의 '유추의 상세함과 간략함'을 메울 수 있는 내용으로 판단한다. 서명응의 선천학 체계 속에서 「하도」는 핵심적인 기준으로, 모든 상수에 대해 연역의 준거였다. 그러므로 필자는 「태극도」를 연역해 내는 논리도 「하도」가 될 수밖에 없었다고 판단한다.

이렇게 선천과 후천을 개념적으로 구분하지만, 이들 범주가 전혀 다른 세계로 단절되어 있지 않다는 점은 주의할 만하다. 수련의 관점에서 후천의 몸을 단련해 선천의 세계로 진입할 때, '태극권'을 리理로, '음양권'을 기氣로 규정하고 이들이 소통하지 못한다고 하면, 이는 논리적으로 성립이 불가능하다. 기의 세계가 리의 세계와 구분되며 질적으로 다른 세계라면 수련이나 수양을 통해 도달할 수 없기 때문이다. 서명응의 논리에 의하면, 선천의 세계와 후천의 세계가 단절되어 있다고 한다면 「태극도」의 논리는 무의미한 것이 되어 버릴 것이다.

그러므로 도교의 이론에서도 선천에서 후천으로 이어지는 과정을 발생론으로 규정하고 이를 거슬러 수련하는 것이 환단還丹의 과정이라고 본 것이다. 유학에서도 '태극'의 상태를 지향하고 이를 체득하는 것으로 수양론을 삼는다. 그렇다면 「태극도」는 도교와 유학의 수양론의 접점인 것이다.

제4장의 논의를 정리하면 다음과 같다.

서명응은 선천학의 역사를 복희에서 공자로, 공자에서 은사로, 은

사에서 진단으로, 진단에서 주렴계와 소강절로 이어져 주자에 의해 역학사로 정리된다고 본다.

서명응의 이러한 선천학 역사에 대한 이해는 청대 고증학자 모기령과 황종염 등에 의해 검토된 내용이다. 물론 이들 고증학자들은 진단에서 북송의 학자들로 이어지는 이러한 상수학의 흐름에 대해 비판적인 입장에서 접근하면서도 이를 인정하였다. 하지만 서명응은 이들과는 달리 이러한 흐름을 긍정적으로 확신하고 있었던 것으로 보인다. 왜냐하면 그는 『참동고』에서 「무극도」를 그려낼 논리를 찾아내고, 진단의 『마의도자정역심법』의 내용을 끌어와 『참동고』에서 주석으로 사용하기도 하면서, 이러한 선천학의 역사를 확신하고 있는 것으로 이해할 수 있기 때문이다. 또한 「하도」로부터 「선천4도」를 연역하고 있어서 송대의 상수학의 발원자로 진단을 상정한 역사적 이해를 확신하고 있는 것으로 볼 수 있다.

필자가 『마의도자정역심법』의 진단의 주석에서도 선천4도의 도상들을 도출해 보았는데, 소강절의 선천4도를 연역할 내용들이 충분했다고 판단된다. 그렇다면 진단을 연원으로 삼은 「선천도」(진단 → 충방 → … 소강절)와 「태극도」(진단 → 충방 → … 주렴계) 및 「하도 · 낙서」(진단 → 충방 → … 유목)는 그에게 회의의 대상이 될 수 없는 진리로 이해되었을 것이다.

특히 그는 수양론에서도 도교적 수련과 유학적 수양을 동일하게 체계 짓고 있어서, 이러한 선천학의 흐름을 증거하고 있다. 그는 「선천도」와 「무극도」의 상과 수에서 빚어지는 불일치를 「하도」를 기준으로 해결해 낸다. 이러한 점은 주자의 논리를 넘어서는 그만의 독특한 점으로 인정할 만하다.

제5장 '태극太極'에 대한 재해석과 선천학적先天學的 심법론心法論

제1절 태극太極에 대한 해석

서명응의 '태극太極'에 대한 이해는 주로 『도덕지귀』에서 볼 수 있다. 서명응은 『노자』를 주렴계의 『태극도설』의 논리로 주석하고 있는데, 그 이유는 『노자』가 도체道體를 가장 분명하고 조리 있게 설명하고 있다고 보기 때문이다. 그는 『노자』를 공자의 「계사」를 제외하고서 도체를 가장 분명하고 조리 있게 형상화하여 말한 것[368]으로 인식한다. 그의 이러한 인식은 사상사에서 여러 학자들이 『노자』를 인식하는 것과 맥을 같이한다. 그래서 서명응은 『도덕지귀』 1장의 주석에서 여러 학자들이 『노자』를 인식한 내용들을 끌어오는데, 가령 소강절이 '노자老子는 역易의 체體를 알았다(老子知易之體者也. 『황극경세皇極經世』, 「관물외편觀物外篇」 하6)'는 것과 주자가 '노자는 이 도리를 이해하였다'고 한 것과 정자가 생생지리生生之理의 관점에서 『노자』

를 평가한 것 등[369]이 그 내용이다. 또한 앞서 살펴본 것처럼 『노자』가 바로 선천학의 내용과 일일이 합치된다는 자신의 평가에 기초한 것이다.

서명응의 태극에 대한 개념적 정의는 기존의 성리학적 정의와 일견 다르지 않아 보인다. 즉, 주자가 『태극도설』에서 태극을 음양의 근저로 규정하고[370] '리理'로 규정[371]하는 동시에 음양의 가운데 내재하여 존재하는 것으로 이해한 것처럼, 서명응 역시 태극은 리理이고, 음양陰陽과 오행五行은 기氣라고 규정한다.[372] 또한 태극이 음양의 추뉴가 된다[373]고 한다.

그러나 서명응은 태극을 선천학의 관점에서 이해하기 때문에 기존의 성리학적 관점과는 달리 규정한다. 즉, 성리학에서는 기가 없는 상태인 리理만으로 태극을 규정하는 데 반해, 서명응은 음양 두 기가 결합되어 있는 상태로 규정한다. 그 이유는 서명응이 가졌던 철학적 문제의식인 형체지천形體之天과 유행지천流行之天의 일치 때문이다. 즉, 형체지천과 유행지천의 결합 상태인 선천학은 리理와 기氣가 분리되지 않은 상태를 전제하고 있기 때문이다. 이는 태극을 리理만으로 규정하게 되면 유행지천으로서 심성론은 설명할 수 있지만, 기氣인 형체지천을 설명할 수 없게 되고, 결과적으로 선천학의 논리를 회복할 수 없게 되는 문제가 발생하게 된다. 그래서 리기理氣가 결합된 상태의 태극을 자신의 철학적 근거로 제시하는 것이다.

이는 태극을 조화와 전체성의 관점에서 해석하는 것[374]으로, 자신의 철학적 문제의식인 형체지천과 유행지천이 일치된 선천학을 규명하려는 것이다. 서명응의 선천학적 관점에서 태극의 위치지우기는 「하도」와 심법, 조화론造化論의 관점에서 태극을 해석함으로써 주자와 다른 해석의 입장을 취하게 되는 것이다. 이를 구체적으로 나열하면 첫째, 주자가 태극의 전체성을 설명하면서, 노자의 사유로 태극을 해석하는 것을 극구 반대하지만, 서명응의 경우는 『노자』를 주렴계의 『태극도설』로 재해석한다. 둘째, 주자는 태극을 '중中'으로 해석하는 것을 반대하지만, 서명응은 태극을 '중'으로 설명한다. 셋째, 주자는 태극을 건곤미판乾坤未判 상태, 천지가 미분未分한 상태라는 설명을 반대하지만, 서명응은 주자와 반대의 입장에 선다. 심지어는 서명응은 태극을 심心 혹은 심법心法으로 규정하기도 한다.

우선 주렴계의 『태극도설』은 유학에서 천도와 인도를 연결하는 중요한 지점이다. 태극론이 천도와 관련되면 우주론으로, 인도와 관련되면 심성론으로 해석되고, 수양론과 관련해서는 도덕적 지향이자 회복할 대상으로 태극이 설정되어 왔다. 즉, 태극과 리기 문제는 천도에 관해서는 우주자연의 근본원리를 표현한 것이고, 인간에 관해서는 심성론이 되는 것이며, 심성론은 다시 성정문제로, 성정문제는 선악문제로 전환되어 인심도심설人心道心說의 학설이 된다. 그리고 이는 수양론으로 성誠·경敬·정情 등의 구체적인 현실문제로 전개된다.[375]

따라서 태극을 어떻게 규정할 것인가는 중요한 문제이다. 태극을 리理로 규정할 경우 태극은 우주의 원리로서 음양에 깃들어 조화의 원리가 되고, 태극을 기氣로 규정할 경우 음양을 포괄하는 선천일기先天一氣가 된다.[376]

유학자들은 공통적으로 태극을 리理로 규정하고, 우주론과 심성론의 공통적인 기반으로 인식한다. 따라서 우주론적인 측면에서는 리理는 형이상자로서 원리가 되고, 기氣가 형이하자로서 물질적 기반이 되며, 심성론적인 측면에서는 리理가 기질氣質인 심心에 성性으로서 위치하게 되는 것이다.

그러므로 주자의 경우는 태극을 리理로 규정하면서 '극極'에 대해서 천지만물의 이치를 총괄한 것으로 리理의 극지極至가 태극이라고 한다.[377] 주자의 태극에 대한 이러한 규정은, 태극을 하나의 존재자로 이해하거나 어떠한 고정된 위치를 점하고 있는 것으로 이해하는 것을 막기 위함이다. 그래서 주자는 주렴계의 "무극無極이면서 태극太極"이라는 언설을 두고서, "'무극이면서 태극'이라고 한 까닭은 사람이 태극을 하나의 형상이 있는 존재자로 간주할까 염려하였기 때문에 무극을 말하여 그것이 리理임을 말한 것일 뿐"[378]이라고 설명한다. 또한 태극이 어떤 고정된 장소에 위치하는 것으로 이해할까 염려하기 때문에 주자는 "태극은 방소도 없고 형체도 없고 머물러 있을 자리도 없다"[379]라고 한다. 그리고 주자는 쌍봉요씨의 말을 인용하면서 태극을 온갖 변화의 지도리가 되는 추뉴로 설명하고 있다.[380]

이상에서 살펴본 주자의 태극에 대한 정의는 첫째 태극은 리理의 극지極至이고, 둘째 일정한 공간과 시간의 제한을 받는 존재자가 아니며, 셋째 온갖 변화의 추뉴라는 것이다.

서명응은 주자의 태극에 대한 정의 중에서 태극을 리理라고 규정하거나 추극樞極으로 이해하면서 온갖 변화의 추뉴樞紐로 이해한 것들은 동의하는 듯하다. 하지만 추극과 추뉴를 '중中'으로, 심법心法의 의미로 해석하면서, 다시 이를 「하도」의 중궁과 천체의 구조로까지 확대하여 해석한다. 이러한 서명응의 해석은 선천학으로 자신의 학문적 체계를 완성하고자 한 그의 기획 때문이다.

그런데 서명응이 '태극'을 '중'으로 이해한 해석은 한위漢魏 시대의 문헌에 나타나는 일반적인 해석으로 볼 수 있으며, 소강절의 심법론에 근거한 것으로도 볼 수 있다. 서명응이 태극을 '중'으로 해석한 것에 대한 이해는 최영진의 논문을 통해서 살펴볼 수 있다. 이에 관해 최영진은 '태극'의 원초적 의미를 '중'과 '지극' 및 '표준'으로 나누어 분석하고 있다. 먼저 태극을 중으로 해석한 경우의 예를 『서경』「홍범洪範」의 "건용황극建用皇極"에 대한 주석의 경우를 들면서, "황은 크다이며, 극은 중이다[皇大, 極中也]"라거나, 『주례』「천관총재天官塚宰」의 "설관분직設官分職, 이위민극以爲民極"에 대한 주석에서 "극은 중이다. 천하의 사람들을 통솔하여 각기 그 중을 얻어 그 처할 곳을 잃지 않게 하였다[極中也. 領天下之人, 各得其中, 不失其所]"라는 예들을 들어 한위漢魏시대의 일반적인 해석임을 밝히고 있다.

이처럼 '태극'을 '중'으로 해석한 경우는 역사적으로 있어 왔고, 주자와 '태극'에 대해 논쟁을 벌인 육상산도 태극의 극極을 '중'으로 풀이한다. 육상산 역시 한·위시대의 '태극'에 대한 일반적인 해석을 따르고 있는 것이다.

이에 반해 주자처럼 '태극을 '지극至極'으로 풀이한 경우 역시 한·당시대의 문헌에 기초한다. 한·당시대의 문헌 가운데 '극極'을 '극지極至' 혹은 '지극至極'이라고 풀이한 경우는 이정조李鼎祚의 『주역집해周易集解』 가운데 「계사」의 '삼극지도三極之道'에 대한 주석에서, 이를 '차삼재극지지도此三才極至之道'라고 주석한 경우와 공영달孔穎達의 『주역정의周易正義』에서도 위의 구절에 대해 '시천지인삼재是天地人三才, 지극지도至極之道'라고 주석한 경우로, 이들 문헌은 '태극'을 '지극' 혹은 '극지'라고 풀이하였다.[381]

결국 '태극'을 '중'으로 볼 것인가와 '지극'으로 볼 것인가라는 문제는 '태극'을 해석하는 학자 자신의 학문적 체계를 통해 이해할 수밖에 없다. 서명응이 '태극'을 '중'이라고 해석하는 것은 그 자신의 선천학적 체계 속에서 당연해 보인다. 특히 서명응은 자신의 학문적 체계를 소강절의 선천학 체계에 상당히 의존하고 있어서, 소강절이 태극을 '중'의 의미로, 환중環中의 의미로 이해하는 것과 맥을 같이 할 수밖에 없어 보인다. 태극을 환중環中의 의미로 해석해야만, 온갖 변화의 근거라는 의미로 태극을 접근할 수 있기 때문이다. 그렇다면 주자와 서명응의 태극에 대한 이해를 비교하면서, 서명응이 '환중'으로 태극을 해석하게 된 이유들을 확인해 보자.

주자는 태극을 중으로 해석하거나, 건곤미판乾坤未判의 상태 혹은 천지미분天地未分의 일기一氣의 상태로 해석하거나, 『노자』의 논리로 이해하는 것을 반대한다. 왜냐하면 태극을 '중'으로 해석하면 태극을 '기'로 해석하는 것이 가능하고, 이는 천지가 나뉘지 않고 원기元氣가 합하여 일자一者가 된 것으로 이해되기 때문이다. 그래서 주자가 태극을 '중'의 의미로 사용할 때는, 태극이 다만 음양의 가운데 있다는 위치의 의미로서 '중'으로만 이해한다.

주자는 또한 계천입극繼天立極의 측면에서 황극皇極을 논하는 대목에서도 '황극의 극'을 '중'으로 해석하면 안 된다고 말한다. 황극의 '극'에서 극을 '중'으로 해석할 수 없는 이유는 사사로운 뜻을 가질 수 있기 때문이라고 말한다.[382] 결국 태극이든 황극이든 극極의 의미를 '중'으로 해석하는 것은 우주론적 측면에서 태극을 기氣로 해석하거나 인극人極의 측면에서 심心으로 해석할 가능성을 제거하기 위한 것이었다.

태극은 바로 리理의 극치를 말하는 것이다. 이 리가 있으면 곧 이 사물이 존재한다. 선후와 차서를 말할 수 없기 때문에 역에 태극이 있다고 하는 것이다. 이는 곧 태극이 바로 음양의 가운데 있지 음양의 밖에 존재하지 않는다는 것이다. 그런데 이제 ①태극을 대중大中으로 풀이하고, ②또 건과 곤이 아직 분리되지 않고 대연大衍이 아직 나뉘지 않는 때로 논하는 것은 아마도 온당하지 않은 듯하다. 형이상을 도라고 하고 형이하를 기라고 하는데 지금 태극을 논하면서 ③그 물건됨을

> 신묘하다 하고 또 천지가 아직 나뉘지 않았을 적에 원기가 합하여 하나가 된 것으로 말하였으니 역시 온당하지 않은 듯하다. 리가 있으면 기가 있으니, 기는 둘로 되지 않음이 없기 때문에 ④역에서는 '태극이 양의를 생한다'고 한다. 그런데 노자는 도가 먼저 일一을 생하고 그러한 뒤에 일一이 이二를 생한다고 말하였으니 그 리理를 살피는 것이 또한 정밀하지 않다. 노장의 말에 들어 있는 잘못은 대개 이와 같으니 끌어다 증거로 삼기 어려울 것이다.[383]

위의 인용문에서 ①'태극을 대중大中으로 풀이할 수 없다'는 주자의 입장은 두 가지 이유에서이다. 첫째는 태극의 '극極'은 선악을 판별하는 엄격한 기준인데, 태극의 극을 '중中'으로 해석하면 선악을 판별하는 것이 모호해질 수 있다는 입장이다. 둘째는 태극의 극을 '중'으로 해석하면 인심人心의 사사로움이 개입할 여지가 있다는 점에서 반대한 것이다.

『상서』, 「홍범」의 "다섯째 황극은 임금이 표준을 세움이다(五皇極, 皇建其有極)"에서 황극을 『공씨전』에서 대중지도大中之道로 해석한 것을 반대한 것이다. 주자는 이에 대해서 "황이란 임금의 칭호이고, 극이란 지극의 뜻으로 표준을 이름한 것이다. 항상 사물의 한가운데 있으면서 사방으로 바라보아 바른 것을 취한 것이다. 그러므로 '극'을 한가운데에 있는 표준[準的]으로 여긴다면 옳지만, 극을 곧 '중'이라고 해석하면 옳지 않다"[384]라고 한다. 주자의 이러한 해석은 『공씨전』에서 '중'을 모호하고 구차스러워 선악을 구분하지 못한다는 뜻[385]으로 오해했기 때문이지만, 주자의 이해에 의하면 극은 모호하거나 구차한 것이 아닌 명확한 것이며, 선악의 엄격한 표준이라는 것이다. 결국 주자의 태극에 대한 해석은 태극의 '극'을 도덕행위의 준칙으로 해석하기 위한 것이다.

주자가 태극의 '극'을 '중'으로 해석하는 데 반대한 또 다른 이유는 육상산이 '황극이 홍범구주의 중간에 있기 때문에 황극'이라고 불렀듯이[386], '극'이라고 하거나 '중'이라고 하거나 '지至'라고 하는 것은 그 실질이 같은 것이다[387]'라는 주장에 반대하기 위한 것이기도 하다. 주자는 '극'을 '중'으로 해석하면 결국은 사사로운 뜻을 가지게 될 수 있다는 논리로서 엄격한 윤리적 기준을 견지하고자 한다.

> 문: 선생께서는 황극의 극을 '중'으로 해석할 수 없으며, 단지 표준의 뜻으로만 해석할 수 있다고 하셨는데, 치우치지 않고 편당 짓지 않으며, 반대되지 않고 기울어지지 않는다면 역시 중정의 뜻이 있는 것이 아닌지요.
>
> 답: 사사로운 뜻이 없을 뿐이다.
>
> 문: 표준은 무슨 뜻입니까.
>
> 답: 이는 성인이 자신의 몸을 바로 하여 백성의 준칙을 만든 것이다.[388]

> 중은 극으로 해석할 수 없다. 극에는 중의 뜻이 없다. 그러나 중에 있는 것은 곧 지극이 있는 곳이다. (중은) 사방이 표준으로 삼는 것이기 때문에 중정이 되었다.[389]

위 인용문들을 통해서 확인해 보면, 주자가 황극의 '극'을 '중'으로 해석할 수 없다는 근본적인 이유는 '사사로운 뜻을 가질 수 있다'는 입장 때문이다. 여기서 '사사로운 뜻'이란 황극의 극을 '중'으로 해석할 경우, 이 '중'은 '심'으로 해석될 수 있으며, 이 경우 만에 하나라도 일어날 수 있는 사사로운 심의 욕망을 제거하고자 한 것이다. 주자는 황극의 극을 심으로 해석하는 것에 반대하면서 '성인이 자신의 몸을 바로 하여 백성의 준칙을 만드는 것'으로 이해한다. 백성의 준칙이란 바로 도덕적인 행위의 준칙이다.

그런데 서명응은 황극을 인군지심人君之心이며, 천하의 온갖 일들이 인군의 심에서 근원하지 않음이 없다고 선언한다. 즉, 태극이 계천입극繼天立極하여 황극이 되는 논리에서 '극'을 임금의 마음으로 해석하고 있다. 이는 앞서 논의한 태극의 극을 '중'으로 해석하고, '중'으로서 극이 인심으로 연결되는 논리적 연장선상에 있는 것인데, 이는 『서경』「홍범」의 황극이 무편무당無偏無黨한 중中이라는 그의 입장 때문이다.[390]

> 대개 황극은 인군의 마음이니 천하의 온갖 일들이 하나도 인군의 마음에 근본하지 않음이 없다. 그래서 오행이 황극을 얻으면 순하고 오사가 황극을 얻으면 공경하고 팔정이 황극을 얻으면 두터우며, 오기가 황극을 얻으면 협력하고 삼덕이 황극을 얻으면 평안해진다.[391]

결국 서명응은 극을 '중'으로 해석하고, 이를 인군의 마음으로 해석한다. 인군의 마음이라는 해석은 치우치거나 무리짓는 마음이 없는 공公이 전제되어 있다. 그의 이러한 해석은 태극을 '중'으로 해석하고 이것이 인심이라는 해석으로 이어질 가능성을 열어 놓게 된다. 그렇게 되면 주자의 이해와 달라져서 태극을 일기一氣로 해석하는 과정으로 접어들게 된다.

> 도는 태극이 지극히 고요한 중中을 올라타고서 음양에 지도리가 되어 음양이 결합한 일기一氣가 끝없이 유행하는 것일 뿐이다.[392]

이 인용문은 도에 대한 언급이지만, 그 내용은 태극이 온갖 변화의 추뉴로써 음양의 지도리가 되고, 음양이 결합한 일기一氣가 끊임

없이 유행하는 것이라는 의미이다. 즉, 도의 운행 속에 태극은 음양의 지도리이자 일기의 결합체로 묘사되고 있다. 조금 뒤에 서술하겠지만 태극은 리理이자, 오행의 토土이기도 한 것이어서 태극은 일기一氣로 해석될 수 있다.

그런데 여기서 '중'의 의미는 온갖 변화를 일으키는 환중環中의 '중'으로 이해된다. 환중의 '중'은 둘러싼 고리의 중앙으로 자신은 변화하지 않지만 온갖 변화의 중심이 되는 것[居中制外]으로 규정된 것이다. 그렇기 때문에 태극은 온갖 변화의 주관자가 될 수 있다.

②와 ③에서 '건곤미판乾坤未判 · 대연미분大衍未分의 때의 일기一氣'로 이해할 수 없다는 주자의 입장은 태극이 사물의 이전에 존재하는 것이라는 데 반대하고, 또 이기불상잡理氣不相離의 입장에서도 보더라도 기의 속성이 음양의 둘[二]이기 때문에 리기理氣가 합하여 있는 것은 하나[一]가 될 수 없다는 것이다. 즉, 전자는 태극을 실체화하고 그 속성을 신神이라 하여 원기元氣의 합일체로 볼 수 없다는 것[393]으로, 태극이 실리實理이기 때문에 사물의 이전에 존재하는 것이 아니라 사물에 즉하여 사물과 같이 존재하는 것으로 인식한 것이다. 후자는 기는 그 속성상 음과 양이라는 두 가지 존재여서 리가 있으면 기가 있지만, 그 리와 기가 합하여 하나[一]가 될 수 없다는 논리이다.

이러한 사유의 연장선상에서 주자는 ④역의 '태극생양의太極生兩儀'를 『노자』 42장의 '도생일道生一, 일생이一生二'의 논리로 해석하지 말라는 주장을 한 것이다. 즉, 『노자』 42장을 '태극생양의太極生兩儀로 해석하면 도가 태극을 낳고 태극이 음양의 두 기를 낳는 것이 되어서, 도와 태극은 어미와 자식처럼 전혀 다른 두 존재가 되어버리는 논리적 오류가 발생한다는 것'이다. 또한 '태극과 음양 등의 선후와

차서를 논할 수 없다'는 전제에서 보더라도 논리적 오류를 범하고 있다는 것이다.

그런데 서명응은 ②와 ③에 대해서 「하도」의 중궁으로 설명을 하면서, '건곤미판'과 '대연미분'의 경우로 말하고 있다. 서명응은 「하도」의 중궁을 심心과 극極으로 이해하면서, 온갖 변화의 근거로 제시한다. 「하도」의 중궁은 곧 심이요, 극이다. 극에서 만상萬象이 나오고 심에서 만법萬法이 나온다.[394] 그러나 「하도」를 말할 때는 다만 음양의 양의兩儀와 사상의 두 경우가 있을 뿐이고, 8괘라고 말할 수 없다. 왜냐하면 「하도」는 획전畫前의 역易이기 때문이다.[395] 따라서 서명응은 「하도」의 중궁을 극極으로 심心으로 해석하면서 「하도」 자체는 괘가 이루어지기 이전의 역易이기 때문에 '건곤미판'과 '대연미분'의 상태로 이해한다.

여기에서 더 나아가 서명응은 「하도」를 리理로써는 태극太極이고, 기氣로써는 중앙의 토土이며, 천天으로써는 북극北極이고, 사람에게서는 심법心法이니 모두 중中에서 거하여 밖을 제어하는데 사물에 그렇지 않은 것이 없으니 이른바 의意 중의 의意[396]라고 규정한다. 서명응의 이러한 사유는 주자의 논리와는 상당히 거리가 있는 것으로 주자가 후천역의 입장에서 태극을 접근했다면, 서명응은 선천역의 입장에서 태극을 이해하고 있기 때문이다.

또한 ④의 경우에서 서명응은 그의 『노자』 주석서인 『도덕지귀』에서 주렴계의 『태극도설』의 논리로 『노자』를 이해하고 있다. 서명응이 『노자』를 『태극도설』의 관점에서 주석한 이유는 공자의 「계사」를 제외하고는 도체를 표현한 것 중에서 이처럼 분명하고 논리적으로 설명한 것이 없기 때문이라는 주장[397]과 『노자』가 대역의 요지를 얻었다[398]는 이해에 기초한 것이다. 그래서 『노자』를 무극과 태극 음양의 논리로 이해하고 있는 것이다.[399]

그래서 서명응은 『노자』 24장의 "유물혼성有物混成, 선천지생先天地生. 적혜료혜寂兮寥兮, 독립이불개獨立而不改, 주행이불태周行而不殆, 가이위천하모可以爲天下母. 오부지기명吾不知其名, 자지왈도字之曰道. 강위지명왈대強爲之名曰大. 대왈서大曰逝, 서왈원逝曰遠, 원왈반遠曰反."의 주석에서 '유물혼성'을 무극과 태극의 논리로 설명하면서, "'유물혼성'의 '물物'은 '무극無極'이다. 천지가 있지 않았을 적에 먼저 무극이 있어서 태극의 바탕이 된다. 이른바 제1장에서 말한 '무명은 천지의 시초이다[無名, 天地之始]'가 바로 이것"[400]이라고 주석한다.

또한 '적혜료혜寂兮寥兮, 독립이불개獨立而不改, 주행이불태周行而不殆, 가이위천하모可以爲天下母'를 태극이 온갖 변화의 추뉴가 됨으로 설명하면서, "'독립이불개獨立而不改'는 '무극無極이 음양 가운데 떨어져서 마침내 태극太極이 되어서 홀로 우뚝 서서 음양에 의해서 그 형체가 섞이거나 바꾸지 않는다'는 말이고, '주행이불태周行而不殆'는 '태극이 음양의 추뉴樞紐가 되어 만 가지로 변화(轉變)하지만 처음부터 끝까지 한결같아서[終始一轍] 조금의 차질差跌도 없음'을 의미한다"[401]고 주석한다. 그리고 '오부지기명吾不知其名, 자지왈도字之曰道'를 규정할 수 없는 무극과 태극을 도라고 명칭을 삼는 과정으로 풀이하며[402], '강위지명왈대強爲之名曰大'를 음양으로 규정한다.[403]

이처럼 서명응이 『태극도설』의 논리로 『노자』를 이해하는 것은 분명 주자와는 다른 입장에 서 있는 것이다. 서명응의 태극에 대한 이러한 이해는 선천학의 전수 과정과 무관하지 않다. 서명응은 선천학이 복희에게서 공자로 이어지다가 은일자에게로 이어지며, 송나라에 이르러 주렴계의 『태극도설』에서 나타났다고 인식하기 때문에 주렴계의 『태극도설』을 선천학의 내용으로 인정한 것이고, 또 은일자들의 이론적 연원이 『노자』이므로, 『노자』의 사유를 선천학의 내용으로 해석한 것이다.

제2절 '중中'과 심법론心法論

앞에서와 같이 태극을 환중環中의 '중'으로 파악하게 되면, 태극을 체득하는 수양론과 심성론에 대한 해석도 기존의 성리학과 다를 수밖에 없다. 기존의 심성론과 수양론에서는 태극이 리理로 전환되고, 이것이 성性이 되어 심心에 깃들었다는 논리를 세운다. 따라서 심성론이든 수양론이든 그 핵심은 온갖 변화를 일으키는 기질로서 심心과 정情을 어떻게 통제하여 성性을 회복할까라는 논리가 주가 되고, 그렇게 되면 그 논의는 성性에 초점이 가게 된다.

그러나 태극을 '중'이나, '심'[心爲太極]으로 규정하게 되면, 심성론과 수양론은 전혀 다른 양상을 띠게 된다. 즉, 심성론과 수양론에서 중심축은 성이 아닌 심心으로 전환될 수밖에 없다. 그리고 성에 대한 규정도 달라질 수밖에 없다. 태극을 심으로 규정하게 되면 수양론에서는 심이 중中인 상태, 즉 마음을 허정한 상태와 무욕한 상태로 만들어 태극이 음양을 타고서 무한한 묘리가 화화생생化化生生하는 때를 체득[404]하는 논리가 확립된다. 그리고 심성론에서는, 성이 후천의 논리체계 속에 위치하게 된다. 왜냐하면 선천의 논리에서 성에 대한 규정은 없기 때문이다. 성을 굳이 규정한다면, 사람이 태어난 이후 땅에 속한 것으로 규정된다.[405] 땅에 속했다는 의미는 천과 대비적으로 후천에 속한다는 것이다. 그래서 선천학에서는 성리학性理學의 성명론과 다른 심법론이 확립되는데, 성명론이 후천이라면, 심법론은 선천학에 속하는 것이다.

> '중'은 심이다. '중을 지킨다는 것[守中]'은 그 신묘한 용을 돌이켜 우리의 마음에 귀착시키고, 그 심을 텅비고 고요하게 하여, 마치 풀무의 속과 천지의 중과 같게 하면 또한 저절로 마르지 않고 더욱 생겨나는 오묘함이 있게 된다.[406]

서명응이 태극을 온갖 변화의 추뉴로 설명하고 인심을 온갖 일의 추뉴라고 이해하면서 인심人心을 태극太極으로 설명한 것[407]은 소강절의 논리에 근거한다. 소강절은 '심心이 태극太極이고, 또 도道가 태극太極이다'[408]라고 말하였는데, 이 구절에 대해 소강절의 제자인 왕식王植은 '소강절이 말한 태극은 대부분 환중을 취하여 말한 것'[409]이라고 주석하고 있다. 서명응의 이 구절 역시 소강절의 논리와 같은 것으로 환중의 '중'을 근거로 말한 것이다. 왜냐하면 온갖 변화 속에서 그 변화를 주관하는 것은 지도리이고, 이 지도리는 그것이 텅 빈 '중'을 갖추고 있어야 하기 때문이다. 따라서 태극이 지도리가 되어 온갖 변화의 중심이 되지만 그 자신은 변화하지 않듯이, 인심 역시 온갖 변화를 일으키며 만사의 지도리가 된다는 것이다.

서명응은 심성론에서도 '중'을 중시하는 철학적 사유를 펼친다. 그래서 "중中은 곧 심心이고, 심법心法은 또한 중中이며, 중中은 곧 태극太極이니, 태극의 위치는 또한 중中이다"[410]라고 선언하면서, 중을 중심에 두고 태극과 심, 심법을 일관한다.

그리고 추뉴로서 '중中'을 중시하는 서명응의 사유는 심心과 천天의 유비로 이어진다. 서명응이 이러한 유비를 하는 이유는 형체지천과 유행지천의 일치를 이루기 위해서이다. 서명응은 형체지천과 유행지천이 같은 것이었지만, 유자들이 높이는 것은 유행지천이며, 역상가들이 높이는 것은 형체지천이 되어 서로 분리되었다고 인식한다.

> 활모양으로 둥글고 가운데가 높아서 해와 달, 별과 별자리가 연결된 상象은 형체의 천이고, 위아래를 오르내려 춘하추동의 차례가 되는 것은 유행의 천이다. 형체의 천은 마치 혈육血肉의 심과 같고, 유행의 천은 신명神明의 심과 같다. 신명의 심은 유학에서 말하는 것이고, 혈육의 심은 의학에서 숭상하는 것이다. 그러므로 옛날 성현이 말한 것과 육경에 실려 있는 것은 대부분 유행의 천이고, 그 형체의 천은 역상가들이 오로지 익힌 것이다.[411]

그러나 형체의 천과 유행의 천이 그 이치가 둘이 아니기 때문에 그것이 성정이건 형체이건 자연히 합치되는 것이라고 설명한다.[412] 이러한 설명은 천과 심이 형체나 공용에서 동일한 것으로 제시되면서 심법의 논리로 전환되는 근거가 된다. 또한 심을 통해서 형체의 천과 유행의 천의 일치를 이룰 수 있는 논리적 근거가 되기도 한다.

이러한 논리에 공통적으로 속하는 것은 태극이 추극으로서 천지만물의 이치를 총괄한다는 것이다. 서명응은 태극에 대해서 '묘용으로써 말하면 신神이 되고, 유행으로써 말하면 선善이 되고, 부여되어 받은 것으로 말하면 성이 되며, 참된 것으로 말하면 성誠이 되며, 조리로써 말하면 리理가 되고, 주재로써 말하면 제帝가 되며, 그 말미암는 것으로 말하면 도道가 된다'[413]고 말하면서 태극의 다양한 측면들을 언급한다. 이러한 태극의 다양한 측면들은 천과 심에도 그대로 적용된다.

> 심心은 하나인데 성性이라 하고 정情이라 하고 지志라 하고 의意라 하고 기幾라 하고 사思라 하고 미발이발未發已發이라 하고 인심도심人心道心이라 하니 무엇 때문에 그 이름이 한결같지 않은가. 천天은 하나인데 선善이라 하고 성誠이라 하고 리理라 하고 제帝라 하고 신神이라 하고 성性이라 하고 도道라 하니 무엇 때문에 그 명칭이 지극히 번잡한가. 천天과 심心은 체體로서는 같은 체이고 용用으로서는 같은 용이기 때문이다.[414]

서명응은 태극과 천 및 심의 일치를, 태극의 경우에는 '태극太極 = 신神 = 선善 = 성性 = 성誠 = 리理 = 제帝 = 도道'로 일치시키고, 천의 경우에는 '천天 = 선善 = 성誠 = 리理 = 제帝 = 신神 = 성性 = 도道'로 일치시키며, 심의 경우에는 '심心 = 성性 = 정情 = 지志 = 의意 = 기幾 = 사思 = 미발이발未發已發 = 인심도심人心道心'으로 일치시킨다. 여기에서 태극의 다양한 속성들을 규정한 개념들은 태극을 유행지천으로 이해한 것이고, 천에 대한 다양한 개념들은 형체지천에 해당한다. 그리고 이러한 유행지천과 형체지천은 심법에 의해서 통일되는 것으로 이해할 수 있다.

서명응의 이러한 논리는 마치 서경덕(1489 ~ 1546)의 논리를 보는 것과 같다. 서경덕은 16세기 조선유학사에서 주자학적 체계를 벗어나 독자적인 기일원론적氣一元論的 철학체계를 구축한 사상가로 인정된다. 서경덕은 "일기장존一氣長存", "기자이機自爾"를 중심 개념으로 한 기철학자이다. 서경덕의 리기론理氣論에서 리理란 기氣의 조리條理에 지나지 않는 것이다. 그가 주장한 일본기一本氣는 유행하는 현상의 배후에 있는 선천일기先天一氣이다. 이러한 점들이 서명응의 사유와 관련성을 갖는다고 필자는 생각한다. 왜냐하면 서명응 역시 리理를 기氣의 조리로 보고 있으며, 선천이라는 개념을 기초로 사상적 체계를 구성하고 있어서 두 사상가의 학설이 유사한 점이 많기 때문이다. 그리고 서명응의 태극과 천, 심에 관한 논의가 서경덕의 글과 같은 내포를 가지고 있기 때문이다.

> 태허太虛는 담연하여 형체가 없으니 별명지어 "선천"이라고 한다. 그 큼은 밖이 없고 그 앞섬은 시작이 없으며 그 옴은 궁구할 수 없으니, 그 담연하고 허정한 것은 기의 근원이다.[415]

서경덕의 이러한 언설은 기일원론적 사유를 극명하게 보여준다. '태허는 선천이고, 그 속성은 담연하고 허정하며, 기의 근원'이라는 언설은 우주(태허)가 기로 구성되어 있고, 이 우주의 규정할 수 없음을 선천으로 정의한 것이다.

그런데 여기서 주목할 것은 '담연하고 허정한 것'이라는 언설이다. 일반적으로 이러한 언설은 '태극'을 형용할 때 주로 사용되었다. 담연하고 형체가 없다라는 언설은 주자가 태극의 속성을 규정한 것과 같다. 그러나 서경덕은 이러한 속성에 대해 리理라고 말하지 않고 기氣라고 말한다. 리는 단지 기가 작동할 때 드러나는 조리일 뿐이다.

> 염계도 이에 어찌할 수 없어 단지 "무극이태극無極而太極"이라 하였으니 이것이 바로 선천이다. 그것이 기이하지 않은가. 기이한 중에 기이하다. 그것이 묘하지 않은가. 묘한 중에 묘하다. 문득 뛰고 문득 열리는데 누가 시킨 것인가. 스스로 능히 그런 것이고, 또한 스스로 어쩔 수 없을 뿐이다. 이것을 일러 '리의 때[理之時]'라고 한다.[416]

> 그 까닭을 말하여 리理라고 하고 그 묘妙함을 말하여 신神이라고 하고, 그 스스로 그러하면서도 참되고 실다운 것을 말하여 성誠이라고 하고, 그 능히 약동하면서 유행하는 것을 말하여 도道라고 하며, 총괄하여 갖추지 않음이 없는 것을 태극太極이라고 한다. 동정動靜이 서로 바뀌지 않을 수 없고 용사用事의 기틀이 저절로 그러한 것[機自爾]이다. 이를 이른바 '일음일양지위도一陰一陽之謂道'라고 한 것이다.[417]

이들 인용문처럼 화담의 '리理', '신神', '성誠', '도道', '태극太極'에 대한 설명은 서명응의 논리와 같다. 즉, 서명응의 '태극太極=신神=선善=성性=성誠=리理=제帝=도道'로 이어지는 논리와 천天을 '천天=선善=성誠=리理=제帝=신神=성性=도道'로 전개하는 논리, 심心을 '심心=성性

=정情=지志=의意=기幾=사思=미발이발未發已發=인심도심人心道心'으로 전개하는 논리는 화담의 논리와 내포가 같다.[418] 이러한 점에서 서명응에게서 '리理'도 기氣와 분리되지 않은 조리의 리理인 것이다.

유행하고 약동하는 현상계, 즉 후천세계가 기로 이루어져 있다면, 이 현상계의 근원으로 상정된 선천의 세계 역시 동일한 기의 세계로 이루어져 있어야만 후천세계에서 선천의 세계를 추구할 수 있다. 만약 선천의 세계가 후천의 세계와 다른 범주의 영역이라면, 즉 선천의 세계는 리理만으로 이루어져 있고, 후천의 세계는 기氣만으로 이루어져 있다면, 후천에서 선천을 추구한다는 것은 논리적으로 성립할 수 없게 된다. 왜냐하면 선천과 후천이 질적으로 다른 범주이기 때문에 두 범주는 소통할 수 없고, 결과적으로 하나의 이론체계에 담을 수 없게 된다. 물론 두 세계가 질적으로 동일한 범주이되 경지가 다른 세계라면 가능한 이론이다. 그래서 서경덕과 서명응은 '선천'의 세계를 기를 중심으로 체계지우고, 기의 조리로서 리를 상정한 것으로 추론해 볼 수 있다.

다시 서명응의 논리로 돌아와 보자. 서명응은 태극을 심과 심법으로 이해한다. 그리고 이러한 이해는 소강절의 선천상수를 심성론으로 재해석한 것이다. 일반적인 철학사의 이해에 따르면, 소강절의 사상에는 심성론이 없다.[419] 그런데 서명응은 『서경』, 「대우모大禹謨」의 16자가 바로 선천학의 심학心學이며, 이것이 후세의 성리학의 연원이 된다[420]고 주장한다. 이는 소강절이 '중'을 중심으로 천지의 조화가 일어난다[421]고 한 말들을 서명응이 자신의 논리적 근거로 삼기 때문이다.

그래서 도道와 심心과 태극太極이 일치되면서, 심이 도가 되는 심법의 논리를 펼치는 것이다. 이는 심을 중심으로 유행지천과 형체지천을 일치시키는 논리이다. 이는 천에서 심으로 이어지는 조화의 논리가 천天→도道→명命→성性→심心→물物의 과정을 거쳐서 이루어지기 때문에, 심으로부터 천天에 도달하고, 물物에 도달하는 과정을 통해 조화를 체득하고 실천할 수 있다는 심법의 논리가 확립되는 것이다. 왜냐하면 심心이란 바로 도의 지도리이기 때문이다.

> 도道는 천天에서 나와 명命에서 행하고 성性에서 이루어져서 심心에 갖추어진다. 심心은 정情에서 발하고 의意에서 실정이 되고, 사事에서 나타나서 물物에서 형形을 이룬다. 심心으로부터 거슬러 올라가 천에서 다하니 천天 밖에는 도道가 없다. 심心으로부터 따라 내려가 물物에서 다하니 물物 밖에는 도道가 없다. 그러므로 심心이란 도道의 지도리[心者道之樞]이다. 지극히 은밀하여 귀신도 엿볼 수 없지만, 지극히 드러나 아녀자도 알 수 있으며, 지극히 가까워 동정어묵動靜語默간에도 오묘히 응결되어 있으며 지극히 크고 넓어서 점차로 천지의 화육에 참여할 수 있다.[422]

서명응은 "선천학은 심법"[423]이라는 명제를 자신의 선천학에서 제1원칙으로 삼는다. 그런데 "선천학은 심법"이라는 명제는 소강절에 의해 유학의 명제로 정립되지만, 이 명제의 최초 주창자는 소강절이 아니라 진단陳摶이다. 진단은 불교 선종禪宗의 "유심唯心이 법法"이라는 관점을 수용하고, 역학의 음양 관념과 도가와 도교의 다양한 이론을 수용하여 선천학을 수립하는데, 이때 선천학을 심법으로 규정한다.[424] 그러나 서명응은 진단의 역학은 언급하지만 그의 심법에 관해서는 언급하지 않는다.[425] 그 이유는 진단이 사용한 심법 개념은 불교의 색채가 강하기 때문일 것이다. 따라서 우리는 소강절의 논리에 기초하여 논의를 펼치고자 한다.

서명응의 심성론을 규명하기 위해서는 소강절의 선천학에 대한 논의들을 검토해야 한다. 소강절은 선천학을 심心으로 보고, 후천학을 적跡[426]으로 규정하면서, 심을 태극[427]으로 언급한 글들은 존재하지만, 심성론에 대한 명확한 이론이 없다. 소강절의 선천 개념은『이천격양집伊川擊壤集』에서 처음 제시되고, 소강절의 문인들의 기록으로 보이는「관물외편」을 거치면서 선천과 후천이라는 역학의 체계를 지칭하는 개념으로 변환된다.[428] 그리고「관물외편」에서 '선천을 심으로 이해하고 후천을 적'으로 이해하는 소강절의 사유 역시 문인들에 의해서 재구성된 것으로 보인다.

그러나 서명응은 소강절의 선천상수가 바로 심법이자, 심성론이라고 본다. 그리고 그 근거로『서경』,「대우모」의 16자를 든다. 서명응은『서경』「대우모」의 16자를 근거로 선천학의 심성론을 재구성한 것이다. 그렇다면 서명응이 재구성한 심법이란 무엇인가.

서명응이 재구성한 심법에서도 중中은 핵심적인 개념으로 사용된다. 그는 천지조화의 법상法象과 인물의 화생化生도 모두 중으로부터 일어난다고 본다.[429] 그리고 이 논리를 확대하여 심법의 내포를, 천명이 인성人性으로 부여되는 과정에서 말해지는 '덕德의 내재화'로 설명하고 있다. "오직 거룩하신 상제가 하민에게 '중'을 내리시는지라"와 "백성이 천지의 '중'을 받아서 생겨난다"라는 명제를 인용하여 심법으로서 심의 체와 묘용을 중으로 설명한다.[430] 더 나아가 서명응은『중용』의 대지大旨를 설명하면서, 심법으로서 '중'의 논리를 '중용中庸 = 시중時中 = 집중執中 = 천天 = 대대지천待對之天 = 선천지중先天之中 = 유행지천流行之天 = 후천지중後天之中'으로 전개하고 있다.

자사子思의 중용中庸은 공자孔子의 '시중時中'에 근본한 것이고, 공자의 시중은 요·

순·문·무의 '집중執中'에 근본한 것이고, 요·순·문·무의 집중은 또한 모두 천天에 근본한 것이다. 대대의 천이 혼혼하여 모두 '중'이 된 것은 선천의 중中이고, 유행의 천이 혼혼하여 모두 '중'이 되는 것은 후천의 중이다. 그러므로 「중용」에 세운 문장은 모두 선후천의 법상이 있다.[431]

결국 서명응의 심법은 하늘에 근원한 것으로 그것이 대대인 선천이든, 유행의 후천이든 모두 '중'을 중심으로 전개되는 것이다. 여기서 공자의 '시중時中'은 시중지도時中之道를 의미하고 요·순·문·무의 '집중執中'은 『서경』「대우모」의 "인심유위人心惟危, 도심유미道心惟微, 유정유일惟精惟一, 윤집궐중允執厥中"에서 '집중'을 의미한다. 그러나 이러한 중은 모두 천에 근본한 것으로 인식하는데 여기서 '천'은 선천의 천과 후천의 천을 아우르는 천으로 파악된다. 선천의 천은 대대이고 후천의 천은 유행인 점에서 보자면 선천의 천은 형체의 천이 되고 후천의 천은 유행의 천이 된다. 따라서 '중'을 중심으로 형체지천과 유행지천이 결합하는 것을 알 수 있다.

또한 공자 이전의 성인들의 중中은 선천의 중인 '집중執中'으로, 공자의 시중時中과 자사의 중中은 후천의 중인 '중용中庸'으로 파악한다. 이를 '천'의 관점으로 구분해 보면, 공자 이전의 성인들의 '중'은 선천의 형체지천이고, 공자를 기점으로 자사의 중용은 후천의 유행지천이 되는 것이다. 이러한 구분은 '인생이정人生而靜' 이전의 운행은 천명天命의 '중'이고 '인생이정' 이후는 인성人性의 '중'이라는 구분으로 이어진다.

소강절이 이른바 천지의 조화는 모두 중中에서 일어난다는 것이 이것이다. 인생이정人生而靜 이전에서 운행하는 것은 천명天命의 중中이 되고, 인생이정人生而靜 이후에서 운행하는 것은 인성人性의 중中이 된다. 유성자가 이른바 백성이 천지의 '중'을 받아서 태어난다는 것이 이것이다. 자사가 『중용』의 이치를 가지고 후학을 이끌어 열어주면서, 그 책을 이름지어 『중용』이라 하면서 그 체단을 입언하기를 당연히 중中이라는 한 글자로 머리를 일으켰다. …… 명命은 오행의 '중'으로써 인심人心에 부여한 것이고, 성性은 오행의 '중'으로써 인심에 갖춘 것이며, 도道는 일상에서 따라야 하는 오행의 '중'이며, 교教는 인사를 품절하는 오행의 '중'이다.[432]

서명응은 심을 통해서 도인 태극에 도달할 수 있는 수양론적인 가능성을 설명하는데, 이는 소강절의 "선천학은 심법"이라는 명제를 태극, 천, 심의 관계 속에서 재구성한 것으로 이해할 수 있다. 즉 "선천학이 심법"이라는 소강절의 명제는 그 내포가 무엇인지 명확하지 않은 데 반해, 서명응은 심법을 『상서』, 「대우모」의 16자로 이해하고[433] 그 내포를 '복희와 신농, 황제 및 요, 순, 우가 서로 전수하여 계천입극繼天立極한 것'[434]으로 삼은 것이다.

서명응은 소강절의 사상에서 분명하지 않았던 부분인 선천학과 심법의 내용들을 재구성하면서 자신만의 독특한 사상적 체계를 확립하였다. 서명응은 선천학 체계 속에서 형체지천과 유행지천을 결합하려고 시도하고 있으며, 이는 심성론의 측면에서는 심법으로 체계화되기 때문이다.

도는 천天에서 나오고 명命에서 행해지며 성性에서 이루어지며 심心에 갖추어진다. 심은 정情에서 발하며 의意에서 참되며, 일에서 나타나고 물物에서 분명해진다. 심으로부터 거슬러 위로 올라가 하늘에 다하면 하늘 밖에는 도가 없고, 심으로부터 내려가 물物에 다하면 물 밖에는 도가 없다. 그러므로 심이란 도의 지도리인 것이다.[435]

서명응은 『중용』의 '명命'과 '성性'과 '교教'에 대한 해석 역시 중의 논리로 일관하는데, 앞서의 선천과 후천의 논리가 공통적으로 적용된다. 특히 여기서 '명'을 선천으로 해석하고 '성'을 후천으로 해석하여 후천에 속한 인간이 '성'을 통하여 선천의 '명'을 회복하는 수양론의 해석을 만날 수 있는데, 이러한 수양론은 유학과 도교가 만날 수 있는 논리적 근거이다.

> 이 『중용』이라는 책에서 중中이라고 말하지 않고 명命이니 성性이니 교教라고 말한 것은 무엇 때문인가. 명과 성과 교는 모두 중이기 때문이다. 인물이 태어날 때에 배태이전은 천에 속하여 명이 되고, 형질이 생기고 나서부터는 땅에 속하여 성이 된다. 바야흐로 배태에 있을 적에 음양이 한번 열리고 닫혀서 목화금수가 되고 목화금수가 한번은 경이 되고 한번은 위가 되어 인의예지가 되지만 중토中土인 신信에서 충화沖和하지 않음이 없다. 그러므로 토土가 사행四行에 간직되어 있으므로 사행이 중이 아님이 없고, 신信이 사덕四德에 차 있으므로 사덕이 중이 아님이 없으므로 이것이 바로 천명天命이 모두 '중'이 되는 것이다. 그 형질이 이루어짐에 미쳐서는 음양은 참되고 오행은 나뉘어져서 오묘하게 합하고 응결하여 혼백신기정을 생성한다. …… 이것이 바로 사람의 성性이 모두 중이 되는 것이다.[436]

서명응은 『중용』 수장의 명·성·교를 토土가 오행에서 '중'이며, 심心이 인간의 몸속에서 중인 것으로 설명하는 것이다. "심이 인신에서는 중의 중이다. 중의 중은 토土인데, 토는 신信이다. 신은 성誠이니, 성이란 명命이 행하는 것이고 성性이 이루는 것이다. 그러므로 오직 심이 능히 천명天命의 중을 혼연히 간직하여 체로 삼을 수 있고, 인성人性의 중을 발휘하여 용으로 삼을 수 있으며, 대본大本과 달도達道의 교教를 심에서 말하니, 이것이 도道가 교教가 되는 것이니, 모두 중이다. 오묘하도다, 중이여"[437]라고 말한다.

서명응이 『중용』을 중으로 해석한 것은 그 『중용』의 '중'이 태극이 되고, 심이 되며, 심법이 되는 것이라고 이해했기 때문이다. 그래서 서명응은 자사가 『중용』을 지은 것을 중이 태극이며 심법이라는 이 이치를 미루어 연역한 것일 뿐[438]이라고 한 것이다.

> '중'은 곧 심이고, 심법 또한 '중'이며, '중'은 곧 태극이고, 태극의 위치는 또한 '중'이다. 그러므로 오성에서는 신信이 '중'이 되고, 오행에서는 토土가 '중'이 되며, 오음에서는 궁宮이 '중'이 되고, 오색에서는 황黃이 '중'이 되고, 오미에서는 단맛[甘]이 '중'이 된다. 천하의 만 가지 성이 신에서 성실하고, 천하의 만 가지 형상이 토에서 조화롭고, 천하의 만 가지 소리가 궁에서 시작되며, 천하의 만 가지 색체가 황에서 빛나고, 천하의 만 가지 음식이 단맛에서 조화된다.[439]

서명응의 '선천학이 심법'이라는 명제는, 선후천을 아우르면서 후천의 상태에서 선천을 지향하여 회복하는 것을 의미하는 것이다. 그러므로 서명응은 「하도」를 조화의 전체로서 오행 이전의 음양과 오행 이후의 음양을 포괄하는 것으로 이해하고, 복희가 법法한 것이 오행 이전의 음양을 법한 것이지만 그 속에 오행 이후의 음양이 포함되어 있다고 이해한 것이다. 이를 성명性命의 논리로 이해하면 명命은 성性에 포함되어 있고, 성은 명에 갖추어져 있어서 선천은 후천을 포함하고 있으며, 후천은 선천에 근원하고 있다는 논리로 성립되는 것이다. 따라서 후천의 성性이 선천의 명命을 추구하는 것은 오직 심법의 중의 논리를 통해서만 가능한 것이다.

> 명命은 성性에 포함되고 성은 명에 갖추어져 있어서 선천은 후천을 포함하고 있으며 후천은 선천에 근원하고 있는 것이다.[440]

서명응은 소강절의 선천학은 심心이고 후천학은 형적形跡이라는 명제에 기초하여, '중'을 중시하는 사유를 수용한다. 다만 서명응은 소강절의 사유에서 부족한 부분으로 평가되는 심성론 부분은 보충하여 재구성함으로써 소강절의 선천을 넘어서는 선천학 체계를 확립한 것이다. 그리고 그의 이러한 사유는 인심도심설과 심성론에서 기존의 성리학적 사유와 다른 심성론으로 전개된다.

제3절 인심도심설人心道心說과 사단칠정론四端七情論

1) 인심도심설人心道心說

서명응은 순임금이 우임금에게 전해준 『상서尙書』「대우모大禹謨」의 16글자를 심학의 연원으로 이해한다. 그리고 인심人心과 도심道心을 지각知覺의 소재가 어디에 있는가를 기초로 구분한다. 서명응의 이러한 구분은 주자의 인심과 도심의 구분과 크게 다르지 않다고 할 수 있다. 왜냐하면 주자의 인심과 도심의 구분도 하나의 심이며, 서로 모순되거나 대립하는 것은 아니기 때문이다.

주자는 인심과 도심이 두 가지로 나뉘어 독립하여 존재하지 않는다고 인식한다. 다만 인심과 도심은 한 사람의 심이므로 도리에 합하는 것은 천리이고, 정욕에 따르는 것은 인욕이 되는 것일 뿐이다. 그래서 주자는 인심과 도심이 본래 하나임을 말하면서 두 심心이 가치적 대립의 관계에 있는 것이 아니라고 한다.

> 사람에게 단지 하나의 심이 있을 뿐인데, 도리를 지각하는 것이 도심이요, 소리, 색깔, 냄새, 맛을 지각하는 것이 인심이다.[441]

> 기뻐하고 성내는 것과 같은 것은 인심이다. 그러나 이유 없이 기뻐하여 그 기뻐함이 지나침에 이르러도 중지할 수 없고, 이유 없이 성내어 그 성냄이 지나침에 이르러도 막을 수 없는 것은 모두 인심이 그렇게 하게끔 시키는 것이다. 모름지기 기뻐해야 할 바를 기뻐하고 성내야 할 바를 성내는 것이 도심이다.[442]

주자는 인심과 도심을 마땅함이라는 이치를 근거로 구분한 것이다. 이러한 이치는 바로 하나의 심에서 그것의 지각이 도에 있는가와 사람에 있는가를 기준으로 구분하는 것이다. 이러한 인심과 도심의 구분은 서명응에게서도 나타난다.

> 심은 하나인데 지각이 사람에 있는 것을 인심이라고 하고 지각이 도에 있는 것을 도심이라고 한다. 도는 하늘에 있어서는 원형이정이 되고, 땅에 있어서는 생장수장生長收藏이 되며, 인간에 있어서는 인의예지가 되며, 정에서 행하면 측은수오사양시비가 되고, 인륜에서 드러나면 친의별서親義別序가 된다.[443]

서명응은 도심은 모든 범주에 적용되고, 공간적으로 시간적으로 동일할 수 있는 근거로 설명한다. 왜냐하면 인심은 사람의 얼굴이 각기 다르듯이 다를 수 있는 반면에 도심은 공적이고 이치이며, 하나의 근본이기 때문에 언제나 어디에서나 누구에게나 동일한 것이라는 주장을 펼친다.

> 인심도심은 정情이고 유정유일은 의意이고 윤집궐중은 사事이다. 무엇을 정情이라고 하는가. 혹간 형기에서 느끼거나 성명에서 느끼거나 하여 헤아리고 계산하지 않고 자연스럽게 발현하는 것이다. 그러므로 위태로운 것은 내가 시켜서 위태롭게 하는 것이 아니라, 그 발함이 저절로 위태로운 것이고, 은미함은 내가 시켜서 은미한 것이 아니라 그 드러남이 저절로 은미하다. 이것이 어찌 정이 아니겠는가. 무엇을 의意라고 하는가. 한 생각의 처음에 거듭하여 성찰해서 어떤 것이 인심이고 어떤 것이 도심인지를 알아 인심에서 나와 위태로우면 제압하고 억눌러서 마땅히 편안하기를 구하고, 도심에서 나와 은미하면 확대하고 가득 채워서 반드시 드러나기를 구해야 하니, 어찌 의가 아니겠는가. 무엇을 사事라고 하는가. 안으로 정일精一의 공

> 이 있으면 대본이 이미 서고 오묘한 용이 저절로 행해져서 언행에서 드러난 것이 지나치거나 모자람이 없고, 기상에서 드러난 것이 지나치거나 모자람이 없고, 정령의 시행에서 드러난 것이 지나치거나 모자람이 없으니 이 어찌 사事가 아니겠는가.[444]

그리고 인심과 도심을 순임금이 우임금에게 전해준 「대우모」의 16글자를 중심으로 설명하면서, 정情·의意·사事라는 세 가지 항목으로 나누어 설명한다. '인심도심'은 정情이고, '유정유일'은 의意이고, '윤집궐중'은 사事라고 구분한다. 그러면서 정情을 형기에서 느끼거나 성명에서 느끼거나 간에 헤아리고 계산할 필요도 없이 자연스럽게 드러나는 것이며, 의意는 한 생각의 처음에 반복하여 성찰해서 어떤 것이 인심이고, 어떤 것이 도심인지를 인식한 다음에 인심의 경우에는 제지하고 억누르며, 도심인 경우에는 그것을 구하여 확장하고 충만하게 하는 것이라고 정의한다. 사事의 경우는 안으로 정일의 공이 있게 되어 언행에서 치우침이나 미치지 못함이 없게 드러나고 정령을 베풂에도 지나치거나 미치지 못함이 없게 드러나는 것이라고 한다. 그리고 이러한 정과 의와 사의 관계는 정이 가장 먼저 드러나고 의가 그것을 운용하며, 밖으로 사로 드러난다고 설명한다.

2) 사단칠정론四端七情論

사단四端과 칠정론七情論에 대해서 서명응의 설명이 기존의 설명들과 다른 점은 철저하게 오행론의 관점에서 입론되고 있다는 점이다. 서명응은 사단칠정론과 심성론을 기존의 성리학적 논의들과 다른 방식으로 전개한다. 이는 당시에 전래된 서양 과학의 사원설四元說에 대한 오행설五行說의 견지라는 측면에서도 말할 수 있으며, 심성론에 대한 이해조차도 선천학적 사유로 체계지운 것으로 이해할 수 있다.

서명응은 사단과 칠정이 모두 오행의 이치이고 오행의 기라고 인식한다. 서명응의 이러한 사단과 칠정에 대한 오행론적 이해는 물론 서명응만의 독특한 사유는 아니다. 이러한 사유는 『태극도설주해』에서 이미 나타난 것이다. 다만 서명응의 이러한 사유는 『태극도설주해』의 논리보다 더 상세하고, 이를 자신의 선천학적 체계 속에서 논의하고 있다는 점에서 기존의 이론을 상세화한 것으로 이해할 수 있다.

『태극도설』의 주석에서는 "사람의 본성은 비록 같지만, 품부 받은 기질은 편중이 없을 수가 없다. 목기木氣를 편중되게 얻은 자는 측은지심이 늘상 많아 수오·사양·시비의 심이 막혀서 발하지 못하고, 금기金氣를 편중되게 얻은 자는 수오지심이 늘상 많아 측은·사양·시비의 마음이 막혀서 발하지 못한다. 수·화 역시 그러하다"[445] 라고 하여 그 사유의 단초를 열어놓았다.

그런데 서명응은 사단은 오행의 리理에 해당하고 칠정은 오행의 기氣에 해당한다는 사유에서 그치는 것이 아니라, 사단을 경經으로 칠정을 위緯로 인식하여 천체天體의 경위經緯와 같이 이해한다.

> 정情에는 사단과 칠정이 있기도 하지만 사단은 경이 되고, 칠정은 위가 된다. 그러므로 측은으로 인해 희노애구애오욕喜怒哀懼愛惡欲이 있기도 하고, 수오로 인해 희노애구애오욕이 있기도 하며, 사양과 시비로 인해 희노애구애오욕이 있기도 하다.[446]

서명응은 기존의 조선 성리학자들이 인식한 사단과 칠정에 대한 이해를 비판하면서, 리기불리理氣不離의 입장을 취한다. 이는 서명응의 리기理氣와 상수象數를 중시하는 사유에서 리와 기를 분리하는 것보다는 리기불리의 입장에서 자신의 사유를 수립하고 있기 때문이다.

> 『맹자』는 그 강綱의 측면에 나아가 오성을 미루어 근거하였고, 『예기』는 그 목目의 측면에 나아가 오로지 다섯 기氣만을 말하였는데, 후세 사람이 이를 너무나 심하게 분석하여, 사단四端은 리理에서 발하고 칠정七情은 기氣에서 발한다고 하였다. 이는 거의 인심人心 속에 따로 기氣 없는 리理와 리理없는 기氣가 서로 대치하여 서로 번갈아 발하는 것처럼 한 것이니 어찌 그렇겠는가.[447]

그래서 사단과 칠정을 모두 오행의 리이며 오행의 기라고 인식한다. 다만 사단은 오성이 직수直遂하는 것을 밝힌 것이고, 칠정은 오행의 변합變合하는 것을 든 것이라고 설명한다. 그래서 그 소종언所從言의 측면에서는 비록 다르다고 할 수 있지만 그 핵심은 한 가지 뜻이라고 인식한다.

> 사단칠정이 모두 오행의 이치이고, 모두 오행의 기이다. 다만 사단은 그 오성의 직수를 밝힌 것이고, 칠정은 그 오기의 변합變合을 든 것이다. 사단은 보는 것이 밝고 듣는 것이 총명함을 말하는 것과 같고, 칠정은 단지 보고 듣는 것만 말하는 것과 같다. 이는 그 소종래로부터 말한다면 지두地頭는 비록 같지 않지만 요약하면 한 가지 뜻이다.[448]

그리고 사단과 칠정의 논리는 오행의 논리와 일치된다. 그리고 오행으로 설명된 사단과 칠정의 논리는 다시 상수로 전환되어 설명된다. 이는 사단에 대해서는 선유들의 설명이 이미 상세하지만, 칠정이 오기가 된다는 논리는 밝게 설명한 것이 없기 때문에 이에 관해 오행과 연관지어 설명하고 다시 상수로 설명한다는 것이다.

> 사단이 오행에 근본한다는 것은 맹자의 설과 선유의 설이 이미 상세하다. 그러나 칠정이 오기가 된다는 것에 있어서는 아직 분명한 설명이 있지 않다. 대개 합하여 말하면 목화토금수가 혼연히 하나가 되어 심장에 갖추어져 있고, 그 발하여 정情이 되는 데 이르면, 이 일곱의 명목이 있게 된다. 나누어 말하면 사시四時가 각각 전일한 기가 있듯이 칠정도 또한 오행에 나누어 소속시킬 수 있다. 그러므로 희애喜愛는 목木에 속하는데, 목의 속성은 화和하고, 목의 기는 따뜻하므로 희애가 목에 속하는 것을 알 수 있다. 노오怒惡는 금金에 속하는데, 금의 속성은 쨍쨍 울리고[刁號], 금의 기는 숙살肅殺하므로 노오가 금에 속하는 것을 알 수 있다. 애구哀懼는 화火에 속하는데, 화의 용은 초쇄噍殺하고 화의 체는 동요하므로 애구가 화에 속하는 것을 알 수 있다. 욕欲은 수水에 속하는데 수의 흐름은 흐리고 수는 점차로 젖으므로 욕이 수에 속하는 것을 알 수 있다. 칠정으로부터 요약하면 네 가지가 된다. 그러므로 자사가 희노애락을 말한 것은 이른바 노양소양노음소음老陽少陽老陰少陰이라고 한 것이 이것과 같다. 사정四情으로 요약하면 두 가지가 된다. 그러므로 『시경』의 「관저」시에 다만 애락을 거론한 것이니 이른바 음양이라고 한 것이 이것과 같다.[449]

서명응은 칠정과 사단을 오행에 배속시키고, 오행의 속성과 칠정의 속성을 연결짓는다. 그리고 칠정을 네 가지로 요약하고 다시 네 가지를 두 가지로 요약하여 음양과 사상으로 연결짓는다. 서명응의 이러한 칠정과 사단에 대한 이해는 그의 선천학 사유체계 속에서 "태극太極 → 음양陰陽 → 사상四象 → 오행五行"으로 조화가 전개되는 과정과 동일한 이해를 바탕으로 한 것이다.

이는 태극에서 음양의 두 기가 발생하고, 음양 두 기에서 사상으로 이어지고 사상에서 오행으로 이어지는 그의 선천학적 우주론의 사유와, 심心을 태극으로 이해하고 심에서 애哀와 락樂이라는 두 정이 나오며, 이는 다시 희노애락喜怒哀樂이라는 네 가지 정으로 분화하고, 다시 오행과 칠정의 분속으로 이어지는 "심心(태극) → 애락哀樂(음양) → 희노애락喜怒哀樂(사상) → 칠정七情(오행)"으로 분화되어 가는 사유와 같은 것이다.

태극은 온갖 변화의 추뉴이고, 인심은 온갖 일의 추뉴이다. 그러므로 선유들은 인심으로 태극을 삼았다. 후대 사람들이 이를 잘못 이해하여 마침내 미발未發의 전에 기氣 없는 리理가 있다고 의심하였다. 대저 미발未發의 전에는 기기氣機가 고요하여 마치 물이 출렁이지 않는 것과 같고, 이발已發의 후에는 기기氣機가 오묘하게 운용하여 마치 물이 유행하는 것과 같다. 한 번 동하고 한번 정하는 것은 모두 기기氣機가 한 바이고 리가 그 가운데에서 주재하는 것이다. 그러므로 주자가 감흥시에서 말하기를 '인심은 오묘하여 헤아리기 어렵도다. 들고 남에 기의 기틀을 타도다'라고 했으니, 어찌 리理 없는 기氣가 마음에 깃들어 있겠는가.[450]

서명응의 이러한 리기불리理氣不離의 입장은 태극과 심을 일치했기 때문인데, 이러한 사유는 천과 심의 동질성으로 이어진다. 서명응은 천과 심의 동질성을 여러 차례 강조한다. 천과 심의 동질성을 형체적 측면과 유행의 측면 및 그 역할 측면 등으로 일치시킨다. 천을 심과 일치시키는 사유는 성리학자들에게 일반적인 경향이지만, 서명응의 경우에서는 형체천과 심의 유비는 기존에서 찾아보기 힘든 측면이다. 앞서 살펴보았듯이 서명응은 유학이 주로 다루고 설명해 온 것이 유행천이며, 형체천은 역상가들이 전습한 것이라고 구분한다. 이러한 구분에서 유행천과 형체천의 일치를 이루기 위해 선천학적 체계를 구축하고, 이에 근거하여 심과 천체의 구조가 동일함을 주장한다.

> 하늘의 둥글고 높아서 해와 달과 별들을 매단 상은 형체의 하늘이고, 위와 아래로 오르고 내려 춘하추동의 차례가 되는 것은 유행의 하늘이다. 형체의 하늘은 마치 혈육의 마음과 같고, 유행의 하늘은 마치 신명의 마음과 같다. 신명神明의 심心은 유자儒者가 말하는 것이고 혈육血肉의 심心은 의자醫者가 숭상하는 것이다. 그러므로 옛 성현이 한 말과 육경에 실린 것이 대부분 유행의 천이고 형체의 천은 역상가들이 오로지 익힌 것이다.[451]

심은 천도의 지도리이기 때문에 마음과 하늘의 연결지점은 도로서 우리 마음에 갖추어진 것으로 인식한다. 왜냐하면 도란 천天 → 명命 → 성性 → 심心 → 정情 → 의意 → 사事 → 물物로 이어지는 것이어서 심이 바로 도의 추뉴라고 인식한다. 이러한 천도와 심의 유비는 위치의 측면에서도 일치된다. 형체로는 심장과 태양은 그 위치가 가운데 있는 것이면서 다른 장기와 다른 행성들을 주재하기 때문이다.

> 일곱 행성이 하늘의 가운데 있고 태양은 또 일곱 행성의 가운데 있다. 위아래의 측면에서 말하면 토성과 목성 및 화성이 위에 있고 금성과 수성, 달이 아래에 있는데, 오직 태양만 위아래의 한가운데에 있다. 좌우의 측면에서 말하면 달은 구행九行이 있고, 오성은 각각 운행하는 길이 있는데, 혹간 순행하기도 하고 혹간 역행하기도 하여, 황도 남북 육도를 출입하지만 오직 태양은 남북의 한 가운데서 운행하여 이미 상하의 가운데를 얻었고, 또 남북의 가운데를 얻었으니, 이는 마치 사람에게 심장이 있는 것과 같다. 사람의 심장도 화火로써 오장의 가운데 위치하고 태양도 화로써 오성의 가운데 위치하니 태양이 하늘에 있어 심心이 아니겠는가.[452]

천체에서 태양의 위치와 운행을 심장의 속성과 위치로써 비유하고 있는데, 이러한 비유는 심과 천의 철학적 해석에도 적용된다.

> 심은 하나인데 성性이라고 하고 정情이라고 하고 지志라고 하고 의意라고 하고 기幾라고 하고 사思라고 하고 미발이발이라고 하고 인심도심이라고 한다. 무엇 때문에 그 이름이 한결같지 않은가. 하늘은 하나인데 선善이라고 하고 성誠이라고 하고 리理라고 하고 제帝라고 하고 신神이라고 하고 성性이라고 하고 도道라고 한다. 무엇 때문이 그 명칭이 이리도 번잡한가. 하늘과 심은 체의 경우엔 체가 같고, 용의 경우엔 용이 같으니, 마땅히 그 명칭이 같지 않을 수 없다.[453]

심에 대한 용어가 다양하듯이 천에 대한 용어 역시 다양하지만 심과 천의 체와 용이 같다고 인식한다. 서명응의 심법론은 그가 상수학자임을 여실히 보여준다. 조선유학의 심성론과 무관하게 이를 오행론으로 접근하면서 천체 구조와 인체구조로 유비시켜 내고 있는데, 이는 그의 선천학적 체계 속에서 이해해야만 보다 분명해질 것이다. 결국 서명응은 자신의 철학적 문제였던 형체천과 유행천의 일치를 선천학의 심법론에서 상수학적으로 추구한 것으로 볼 수 있다.

제5장의 내용을 정리하면 다음과 같다.

서명응은 선천학의 체계 속에서 '태극'을 이해하기 때문에, 성리학에서의 이해와는 다르다. 주자의 태극에 대한 정의는 리理의 지극至極으로 시공간의 제한을 받지 않는 온갖 변화와 존재의 근거였다. 그러나 서명응은 태극을 '중中'으로 해석하면서 온갖 변화의 추극樞極으로 이해한다. 이는 한위시대의 문헌에서 보이는 해석과 유사하다. 한위시대에는 '극極'을 중中으로, 지극至極으로, 표준標準으로 나누어 해석하는 경향이 있었다. 주자는 태극을 지극으로 이해하고

서, 이를 도덕적 표준으로 풀이했다. 그리고 '중'으로 해석하면 안 된다고 주장했다. 그러나 서명응은 태극을 중으로 해석한다. 그가 태극을 중으로 해석한 이유는 그의 선천학적 체계 속에서 이해해야 한다. 그는 '태극'을 중으로 해석하고 이를 다시 「하도」의 중궁으로 해석하면서, 심지어 오행 중에서 '토土'로 이해하기도 한다. 그의 이러한 이해는 중은 모든 변화 속에서 자신은 변화하지 않으면서, 그 변화를 추동하는 존재인 '환중環中'으로 이해했기 때문이다.

이러한 태극에 대한 이해는 심성론에서도 성리학자들의 논리와는 전연 다른 이론을 제시한다. 그는 소강절의 "심위태극心爲太極"이라는 명제를 준수한다. 그래서 심성론과 수양론이 다른 양상으로 전개된다. 심성론과 수양론에서 핵심 개념은 '성性'이 아닌 '심心'이 되고, 심은 '중中'의 상태를 추구하게 된다. 그의 논리에서는 성은 후천에 속하는 개념이다. 그래서 그의 심성론은 '심心이 중이고, 심법心法 또한 중이며, 중中은 태극이다'라고 선언한다. 이러한 선언은 유행지천과 형체지천의 관점에서 보면, 쉽게 이해될 수 있다. 형체지천과 유행지천이 다른 천이 아니기에 성정性情이건 형체건 자연스럽게 합치된다고 본 것이다.

결국 그의 제1철학적 명제인 선천학은 심법(先天之學, 心法也)이라는 명제에서 보자면, 그의 심을 중심으로 한 심성론과 수양론은 유행지천과 형체지천의 통일이라는 관점에서 이해될 수 있는 것이다.

제1부 맺음말

서명응의 선천학의 체계와 특징을 파악하기 위해, 그가 인식한 선천학의 역사를 중심축으로 논의를 진행하였다. 이를 위해 서명응의 선천학이 기초하고 사상적 배경으로 삼는 소강절과 주자의 선천학에 대한 규정들과 역학사적 전개들을 규명하였다.

이러한 배경에 대한 탐구를 마치고 나서, 서명응이 그리는 선천학의 역사를 따라 논의를 전개하였다. 이 과정에서 그의 선천학에 대한 범주와 개념적 구분, 특징을 규명하였고, 선천학적 심법론에 대한 논의를 진행하였다.

서명응은 소강절이 구분한 선천과 후천에 대한 개념적 구분을 준수하면서, 주자에 의해 역학사로 수용되는 과정을 인정한다. 하지만 그는 「하도」를 중심축에 놓고 선천학을 연역하기 때문에 주자와 다른 선천학적 특징을 갖게 된다. 주자와 다른 선천학적 특징이란 「선천4도」의 연역 순서와 태극에 대한 규정들, 주렴계의 「태극도」를 도교적 연원에 두는 것들로 지적할 수 있다.

이는 「선천4도」의 연역과정이 「복희8괘차서도」로부터 시작된다는 일반적인 학설과는 달리, 「복희64괘차서도」로부터 「복희8괘차서도」와 「복희64괘방원도」, 「복희8괘방위도」가 도출된다고 주장하고 있어서 그만의 특이한 주장이라고 할 수 있다.

주자는 「선천도」와 「태극도」의 동이同異문제를 다룸에서 이 두 도상의 상과 수에 대한 완전하고 논리적인 대답을 하지 못하고 있다. 그러나 서명응은 「하도」와 「낙서」의 도상들을 전제로 사용해 이들의 상과 수의 불일치를 논리적으로 설명해 낸다. 그리고 서명응은 진단의 사유가 반영된 책들인 『마의도자정역심법』과 『주역참동계』에서 「선천도」와 「태극도」, 「무극도」의 내용을 찾아내고, 이를 선천학의 체계 속에 수용한다. 이러한 점이 주자의 사유를 넘어서고 있는 것으로 판단된다.

다른 하나는 주자의 태극에 대한 규정과 달리 서명응은 태극을 리理로, 중中으로, 기氣로, 북극北極으로 해석하고 있어서 리理로 해석된 태극의 실체성이 강하게 주장되지 않는다는 점이다. 이는 리理를 사물의 조리로 규정하는 그의 논리와 맥을 같이하는 것이다.

주자는 태극을 중中으로 해석하면 안 된다면서 『노자』의 논리를 가져와 중으로 해석할 경우 벌어지는 윤리적 문제들을 거론했었다. 하지만 서명응은 『노자』의 내용들에 대해 「하도」의 중으로 해석하면서 전혀 다른 이해를 보여준다. 이러한 논리는 그의 심법론으로 전개되면서, 리理에 대한 이해가 주자와 다름을 분명하게 노정한다.

서명응은 선천학의 범주를 복희에서 공자로 이어지는 선천역과 북송시대의 소강절, 주렴계, 주자의 역학사를 포괄하고, 도교의 내단수련에서 나타난 선천개념들을 인정한다. 그의 선천학의 역사에 대한 인식은 주렴계의 「태극도」가 도교적 기원을 두고 있는 것을 인정한 것으로, 이는 주자가 극구 부정하려 했던 논리를 뒤집은 것이다. 서명응이 주렴계의 사유를 도교적 연원에 두고 이를 증명하는 방식은 『참동고』에 논구되어 있다. 또한 소강절의 사유도 진단에 기인한다는 점을 규명하였는데, 이는 진단의 『정역심법』에 대한 서명응의 주석을 통해 확인해 보았다. 그렇게 보면, 서명응의 선천학 역사에 대한 인식은 그의 주장에서 논리적으로 완결성을 갖는 것이어서 주자의 주장을 뒤집는 결과가 발생한다.

이러한 논의를 통해 서명응이 그리는 선천학의 체계를 소묘하는 데 주안점을 두었다. 그 결과 서명응의 선천학은 상수학과 도서학, 도교적 수련이론이 주된 범주로 드러났다. 그는 이들 분야에 대해 유학과 도교가 서로 소통할 수 있는 학문적 영역으로 이해하였다. 특히 도교적 수련이론과 유학적 수양이론은 그에게서 동일한 수양론으로 정립되고 있었다.

서명응은 은퇴 이후 도교적 수련을 직접 행하여 나이 70에 3-40대의 젊은이와 다르지 않은 모습이었다고 한다. 그가 직접 도교적 수련을 하였다는 것은 유학적 수양론이 도교적 수련과 상통됨을 증명하는 것이기도 하다.

선천학과 서양 과학 그 접점 및 비판

제2부

제2부 머리말

서명응이 당시에 전래된 서양 천문학과 기하학을 받아들이는 논리 역시 선천학이다. 제1부에서 규명하였듯이, 선천학의 요소 중에 상수학과 도교의 이론들은 천체의 운행과 변화를 패턴화하고 그것을 체계화한 이론체계였다. 상수학의 측면에서는 복희가 획괘해 가는 과정이 바로 우주의 구조를 체계화하는 것이며, 천지의 변화를 패턴화하는 과정이었다. 그리고 도교의 이론들, 특히 『주역참동계』의 화후론火候論은 단丹을 성취하는 과정이다. 단을 성취해 가는 과정은 자연의 변화를 지도이념으로 삼기에 자연의 변화를 60괘로 구조화하고 그에 따른 불 떼기[火候]를 진행한다. 또한 천지의 구조와 인체의 구조 그리고 장기를 건곤감리라는 괘상으로 구조화하고 있어서, 패턴화된 천체 구조와 운행, 그에 따른 자연의 변화를 기준으로 몸의 수련을 체계화한다. 이러한 상수학과 도교 이론이 접점을 이룬 것이 바로 선천학이다. 또한 북송시대의 소강절과 주렴계 역시 도교사상을 계승하여, 세계를 수적 구조로 파악하거나 발생론적으로 이해한 사상이었다. 그들의 사유가 도서역圖書易과 상수역象數易으로 정립되고, 주자에 의해 역학사에서 선천역으로 수용되고 있어서, 서명응의 입장에서는 이들 북송시대 학자들의 이론을 선천학의 범주로 수용할 수 있었다.

이제 “2부”에서는 중국과 조선에 서양의 과학이론들이 전래되었을 때, 동양의 지식인들이 이를 어떤 논리로 수용하고 대응해 가는지를 규명하고자 한다. 우선 지적할 것은 서명응의 서양 과학에 대한 대응은 중국의 지식인들이 보였던 사고의 궤적과 외면적으로 다르지 않다는 것이다. 특히 중국의 지식인들이 보였던 서양 과학에 대한 태도들은 서양 과학이 중국의 사유를 표절했다는 '표절론'에서부터, 서양의 과학은 중국에서 기원하였다는 '중국기원론'에 이르기까지 다양한 스펙트럼을 보인다. 그리고 이러한 논의들은 매문정梅文鼎(1633 ~ 1721)[454]의 '서법중토유래설西法中土由來說'로 귀착되어 간다.[455] 서명응도 서양 천문학이 동양에서 기원하였다는 "서법성인창제설西法聖人創製說"과 "서법중원기원설西法中原起源說"을 제시하면서 매문정과 비슷하게 논리를 펼쳐간다. 다만 서명응과 매문정 사이에서 서양 천문학과 수학의 내용을 두고 이해하는 방식은 조금씩 다르다. 동일한 용어를 사용하고, 동일하거나 비슷한 전거들을 이용하지만, 이들을 다르게 해석한다. 이런 점을 해명하기 위해 중국학자들 특히 매문정의 논리와 비교할 필요가 있다. 이를 6장에서 다룬다.

서명응은 상수학자답게 지구가 둥글다는 지구설의 해명도 상수학적 도상을 통해 시도한다. 이때 사용된 도상들은 「하도」와 「복희64괘방원도」가 중심이 된다. 그는 지구의 둥근 체상體狀을 증명해내는 논리로 「복희64괘방원도」의 '방도方圖'를 「하도」 중궁의 모양으로 재구성해 지구설을 설명하고 있다. 즉, 「하도」 중궁의 가로세로 3점을 외곽으로 연결하면 마름모의 형태(◇)가 되고, 이것이 「복희64괘방원도」의 '방도'라는 것이다. 이 마름모가 회전하는 모습이 지구의 체상(○)이라는 것이다.

또한 서명응은 「복희64괘방원도」로 구고句股의 수법들을 연역해내고, 이를 당시 전래된 기하학으로 연결시킨다. 그는 구고수법의 근거로 「복희64괘방원도」에서 '방도'를 제시하면서 기하학과 이것이 다르지 않다고 주장한다. 그는 '방도'의 도상을 통해 삼각함수와 피타고라스 정리 등을 도출해낸다.

당시 서양 천문학과 기하학 등이 전래되면서 동서양의 천체 구조론이 충돌한다. 이는 동서양의 세계관 충돌로 드러난다. 이러한 문제에서 서명응은 서양 천문학이 제시한 12중천설을 비판하고 전통적인 9중천설을 견지한다. 그가 9중천설을 견지하는 논리는 전통적인 경학經學에서 전거를 가져와 이를 공격하는 것이기도 하지만, 서양 천문학이 그리고 있는 12궤도의 천체 구조가 종교적 의미에서나 역법의 계산에서도 맞지 않음을 들어 비판하고 전통적인 9중천설을 견지한다. 이러한 내용은 7장에서 다룬다.

8장에서는 서명응의 선천학이 갖는 사상사적 의미들을 다루고자 한다. 상수학의 입장에서 서양 천문학을 이해하려는 시도가 하나의 경향성으로 조선에서 일어났음을 해명하면서, 상수학의 입장에서 서양 천문학을 이해하는 시도가 갖는 한계들을 다루고자 한다. 이 과정에서 서명응의 사유가 어떻게 북학파와 연관되는지를 소묘하면서 서명응의 사상적 의미를 다루고자 한다.

2부 역시 서명응의 선천학의 분리 역사 중에서 체용의 분리에 해당하는 내용이다. 서명응이 이해한 선천학의 분리 중에 선천학의 용用에 해당하는 내용은 천문, 역법, 기하이고, 선천학의 용에 대한 해석이 선천학의 체계 속에서 온전히 해명될 수 있다면, 이는 자신의 철학적 명제인 형체지천과 유행지천의 완전한 해석이라고 볼 수도 있다.

제6장 서양 과학[西法]에 대한 인식과 그에 대한 선천학적 재해석

제1절 서양 과학에 대한 인식과 편입의 논리

한역된 서양 과학서가 조선에 도입된 최초의 사례는 1603년에 북경에 사신으로 다녀온 이광정李光庭이 가지고 온 마테오 리치(Matteo Ricci 利瑪竇, 1552 ~ 1610)의 세계지도가 처음이다. 그리고 1604년에는 황중윤이 『양의현람도』를 가지고 왔다는 기록을 필두로, 이수광이 1614년에 『지봉유설』에 『천주실의』의 내용을 요약하고 있는 것과 허균이 세계지도와 게십이偈十二장을 얻어 왔다는 기록, 정두원鄭斗源이 로드리케즈(Rodriquez, J. 陸若漢)를 만나고 1631년에 홍이포紅夷砲, 천리경千裏鏡, 자명종自鳴鐘 등 각종 서양 과학기기와 더불어 『치력연기』, 『천문략』, 『원경서』, 『천리경설』, 『직방외기』, 『서양국풍속기』, 『천문도남북극』 두 폭, 『만리전도』 등을 가지고 왔으며, 소현세자가 귀국하면서 아담 샬(Adam Schal, 湯若望)로부터 천문과 수학 및 천주교 교리에 관한 서양 과학서와 지구의地球儀와 같은 물품을 받아 왔다는 기록들을 보면, 조선에 서양 과학이 전래된 것은 17세기 초라고 볼 수 있다.[456]

17세기 중반 이후 본격적으로 서양 과학이 전래되면서 전통적 사유에 기초한 천체구조론과 천체운행론天體運行論, 우주생성론宇宙生成論 등의 분야에서 심각한 논변이 일어나고[457], 이 과정에서 서양 과학에 대한 해석이 동시에 일어난다. 또한 서양의 우주론이 기하학적 사유에 기초하고 있는 만큼, 기하학을 포함한 수數에 대한 새로운 이해도 동시에 일어난다.[458] 구체적으로는 천체구조론에서는 지구설地球說과 천체구조론天體構造論이, 천체운행론天體運行論에서는 우선설右旋설과 지전설地轉說이, 우주생성론에서는 오행설五行說과 사원소설四元素說이 상호충돌하며 논변되고, 수학에서는 구고句股(기하학)에 관한 관심이 집중되면서 『주비산경周髀算經』이 대두되는 경향으로 나타난다.

이 과정에서 조선에서는 서양 과학에 대한 거부와 수용의 논리가 펼쳐진다. 이에 대해서 김영식은 수용의 측면에서는 차용(adoption), 전유(appropriation), 적응(adaptation), 편입(incorporation), 토착화(naturalization) 등의 과정을 거치며, 무시의 측면에서는 고립(isolation), 저항(resistance), 거부(rejection), 충돌(conflict) 등의 과정을 거친다고 한다. 그리고 이러한 과정에서 외래 사상은 전통 사상을 변화시키고, 전통 사상 역시 외래 사상을 변화시킨다고 한다.[459]

서명응은 위의 관점에서 보자면 선천학적 우주론의 체계 속에서 서양 과학을 수용하고 새로운 형태로 변화시킨 인물로 이해할 수 있다. 그래서 과학사가들은 서명응에 대해 서양 과학을 상수학적 사유로 편입시킨 대표적인 인물로 평가한다.[460] 다만 선행연구자들은 서명응이 서양 과학을 상수학 사유 체계로 편입시키는 철학적 논리를 분명하게 제시하지 못하고 있다.

서명응이 서양 과학을 선천학적 체계 속에 편입시키는 논리는 첫째, '서법성인창제설西法聖人創製說'이다. 서명응은 복희가 선천학을 창제하면서 역법曆法과 구고句股 역시 창제하였다고 주장한다. 복희에 의해서 창제된 「복희64괘방원도」의 상象과 수數는 서양 천문학이 그리고 있는 천체 구조와 역법을 그대로 갖추고 있다는 점에서, 서양 과학 성인창제설이 탄생한다. 둘째, '서법중원유래설西法中原由來說'이다. 서양 천문학은 주周나라 말기의 천문天文과 수학을 담당하던 주인疇人들이 난리를 피해 서국西國으로 흩어졌고, 그 과정에서 그들이 복희가 창제한 역법과 구고를 가지고 가 서양에 전했다는 것이다. 그리고 명明나라 말기에 서양 과학이라는 학문으로 되돌아온 것으로 인식한다. 이것이 서법중원유래설이다. 셋째, '선천학先天學=체體, 서법西法=용用'의 체용론體用論이다. 선천先天은 체體이고 역법曆法과 구고句股는 선천先天의 용用이기 때문에, 성인이 창제한 역법과 구고에 기초한 서양 천문학은 용에 해당한다. 이것이 체용론이다. 넷째, 『주비산경』은 천문의기天文儀器가 아니라 구고법(기하학)이라는 논리를 주장한다. 이는 중국학자들이 『주비산경』을 천문을 관측하는 의기[기구]에 관한 내용으로 이해하거나, 천문에 관한 서적이라고 한 논리를 부정하는 것으로, 서명응은 『주비산경』을 기하학에 한정하여 논의를 펼치는 것이다. 특히 서명응은 천문을 관측하는 의기나 천문에 관한 기록은 『상서』에 나타나 있다는 논리를 펼치면서 자신만의 독특한 주장을 펼치는 것이다.

1) 서법성인창제설西法聖人創製說

서명응은 규장각의 대제학으로 있으면서 당시에 전래된 서양 과학에 대해 상당히 이해하고 있었다. 1755 ~ 6년과 1769 ~ 70년에 사은사謝恩使의 서장관書狀官으로, 동지정사冬至正使로 청나라를 연행하여 당시의 문물을 직접 확인하였다. 이 과정에서 청나라 강희제 때 완성한 수학책인 『수리정온數理精蘊』과 산술대수표인 『대수표對數表』, 원圓을 사각형으로 만드는 기하학 책인 『팔선표八線表』 등을 중심으로 한 기하학 책과 천문天文과 역법曆法에 관한 책인 『역상고성후편易象考成後篇』 등, 수학과 천문 및 역법에 관련된 500여 권의 서적을 구입하여 돌아온다.[461] 서명응의 연행시에 이러한 행적은 그가 서양 과학에 대해 가졌던 태도와 이해를 짐작하게 한다.

그런데 서명응은 17세기 중반 이후 본격적으로 전래된 서양 천문학의 지식이 복희에 의해 창제되었다고 주장한다. 그의 논리에 따르면, 복희가 창제한 「복희64괘방원도」의 상象과 수數가 서양 천문학의 천체 구조를 밝히고 있는 도식이라는 것이다.

서명응이 설명하는 복희가 천문상수를 제작한 내용을 먼저 확인해 보자. 서명응은 복희가 위로 하늘의 운행을 관측하고 아래로 해 그림자를 살펴서 천문상수天文象數를 제정했다고 한다. 천문상수의 제정과정에서 「선천방원도先天方圓圖」(이하 「복희64괘방원도」로 개칭)의 작성으로 이어지고, 「복희64괘방원도」에서 개천의기蓋天儀器 제작으로 이어지며, 구고수법句股數法의 창조에까지 이어져서 주천도수周天度數의 확립으로 이어진다는 것이다. 이러한 논리는 그의 저서인 『비례준髀禮準』의 서문에서 확인된다.

> ‘비髀’는 『주비산경』이고 ‘예禮’는 『주례』이니, 『주례』는 천상天象을 일치하고, 『주비산경』은 천수天數를 일치하였으므로, 이름하여 『비례준』이라고 한 것이다. 이에 서문을 지어서 말한다. 천문상수天文象數는 복희로부터 일어났다. 복희가 우러러 관찰하고, 굽어서 살펴서 「복희64괘방원도」를 짓고, 다시 「복희64괘방원도」의 방도方圖를 미루어 연역하여 개천蓋天의 의기儀器를 제작하였으며, 구고句股의 수數를 창조하여 주천역도周天曆度를 세웠다.[462]

이 인용문에서 중심이 되는 것은 복희가 천문상수를 만들었다는 성인창제설과 천문상수를 만드는 과정이다. 그 과정은 「복희64괘방원도」를 창조하고, 이 도상 중에서 ‘방도’를 연역하여 천문현상을 관측하는 의기儀器를 제작하고, 구고句股의 수를 창조하여 천체의 운행도수를 세웠다는 것이다. 서명응은 복희라는 성인에 의해서 천문의 상과 수를 설명하는 논리가 창조되었다는 주장을 펼치는 것이다. 이러한 논리는 「하도」의 문양이 바로 천문의 상이라는 주장과 같은 맥락이다.[463]

그리고 이러한 논리를 더욱 확증하기 위해 주공과 공자의 말을 인용하여 복희에게서 천문상수가 창제되었음을 부연하기도 한다.

> 『주비산경』에서 주공이 말하기를 ‘옛날에 복희가 주천周天의 역도曆度를 세웠다’고 하였고, 공자는 『주역』 「계사전」에서 ‘성인이 하늘과 땅의 조화에 범위를 잡아 지나침이 생기지 않도록 하였다’고 하였으니, 이는 역도로써 하늘이 운행하는 범위를 잡아서 춘하추동이 그 절기를 지나치지 않게 한다는 뜻이다. 공자도 또한 ‘주야의 도를 겸해야 한다’고 하였으니, 이는 지상의 봄, 여름의 낮은 도리어 지하의 밤이 된다는 것을 모두 알아야 통연히 의심이 없다는 것이다. 두 성인의 말을 보면 그 역도의 창제가 복희에서 비롯하였음을 단정하여 알 수 있다.[464]

위의 인용문은 복희에 의해 천문상수가 확립되었다는 것의 타당성을 주공과 공자라는 성인의 증언을 통해서 확보하려 한 것이다. 하지만 천문상수가 복희에서 기인했고, 천문상수의 확립 과정이 「복희64괘방원도」에 기초한다는 서명응의 설명은, 선천학과 천문상수 및 역법을 일치시키려는 의도 때문이다. 즉, 복희 선천학의 핵심은 「복희64괘방원도」이고, 「복희64괘방원도」는 역도를 세우는데 중요한 역할을 했다고 본 것이다. 그래서 「복희64괘방원도」 중에서 '원도圓圖'는 남북극과 황적도의 상象을 밝힌 것이고, '방도'는 구고법을 세워 천문의 상을 관측한 것이라고 한다.

> 복희씨가 구고句股로써 역도曆度를 세우니, 복희씨의 성학은 선천先天이 곧 주재이다. 따라서 천하만사에 신령한 지혜와 신비로운 변화를 운행하는 데 있어서 큰 것도 「복희64괘방원도」이고, 작은 것도 「복희64괘방원도」이며, 정밀한 것도 「복희64괘방원도」이고 거친 것도 「복희64괘방원도」이니, 하물며 역도를 세우는 큰 일에 있어서이겠는가. 지금 선천先天을 살펴보니 원도圓圖에는 명확하게 남극南極과 북극北極, 황도黃道와 적도赤道의 상을 세워 놓았고, 그 방도方圖에는 구고句股와 측망測望의 상象이 세워져 있다.[465]

이 인용문의 내용은 복희의 학문이 선천학이고 그 핵심은 「복희64괘방원도」이므로, 이를 통해서 역도를 세우고 남북극과 황적도의 상을 확립했다는 것이다. 그런데 이는 다시 「복희64괘방원도」가 「하도」를 중심으로 하는 선천역에서 기인했기 때문에, 선천역과 역법을 일치시켜내는 논리로 전환될 수 있다. 그래서 역曆과 역易은 서로 표리가 되니 역曆을 말하면 역易을 알 수 있다[466]고 하면서, 복희씨가 하늘의 도수를 세운 것은 선천역 때문이라고 주장한다. 그리고 공자가 '성인이 하늘과 땅의 조화에 범위를 잡아 지나침이 생기지 않도록 하였다'고 한 것에서 성인은 바로 복희라고 인식한다.[467] 서명응의 이러한 인식은 선천역과 역법이 동일한 원리를 가진 것이라는 이해에 기초한 것으로 이해할 수 있다.

천문역법의 성인창제설은 남북극과 황적도의 설정뿐만 아니라 서양 천문학이 전래된 이후 논변되는 12중천설과 9중천설에까지 그 논리가 확대 적용된다. 그리고 9중천설 역시 복희에 의해서 이미 밝혀진 사실이고, 그 근거 역시 「복희64괘방원도」라는 점에서 진리로 정립된다.

> 복희씨는 위로는 하늘의 운행을 관찰하고 아래로는 해그림자를 굽어 살펴서 「복희64괘방원도」의 상과 수를 징험하여 남북 두 극極과 적도赤道를 정하였으니, 하늘은 대체로 아홉 겹이었다. 그리고 제9중천은 지극히 고요하여 움직이지 않아 그 안에 있는 나머지 8중천들을 품어 범위가 되었다.[468]

서명응은 복희에 의해 창제된 천문역법에 관한 내용은 삼대시대에는 일반화되어 군졸이나 나무꾼, 아낙네도 다 아는 지식이라고 주장한다. "삼대三代의 성시에는 비록 젖먹이를 업은 여자나, 군졸이나 종이라 하더라도 또한 천문을 배워 익히지 않음이 없었다. (『시경』의) '칠월에 화성이 흘러가면[七月流火]'은 농부의 노랫말이고, '세별이 하늘에 떠 있구나[三星在天]'는 부인의 노래이며, '달이 필성에 걸렸네[月離於畢]'는 수자리 서는 군인의 작품이다. 평상시에 입으로 전하고 마음으로 받은 견문이 익숙하게 익힌 것이 아니라면, 감정에 따라 뜻을 부려 말에서 드러내고 시詩에서 형상할 수 있었겠는가?"[469]라고 하여, 천문에 대한 지식이 보편화된 것임을 주장한다.

그렇다면 군졸이나 나무꾼, 아낙네도 아는 보편적인 천문 지식이 망실된 이유는 무엇이며, 왜 서양 천문학과 같은 수준의 천문학이 발전하지 못했는가라는 질문을 던져볼 수 있겠다. 이에 대해 서명응은 두 가지 이유를 들어 설명한다. 첫째는 시대적 상황 때문이다. 이는 다시 두 가지의 경우로 나뉘는데, 하나는 주나라 말기에 천문과 수학을 담당하던 주인疇人들이 난리를 피해 대부분 외국으로 도피했다는 것이고, 다른 하나는 진나라 때의 분서갱유와 설금법設禁法으로 인해 이 책들이 민간에 숨어버렸기 때문[470]이라고 한다. 이에 대한 설명은 1부에서 논의한 것과 같다.

둘째는 후세의 학자들이 여러 경전들에 나타나는 천문지식에 대한 단서를 제대로 밝히지 못했기 때문이거나 아니면 학인들의 우매함 때문[471]으로 본다. 서명응은 한대 이후의 학자들은 「복희64괘방원도」를 단순히 '원도'는 하늘을 표상한 것이고, '방도'는 땅을 표상한 것으로만 이해하여, 「복희64괘방원도」를 종이 위에 노리개로 전락시키고 말았다고 본다.

> 한대 중엽에 『주례』와 『주비산경』이 다시 세상에 나왔으나, 『주례』의 경우는 주공의 책으로 인정되어 육경에 들어갔고 소와 주가 있지만 『주비산경』의 경우는 처음에 영방과 진자의 무리에 의해서 혼란되었고, 끝에 가서는 채옹이 천상에다 징험해 본 결과 대부분 어긋나고 잃어버렸다고 한 말 때문에 세상에서 다시는 『주비산경』이 주공의 책이라는 것을 알지 못하였다.[472]

이 인용문의 내용은 후세 사람들이 천문학과 수학의 내용을 담고 있는 『주비산경』의 가치를 알지 못해, 그 내용을 왜곡하고 버렸다는 것이다. 그 결과 중국에서 선천을 연구하는 자들이 「복희64괘방원도」의 '원도'는 하늘을 본뜬 것이고, '방도'는 땅을 본뜬 것으로 한정해버려 천지가 서로 맞물리는 것과 해와 달이 교차하여 운행하는 것이라든가 오성이 머무르고 나아가고 물러나는 천문현상에 대해서 망연히 아는 바가 없게 된 것[473]이라고 설명한다. 특히 사마천과 같은 해박한 지식을 갖춘 사람에 의해서도 두 책의 관련성과 중요성이 이해될 수 없었다[474]고 한다.

서명응은 복희에 의해 천체 구조가 해명되었고 그 내용은 서양 천문학과 다를 것이 없었다고 본다. 다만 역사적 정황들에 의해 잊혀진 지식, 소외된 지식으로 전락했고, 후세 학자들의 우매함으로 제대로 이해되지 못했다고 본 것이다. 결국 전통적인 천체 구조와 그 운행을 수학적으로 계산하는 역법이란 선교사들에 의해서 서양 천문학이 전래되고서야 재발굴된 지식인 것이다.

그에 의하면 서양 천문학과 기하학은 복희라는 성인에 의해 창제된 것이다. 주나라 말기의 주인들이 이를 서국으로 전파한 것이 틀림없는 사실로 인식되면서 '서법성인창제설西法聖人創製說'이 정립되고, 이는 '서법중원유래설西法中原由來說'이라는 논리로 전환된다.

2) 서법중원유래설西法中原由來說

서명응이 제시한 '서법중원유래설'은 천문과 역산을 담당하던 주인疇人들이 중원이 장차 어지러워질 것을 알아서 천문현상과 운행, 역산을 측량할 구고법을 가지고 서국으로 도망갔으며, 이들이 구고법을 서국에 전파함으로써 서양의 천문과 역법이 발전했고, 명나라 때 되전해진 것이라는 논리다.

> 주나라가 쇠퇴할 무렵 천문과 역산을 담당하던 주인들이 장차 중원이 어지러워질 것을 알고 대부분 외국으로 도망하였고, ……명나라 말기에 구고의 수법이 서국으로부터 중국에 유입되어 천체 운행도수를 추측해본 결과 착착 들어맞아 해와 달의 일식과 월식에 이르기까지 조금도 오차가 없었는데, 그 법이 하나같이 『주비산경』을 위주로 삼았다. 적도와 황도의 이름은 한대의 「동의銅儀」와 딱 맞아떨어지고, 주야와 절기의 차이는 『서경』 「요전」의 택사宅四와 맞아떨어지며, 숭고천정嵩高天頂의 명칭은 『수경水經』의 중토지설中土之說과 맞아떨어지며, 지원리차地圓裏差의 이치는 『대대예기』의 증자 말과 맞아 떨어지니, ……이는 필시 주인들이 『주비산경』을 가지고 서국으로 가서 그 법술을 전한 것이 의심의 여지가 없는 것이다.[475]

서명응의 서양 천문학에 대한 이러한 이해는 『주비산경』에 기초한 것이다. 서명응은 『주비산경』을 복희의 천문상수와 주천역도를 담고 있는 책으로 본다. 그가 『주비산경』을 이렇게 이해한 근거는 『주비산경』 상권의 처음에 주공과 상고의 대화에서 주천역도를 세운 사람으로 복희가 제시되어 있기도 하고[包犧立周天曆度], 주천역도의 수법이 원과 방에서 나왔다는 내용[數之法出於圓方] 때문이기도 하다. 또한 그는 『주비산경』의 내용을 기초로 천문을 측량하고, 이를 바탕으로 관직의 제정을 바로하여 『주례』를 만든 것으로 이해한다.[476] 그래서 서양 천문학에서 말하는 적도와 황도의 명칭이나, 주야, 절기의 차이, 천정의 명칭, 지원리차地圓裏差 등의 이치가 『서경』의 「요전堯典」, 『수경주해水經註解』, 『대대예기大戴禮記』, 한대漢臺의 「동의銅儀」 등의 내용과 일치하는 것도 『주비산경』에 근거했기 때문이라고 본 것이다.

그런데 이와 같은 성인창제설과 중원유래설은 서명응이 처음으로 주장한 것이 아니라 17세기 청대 학자들에게서 다양하게 제기된 내용이다. 서양 과학에 대한 대응의 논리는 조선의 지식인들뿐만 아니라 중국의 지식인들에게서도 시급한 문제였다. 중국의 학자들이 분분하게 서양 천문학에 대한 대응의 논설들을 세웠지만, 그 종착점은 매문정의 '중토기원설中土起源論'로 귀결되면서 18세기 초 중국의 공식적인 견해가 된다.[477]

매문정의 학설이 중국의 공식적인 견해로 정립되기 이전에 중국 학자들이 서양 과학에 대해 보여준 태도는 크게 네 가지로 정리해 볼 수 있다. 첫째는 완강하게 서양 과학을 거부하는 입장이다. 이를 대표하는 학자로는 위문괴魏文魁, 양광선揚光先 등이 있다. 이들은 저술활동이나 탄핵 상소 등을 통해 서양 과학을 반대했는데, 이들의 반대논리는 유가의 도통관道統觀과 민족주의가 근거이다. 둘째는 어떠한 입장도 표명하지 않는 학자들이다. 건가학파乾嘉學派[478]와 수많은 인사들이 이러한 입장을 견지했다. 이들이 어정쩡한 태도를 취한 것은 여러 이유가 있었는데, 반대를 하면서도 마땅한 논리를 찾지 못하거나, 환영을 하면서도 나서지 못하는 경우 등으로 분류할 수 있지만, 이들은 대체적으로 어떠한 입장을 표명하지 못했다. 셋째는 중서회통中西會通의 입장을 취한 지식인들이다. 대표적인 인물로는 왕석천王錫闡(1628~1682)과 매문정이다. 이들은 서양 과학에 대해 어느 정도의 공부를 했을 뿐만 아니라, 민족의 자존심과 유가의 도통 사상도 강렬해서 절충적인 입장을 취한 것이었다. 그들이 선택한 절충주의는 서양 과학의 기원을 중국에서 찾고, 중국학문을 체로 서양학문을 용으로 삼는 것이었다. 넷째는 완전히 서양 과학을 따르는 학자들이다. 이들을 대표하는 학자로는 서광계徐光啓와 이지조李之藻 같은 이들이었다. 이들은 선교사로부터 교육을 받았을 뿐 아니라, 서양 과학이 실제에 부합하다는 이유로 서양 과학을 주장한 것이다.[479]

이중에서 중서회통론의 입장에 선 매문정과 왕석천의 논리를 살펴볼 필요가 있다. 이들이 "서법중토유래설西法中土由來說"에서 "표절론"으로 논리를 전개해 가는 상황은 중국 지식인들의 서양 과학 이해의 과정을 압축적으로 보여주기 때문이다. 서양 과학이 중국에서 기원했다는 "서법중토유래설"은 앞서 언급하였으므로, "표절론"을 살펴보자. 임종태는 표절론을 주장한 대표적인 학자들로 왕부지王夫之(1619 ~ 1692), 황종희(1610 ~ 1695), 왕석천 등을 거론한다. 그리고 이들 청대 학자들이 주장하는 표절론의 내용으로, 왕부지의 마테오 리치 비판과 왕석천의 역법 표절론을 든다. 왕부지는, 마테오 리치가 지구설을 주장하면서 계란의 노른자 비유를 들었는데, 계란 노른자의 비유는 고대 혼천가들이 혼천설을 주장할 때 늘상 사용한 비유였고, 마테오 리치가 이들의 문헌을 읽고서 지구설을 조작해냈다고 한 주장이다. 왕석천의 경우는, 선교사들이 전한 과학 내용은 중국 고대 문헌의 내용과 유사한데, 그 이유는 선교사들이 중국 고대 문헌의 내용을 표절했다는 것이다. 구체적으로 중국 고대 역법은 이치를 드러내지 않고 법을 상세히 하였는데, 서인들이 그 뜻을 몰래 취했다라고 주장하면서 표절론을 제기한 것이다.[480]

여기서 왕부지의 표절론에 대해 살펴보자. 왕부지가 제기한 표절론은 아이러니하게도 마테오 리치 자신 때문에 발생한 것이다. 즉, 마테오 리치가 『곤여만국전도』를 통해 지구설을 설명하면서 중국 고대의 천원지방의 논리와 계란의 비유를 차용하고 있기 때문이다.

> 땅과 바다는 본래 둥근 모양인데 이것이 합하여 하나의 구를 이루어 천구의 가운데 위치하니 참으로 계란의 노른자가 흰자 안에 있는 것과 같다. 어떤 사람이 땅이 모나다고 한 것은 그 덕德이 고요하여 움직이지 않는 성질을 말하는 것이지 그 형체를 말하는 것이 아니다.[481]

이 인용문은 마테오 리치가 『곤여만국전도坤輿萬國全圖』의 주기注記에서 쓴 지구에 대한 설명이다. 이 주기에서 그는 중국 고대의 관념인 '계란과 노른자'의 비유와 '천원지방天圓地方'의 논리를 이용했다. 마테오 리치가 사용한 '계란과 노른자'의 비유와 '천원지방'의 예는 중국 지식인들에게 자신들의 고대 천문이론을 표절하고 있는 것으로 읽히게 한 것이다.[482] 또한 마테오 리치는 '천원지방'을 형체가 아닌 '덕德'이라고 설명했지만, 이 설명 역시 중국인들에게 새로울 게 없었다. '천원지방'을 형체가 아닌 덕으로 이해해 온 전통이 있기 때문이다.[483] 개천설이든 혼천설이든 중국인들의 천체 구조에 대한 이해의 근거가 바로 '천원지방'이기 때문이고, 계란의 비유는 혼천설을 설명할 때 늘상 사용되었던 비유이기 때문이다. 다시 말해, 마테오 리치 스스로가 중국인들의 관념에 익숙한 설명을 사용함으로써 오히려 표절론을 제기하게 한 것이다.

이러한 표절론의 제기로부터 서양 과학이 중국 고대 사유와 동일한 것이라는 논리가 전개된다. 서양 과학과 중국의 고대 사유가 동근원同根源적이라는 주장은 매문정에게서 제기된다. 매문정은 마테오 리치에 의해 소개된 서양 천문학적 지식 중에 중국인들에게 새로운 것이란 천지의 도수度數가 일치한다는 것 정도였다. 그는 "오성에 위도緯度를 그은 것"만이 새롭다고 하였을 정도이다. 이는 중국에서는 태양과 달에 위도를 그었지만, 서양에서는 이를 오성에까지 확대하여 천지의 도수를 일치시킨 것만이 새롭다는 의미이다.

매문정의 『역산전서曆算全書』에 나타난 서양 과학과 관련된 내용들을 거칠게 정리하면, 첫째, 중국의 역법曆法과 서양의 역법은 별로 다른 점이 없다. 둘째, 새로운 것이란 오성의 경위도를 세운 점이다. 셋째, 서법西法의 장점은 측정의 정밀성이라는 것이다.[484] 매문정은 이러한 내용들로 서양 역법이 중국에서 기원했다는 "서법중토기원설西法中土起源說"을 제기한다.

매문정이, 서양 역법이 중토中土, 즉 중국에서 기원했다는 증거로 제시하는 논거는 『주비산경』이다. 그는 『주비산경』의 내용 중에서 '칠형물합론'과 '북극의 아래에는 반년동안 낮이고 반년동안 밤이며, 오곡이 1년 동안 두 번 익는다는 설'들을 끌어와 이것들이 서양 역법에서 말하는 '한난오대지설寒暖五帶之說' 및 '북반구의 주야론', '적도의 농경론' 등과 같은 것이고, 이러한 설은 『주비산경』에 있다는 논리를 펼치고 있다.[485]

> 태사공이 말하기를 주나라 폭군인 유왕과 려왕의 때에 주인疇人의 자제가 나뉘어 흩어졌는데, 혹간 여러 중국으로 가고 혹간 사예로 흩어졌으니, 대개 난리를 피하고 허물을 피한 것이니 멀리 가는 것을 꺼리지 않았다.[486]

이 인용문에 따르면, 매문정의 '서법중토유래설'의 골자는 서명응의 논리와 별반 차이가 없다. 매문정과 서명응은 '서법중토유래설'을 제시하면서 『주비산경』이라는 동일한 전거를 사용하기 때문이다. 하지만 매문정이 들고 있는 증거들과 역사적 전거들은 황제로 귀결된다는 점이 서명응과 다르다. 매문정은 황제黃帝를 중심축으로 제시하면서 천문학과 역법에 대한 서사敍事를 구축한다. 매문정이 황제를 중심으로 천문학과 역법의 서사를 구축한 이유는 '개천설'의 창제자가 황제라는 입장 때문이다. 그리고 '개천설'은 『주비산경』에 실려 있으므로, 『주비산경』의 내용과 서양의 지식이 근친성을 가지는 것이 아니라 동일한 기원을 가진 것이며, 그 지식의 기원이 바로 황제라고 보는 것이다. 이에 대해 임종태는, 매문정의 이러한 논리는 이전의 중국 지식인들이 서양 과학과 중국 고대의 지식이 서로 근친성을 갖는다는 논리에서, 이제는 동일한 역사적 관계를 갖고 있다는 주장으로 정립된 것을 의미한다고 본다.[487]

이제 매문정이 주장하는 서법중토유래설의 구체적인 근거들을 살펴보자. 매문정이 서법중토유래설을 제시하는 근거는 첫째, 『상서』「요전」에 근거하여, 요임금이 희씨羲氏와 화씨和氏에게 명하여 서방에서 천문 관측을 행하게 하고 사람들에게 시時를 내려주었을 때, 화중和仲이 중국의 역법을 서방에 전했다는 점이다.[488] 둘째, 『사기』에 근거하여 주나라 말기 주인들의 자제들이 흩어졌을 때, 어떤 이들이 역법에 관련된 책과 기구를 가지고 서쪽으로 갔다는 점이다.[489] 셋째, 중국의 천문과 역법, 수학이 아라비아에서 회회력回回曆으로 나타났다는 점이다.[490] 넷째, 아라비아 천문학을 구라파의 사람들이 정밀하게 만들어 서양의 신법이 성립하였다는 점이다.[491]

여기에서 두 번째 근거는 서명응의 논리와 같으므로 생략하고, 첫 번째 근거를 살펴보자. 첫째 근거인 『상서』「요전」에서 가져온 전거의 내용들을 살펴보면, 희씨와 화씨는 천문역법을 관장하여 수시授時하는 관직의 인물들이다. 또한 이들은 동서남북의 지역으로 파견되어 천문을 관찰하고 역법을 제정해 시간을 정하는 일을 담당하였다. 그 가운데 화중은 서쪽 지방을 담당한 인물이다. 『상서』「요전」에서 화중과 관련된 경문의 주석에는 '서쪽은 서쪽의 극지를 의미하고, 매곡昧穀이란 태양이 지는 것을 이름으로 삼았다'[492]고 되어 있다. 이 구절에 대해 매문정은 동서남북으로 나뉜 관리들 중에서 동남북 지역으로 파견된 관리들은 바다에서 길이 막히거나 극지의 기후로 더 이상 나아갈 수 없었지만, 서쪽에 파견된 화중이 관할한 지역은 이러한 제한이 없어서 그 지방의 사람들에게 역법과 수시授時를 전할 수 있었다고 보았다. 그 지방이란 회회지역이다.

매문정은 첫 번째 근거와 두 번째 근거를 바탕으로 세 번째와 네 번째의 주장을 도출한다. 이러한 논리를 정당화하기 위해, 회회력과 서양의 역법이 같은 뿌리를 가진 다른 파[493]라고 설명해 내고, 다시 중국의 고전에서 전거를 찾아, 서양 역법의 근거가 바로 『주비산경』이라고 보았다[西曆源流, 本出中土, 卽周髀之學].

여기에서 매문정이 서법중토유래설의 근거로 제시한 것 중에서 첫째와 둘째의 내용은 서명응의 논리와 다를 것이 없다. 다만 셋째와 넷째의 근거들은 매문정이 일생을 매진해서 전거들을 찾아 주장한 것이어서 음미할 것이 있다.

매문정은 중국의 역법이 서양의 역법과 바로 일치한다고 주장하지 않는다. 이 일치를 주장하기 위해 회회역법을 매개로 사용한다. 회회역을 중간 매개로 사용하는 것은 회회 지역이 중국과 지리적으로 바다 등으로 막히지 않아서이기도 하고, 『상서』「요전」의 희씨와 화씨의 사례를 적용하기 위한 것이기도 하다.

그는 회회 역법과 중국 역법의 관련성을 찾기 위해 역사적 전거들을 추적하고, 회회 역법에서 설명하는 천문현상과 중국 역법에서 설명하는 천문현상을 탐구하기도 한다. 그래서 제시된 근거들은 역사적 기록에서 당대, 수대의 역법과 회회 역법의 연관성, 한해를 정하는 기준(元)들, 태양년과 태음년 등의 자료들을 검토한다. 매문정의 이러한 탐구의 내용은 『역산전서』 권1의 「논회회역역원용절법여수시동論回回歷歷元用截法與授時同」, 「논천지인삼원비회회본법論天地人三元非回回本法」, 「논회회역정삭지이論回回歷正朔之異」 등의 편들에서 상세히 진행한다. 회회 역법과 중국 역법의 관련성을 찾는 노력은 역법 자체의 내용에만 그치는 것이 아니라, 경학적 전거에서도 진행된다. 앞서 언급한 『상서』

「요전」의 내용이 그것이다. 이렇게 역사적 전거와 역법 자체의 관련성을 기초로, 중국 역법이 회회 지역으로 전해져 회회 역법이 되었고, 이 회회 역법을 정밀하게 만든 것이 서양 역법이라는 논리를 도출한다. 이렇게 보면 서양 역법이란 중국에서 기원한 것이 된다. 이것이 매문정이 주장하는 서법중토유래설의 논리이다.

그러나 매문정은 중국의 역법과 서양의 역법의 차이점을 인정하기도 한다. 그것은 중국의 역법은 '당위법칙'[所當然之運]에 기초한다면, 서양의 역법은 '사실법칙'[所以然之原]에 기초한다는 것이다.

> 지금 사용하는 신역(서양 역법)은 그 장점을 아울러 취하여 구법(전통역법)의 미비함을 보완하는 것이지 고법을 완전히 폐지하고 신법을 따르는 것은 아니다. 대저 서양 역법이 중국의 역법과 같은 점이 한두 가지가 아니다. 서양 역법에서 태양과 오성의 최고가멸冣高加減이라고 한 것은 중국 역법의 영축역盈縮曆이고, 태음에서는 지질역遲疾曆이다. 서양 역법에서 오성의 세륜歲輪이라고 한 것은 중국 역법의 단목段目이며, 서양 역법에서 항성동행이라고 한 것은 중국 역법의 세차이고, 서양 역법에서 절기는 태양의 궤도가 궁을 지난다고 말하는 것은 중국 역법의 정기定氣이며, 서양 역법에서 각 성의 절기가 같지 않다고 말하는 것은 중국 역법의 리차裏差이다. 다만 중국 역법에서는 영축과 지질이라고 말하였으나 서양에서는 최고·최비로써 그 까닭을 밝혔고, 중국 역법에서 단목이라고 말하였으나 서양에서는 세륜으로써 그 까닭을 밝혔고, 중국 역법에서는 세차歲差라고 말하였으나 서양에서는 항성동행으로써 그 까닭을 밝혔다. 이는 중국 역법에서 드러낸 것은 소당연所當然의 운행이고, 서양 역법에서 유추한 것은 소이연所以然의 원리이다.[494]

매문정은 서양의 역법이 중국의 역법과 다른 것이 많지 않다고 한다. 중국의 역법에서 사용하는 명칭과 서양 역법에서 사용하는 명칭들을 비교하면서, 다만 중국의 역법이란 당위법칙을 중심으로 말하고, 서양의 역법이란 사실법칙을 중심으로 말한 것으로 설명한다. 이는 중국의 역법과 서양의 역법이 근거하고 있는 원리와 이치에 대한 이해의 차이를 말한 것이다. 즉, 중국 역법은 인간이 마땅히 따라야 할 당연한 법칙으로서의 역법을 추구한 것이라면, 서양 역법은 기하학에 근거한 수학적 추론에 의한 소이연에 근거한 것이라는 점에서 근본적으로 차이가 있다. 하지만 중국 역법과 서양 역법이 근본적으로 차이가 나는 것은 아니라고 한다.

서양 역법 중에서 새로운 것이란 오성에 위도를 설정한 것뿐이라고 한다. 이는 동양 천문학에서도 위도가 있지만, 이를 태양과 달에만 적용시킨 반면에, 서양 천문학은 다섯 행성에 그 적용 범위를 확장했다는 점이 다르다는 것이다.

> 서양 역법에 처음으로 있는 것은 오성의 위도緯度뿐이고, 중국의 역법에서 말한 위도는 오직 태양과 태음에만 있을 뿐이지 오성에는 아직 미치지 않았다. ……이것은 중국 역법 중에서 결함이 매우 큰 것인데, 서양 역법을 얻어서 그 미비한 점을 보완해야 한다.[495]

이처럼 매문정은 동서양의 역법이 큰 차이가 없다고 보지만, 서양의 역법 중에서 반드시 취해야 할 것이 있다고 주장한다. 이는 서양 역법 중에서 측량술과 계산의 정밀함을 취하여 중국의 역법에서 단점을 보완해야 한다는 논리로 이어진다.

> 반드시 서법을 사용하는 이유는 측량하고 계산하는 것이 정밀하기 때문이지, 그 다름을 좋아해서가 아니다. 대개 가장 높고 낮음으로 더하고 감하는 황도 경

위 같은 것들은 측량의 근본이므로 사용하지 않을 수 없다.[496]

결국 매문정의 서양 천문학에 대한 이해는 중국 역법과 차이가 없고, 오히려 요임금 시대의 역법이 회회 지역을 거쳐 서양으로 전해진 것이라고 본 것이다. 결국 중국 역법과 서양 역법은 회회력을 매개로 한 동근원적인 지식임을 주장하는 것이다.

여기에서 서명응의 논리로 돌아와 보자. 서명응 역시 매문정과 동일하게 『주비산경』을 중시하면서 '서법중원유래설'을 주장한다. 매문정이 서양 역법과 중국 역법의 차이를 사실과 가치로 구분하면서 '소당연지운'과 '소이연지원'으로 갈라서 봤다면, 서명응은 사실과 가치가 일치하는 동일한 하늘로 보았다. 그리고 서양 역법의 장점을 인정하는 매문정의 논리와 달리, 서명응은 서양 역법과 기하학을 선천의 용으로 정립하고 있어서 여전히 선천이라는 체에 하위 개념으로 설정하고 있다는 점이다.

서명응의 논리가 매문정과 또 다른 점은 '개천설蓋天說'의 창제자로 황제가 아닌 복희를 상정한 점이다. 이는 천문과 역법이 복희에서 창제되었고, 그 근거로 「복희64괘방원도」가 제시된 것과 같은 논리이다. 이는 매문정과 서명응이 경학적 지식을 해석하는 방식에서 다른 점이다. 서명응은 철저한 상수학자의 입장을 견지하기 때문에 상수학의 도식들을 통해 천문과 역법을 해석해 내고 있어서 '개천설'의 창제자도 복희로 상정될 수밖에 없다. 또한 『주비산경』의 내용의 발원자가 복희이듯이, 『주비산경』의 내용 속에 있는 개천설 역시 복희에 의해 창안된 것으로 이해한다.

> 세상 사람들은 복희가 선개旋蓋를 만들고 황제가 개천蓋天을 만들었으며, 전욱이 혼천渾天을 만들었다고 한다. 그러나 『주비산경』으로써 참고해보면 실제로 복희가 개천蓋天을 만들었다.[497]

서명응은 고전 속의 지식과 상수학을 하나의 체계로 이해한다. 그러므로 『주비산경』이란 책의 내용과 「하도」, 「복희64괘방원도」와 같은 상수학적 도식을 상호 결합해 새로운 주장을 펼치는 것이다.

서명응의 이러한 학문적 실천은 천문학 지식에도 적용된다. 대표적인 예가 '청몽기차'에 대한 설명이다. 태양이 처음 떠오를 때, 그 모양이 하늘 한가운데 떠 있는 것보다 크게 보이는 대기굴절 현상을 설명하는 '청몽기차'에 대해 성인도 분명히 말했던 지식이지만, 그 전수 과정에서 잃어버린 지식이거나 우매한 후세 사람들에 의해 이해되지 못한 지식들로 정리한다.[498] 서명응은 이러한 논리를 세우기 위해 자신의 경학적 지식들에 기대고 있는데, 이러한 점들이 매문정의 논리와 구별되는 점들이다.

> 이러한 '청몽기차'의 이치는 정미하여 지구가 둥글다는 사실과도 일치하니, 옛 성인이 반드시 말하지 않을 리가 없다. 지금 『열자』에 실려 있는 두 아이의 말한 바를 살펴보면, '태양이 처음 뜰 때에는 크기가 수레 뚜껑만하다가 태양이 남중할 때는 마치 소반만 하다. 태양이 처음 뜰 때는 차고 서늘하고 태양이 남중할 때는 끓는 물과 같다'고 하였으니, 이것은 이미 제곡第穀(Tycho Brahe)이 말한 설의 단서를 연 것이다.[499]

이 인용문과 관련된 『열자』 「탕문편」의 내용을 보면, 공자를 앞에 두고서 두 아이가 논쟁을 벌인다. 그 내용은 일출日出할 때와 중천中

天할 때의 태양과 지구 사이의 거리, 일출할 때와 중천할 때 보이는 태양 크기, 일출할 때와 중천할 때의 태양 열기를 두고서 벌이는 논쟁이다. 공자는 이 주제들에 대해 어떤 아이의 주장이 옳다고 판결을 내리지 못했고, 아이들은 '공자를 지식이 많은 사람이라고 할 수 없다'라는 내용[500]으로 결말을 맺고 있다.

그런데 서명응은 첫 번째 주제인 일출할 때와 중천할 때의 태양과 지구와의 거리는 거론하지 않고, 일출할 때와 중천할 때 태양의 크기가 달리보이는 것에 대한 내용 및 일출할 때와 중천할 때의 태양 열기만을 인용하고 있다.

그리고 서명응은 이 인용문을 토대로 '청몽기차'의 단서를 연 것으로 해석하고 있다. 왜냐하면 Tycho Brahe가 청몽기차를 설명한 것은『열자』「탕문편」에 보이는 일출시의 태양 크기와 열기, 남중할 때 태양의 크기와 열기로 설명될 수 있고, 이는 성인 복희에 의해 말해진 지식으로 이해되기 때문이다. 이는 서양 과학에서 말하는 대기굴절현상에 따른 태양의 크기 변화를 설명하는 청몽기차도 동양에서 서양으로 전래된 지식으로 이해하기 때문이다. 서명응은 이러한 논리를 확장해 서양에서 전래된 천문 역법의 새로운 지식이 아주 정교하다면, 그것은 성인이 이미 반드시 말했을 것으로 확신한다.

그리고 앞서 인용문에서 성인은 공자가 아니라 복희에 해당할 것이다.『열자』「탕문편」에서 공자는 두 아이의 논쟁에 어떠한 판결을 내리지도 못했을 뿐만 아니라, 아이들로부터 이에 관한 지식을 가지지 못한 사람으로 조롱받기 때문이다. 또한『열자』는 도가계열의 책이고, 이 책처럼 도가계열의 책에서 공자를 비판적으로 다루기 때문에, 위의 인용문에서 성인은 공자일 수 없다.

이상의 논의를 통해 서명응의 서양 천문학과 역법에 관한 이해는 청대 학자인 매문정의 논리와 매우 유사함을 알 수 있다. 하지만 앞서 살펴본 것처럼, 동일한 전거들을 다르게 해석하고 이해했기 때문에 학문적 태도와 방법에서 차이가 난다. 서명응은 선천학이라는 학문체계 속에서 전통적인 전거들을 다루고 있고, 이를 기반으로 서양 천문학과 역법을 이해하고 있는 것이다. 이러한 선천학 체계는 체용의 논리에서 더욱 체계화된다.

3) '선천先天 = 체體, 서양 과학 = 용用'의 논리

서명응의 서양 천문학에 대한 이해는 선천학 체계 속에 용用으로 정립된다. 서명응은 복희로부터 천문의 상수가 확립되었다고 인식한다. 그리고 복희의 성학聖學이 바로 선천학을 중심으로 하는 것이고, 선천학의 용으로서 그 구고句股의 수법數法을 이해한다. 그런데 구고의 수법은 서국으로 전래되어 서국에서 천문학과 기하학으로 발전되어 중국에 되돌아온 것임으로, 서양의 과학은 선천학의 용이 될 수밖에 없다는 논리를 펼친다. 이것이 선천은 체이고 서양 과학은 용이라는 체용론이다.

> 이에 선천은 구고의 체이고, 구고는 선천의 용이다. 용이 비록 만 가지로 변화하지만 끝내는 체를 버리고서 용이 될 수는 없다. 그러므로 삼대의 융성한 시대에는 구고를 담당하는 자들이 반드시 선천이 양의兩儀를 낳고, 양의가 사상四象을 생성하며, 사상이 8괘八卦를 낳는 상象으로써 구고句股의 수술數術에다 써서 경위經緯가 상승하고 착종하여 상발하였다. 이에 구고가 선천을 얻어 그 용이 더욱 오묘하고, 선천이 구고를 얻어 그 체가 더욱 드러났으니, 대개 서로 필요로 하는 것이 그러한 것이다.[501]

선천이 체가 되고 구고가 용이 된다는 논리는, 고대의 수학을 담당하던 사람들 역시 선천先天의 하도河圖 → 음양陰陽 → 사상四象 → 8괘八卦 → … 육십사괘六十四卦로 이어지는 상象의 논리에 따라서 연역을 하였으므로, 구고법 역시 선천의 용에 해당한다는 논리이다. 이는 「하도」로부터 「복희64괘방원도」가 도출된다는 논리와 맥을 같이한다. 즉, 서명응은 구고의 수법을 「하도」로부터 연역한 것이라고 이해한다.[502]

그런데 선천은 체이고 구고는 용이라는 인식을, 앞서 논의한 구고의 수법이 중원에서 서국으로 전래된 것이라는 인식과 연관하여 살펴보면, 서양 천문학의 논리들이 구고에 의해서 확립된 것으로 연역된다. 그래서 서명응은 『선구재先句齋』를 통해 선천인 체와 구고인 용을 결합하고자 시도한다. 『선구재』의 '선先'은 선천의 상이고, '구句'는 구고의 법이기 때문이다.

> 선구재先句齋란 무엇을 말하는가. 선천의 상象으로 구고의 법法을 가지런히 하고, 또 구고의 법으로 일곱 행성의 운행을 가지런히 함이다. 그러고 보면 그 가지런해진 것이 더욱더 가지런해지니, 이러한 이유로 재齋라고 한다.[503]

서명응의 이러한 논리는 선천은 체이고, 구고법은 용인데, 주나라 말기 주인들이 서국으로 도망가서 구고법을 전해 준 것이 서양 과학이라는 논리로 이어져, 선천은 체이고 서양 과학은 용이라는 논리를 확립하게 한다.

이상과 같이 서법성인유래설과 서법중원유래설 및 '선천=체, 서법=용'의 논리는 결국 서양 과학 자체가 성인에게서 기인한 것이므로, 꺼리거나 도외시할 것이 아니라 적극적으로 수용할 대상으로 정립된다. 왜냐하면 서양학문을 수용하는 것은 고대의 성인이 남긴 유법을 취하는 것이라는 논리가 확립되기 때문이다. 이는 서양에서 전래된 천문학적 지식들이 본래 중국에서 유래되었다는 생각으로 자연스럽게 이어지고, 이를 통해서 서양 천문학적 지식에 대한 심리적 거리를 극복하게 하는 효과를 거둘 수 있게 하였다.

> 대저 예를 잃으면 재야에서 구하는 것은 예로부터 있어왔다. 옛 성인이 남긴 유법이라는 것을 분명히 안다면 이에 취해야 하는 것이니 어찌 그것이 외국에서 온 것이라 하여 혐오하겠는가.[504]

서명응의 서양 과학에 대한 이해와 수용의 논리는 조선 지식사회에서 최초로 '서법중원유래설'의 주장으로 드러난다. 그의 입장이 『동국문헌비고東國文獻備考』의 '상위고'에 그대로 반영되기도 한다. 서명응에 의해서 제기된 '서법중원유래설'은 이후에 조선의 학자들에게 서양의 과학적 지식을 수용하는 데 긍정적인 영향을 미쳤다는 연구가 있다. 노대환은, 서명응의 '서법중원유래설'은 황윤석에게도 이어져 서양 과학의 수용을 정당화하게 되며, 더 나아가 북학론자들에게는 서기西器 수용의 논리적 근거로 작용하였다고 본다.[505]

이러한 분석은 타당해 보인다. 우선 서명응 자신이 서학에 대한 심리적 거부감을 해소한 측면이 있고, 황윤석이 서명응의 저술에 대해 언급하고 있는 점, 서명응이 박제가의 『북학의』 서문을 쓰고 있는 점, 서명응의 손자인 서유구를 중심으로 한 북학이론가들이 학문적 교류를 하고 있는 점, 또한 북학파 학자들이 『보만재총서』

의 편집에 참여하고 있는 점 등을 통해서 이러한 추론을 할 수 있기 때문이다.

이상의 내용을 정리하면, 서명응의 서양 과학에 대한 이해와 그 태도는 중국학자들과 외면적으로 유사해 보인다. 그러나 경학적 전거들을 해석하는 방법에서 차이를 보인다. 가장 두드러진 차이는 선천상수학의 체계 속에서 서양 과학을 파악한다는 점이다. 이는 중국학자들에게 보이지 않는 체용론의 관점을 통해, 서양 과학을 수용한 것이다.

제2절 『주비산경周髀算經』의 대두와 서양 과학 해석

1) 서양 과학의 전래와 『주비산경』의 대두

서양 천문학과 기하학적 사유를 접하면서 중국학자들이 『주비산경』을 주목한 것은 중국학자들의 입장에서는 서양 과학에 대한 나름의 대응이었다. 왜냐하면 『주비산경』에서 우주론, 천문학, 수학적 지식을 찾을 수 있었기 때문이었다. 특히 중국학자들에게 『주비산경』이 갖추고 있는 지식은 서양 과학의 여러 새로운 지식을 예견하는 구절로 가득해 보였다. 게다가 『주비산경』 권하에 나타난 개천설은 서양 천문학에서 말하는 혼천설과 거의 동일한 구조를 갖춘 것으로 파악되었다. 하늘과 땅이 모두 곡면으로 이루어져 있고, 북극성을 중심으로 가운데 부분에 해당하는 곳이 높고 그 밖의 곳은 낮으며, 해와 달이 그 옆을 싸고 돌아가는 모습으로, 전체적으로 하나의 우산 모양을 이루고 있었다. 이 때문에, 기존에 땅의 전체적인 모양에 대해 분명한 언급이 없었던 혼천가의 문헌에 비해 『주비산경』 권하의 내용은 서양 천문학에서 보여주는 구조와 닮아있었다.[506]

『주비산경』이 당시 중국인들의 관심을 끌게 한 또 다른 내용은 서양 지구설에서 말하는 오대설五帶說과 다섯 대륙이 위치한 위도에 따른 기후 변화 등의 내용이 들어있다는 점이다. 매문정은 서양에서 말하는 한난오대설이 바로 『주비산경』의 칠형물합七衡朒合과 같은 것이며, 『주비산경』의 내용 중에 북극 아래 반 년 동안 밤이고 낮인 것을 설명하는 내용, 적도 아래에서는 1년에 두 번 곡식이 익는다는 내용이 바로 서양의 지구설과 같은 내용으로 본다.[507] 그래서 매문정과 같은 학자는 서양 역법의 원류는 중국이고, 바로 『주비산경』이 그 근원지라고 본 것이다.

중국의 학자들이 『주비산경』 권하의 내용을 통해서 확인한 서양 천문학과 지구설과 유사한 내용은 다음과 같은 것들이다. 『주비산경』 권하에 기록된 순서대로 옮겨본다.

> 1) 대체로 해와 달은 네 극지의 길을 운행한다. … 태양이 운행하여 북극에 처하면 북방은 한낮이고 남방은 밤중이고, 태양이 극동에 있으면 동방은 한낮이며 서방은 밤중이고, 태양이 극남에 위치하면 남방은 한 낮이고 북방은 밤중이다. 태양이 극서에 위치하면 서방은 한낮이고 동방은 밤중이다. 이 네 지방은 천지의 네 극極이며, 네 화和이다.[508]
>
> 2) 하늘은 삿갓을 본뜬 것이고, 땅은 뒤집어진 주발을 본뜬 것이다.[509]
>
> 3) 극 아래에서는 만물이 생성하지 않는다. … 북극 좌우에는 여름에도 녹지 않는 얼음이 있다. … 적도의 아래에는 겨울에도 시들지 않는 초목이 자란다. …오곡은 한 해에 두 번씩 여문다.[510]

이 인용문에서 1)의 내용은 지구와 태양의 위치에 따라 밤과 낮이 달라지는 내용을 말한 것으로 지구설로 이해할 수 있는 대목이다. 2)는 일반적으로 입체적 개천설로 이해되어 온 내용이다. 3)의 내용에 따르면, 북극을 중심으로 한 좌표계의 차이에 따라 기후가 달라지고, 그에 따른 식물의 식생도 달라진다. 이는 당시의 선교사들이 전한 지식인 한난오대설의 내용과 유사하다.

이제 1)과 2)의 내용을 그림으로 그려보자. 그러면 둥근 구면으로 이루어진 천체와 땅이 겹쳐진 모습의 구조가 그려진다. 여기에다 3)

의 내용을 결합하면 당시 서양의 천체구조론과 비슷하게 보일 수 있다. 이러한 점 때문에 중국 지식인들은 중국의 고전에 이미 서양 천문학과 지구설, 오대설 등이 기록되어 있다고 인식하게 된다. 그리고 서양 과학에 대해 고전에서 관련 내용을 찾아 대응하는 이유이자, '서법중토기원설'의 논리적 근거가 되는 것이다.

문제는 『주비산경』 권하의 "천상개립天象蓋笠, 지법복반地法覆槃"에 기초한 개천설이 지구설을 증명하지는 못한다는 점이다. 이것이 비록 입체적 구조를 가졌지만, 여전히 천체와 땅은 두 개의 평행한 절단면으로 존재하고, 그 절단면의 아래 부분은 설명하지 못한다는 점이다. 즉, 적도 이하에서 남극에 이르는 지구의 반에 해당하는 부분은 존재하지 않는다는 점이다. 그렇다면 이는 중국학자들이 전통에서 찾은 지구설과 오대설의 전거로 삼기에는 부족하게 된다. 그런데도 중국의 학자들은 이 개천설을 기준으로 혼천설과 동일한 천체 구조론으로 논리를 전개하면서 이 문제를 해소한다. 이에 관해 조금 뒤에서 논의할 것이다.

다른 문제는 『주비산경』 권하의 입체적 개천설과 『주비산경』 권상의 '천원지방天圓地方'에 근거한 개천설이 같은 것인가 다른 것인가 하는 문제이다. 『주비산경』의 권상과 권하의 개천설이 모두 '천원지방'에 근거한 것이기에, 이 두 개천설을 어떻게 보아야 할 것인가가 문제로 제기된다. 그런데 문제는 『주비산경』 권상의 "천원지방"에 기초한 개천설은 천체의 구조로 이해될 수도 있고 그렇지 않을 수도 있다는 점이다. 이를 천체의 구조로 이해하게 되면 땅의 모양이 평면적인 것이 되어 버리는 문제가 발생한다. 이것의 구체적인 모습은, 땅은 네모난 평면 덩어리이고, 하늘은 그 위를 덮고 있는 원형으로, 북극점을 축으로 회전하는 형태이다. 이 구조에서 태양은 계절에 따라 각기 다른 반경을 가지고 원운동을 하고, 그 원운동의 반경은 하지에 가장 짧고 동지에 가장 길게 된다. 이 때문에 낮과 밤이 교체되는 까닭도 관측지점으로부터 태양에 이르는 거리가 일정한 한계를 넘으면 태양의 빛이 보이지 않는 밤이 되고, 그 반대이면 낮이 되기 때문이다.

이 구조에 의하면, 서양 과학에서 말하고 있는 혼천설과는 상당히 거리가 먼 천체구조론이 된다. 이 개천설의 구조로는 지구설을 설명하기도 부족하고, 낮과 밤의 변화를 설명하기도 부족하며, 계절의 변화를 설명하기도 부족하다. 뿐만 아니라 오대설과 기후의 변화를 설명할 수 없다.

게다가 '천원지방설' 자체도 구체적인 천지의 모습으로 이해하기에는 힘든 부분이 있다. 왜냐하면 『주비산경』 권상의 '천원지방'은 사각형과 원 등의 도형을 작도하는 내용으로도, 이를 형이상학적 원리인 천지라는 속성으로 분류한 것[方屬地, 圓屬天, 天圓地方]으로도 이해되기 때문이다. 즉, 곱자를 사용하여 사각형을 만들고 원을 만드는 과정에서 사각형의 속성과 땅의 속성을 일치시키고, 원의 속성과 하늘의 속성을 일치시킨 것에 지나지 않는다는 것이다.

> 곱자를 돌려서 원을 만들고 곱자를 합하여 방(사각형)을 만든다. 방은 땅에 속하고, 원은 하늘에 속한다. 하늘은 둥글고 땅은 네모나다. 방수方數로써 법칙을 삼고, 방方으로써 원을 낸다.[511]

그래서 천원지방의 관념은 구체적인 천과 지의 모습을 말한 것이 아니라, 원과 사각형 등의 도형을 작도하는 원리를 설명하거나, 오히려 사물의 형태나 속성을 비유하는 형식으로 사용되기도 한다. 『주례』 「고공기考工記」에서는 '수레가 네모지게 된 것은 땅을 형상화한 것이고 수레 뚜껑이 둥근 것은 하늘을 형상화한 것이다'[512]라고 하여, 천지의 모습이 아니라 사물의 형태를 설명하는 것으로 사용되기도 한다.

그런데 이를 천체의 구조로 파악하게 되면, 『대대예기』에서는 증삼曾參과 단거리單居離가 주고받은 천원지방에 관한 논의로 귀결될 터이다. 즉, "천원지방설"에 기초한 천체구조론은 그 자체로 설명의 곤란함 때문에 오해가 발생하게 되고, 그것을 해결하기 위해 형이상학적인 논의에 의존해야 하는 문제점이 노정되는 것이다. 이러한 사례가 바로 『대대예기』의 단거리의 질문에 증삼이 형이상학적인 관점에서 대답을 하고 있는 것이기도 하다.[513] 이러한 형이상학적 관점은 '천원지방'에 대해 실질적인 구조를 설명하는 것이 아니라 그것의 속성인 덕德으로 설명하는 논리로 이어지는데, 이것은 평면적 개천설이 가진 한계 때문이다.

> 사물에는 둥글고 네모난 것이 있고, 수에는 기수와 우수가 있다. 하늘은 움직여서 원이 되고 그 수는 기수이며, 땅은 고요하여 네모나고 그 수는 우수이다. 이것은 음양을 짝한 의미이지 실제 천지의 모양이 아니다. 하늘은 끝까지 볼 수 없고, 땅은 모조리 볼 수가 없다. 어찌 그 네모나고 둥근 것을 정할 수 있겠는가.[514]

그렇다면 『주비산경』에 나타난 천체 구조인 개천설을 어떻게 파악해야 할까. 이를 1차개천설과 2차개천설로 구분해 보는 학자들이 있다.[515] 『주비산경』 권상의 "천원지방"에 근거한 개천설은 평면적인 땅의 구조로 '평면개천설'이며, 이는 '1차개천설'에 해당하고, 『주비산경』 권하의 "천상개립天象蓋笠, 지법복반地法覆槃"에 기초한 개천설은 '입체개천설'이며, '2차개천설'로 보는 것이다.

17세기 중국인들이 주목한 개천설은 후자에 해당한다. 그들이 특히 '입체개천설'에 주목한 것은 지구의 곡률과 기후대와 오대주설 등이었다. 따라서 당시에 서양 과학을 받아들인 상당수의 지식인들은 『주비산경』에 담긴 고대의 지혜에 매료될 수밖에 없었다.[516]

조금 뒤에서 논의되겠지만, 서명응이 『주비산경』에 대해 당시 중국 지식인들의 이해를 비판하고, 이 책을 구고의 수법으로 한정한 것은 바로 이러한 점들을 익히 알고 있었기 때문이라고 추측할 수 있다. 왜냐하면 "조상趙爽이 개천설에 『주비산경』의 수법이 들어있다[蓋天有周髀之法]"라거나, "채옹이 『주비산경』의 내용이란 개천의 학설이다[所謂周髀者, 蓋天之說也]"라고 하는 논리들을 비판하면서, 『주비산경』을 구고의 수법으로만 한정하고 있기 때문이다.

어쨌든 이러한 천원지방설이 천체구조를 그리고 있거나 그렇지 않거나 간에, 당시 중국지식인 중에 『주비산경』에 비판적인 학자들도 존재했는데, 이들은 선교사들의 입장에서 서양 과학을 받아들인 학자들로 웅명우熊明遇(1579 ~ 1649) 등이 있다. 이들은 『주비산경』의 '지구를 뒤집어진 주발'이라는 구절이 지구를 설명하기에는 적절한 구조가 아닐뿐더러, 『주비산경』의 천체구조로는 몇 가지 천문학적 현상을 제대로 설명할 수 없었다고 비판했다. 그래서 이들은 개천설의 천체구조에 기초한 『주비산경』의 가치를 부정하게 된다.[517]

혼천의는 혼천설을 그대로 기구로 옮겨 놓은 것이다. 혼천의의 구조는 천구에 황도, 백도, 적도 등의 궤도를 갖추고 계절의 변화나 세차歲差, 세실歲實, 절기節氣 등을 구조적으로 보여주고 있어서, 서양의 혼천설과 유사한 점이 많았다. 또한 혼천설이 개천설보다 천문현상을 더 잘 설명할 수 있었기 때문에, 혼천설을 지지하는 학자들이 존재하게 된 것이다.

이에 반해 매문정을 중심으로 한 서양 천문학이 중국에서 유래했다고 주장하는 학자들은 『주비산경』의 가치를 높게 인정하면서 서력西曆의 원류는 『주비산경』이라고 인식한다. 대표적으로 매문정이 이러한 입장을 취한다. 그의 입장에서 『주비산경』이 그리고 있는 개천설을 지지하려면, 앞서 언급한 문제들을 해결해야 했다. 즉, 동양의 고대에서부터 사용되어 온 천체구조론은 개천설과 혼천설이 뒤섞여 있었고, 천체구조에 관한 이론들은 주나라 초기에 탄생한 개천설에서부터 한대에 성립된 혼천설이 경쟁하다가 혼천설이 승리했던 역사적 정황에다[518], 서양에서 전래된 천체구조론도 혼천설이기 때문에, 이를 개천설과 어떻게 일치시켜 설명할 수 있을까라는 것이다. 이를 정리하면 다음과 같다. 첫째, 1, 2차 개천설을 어떻게 볼 것인지, 둘째, 개천설과 혼천설을 어떻게 볼 것인지, 셋째, 이를 다시 서양의 천체 구조와 어떻게 결합할지 등의 문제가 남아있었다.

매문정은 이러한 역사적 정황을 무시한 채, 서양 천문학의 이론을 기준으로 전래의 개천설과 혼천설의 일치를 논증한다. 매문정은 자신의 저서 『역산전서曆算全書』의 「논개천여혼천동이論蓋天與渾天同異」라는 글에서 질문자를 상정하여 혼천설과 개천설의 일치여부를 질문케 하고, 이에 대해 자신이 대답을 하는 것으로 개천과 혼천의 일치를 설명한다.

> 문: 혼천과 개천은 원래 양가兩家의 학설인데 어찌 같을 수 있습니까.
>
> 답: 개천이 바로 혼천이다. 양가라고 한 것은 전해들은 것의 잘못이다. 천체가 혼원하기 때문에 오직 혼천의만이 비슷할 수 있었다. 그러나 측량하고 계산하는 일을 상세하게 구하려고 하면 반드시 평면에 그려야 되니, 이것이 개천이 된 것이다. 그러므로 혼천이 상象을 기구로 만든 것과 같고, 개천은 상象을 그린

것과 같은 것이니 모두 같은 하나의 천이며, 모두 같은 하나의 주천周天의 도度이다. 어찌 두 법이 있겠느냐.[519]

위의 매문정의 논리는 『주비산경』이 기초하고 있는 천체 구조가 개천설이지만 그것은 바로 혼천설이기도 하다는 것이다. 그는 원래의 개천설은 곡률을 가진 것이지만, 이를 종이 위에 그리게 되어서 평면적인 개천설이 탄생하였다는 입장을 취한 것이다. 결국 매문정의 논리는 개천설이 혼천설이라는 것이다. 게다가 측량을 위해서는 개천설이, 입체적인 공간을 위해서는 혼천설이 만들어진 것이라는 논리를 펼친다. 이는 궁색해 보이는 논리이지만 당시 중국 지식인들에게 수용되어 학계에 공식적인 논리로 정립된다.

이러한 혼천설과 개천설을 일치시키는 일은, 『주비산경』을 근거로 서양 천문학에 대한 '중서회통론中西會通論'과 '중원기원설中原起源說'을 주장하기 위해 먼저 해결해야 하는 문제였다. 매문정은 이 문제를 해결이 아닌, 해소함으로써 서양 과학이 중국에서 기원했다는 주장을 확고히 하게 되는 것이다.

2) 서명응의 『주비산경』의 주석과 그 내용

2)—1 구고법句股法으로서의 『주비산경』

중국의 학자들과 마찬가지로 서명응 역시 『주비산경』을 중시한다. 서명응의 『주비산경』에 대한 중시는 『비례준髀禮準』의 말미에서 『주비산경』에 대한 주석을 가하고 있는 점을 통해서도 확인할 수 있다. 그러나 서명응은 중국의 학자들이 서양 천문학이 전하는 지구설이라든지, 오대설이라든지, 서양 천문학이 근거로 하고 있는 혼천설의 전형이 된다는 논거로 '중서회통론' 및 '서법중토기원설'을 말하고 있지 않다. 왜냐하면 서명응이 이해한 『주비산경』이란 선천학의 일부이고, 구고법의 전형이기 때문이다.

서명응은 주공周公과 상고商高의 문답만이 『주비산경』에 속하는 것이고, 나머지 영방榮方과 진자陳子의 문답은 『주비산경』이 아니라 후대의 주석에 지나지 않는다고 인식한다.[520] 서명응의 관점에서 보자면, 중국의 지식인들이 『주비산경』의 내용을 두고서 서양 과학의 지식들을 예견한 것이라고 호들갑을 떤 것들은 『주비산경』을 잘못 이해한 것이 된다. 이 점은 서명응이 주장하는 서법중원유래설과 중국 지식인들이 주장하는 서법중토기원설과는 차이가 나는 첫 번째 점이기도 한다. 즉, 『주비산경』은 수과數科의 글에 지나지 않는데, 그 이후의 내용들은 후세의 여러 유학자들이 『주비산경』의 말들이 무엇을 말하는지 알지 못하고서 천체현상을 기록한 글[寫天之文]이라든지, 천문현상을 관측하여 측량하는 책[儀器之書]이라든지 하는 식으로 파악해 천문 현상과 그것을 관측하는 의기儀器로 해석했다는 것이다.

> 『주비경』이란 주나라 학교의 육예 중에 수과의 글이다. 왜 그런가. 『주례』의 대사도는 향鄕에서 세 가지 것으로 만민을 가르쳤는데, …… 예악禮樂과 사어射禦와 서수書數이다.[521]

서명응은 『주비산경』을 수학책 즉, 구고법을 담고 있는 책으로 파악한다. 그런데 중국 지식인들은 『주비산경』의 내용에 삿갓으로 하늘을 형상화한 글이 있는 것 때문에 이를 천문에 관한 글, 즉 천체구조나 천체현상을 측량하여 기록한 글로 오해하였다는 것이다. 서명응이 파악한 『주비산경』은 전적으로 수학책이다. 이 책은 천체구조나 천체현상을 직접적으로 기록한 글이 아니라, 구고의 수법 중에 천문에 관한 내용들이 조금 들어 있는 정도라는 것이다. 서명응의 이러한 입장은 중국의 지식인들이 『주비산경』에 열광하던 내용과는 다소 거리가 있다. 서명응은 중국인들이 찾고자 한 내용인, 천체구조나 그것에 대한 측량의 도구들은 『상서』에 기록되어 있다고 주장한다. 이 점이 서명응의 사유와 중국인들의 사유와 차이나는 두 번째 점이다.

또한 서명응은 당시의 중국 지식인들이 『주비산경』에 열광한 것은 채옹으로부터 장횡거에 이르는 『주비산경』에 대한 오해의 역사가 연장된 것이라고 인식한다.

> 주나라 말기에 주인 자제가 수서數書를 끼고서 외이外夷로 흩어졌지만 다행히 『주비경』 한 편은 중국에 남아 있었다. 그러나 여러 유학자들은 망연히 그 책이 무슨 말을 하는지 알지 못하였다. 그래서 채옹은 단지 『주비경』 속에 있는 삿갓으로 하늘을 그려낸 글이 있는 것만 보고 그것이 천문을 관측하는 의기儀器의 책인 줄 의심하여 선야宣夜, 혼천渾天 등의 의기와 더불어 나열하여 세 종류의 의기로 만들었고, 태사공과 장횡거는 구고의 수에 천문이 갖추어져 있다는 것을 모르고 또 공자가 천문으로 안자와 민자에게 말하지 않은 것을 의심하였다. 그런데 이미 몸으로 육예六藝를 달통하였다고 하였으니, 육예를 가르칠 때 이미 천문을 가르친 것이다.[522]

서명응은 『주비산경』을 구고법에 관한 책, 즉 천체의 구조와 운행을 수학적으로 계산해 내는 수학책으로 파악한다. 천체의 구조를 서술하고 있거나, 천체의 운행을 측량하는 기구들에 대해서 기록한 것이 아니라, 천체의 구조와 운행을 계산해내는 수학적 원리들을 기록하고 있는 책으로만 인식한 것이다.

서명응의 말을 빌리면, 복희가 주천역도周天曆度를 세울 때, 하늘을 계단을 놓아서 오를 수 없고, 땅을 척촌을 가지고 헤아릴 수 없어서[523] 방원도方圓圖에 기초한 수학적 원리를 만들었으니, 이 원리에 의한 수학적 추산이 바로 구고법이라는 것이다.[524] 이렇게 보면, 『주비산경』의 구고법은 「복희64괘방원도」에서 연역된 수학책이 되고, 「복희64괘방원도」는 선천학의 체에 해당하기 때문에, 『주비산경』은 선천학의 용으로 규정된다.

그런데 왜 서명응은 중국의 지식인들과 달리 『주비산경』이 구고법이고, 이 구고법에 의해 우주의 구조와 운행을 추산할 수 있다는 논리를 펼쳤을까? 서명응의 논리대로라면, 구고법에 기초한 동양의 천문학적 지식은 서양 천문학이 우주의 구조와 운행을 측량하는 방식, 즉 기하학에 근거한 천체구조와 운행을 설명한 방식과 동일해지기 때문이다. 이 점에서 필자는 서명응의 주장에는 서양 기하학에 대응하는 전통의 사유를 찾아내려는 의도를 갖고 있는 것이 아닐까라고 추측한다. 또한 이 논리는 서양 기하학을 구고법과 동일시함으로써 서양 기하학과 천문학을 선천학의 용으로 규정하려는 의도가 내포되어 있다고 판단한다.

서명응은 서양 기하학을 두 가지로 구분하여 이해하였다. 그 하나는 '준도기하準度幾何'이고, 다른 하나는 '비례기하比例幾何'이다. 여기서 '준도기하'란 평면적 공간을 측정할 때 사용하는 기하학이고, '비례기하'란 곡률을 가진 공간을 측량할 때 사용한 기하학이다.

> 서국에서 구고를 하는 자는 그 굽은 것을 가리켜서 비례기하라고 하고, 평면적인 것을 가리켜서 준도기하라고 한다.[525]

①이것은 대면하고 있는 것을 측량하는 것인데, 그 곱자를 평평하게 세워서 곱자의 각이 직각이 되게 한 다음에 다시 하나의 고股로부터 먹줄을 끌어서 그 나머지를 헤아리면 이 나누어진 것이 내가 아는 것이 된다. 그러므로 아는 것으로 모르는 것을 비례하면 측량하여 헤아림이 맞게 된다. …… ②이것은 높은 것을 측량하는 법인데, 언偃은 우러러본다는 것이다. 곱자의 고股로 앞에다 세우고 고股가 아래에서 평평함을 정한 연후에 비례로 미루어가면 대개 평고平股와 입고立股의 비율을 알게 된다.[526]

위의 두 인용문의 내용을 어떻게 이해해야 할까? 우선 앞의 인용문에서 “서양에서 구고를 하는 자”라는 표현과 “굽은 것과 평면적인 것”이라는 표현이 나온다. 이 표현으로부터 다음과 같은 사실을 유추할 수 있다. 구고란 서양의 수학에서는 세(tri) 각(gonia)으로 이루어지는 도형, 즉 삼각형에서 각과 변의 관계를 이용해 계산(metron)하는 삼각법(trigonometry)에 해당한다. 삼각법은 평면 도형에서 삼각함수[527] – 정현正弦은 sine, 여현餘弦은 cosine, 정접正接은 tangent – 를 사용해 계산하는 평면삼각법(planetrignometry)과 이러한 삼각법을 구형에 옮겨 계산하는 구면삼각법(sphericaltrignometry)으로 구분할 수 있다. 그렇다면, 이 인용문의 내용은 삼각함수를 이용한 삼각법을 말하는 것으로 이해할 수 있다.

두 번째 인용문은 그 내용을 크게 두 가지로 구분할 수 있다. ①은 측량하는 사람이 마주 보고 있는 먼 거리의 대상을 두고서 자신의 위치와 그 대상 사이의 거리를 측량하는 것이다. 우선 곱자를 직각이 되게 한 다음, 곱자의 고변股邊을 길게 늘여 측량하고자 하는 대상에 이르게 한다. 그리고 측량하는 사람이 가지고 있던 곱자의 고와 구의 길이를 기준으로 측량대상과의 거리를 비례식으로 측량하는 것이다. ②의 경우는 도달할 수 없는 높은 곳과 깊은 곳을 삼각법을 이용해 비례식으로 측량하는 수법이다. 다음의 그림과 같은 내용에 해당한다. 아래의 그림은 홍대용의『주해수용』번역서에서 가져온 그림이다.

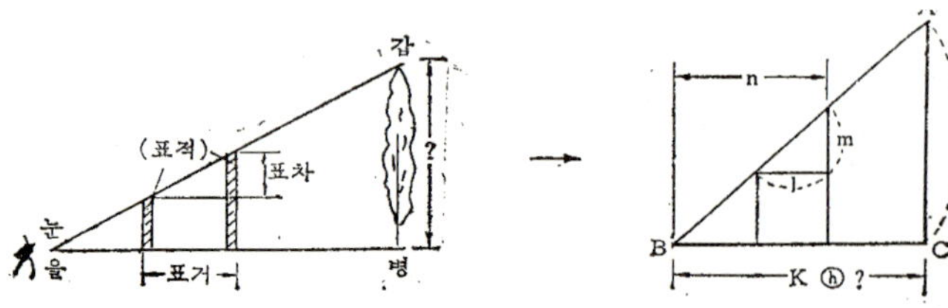

l : 표거=1율　　k : 거리

m : 표차=2율　　x : 높이

n : 표원=3율

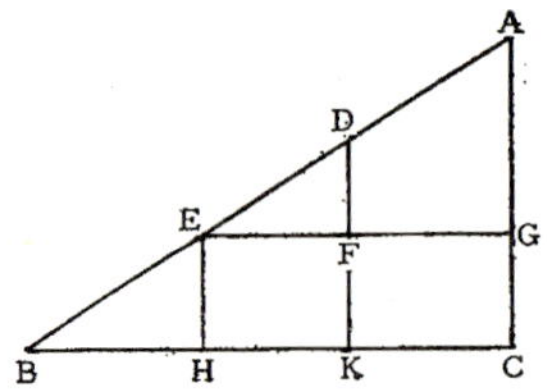

△AEG∽△DEF

EF : EG=DF : AG

EF : DF=EG : AG

표거(소구) : 표차(소고)==EG : AG

$l : m = (k-n+l) \div AG$

$$\therefore AG = \frac{m(k-n+l)}{l}$$

높이=AC=AG+GC=AG+EH=AG+짧은 표적=x

단 l, m, n, k은 기지수(旣知數)이다. x는 미지수

<그림 9> 비례구고 설명 그림

필자가 이들 인용문을 삼각법으로 이해하는 근거는 7장 <그림 11>의 내용에서 이러한 수학적 사유를 읽어낼 수 있기도 하거니와, 서명응이『위사緯史』에서 북극을 기준으로 해 그림자가 지구에 비치는 고도를 표[528]로 기록하고 있는데, 북극을 기준으로 해 그림자의 고도를 표로 나타내기 위해서는 삼각법을 이용한 계산이 전제되어야 하기 때문이다.

물론 동양의 수학에서도 삼각함수를 이용한 삼각법과 유사한 수법이 없지는 않았다.『주비산경』의 일측법日測法[529]과『구장산술』「구고」의 입표법立表法이 이에 해당한다. 다만 동양의 수학에서는 이를 논증하여 공식화하지 않고 있을 뿐이다.

위의 인용문에서 주목할 점이 또 있는데, 서명응은 기하학을 실용기하로 이해하고 있다는 점이다. 그는 기하학을 연역적 추론의 형식을 갖춘 이론기하가 아닌 실질적인 측량을 목적으로 하는 측량기하로 파악한 것이다. 그는 서양 기하학에서 말하는 비례기하와 준도기하를『주비산경해周髀算經解』에서 평면을 측량할 때[測對之法], 높은 곳을 측량할 때[測高之法], 깊은 곳을 측량할 때[測深之法], 먼 곳을 측량할 때[測遠之法] 등으로 나누어 설명한다. 여기서 준도기하에 해당하는 것은 가까운 평면을 측량할 때만 해당하고 나머지는 비례기하에 해당한다.

이처럼 서명응이 기하학을 측량술 정도로 파악한 것은 당시의 정황상 당연한 귀결이었다. 첫째는 유클리드의『기하원본』(마테오 리치가 서광계의 도움을 받아 번역한『기하원본』(1611)은 클라비우스의 주석이 있는 유클리드의『Element』15권 중의 처음 6권까지이다)을 한역 하면서, 마테오 리치가 수량에 대한 계산과 측량을 강조한 것에 기인하는 것이다. 이는 동양적 산술에서 늘상 관용적으로 사용되는 '기하幾何'라는 용어를 마테오 리치가 'Geometry'의 번역어로 사용한 결과이기도 하다. 가령『주비산경』이라는 책에서 '기하'라는 말은 "원의 둘레는 얼마인가[問爲圓周幾何]"라는 식의 문제에서처럼 관용적으로 쓰이고 있는 것을 볼 수 있는데, 여기서 '얼마인가'의 '기하幾何'를 'Geometry'의 번역어로 사용했기 때문이다. 그래서 동양의 지식인들은 기하학을 측량과 계산술로 파악하게 된 것이다.

둘째는 유클리드의『기하원본』에서 보여주는 공리적 연역체계에 대한 중국인들의 몰이해가 이유일 수 있다. 유클리드의『기하원본』은 정의—공리—정리—증명으로 이어지는 연역체계를 갖춘 논리적인 글이다. 그러나 중국인들의 사유에는 이 체계가 이해하기 어려운 점이 있었다. 이를 보여주는 구체적인 사례가 청나라 강희제(1655~1722)의 경우이다. 강희제는 선교사들로부터 수학과 자연학을 배운다. 하지만 그에게 이론기하는 매우 어려운 학문이자, 이해할 수 없는 학문으로 인식된다. 그 결과, 이론기하를 배우는 일은 포기하고 실용기하를 중심으로 서양의 학문을 배워간다.[530]

청나라 최고의 학문 군주인 강희제는 서양의 실용기하와 동양수학이 결합한『수리정온數理精蘊』을 만들게 하고, 그 속에『기하원본』을 포함하게 한다.[531] 이러한 정황들로 보면 서명응 역시 기하학을 실용기하로 이해했을 가능성이 크다.

그런데 여기서 서명응이 기하학이라고 파악한 내용들이 과연 기하학일까라는 의문을 제기할 수 있다. 지금 이 인용문에서 보이는 서명응의 설명은 기지수에서 미지수를 파악하는 대수학으로 이해되기 때문이다. 하지만 앞서 인용문에서 평고平股와 입고立股라는 용어가 사용된 것으로 보아, 삼각형의 각과 변을 이용한 대수식을 사용해 풀이하는 해석기하학[532]으로 볼 수 있다. 또한 앞서 살펴본 것처럼 기하학을 측량술로 파악하게 한 당시의 정황으로 이해해 보아도, 서명응의 기하학 이해가 이처럼 방향 지워진 이유를 쉽게 짐작할 수 있다. 이렇게 보면 서명응이 서양의 기하학에 대한 대응으로 제시한 구고법이라는 것도 도형을 대수적으로 계산하는 방법인 해석기하학으로 파악할 수 있다.

이제 서명응의 『주비산경』에 대한 주석을 검토하면서, 그가 이해한 구고법의 연원과 선천학과의 관계를 검토하기로 하자. 서명응은 "수법數法은 원圓과 방方에서 나왔다"는 상고의 말에 대해, '원'과 '방'을 복희가 창조한 「복희64괘방원도」로 규정한다. 이는 복희가 주천역도를 세웠다라는 전제에서, 도수를 계산하는 구고적 근거 역시 복희의 「복희64괘방원도」가 될 수밖에 없다는 논리적 귀결이다. 서명응은 여기에서 더 나아가 「복희64괘방원도」를 중심으로 당시에 전래된 삼각함수[八線]와 삼각함수의 숫자들의 목록인 대수표까지 논의를 전개하고 있다.[533]

> 방원方圓은 곧 복희가 창제한 「복희64괘방원도」이다. 그런데 (「복희64괘방원도」에서) 방원이라고 한 것은 중中에서 일어나기 때문이고, (『주비산경』에서) 원방이라 한 것은 그 큰 것을 먼저 한 것이다. 이는 천지를 추측하는 수법이 방원도에서 나왔다고 말하는 것이다. 대개 포희가 이미 방원도를 제작하자, 상을 세우고 기구를 제작할 때, 큰 것도 역시 방원도로부터 작은 것도 역시 방원도로부터, 먼 것도 역시 방원도로부터, 가까운 것도 역시 방원도로부터 했다는 것이다.[534]

이 인용문에 따르면 서명응은 방원도를 역도曆度를 세우는 기준[535]으로 선언한 것이다. 그렇다면 "원이 방에서 나왔다"는 말을 어떻게 이해할까? 서명응은 '원도圓圖'는 하늘을 형상화한 것이고, '방도方圖'는 땅을 형상화한 것이라는 것을 전제한다. 그렇다면 현재 우리는 천체를 어떻게 측량하는가? 인간이 우주를 탐사하는 지금의 시대라 하더라도 결국 우리는 천체를 땅에서 측량할 수밖에 없다. 그래서 서명응은 하늘을 측량하는 것은 땅에 나아가 수를 일으키는 것이기 때문에, 천체를 상징하는 원圓의 측량도 땅을 상징하는 방方에서 수를 일으키는 것[536]이라고 한다. 이러한 과정에서도 「복희64괘방원도」의 방도인 중中에서 일어난다는 선천학의 상수학적 원칙에 따른다. 즉, "천지의 조화는 모두 중中에서 일어난다"는 선천학의 상수학적 입장이 여기에서도 그대로 적용되는데, 중은 온갖 일들이 일어나는 근거라는 사유의 연장에 있다.

구체적으로 원형을 측량하는 것은 그 외변을 거듭거듭 잘라내서 정방형으로 만들고 나서야 비로소 원형의 체를 얻는 것이니 원이 방에서 나온 것[537]이라고 한다. 이는 할원술割圓術로 불리는 원형 측량 계산법이다. 할원술은 기하학에서 원형의 면적을 구하는 미적분의 방식을 적용해서 구할 수도 있으므로, 아래 인용문의 밑줄 친 내용에 비추어 보면 서명응은 아마도 기하학적 계산의 의미로 이를 이해한 것으로 추론해 볼 수 있다.

> 천도는 둥근데, 둥근 것은 그 수가 홀수이고 마치 수레바퀴가 굴러서 멈추지 않아 그 끝이 없는 것과 같다. 지도는 네모난데, 네모난 것은 그 수가 짝수이고 법칙이 항구하여 한결같이 바뀌지 않는다. 그러므로 하늘을 측량하는 자는 항상 지상에서 헤아린다. 원圓을 측량하는 자는 지름을 자승하여 정방형을 만들고서 그 방율方率과 원율圓率의 비례로 측량하니 곧 원의 면적을 얻는다. 모두 법칙의 항상된 네모난 것으로 그 굴러서 유행하는 둥근 것을 측량하는 것이다. 이 때문에 팔선八線의 둥근 수도 또한 반드시 구고의 고각弧角, 직각直角, 사각射角으로써 그 둥근 것을 여러 번 분할한 연후에 미루어 나가는데, 이 구고도 또한 선線을 만들어내는 까닭이 된다.[538]

인용문의 밑줄 친 내용을 새롭게 구성하면 다음과 같다. "원을 측량하는 자는 지름을 자승하여 정방형을 만들고, 방율과 원율의 비례로 원의 면적을 얻는다"라는 내용은 적분의 개념과 같다. 우리가 알고 있는 수학적 지식으로는 원의 면적 S는 원주율 π에 반지름 r을 제곱한 $S=\pi r^2$로 알고 있다. 하지만 이 인용문의 내용에 따르면 원의 지름을 자승하여 정방형을 만들고, 이에 방율과 원율의 비례를 적용한다. 이를 쉽게 파악하기 위해 지름이 2cm인 원으로 상정해 보자. 먼저 한 변의 길이 2cm —원의 지름 L— 인 정사각형을 만든다. 그러면 정사각형 안에 원이 포함되기에 사각형의 네 각角 부분에 원의 면적에 포함되지 않는 면적이 존재한다. 이를 제거하면 원의 면적을 얻게 된다. 이를 수식으로 만들어 보면, $S=\pi \frac{1}{4} L^2$이 된다. 이는 지름 2cm인 원의 면적과 그 값이 같아진다. 결국 이 인용문은 현재의 미적분을 이용해 원의 면적을 구하는 것과 같다.

또 "팔선의 둥근 수도 … 까닭이 된다"에서 '팔선'은 8종의 삼각함수를 말하는데, 즉 sin, cos, tan, cot, sec, cosec, vers, convert를 의미한다. 서명응이 이처럼 삼각함수의 8종을 이해할 수 있었던 것은 탕약망湯若望에 의해 『할원팔선표割圓八線表』 6권이 번역되었을 뿐만 아니라, π의 계산에 관한 원의 분할문제를 다룬 『측량전의測量全義』를 읽었기 때문이다. 서명응의 『보만재총서』(『고사12집』등)에는 팔선표와 원의 분할에 관한 내용들이 수록되어 있다. 이는 서명응이 청나라에 연행할 때에 수집한 책들의 목록에서도 확인할 수 있는 내용이다.

이 인용문처럼, 서명응은 『주비산경』에 나오는 '천원지방'에 대해서도 형체적인 의미의 천과 지라는 표현 대신에 그 속성을 의미하는 천도와 지도라는 용어를 사용하면서, 지구설을 의미하거나 천체 구조를 의미하는 해석을 거부한다. 이 역시 기하학적 내용으로 이해하면서 삼각함수[八線]를 추론하는 근거로 제시하는 것이다.

이렇게 보면 서명응은 『주비산경』을 철저하게 기하학의 책으로 재해석하고 있는 것이다. 그리고 그는 구고의 법을 선천의 상수로 해석한다. 이는 중국의 학자들이 『주비산경』을 통해 '중서회통론'을 펼치거나 '서법중토기원설'의 논리를 펼치는 것과는 다르다.

서명응 역시 『주비산경』을 통해 서양 천문학의 역법이 중원에서 유래했다는 중원유래설을 펼친다는 점에서 매문정의 논리와 같아 보인다. 즉, 서양의 역법이란 바로 『주비산경』을 근본으로 삼고 있다는 '서양 역법 중원원류설'이 같고, 주나라 말기에 역법과 수학을 담당하던 주인들이 난리를 피해 서국으로 도망갔고, 이들이 가져간 책들이 바로 역법과 수학을 내용으로 하는 것이라는 점에서는 같다. 그러나 천문역법과 구고법을 선천학의 상과 수로 해석하고, 이 학문의 발원자로 복희를 상정하는 점이 다르다. 전자는 선천의 '상'으로 구고의 법을 일치하는 것이며, 구고의 법으로 일곱 행성의 운행을 일치하는 것[539]으로 설명하기에, 철저히 상수학의 체계에서 이해하는 것이다. 선천학의 상과 수에 관한 지식을 담고 있는 『주비산경』이 서양 역법의 근거라고 본 것이다.[540]

그렇다면 서명응의 천체와 지구설 및 천체의 구조를 나타내는 개천과 혼천설에 대한 입장은 어디에서 찾을 수 있는가? 서명응은 우주를 싣고 있는 서적들은 『역』과 『상서』뿐[541]이라고 단정한다. 그래서 그는 『상서일지尙書逸志』에서 천문의 의기儀器와 상수象數에 관한 서술을 하고 있으며, 『선천사연先天四演』에서 천체구조와 지구설을 설명하고 있다.

2)—2 구고법과 천문의기

매문정이 개천과 혼천의 일치논리를 『주비산경』에서 찾은 것과는 달리 서명응은 혼천과 개천 등의 천문의기에 관한 논리를 그의 저서인 『상서일지』에서 펼치고 있다. 그는 『상서』를 경전經傳의 본원이며, 사기史記의 본원이자, 문장文章의 본원으로 규정하기도 하고, 『대학』과 『중용』 및 『주례』, 『악기』, 『시경』과 『소학』의 본원으로 규정하면서, 후세의 성리학의 본원이 된다[所以本原乎後世性理之學]고 규정한다. 이에 덧붙여 역법曆法의 본원으로 규정하는데, 역법의 본원으로 규정한 것은 우주에 관한 기록을 『상서』와 '역괘易卦'가 싣고 있기 때문이라는 인식에 근거한 것이다.

그러나 여기서는 『주비산경』의 구고법 및 그것과 관련한 천문의기의 내용을 중심으로 서술하기로 한다. 서명응은 구고법이 갖추어져 있더라도 반드시 천체를 관측하는 의기가 있어야만 추측할 수 있다고 본다. 그래서 복희가 구고법을 만들 때 천문의기도 아울러 제작했다고 인식한다.

> 구고의 수는 반드시 천문의상天文儀象을 얻어야만 미루어 측량할 수 있다. 그러므로 복희는 구고를 창제하면서 아울러 개천의蓋天儀를 제작하였는데, (구고법과) 상대하여 사용하고자 하였기 때문이다.[542]

인용문에서 서명응은 구고의 법과 천문의기를 상대하여 쓰임이 되고자 하였다고 인식하였다. 그의 말에 따르면 구고와 개천의기는 밀접한 관계를 가진다. 왜냐하면 개천의기가 바로 『주비산경』의 의기이고, 구고의 수가 바로 개천의 수이기 때문이다. 그런데 후대 사람들이 이 관계를 알지 못해서 둘 사이를 무관한 것으로 여기고 개천의 수數로써 천상天象을 징험하고서 잘못된 것이 많다고 한다는 것이다. 이는 근본적으로 『주비산경』을 천체를 관측하는 기구인 의기로 잘못 인식한 오해에서 비롯된 것이라고 한다.

> 고대의 법이 후대에 간직된 것이 많지만 후대의 사람이 아는 것은 고대의 사람에게 미치지 못한다. 그러므로 발휘하여 사용하지 못하는 것은 법이 없어서가 아니다. 채옹은 고대의 천을 말하는 것에는 혼천과 개천, 선야宣夜와 주비가 있지만 선야는 스승의 말이 끊어져 없어졌으며, 개천술수는 갖추어 간직되었지만 천상天象을 징험하면 대부분 어긋나 잃어버렸다고 여겼다. 그러나 지금 전해진 개천으로 의기를 만드니 정밀하고 오묘하여 천체의 운행과 일월의 느리고 빠름, 오위五緯의 머묾, 물시계의 시각과 분에서 한번 측량하여 조금의 오차도 없이 얻을 수 있다. 채옹이 말한 어긋난다는 것이 과연 무엇을 가리키는지 알 수 없다. 『주비산경』에 이르면 곧 개천의 수이니, 개천蓋天은 주비周髀의 기器가 되는데도 채옹은 또 혼천과 개천, 선야의 예와 뒤섞어 칭하였으니 그의 뜻은 아마도 『주비산경』을 하늘을 관측하는 의기儀器로 이해한 것 같으니 심하도다. 채옹의 잘못이여.[543]

서명응의 이러한 언설을 통해, 중국의 학자들이 『주비산경』을 구고의 법이 아니라 천체를 관측하는 의기로 인식한 역사적 상황들을 읽을 수 있다. 서명응은 개천의 수들과 『주비산경』의 구고법이 서로 부합하는 것으로 보았다. 그리고 전해진 개천설로 의기를 만들어 천체의 운행과 일월의 속도 및 다섯 행성의 머묾, 물시계까지 측정해본다. 그리고 그 정확도를 찬미한다.

그런데 그의 『보만재집』에서는 혼천도를 중심으로 개천설을 수정한 내용이 기록되어 있다. 이러한 모순을 어떻게 설명할 수 있을까? 앞서 살펴보았듯이, 중국의 매문정 같은 경우에는 혼천과 개천을 일치시키는데 그 논리가 개천설이 입체적인 것이지만 종이 위에 기록하면서 평면적으로 되었다는 논리로 개천과 혼천을 일치시켰다. 서명응은 상으로써 하늘을 관측하는 것은 혼천이든 개천이든 매 한가지라는 논리를 세운다. 그래서 절충하여 신법혼천도新法渾天

圖를 만드는 것이다.

> 도圖는 상象에서 기인한다. 상象에 밝으면 도圖에도 밝게 된다. 도에는 대개 두 가지가 있고 상에도 또한 두 가지가 있다. 「요전」의 역상曆象은 곧 혼천상이니 천도의 가운데는 넓고 남북은 협소하여 한결같이 둥근 종과 같다. 그러므로 그 형태를 둥근 종으로 만들고 일월성진을 그 바깥에 그렸다. ……『주비산경』에 하늘을 삿갓으로 그린 것은 곧 개천이다. 일월성진을 하늘의 안에 있게 하였고 사람이 가운데 서서 우러러 보게 하였다. …… 두 가지는 동일하게 고대에서 나왔다. 그러나 상으로써 하늘을 관측한다는 점에서는 혼천과 개천은 매한가지이다.[544]

서명응은 당시에 전래된 서양의 천문학에서 역법이 혼천설에 기초하고 있는 것이어서, 이를 동양의 전통 천문의기에서 찾아야 했다. 서양 기하학에 대한 대응의 논리는 구고법으로 찾았지만 천체의 구조를 설명하는 의기에서는 혼천설이 더 적합하였던 것이다. 그래서 혼천과 개천을 일치시켜야 할 필요가 있었다. 그는 개천과 혼천이 대체적인 모양에서는 비슷하지만, 관측하는 사람의 위치를 중심으로 구분하여 혼천과 개천을 나누었다고 설명한다. 그리고 '상象'으로 천을 관측하는 점에서 동일한 것이라고 주장한다. 여기서 상이란 천체구조이자 상수학의 상이다. 선천학의 상수학적 입장에서는 이들 혼천과 개천은 동일한 원칙하에 그려진 것이고, 그 목적에 따라 그림이 달라졌다는 논리이다.

이상으로 서명응의 서양 과학에 대한 인식과 해석의 논리를 살펴보았다. 그리고 서명응의 논리가 중국 지식인의 논리와 어떤 점이 같거나 다른지를 살펴보았는데, 매문정의 경우 성인유래설은 황제에게 소급하여 적용하였고, 서명응은 복희에게 소급하여 적용하였다. 서명응이 복희에게 소급하여 적용한 것은 그의 사상체계가 선천학에 기인하는 이유 때문이다.

> 복희가 천도를 세운 것 역시 어찌 다른 법이 있겠는가. 즉 선천역이 그것이다. 선천역에서 태극이 양의兩儀를 낳는다. 그러므로 하나의 혼연한 것을 중분中分하여 양의를 낳으니 무궁한 조화가 모두 이것에서 말미암아 나온다. 공자가 '성인이 하늘과 땅의 조화에 범위를 잡아 지나침이 생기지 않도록 하였다'고 하였으니, 대개 이것을 말한 것이다.[545]

이 인용문에 따르면, 천도 역시 선천역의 논리라는 것이다. 선천역이 음양을 낳고 음양에서 끊임없는 조화를 시작하는 것은 천지의 온갖 변화가 모두 '중'에서 일어나고 여기에서 중이 나뉘어 항성천과 태양천이 되고, 주천역도가 세워지며, 만세의 역상가들이 근원으로 삼게 되는 것이라는 논리이다.[546]

복희가 「하도」를 만들었고, 「하도」의 원리에 따라 구고법을 만들었으므로, 당시에 전래된 서양 과학의 역법과 수학이 선천의 용으로 규정되면서 선천학의 논리 안에서 해석되는 것이다.

또한 구고의 '원圓'과 '방方' 역시 「하도」에서 기인한 「선천4도」 중에서 「복희64괘방원도」에 기초한 것이다. 왜냐하면 「하도」의 체는 '원'이고 「하도」의 용은 '방'이기 때문이다.[547] 그리고 구고의 법 역시 「하도」의 수법數法에서 기인한 것이다. 그렇다면 매문정과 서명응의 서양 역법에 대한 이해는 비슷한 것 같지만 다른 이해의 궤적을 그리고 있는 것이다. 서명응은 선천 상수학자답게 자신의 선천학 체계 속에서 이를 해석하고 있는 것이다.

제7장 서양 천문학에 대한 이해와 비판

제1절 복희伏羲의 선천사도先天四圖로 이해한 지구설地球說

서명응이 '지구설'을 증명하는 논거는 크게 두 가지이다. 첫째는 전해져 오는 전거들에서 지구설과 관련된 내용을 찾아내는 것이다. 이는 다시 두 가지로 나누어 볼 수 있는데, 하나는『주비산경』과『대대예기』에서 지구설의 전거를 찾는 방식이다. 다른 하나는 지원리차地圓裏差라는 당시 선교사들이 전해 준 지식으로서『상서』「우공편」의 내용을 재해석하는 것이다. 둘째는「복희64괘방원도」의「방원도」를 재구성하여 지구설을 증명하는 방식과「하도」와「복희64괘방원도」에 나타난 상과 수로 지구설을 증명하는 것이다.

이 중에서 첫째의 방식은 새로울 것이 없다. 왜냐하면 경학에서 전거를 찾아 지구설을 증명하는 방식은 중국의 학자들과 다를 것이 없기 때문이다. 또한 지원리차를 이용한 증명은 북극의 고도를 중심으로 거리에 따라 북극의 고도가 어떻게 변하는지를 측정하여 설명하는 방식인데, 이는 서양 과학에서 설명하는 방식과 다르지 않다.[548] 하지만 둘째의 방식은 서명응만의 방식으로 그의 선천학적 체계와 관련된 것이다. 이는 「복희64괘방원도」의 '방도'에 기초한 지구설의 증명방식이다. 「복희64괘방원도」에서 '방도'의 정사각형의 모양을 마름모로 재배치하여, 이것이 바로 「하도」의 중궁에 다섯 점이 종과 횡으로 이어진 입체적인 모습이라고 설명하고, 이를 회전하는 구형으로 이해함으로써 지구가 둥글다는 지구설을 설명한다. 서명응의 이러한 '방도'에 대한 재해석은 그만의 독특한 사유이다.

서명응이 제시하는 지구설의 증명들을 차례대로 살펴보면, 첫째 전거에 의한 증명방식 중에 『주비산경』이 지구설을 증명하는 논리로 사용될 수 있었던 것은 『주비산경』의 "하늘은 삿갓을 엎어 놓은 것을 형상했고 땅은 주발을 엎어 놓은 것을 본떴으며, 극極의 아래는 땅이 높고 사방은 무너져 내려있고 해는 사방으로 운행하여 낮과 밤이 바뀌는 곳에 사시四時가 이른다"는 개천설 때문이다. 물론 서명응은 『주비산경』의 이 구절이 천체 구조를 나타내는 것이지만, 그 목적은 구고의 수법을 위한 것이라는 점을 지적한다. 이는 앞서 논의한 바대로다.

그런데 『주비산경』의 개천설은 실은 평면적인 천체 구조이다. 앞서 살펴본 바대로, 서명응은 개천설이 천체의 구조를 평면적으로 그리지만, 이는 혼천설의 천체구조와 다르지 않다라는 논리를 펼치고, 이 혼천설의 내용은 『주비산경』의 내용과 다르지 않다라고 주장하여 지구설을 증거하고 있다고 본 것이다.

게다가 서명응의 개천설과 혼천설이 같은 것이라는 주장은 더 발전해, 천체구조를 그려낸 성인들과 천체구조들의 관계가 역사적으로 잘못 이어졌다는 논리로 이어진다. 즉, 기존의 학설에서는 복희가 선개旋蓋를 만들고 황제가 개천을 만들었으며, 전욱이 혼천을 만들었다는 것이지만, 서명응은 『주비산경』의 논리로 고찰하면 개천을 만든 사람은 황제가 아니라 복희라고 주장한 것이다.

> 세상 사람들은 복희가 선개旋蓋를 만들고 황제가 개천蓋天을 만들었으며, 전욱이 혼천渾天을 만들었다고 한다. 그러나 『주비산경』으로써 참고해보면 실제로 복희가 개천蓋天을 만들었다.[549]

지구설에 대한 또 다른 경학적 전거는 『대대예기大戴禮記』의 내용이다. 단거리와 증자의 대화에서, 단거리가 증자에게 '천원지방'의 진위를 묻자, 증자가 실제적인 하늘과 지구의 관계가 '천원지방'대로라면 그렇게 성립될 수 없고, 이는 도리로 그렇게 말한 것이라고 대답한 내용이다. '천원지방'의 논리를 그대로 그림으로 그리면 개천설이 되는데, 이렇게 되면 땅의 네 모서리가 하늘에 의해 온전히 덮여지지 않는 문제가 발생한다는 것이다. 따라서 '천원지방'의 논리는 도리상 그렇게 말한 것이고, 덕德의 의미로 하늘과 땅의 구조를 파악해야 한다는 논리이다. '천원지방'이라는 명제가 실제적인 하늘과 지구의 관계를 설명한 것이 아니라 도리나 덕의 논리로 사용되어 온 명제라면, 서양 천문학이 전래되었을 당시 심각하게 논변되었던 천체관의 충돌은 해소되는 측면이 없지 않았을 것이다. 그런데 실제로 이러한 이해들은 동양의 지식인들이 자신의 천체관에서 한 발 후퇴한 측면이 강한 것이고, 서양의 천체관에 전통의 사유를 끼워 넣은 것으로 보아야 할 것이다.

서명응이 『대대예기』의 ‘천원지방’을 그 형체가 아니라 덕으로써 이해한 것은 지구설에 대한 중국과 조선의 지식인들이 취한 해석의 방식이었고, 서양 지식의 토착화 방식인 것이다.

여기서 서명응은 이 논리를 더 발전시켜, 동양의 지적 전통에서 지구설이 존재했지만 그것이 전해오는 과정에서 변화되어 잘못 전해진 것이라는 주장을 제기함으로써 사상적 정당화의 과정을 거친다.

> 대덕은 지구가 둥글다는 진리를 얻어 기록하였으므로, 그 말에 오차가 없다. 그러나 열어구는 반은 얻고 반은 잃는 바람에 스스로 그 이치를 구하였으나 끝내 밝게 이해하지 못하였다. 그리하여 마침내 황당한 설로써 성인을 모욕하였으니, 그 뜻은 성인이라도 이 물음에 답하기 어렵다고 생각한 것이다.[550]

서명응은 『대대예기』의 저자인 대덕은 지구설에 대한 단초를 제대로 기록했지만 열어구에 의해 제대로 이해되지 못하고 변질되어 성인을 모욕하는 지경에 이르렀다고 본 것이다.

지구설에 대한 마지막 경학적 전거는 『상서』「우공편」의 오복五服 제도를 들어 ‘지원리차’를 설명하는 것이다. 즉, 지구가 둥글기 때문에 일어나는 북극의 고도 차이를 의미하는 지원리차를 『상서』「우공편」의 오복제도로 해석하는 것이다. 『상서』「우공편」의 오복제도는 왕기王畿 밖 500리마다 차례로 전복甸服, 후복侯服, 수복綏服, 요복要服, 황복荒服으로 구역을 정하고 일컫던 제도이다.

서명응이 『상서』의 경학적 지식을 끌어와 이를 정당화한 이유는 하나라로부터 주나라 초기까지는 선천의 시대여서, 복희가 제정한 천문과 역법 및 국가의 관제가 일치하고 있는 시대라는 인식에 기초한 것이다.[551] 여기에다 우임금이 치수하면서 구고현의 수법과 옥형과 선기라는 기구를 사용하여 중국 전역을 구획했는데, 이때 이 구획의 기준이 500리였고, 이는 지원리차의 사유가 결합되었다고 본 것이다.

> 우임금이 치수하면서 수로써는 구·고·현을 사용하고 기구로써는 옥형·선기를 사용하였다. 무엇 때문에 그러한 것을 아는가. 오복五服이 모두 500리임으로 그것을 안다. 500리는 250리를 두 번 합한 것인데, 250리란 또 북극北極이 땅으로부터 나온 1도의 차이이다. 하늘의 수는 홀수이고 땅의 수는 짝수이므로 반드시 그 250리를 두 번 합하여 각 나라의 폭과 원의 등급을 삼았으니 그 오복의 리를 합하면 2500리가 되는 것은 이 또한 250리의 성수成數이다.[552]

이 인용문은 우임금이 치수治水를 하면서 구주九州와 오복五服을 구획한 내용이다. 이 인용문에서 북극고도의 1도 차이에 250리의 리차里差가 발생한다고 제시하면서 근거로 오복五服이 500리로 구획됨을 제시한다. 땅은 짝수의 속성을 갖는 것이기에 250리가 짝을 이룬 수, 즉 500리로 구획되었다는 설명이다.

이러한 오복과 구주에 대한 구획은 개천설과 『주비산경』의 수법에 따라 지원리차를 정한 것으로 논리가 전개된다.

> 사람이 남쪽으로 250리를 걸어가 보면 북극北極이 1도가 낮아지고 남쪽에 있는 별은 1도가 높아지며, 북쪽으로 250리를 걸어가 보면 남쪽에 있는 별은 1도가 높아지고 북극은 1도가 낮아진다. 이로 말미암아 한결같이 개천과 주비의 설을 따라 지구의 체가 지극히 둥글다고 생각하였다. 그리고 동으로부터 서에 이르기까지 땅에 따라 자오선을 정했다. 이에 모든 절기와 시각이 동에 있는 것은 4분이 더해지고 서에 있는 것은 4분이 감해지며 낮과 밤도 또한 그러하여 착착 부합되고 수년 동안 행하

여도 조금도 차이가 없었다. 이로 말미암아 보건데 땅이 둥글다는 것이 어찌 참으로 바꿀 수 없는 이치가 아니겠는가.[553]

그런데『상서』「우공편」을 끌어와 지원리차를 설명하는 것은 어색해 보이는 점이 적지 않다. 우선 지원리차에 의한 지구설의 증명은 서양 역법에 근거한 것이라고 스스로 밝히고 있기도 하고[554], 우리가 너무나 익숙히 알고 있는 코페르니쿠스의 지구 증명의 방법 중의 하나와 같기 때문이다. 서명응이 당시에 어떠한 책을 읽었는지를 규명해야 더욱 분명한 논거를 찾을 수 있지만, 이 인용문의 내용은 코페르니쿠스가 지구가 둥글다는 것을 증명한 내용과 유사하다. 코페르니쿠스가 행한 지구가 둥글다는 증명은 크게 두 가지 내용이다. 하나가 지원리차의 내용이고, 다른 하나는 바닷가에서 돛단배가 멀어지는 것과 다가오는 것을 통한 증명이다. 그 내용을 옮기면 다음과 같다.

지구가 구형이라는 점은 다음과 같은 사실로써 분명하게 이해할 수 있다. 어떤 사람이 북쪽으로 여행을 한다고 할 때, 일주운동의 북극은 점차 높아질 것이고, 남극은 같은 정도로 낮아질 것이다. 그리고 북쪽에 있던 많은 별들은 지지 않게 될 것이고, 남쪽에 있던 많은 별들은 뜨지 않게 될 것이다. … 게다가 여행자들은 수면도 마찬가지로 둥글다는 것을 알고 있다. 예를 들어, 배의 갑판에서 육지를 볼 수 없을 때 돛대 위로 올라가면 육지가 보일 때가 있으며, 반대로 돛대 위에 빛나는 것을 달고 배가 육지로부터 멀어져 간다면, 육지에 있는 사람에게는 그 빛이 점차 아래로 내려가 결국은 별이 지듯이 사라지는 것으로 보이게 된다.[555]

이렇게 비교하면, 서명응의 지원리차에 대한 설명은 코페르니쿠스의 이론과 매우 흡사하다. 그가 '리차裏差'의 기준으로 설정한 250리는 아마도 『상서』「우공편」의 내용을 전거로 삼은 것이겠지만, 그는 지구는 360도이고 땅에서 250리는 하늘에서 1도에 해당한다고 보아, 지구 반경을 9만리로 계산하고 있는 점[556]을 근거로 추론하면, 이는 당시에 전래된 서양 과학서의 내용을 『상서』「우공편」과 억지로 결합하고 있는 것으로 보인다.[557] 그는 서양 과학서에 나오는 지구 반경에 대한 내용을 기초로, 지구에서 250리를 이동함에 따라 북극 고도가 1도씩 오르내리는 것을 『상서』「우공편」의 내용으로 합리화한 것으로 이해된다.

이러한 설명은 근거가 미약하고 온전하지 않다. 하지만 여기서 우리가 읽어낼 수 있는 것은 외래 지식을 이해하고 수용하는 방식과 태도이다. 외래의 지식이 전래될 때, 이처럼 기존의 지식 속에서 그 전거를 찾아 외래의 지식을 왜곡하거나 재해석하는 방식은 일반적인 현상이라고 볼 수 있다. 외래 지식이 전래될 때 취하는 여러 태도에서 보면, 서명응의 이러한 이해방식은 왜곡과 수용이 동시에 일어난 현상으로 이해될 수 있기 때문이다. 즉 서명응은 서양의 지식을 차용해 전통적 지식에서 적용해 내는 과정으로 보인다.

이제 「복희64괘방원도」의 '방도'에 의한 지구설의 증명을 살펴보자. 서명응은 「복희64괘방원도」의 내도內圖인 방도方圖의 위치를 수정함으로써 지구설을 증명한다. 이는 서명응만의 독특한 논리로, 이를 필자는 '창조적 해석(Creative interpretation)'이라고 부르고 싶다. 이는 서양 과학을 전통의 경학 속에서 찾아 왜곡과 재해석을 하는 것을 넘어서, 기존의 지식들을 창조적으로 해석함으로써 자신의 사상적 체계로 구성하고 있다는 점이다. 이러한 점은 중국이나 조선의 학자들의 사유에서는 찾을 수 없는 것이다. 특히 전래의 지식이 성인에 의해 창안되고 그것이 오류가 없는 것이라는 동양 지식인들의 일반적인 경향에 비추어보면, 서명응의 이러한 시도는 전통의 학자들에게서 찾아볼 수 없는 매우 낯선 것이기도 하다.[558]

어쨌든 서명응은 「복희64괘방원도」의 내도인 방도가 마름모였는데, 정방형으로 바뀐 것은 한나라 이후로 유학자들에 의해서 잘못 이해되었기 때문이고, 이것이 지금까지 고쳐지지 않고 전해져 온 것으로 규정한다. 이러한 잘못된 이해는 바로 천원지방설의 '지방地方'에 대한 오해에서 비롯한다고 말한다.

> 유가들은 매번 방위를 거꾸로 놓은 내도[方圖]에 가려서 항상 지구가 둥글다는 이치를 의심한다. 이는 자못 지구가 둥근 이치가 이미 「하도」의 중궁 5점에서 분명하게 보여준 것을 알지 못하기 때문이다. 중궁의 5점은 종과 횡으로 3점이 불룩하게 지극히 둥근 형태를 이루고, 중궁의 바깥의 4점이 모두 사정四正을 가리키면서도 1점도 4우에 각을 이룬 것이 없으니, 아! 이것이 바로 사람들에게 지구체의 원이 본래 이와 같음을 보여주고 내도를 이에 의거하여 전개한 것이 아니겠는가.[559]

위 인용문의 내용은 다음과 같이 정리할 수 있다. 「복희64괘방원도」의 정방형의 '내도'는 '지방地方'이라는 논리에 얽매여 그려진 것이다. 그런데 「복희64괘방원도」는 「하도」를 기준으로 그려진 것이어서, 「하도」의 중궁의 다섯 점들이 종횡으로 이루어진 것을 기준으로 보면, 정방형의 내도는 마름모로 그려진다는 것이다.

그래서 그는 "「복희64괘방원도」의 내도의 위치를 「하도」의 중궁으로 바로잡으면[內圖位置, 今但以河圖中宮正之]", 기존의 '지방'설에 의한 오해가 해소되며, 자연스럽게 지구설과 천체의 구조가 맞아떨어진다고 설명한다. 서명응의 이러한 설명방식은 진위를 떠나서 지구설과 천체의 구조가 당시에 전래된 서양 천문학의 논리와 같아지는 설명방식이어서 독창적이라 할 수 있다.

> 그러므로 「복희64괘방원도」의 내도[方圖]의 위치를 다만 「하도」 중궁으로써 바로잡으면 8순괘 가운데 축은 남북에 관통하고 8우괘 가운데 가로지름대[衡]는 동서에 관통하여 외도의 음양陰陽과 더불어 일일이 서로 합하여, 가운데 가로지름대 이상의 16개의 곤은 자연히 엎어 놓은 둥근 주발의 상을 이루고, 가운데 가로지름대 이하의 16개 건乾은 자연히 덮어 놓은 가마솥의 상을 이룬다. 그 형태는 점점 비스듬해져서 볼록하게 지극히 둥글어서 한결같이 「하도」 중궁 5의 상과 같다.[560]

이 인용문의 내용을 토대로 그림을 그린다고 생각해보자. 첫째, 「복희64괘방원도」의 방도를 「하도」 중궁의 외곽을 연결한 모양으로 수정한다. 그러면 「하도」 중궁은 마름모 형태의 사각형이 된다. 둘째, 마름모 형태의 「하도」 중궁을 기준으로 「복희64괘방원도」의 방도의 위치를 수정한다. 이렇게 해두고, 셋째, 서명응이 그리고 있는 「하도양의도河圖兩儀圖」의 외곽 흑백점들을 흑점은 흑점끼리, 백점은 백점끼리 연결한다. 이 모양은 「복희64괘방원도」의 외곽 원도의 모양이 될 것이다. 넷째, 「하도」 중궁에 따라 그려진 마름모 형태의 사각형을 외곽의 원도 모양 안에 위치시킨다. 그렇게 되면 「하도」가 바로 「복희64괘방원도」와 같아진다. 1부에서도 살펴보았듯이 서명응이 「하도」로부터 선천학의 도상들을 연역해 내는 논리와 같다. 이러한 논리의 연장선에서 「복희64괘방원도」를 수정하는 것이다. 아래의 그림은 이러한 내용을 그림으로 나타낸 것이다.

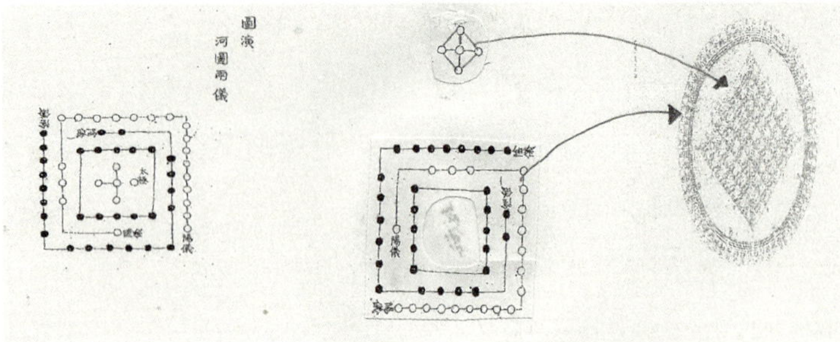

<그림10> 태극과 양의를 나타낸 「하도」(좌), 수정한 「복희64괘방원도」(우)

서명응은 「하도」의 중궁의 다섯 점이 동서남북의 네 정방향을 가리키고, 그 정방향의 네 점을 연결시킨 것이 바로 '내도'인 '방도'의 모양이라고 이해한다. 그 자신의 선천학에서 「하도」가 가장 중심이 되는 핵심처이기 때문에 「하도」의 중궁을 기준으로 내도의 위치를 바로잡은 것이다. 그리고 이러한 중궁에 의거한 '방도'의 위치 수정은 복희라는 성인을 내세워 정당화한다.

> 복희가 이미 방도와 원도 두 도를 완성하여 하늘이 땅의 밖을 포괄하는 형상을 만들었다. 이에 조용히 방도의 위치를 살피니 팔순괘八純卦는 남북의 축이 되고, 팔우괘八偶卦는 동서의 가로지름대가 되어 한번은 위로 한 번은 경으로 십자로 서로 교차하여 네 각을 생성하며 밖으로 사정四正을 가리키는 등 자연스럽게 「하도」의 가운데 다섯 점 밖의 네 점이 모두 사정을 가리키는 상과 밀접하게 합치되었다. 이 때문에 한결같이 「하도」 가운데 다섯 점의 위치를 따라 방도를 원도 가운데 배치하였다. 대개 「하도」의 가운데 다섯 점은 곧 하늘이 복희의 성스러운 지혜를 열어 도와 준 것이니 실로 또한 복희가 (하늘을) 사승한 것이다.[561]

서명응의 이러한 서사는 선천학이 복희에 의해 창안된 학문이라는 인식에 기인하겠지만, "「하도」가 천문"이라는 그의 명제를 통해 생각해보면, 정말 그는 이렇게 믿고 있었던 것으로 파악된다. 서명응의 논리에서는 「하도」는 천문도가 되고, 「하도」를 연역해 그려낸 「복희64괘방원도」가 그의 사상에서 핵심적 지위를 점한다. 복희의 성학은 선천이 그 주재이고, 그 주재의 핵심 내용이 바로 「복희64괘방원도」이기 때문이다.

> 복희씨가 구고로 역법의 도를 세웠는데 포희의 성학은 선천이 곧 그 주재主宰이다. 그러므로 천하만사에 신묘한 지혜와 변화를 운행하는 데 있어서 큰 것도 「복희64괘방원도」이고 작은 것도 「복희64괘방원도」이며, 정밀한 것도 「복희64괘방원도」이고 거친 것도 「복희64괘방원도」이니, 하물며 역법의 도를 세우는 큰일에 있어서이겠는가. …… 이에 선천은 구고의 체이고, 구고는 선천의 용이다. 용이 비록 만 가지로 변화하지만 끝내는 체를 버리고서 용이 될 수는 없다. 그러므로 삼대의 융성한 시대에는 구고를 담당하는 자들이 반드시 선천이 양의를 낳고, 양의가 사상을 생성하며, 사상이 8괘를 낳는 상으로, 구고의 수술數術에 썼는데, 경위가 상승하고 착종이 서로 드러났다. 이에 구고가 선천을 얻으면 그 용이 더욱더 오묘하고, 선천이 구고를 얻으면 그 체가 더욱더 드러났으니, 대개 서로 필요로 하는 것이다.[562]

서명응의 선천학 속에서 천체 구조는 「하도」의 도식과 동일하다. 그리고 천체의 운동과 연관해서 북극과 남극, 태양을 도는 지구의 궤도인 황도, 춘추분에 태양이 위치하게 되는 적도 등의 천체 운동을 설명하는 도식은 「복희64괘방원도」이다.

그리고 북극과 남극 부근의 별자리와 두 극을 중심으로 하는 천체의 회전운동에 대해서도 「하도」과 「복희64괘방원도」의 상象을 통해 설명해 낸다.

> 건곤감리는 하늘에서는 북극과 남극, 적도와 황도가 되고, 때에서는 동지와 하지, 춘분과 추분이 되며, 사람에서는 기정 두 용用과 혼백 두 물物이 된다. 혼백기정魂魄氣精이 온갖 변화의 음양을 감싸고 춘분·추분과 동지·하지가 온갖 변화의 음양을 감싸며, 적도·황도와 남북극이 온갖 운행의 음양을 감싼다.[563]

> 대개 북극의 별이 5개인 것은 「하도」 중궁에 있는 천天의 수인 5에서 비롯한 것이고, 남극의 별이 15개인 것은 「하도」 중궁에 있는 지地의 수인 10이 천의 수인 5를 포함하였기 때문이다.[564]

여기에서 건곤감리는 「복희64괘방원도」의 4정괘이다. 서명응이 앞서 「복희64괘방원도」의 방도를 마름모꼴로 변화시킨 것에서 남북극은 건곤괘에 해당하고, 동서는 감리괘에 해당한다. 그리고 그의 논리에 따르면, 이것이 천체의 구조를 형상하고 있으며, 이 구조에서 온갖 천문현상이 발생하는 것이다. 여기에 앞서의 인용문에서 황도와 백도의 궤도를 결합하면 온전한 혼천설 구조가 이루어진다. 게다가 북극과 남극 부근의 별들의 개수를 「하도」의 중궁의 점들 수와 일치시키고 있어서, 그는 선천학의 도상들이 바로 천문학이라는 확신을 했음에 틀림이 없다.

이상의 논의에서 서명응의 천체구조를 다시 생각해 볼 필요가 있다. 필자는 앞서 서명응이 「하도」의 중궁을 기준으로 「복희64괘방원도」의 방도 위치를 수정하여 「복희64괘방원도」가 천체구조를 그린 것으로 해명해 왔다. 그의 이러한 설명을 필자는 전통의 지식을 창조적으로 해석한 것이라고 판단했었다. 여기서 다시 <그림 10>를 떠올리면서 그의 논리를 입체적으로 생각해 보자. 「하도」라는 도식에서 중궁을 둘러싼 흑백권의 점들을 기수와 우수로 구분하고, 기수는 기수끼리 연결하고 우수는 우수끼리 연결하면, 그 연결된 선들은 「복희64괘방원도」의 '원도圓圖'가 된다. 그리고 「하도」의 중궁에서 네 모서리의 점들을 연결하면, 수정된 방도의 그림이 된다. 여기에다 남북극을 회전축으로 생각하고, 방도를 회전하는 모습으로 파악하면 둥근 지구가 탄생한다. 이 상태에서 남북극의 구조와 황도, 백도를 결합하면 혼천설이 그리는 천체구조론으로 전환되는 것이다. 이것이 서양 천문학에서 말하는 혼천설과 동일한 논리가 탄생하는 것이자, 입체적인 천체구조론이 탄생하는 것이다.

서명응이 선천학을 서양 과학의 원류로 생각하고, 선천학의 상수로 지구설을 설명하는 논리는 바로 이러한 이해에서 기인한다. 그리고 그의 이러한 이해는 서양 과학의 원류를 복희에게 두는 확신으로 이어지게 만든다. 그래서 그는 복희가 「하도」를 근거로 「선천4도」의 나머지 도식들을 만들고, 그것에서 천문과 역법의 이론을 창제했으며, 이 지식들이 하나라와 은나라를 거쳐 주나라 초기까지의 학문으로 이어지다가 주나라 말기에 망실된 지식이라는 역사적 서사를 펼치게 된 것이다.

제2절 「선천사도先天四圖」와 구고법句股法으로 이해한 기하학

앞서 보았듯이, 서명응은 『주비산경』의 구고법 역시 복희가 창제한 선천학에서 도출된 것으로 이해한다. 그렇다면 구고법을 도출한 선천학의 내용이 구체적으로 무엇인지를 해명하면서, 서명응의 논리가 갖는 의미를 파악해보자. 서명응의 『주비산경』에 대한 이해는 유휘劉徽가 『구장산술九章算術』의 서문에서 언급하고 있는 내용과 유사한 점이 있다. 유휘는 『구장산술』에서 수법數法이 복희에게서 기인했고, 황제가 그것을 발전·적용하여 역법曆法을 세웠다고 보았다. 그리고 진시황의 분서갱유 때문에 경서와 술서가 흩어졌다고 본다. 서명응 역시 수법을 복희가 만들었다는 점에서는 동일한 입장을 취한다. 그리고 분서갱유 때문에 경서와 술서가 흩어졌다고 본 점도 동일하다 하지만 역법을 황제가 세웠다고 한 점을 부정한다.

> 옛날에 포희씨는 처음으로 8괘를 그려, 신명스러운 덕을 체득하고 만물의 실정을 헤아렸으며, 구구 곱셈법을 만들어 육효의 변화에 부합시켰다. 황제에 이르러서는 그것을 더욱 신통하게 발달시켜 적용하고 확대하여 역법을 세우고, 음률을 조화롭게 하고 도의 근본을 논하는 데 썼다. 그런 다음에야 비로소 음양과 사상의 오묘한 현상을 이해하고 배울 수 있었던 것이다. …… 지난날 포악한 진시황이 서적을 불태우는 바람에 경서와 술서들이 흩어지고 파괴되었다.[565]

아마도 중국의 학자들이 역법의 창안자를 황제에 두는 것은 유휘의 이러한 입장을 계승한 것일 터이고, 서명응의 반박은 선천학의 체계에 기인한 것일 터이다. 하지만 서명응은 구고법의 탄생 과정에 대해 선천학 속에서 체계적으로 개진하고 있다는 점에서 그의 독창성을 인정할 만하다고 하겠다. 서명응은 『구장산술』을 선천학의 용用으로 인식하지 않고, 『주비산경』만을 구고법의 책으로 인식한다. 때문에 『주비산경』만이 선천의 용이 된다. 또한 그는 『주비산경』의 하편은 후대의 학자들이 편찬하여 덧붙인 것에 지나지 않다고 보기 때문에 이를 후천학으로 분류한다. 이러한 관점은 복희의 선천역에서 『주비산경』의 수법인 구고법을 연역할 수 있다는 전제에 근거한 것이다. 그리고 이 전제는 그가 「복희64괘방원도」에 근거하여 구고법을 연역해 내는 논리와 관련된다.[566]

서명응은 『위사緯史』에서 「복희64괘방원도」의 '방도'에 근거하여 구고의 여러 수법을 논의하고 있는데, 구고의 수법 역시 '태극太極→양의兩儀→사상四象→8괘八卦'라는 선천역의 논리에 따라 설명한다. 즉, '선천태극생구고양의先天太極生句股兩儀→구고양의생구고사상句股兩儀生句股四象→구고사상생구고팔괘句股四象生句股八卦'의 과정으로 기하학적 도형과 측량의 방법들을 설명하고 있다.

이 과정들을 아래 <그림 11>과 비교하면서 살펴보자. '선천태극생구고양의先天太極生句股兩儀'는 구구九九의 수법을 의미하면서, 천체의 구조를 수식화한 것이다. 왜냐하면 그림에 부기된 문자를 살펴보면, 구구의 수법[567]과 황적도[568], 측량지점이 어디든 360도를 이룬다는 점[569], 지평극이 천정이라는 점[570]을 기록하고 있기 때문이다. 그리고 '구고양의생구고사상句股兩儀生句股四象'은 원을 그리는 법[成規]과 정방형을 만드는 법[成方] 및 고도를 측량하는 방법[表測]과 천체 현상을 측량하는 방법[儀測]을 설명한다. 그리고 '구고사상생구고팔괘句股四象生句股八卦'는 피타고라스 정리[句股算求]와 삼각형 안의 사각형을 구하는 방법[句股容方] 및 구형을 만드는 방법[句股形求]과 삼각형 안의 원을 구하는 방법[句股容圓] 및 곱자를 바르게 하여 먹줄을 놓는 것[平矩正繩]과 곱자를 뒤집어 깊이를 측량하는 것[覆矩測深]과 곱자를 비스듬히 하여 높이를 측정하는 것[偃矩望高]과 곱자를 눕혀 거리를 측정하는 것[臥矩知遠]의 8개의 방법을 설명한 것이다.

여기서 구고법과 관련해 이들 내용을 정리해 보자. 홍대용의 『주해수용籌解數用』에 따르면, 구고법은 평구고, 비례구고, 중비례구고 등으로 구분된다. 평구고는 피타고라스 정리($c^2=a^2+b^2$ ≒ 현^2=구^2+고^2)와 그 내용이 같으며, 피타고라스 정리를 응용하여 직각삼각형 안에서 사각형[句股容方], 원[句股容圓] 등의 도형을 계산하는 것이 모두 이에 해당된다. 그렇다면 '구고사상생구고팔괘句股四象生句股八卦'는 평구고에 해당한다. 비례구고는 직각삼각형의 성질을 이용해 길이, 높이, 깊이를 측량하는 계산법이다. 가령 다음과 같은 문제를 예로 들 수 있겠다. '거리를 알고서 높이를 구하라. 두 개의 표적을 사용하든가, 혹은 지평선을 바라보아서 짧은 표적 대신으로 사용한다'라는 문제가 있을 때, 표적과 거리를 소구小句로 하여 1율率로 하고, 두 개 표적의 높이 차를 소고小股로 하여 이를 2율率로 하고, 뒤 표적과의 거리를 대구大句로 하여 이를 3율率로 한 뒤, 4율率로서 구하려는 물건의 높이를 구하는 식이다(앞의 <그림 9>참조). 이는 '구고양의생구고사상句股兩儀生句股四象'에서 고도를 측량하는 방법에 해당할 것이다. 중비례구고는 비례구고를 더 복잡하게 응용한 것으로 거리나 높이를 제시하지 않고 도형의 닮음을 이용해 계산하는 법이다. 이것 역시 '구고양의생구고사상句股兩儀生句股四象'에 해당한다.[571]

그리고 이러한 구고의 수법으로 측량한 이후에는 다시 실질적인 수를 구해야 하는데, 이때 정확한 수를 얻기 위해 사율四率과 비례比

例를 이용한 계산을 진행한다.[572] 이 사율과 비례에 의한 계산에 '삼각총률'과 '8호정현' ―정현은 삼각함수에서 sine을 의미한다― 과 같은 삼각함수가 사용된다. 여기서 '사율'은 a와 b, c와 d의 관계가 선형비례를 가질 때, 이미 알고 있는 수들인 a, b, c를 통해 미지수 d를 구하는 법이다. 여기서 a는 1율, b는 2율, c는 3율, d는 4율이 된다. '비례'는 a:b=b:c=c:d이고 a+d=3b 등의 조건을 만족할 때, 주어진 1율a에 대하여 b, c, d를 각각 연비례 2율, 3율, 4율이라고 한다.[573] 이러한 내용은 6장에서 구고법을 설명한 것과 대조하면 쉽게 이해할 수 있는 내용이다.

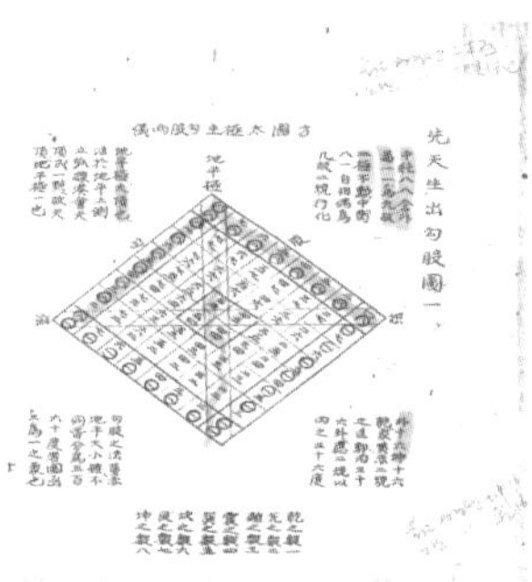

「太極生句股兩儀」

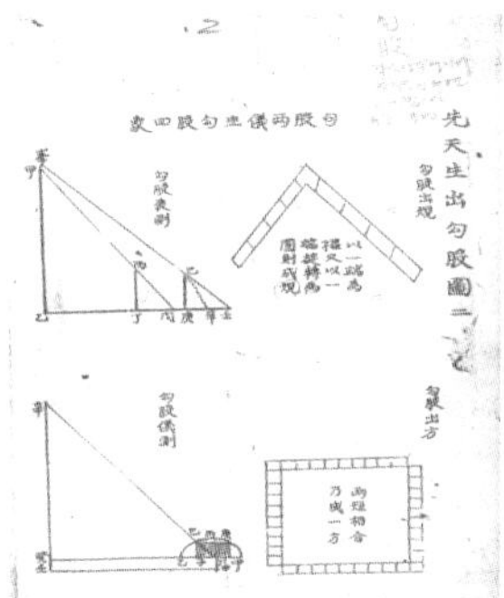

「句股兩儀生四象」

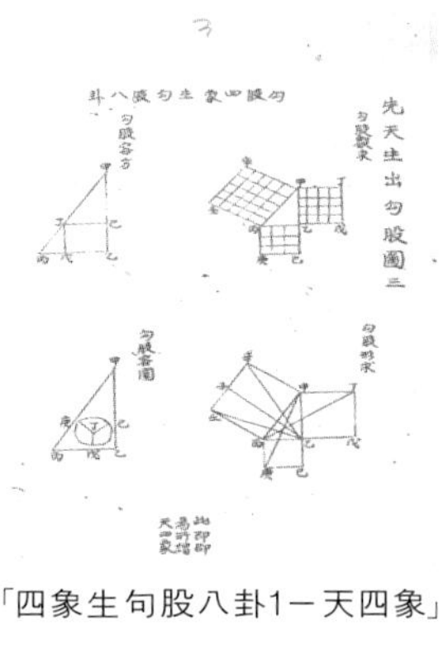

「四象生句股八卦1－天四象」

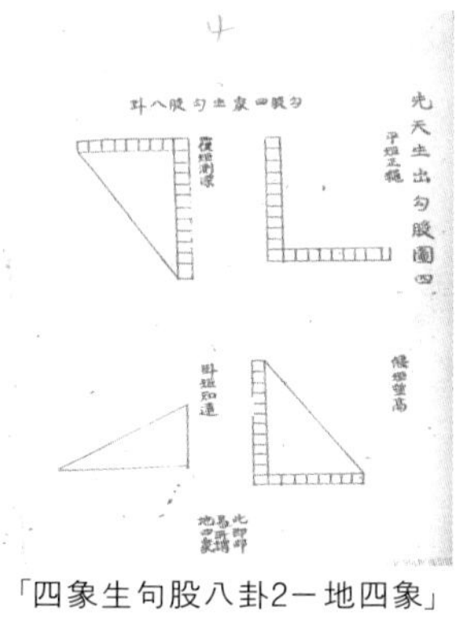

「四象生句股八卦2－地四象」

<그림11>

이상에서 살펴본 것처럼 서명응은 「복희64괘방원도」의 '방도'에서 구고가 도출되는 과정을 제시함으로써 선천 자체의 체용으로 「방원도」와 구고의 관계를 설명한다. 이 점은 중국학자들이 『주비산경』에서 지구설을 증명하는 자료를 발견하고 주목하는 것과는 다른 점이다. 서명응은 선천학 자체의 체용론으로 『주비산경』을 주목하고, 구고의 논리로 파악한 것이다. 이는 구고의 수법이 선천의 체에서 도출된다는 점에서 『주비산경』을 복희의 책으로 인식한 것이며, 선천학의 범주에 포함한 것이다.

이러한 점을 『사고전서』『주비산경』 제요題要와 비교하면 더욱 분명하게 이해할 수 있다. 『사고전서』의 『주비산경』 제요에는 서양역법의 원류가 바로 『주비산경』이며, 지구설과 지구오대설이 『주비산경』에 있다고 본다.[574]

『주비산경』에 대한 이러한 이해는 당시의 중국학자들에게는 일반적인 이해이지만, 서명응의 이해는 이와 전혀 다른 것이다. 서명응이 선천학의 체용론으로 『주비산경』을 접근하면서 철저하게 구고의 법으로만 이해한 것은 선천학의 회복이자, 서양 과학에 대한 대응의 논리였던 것이다. 그래서 그는 복희의 「하도」 및 「복희64괘방원도」와 『주비산경』의 일치를 추구하였던 것이다.

서명응은 복희의 「복희64괘방원도」와 『주비산경』의 일치를 『위사』와 『비례준』에서 주로 다룬다. 『위사』는 「복희64괘방원도」와 『주비산경』의 일치를 다루고, 『비례준』은 『주비산경』이 오로지 구고법에 한정된다는 것을 밝히고 있다. 서명응은 『위사』를 저술한 목적을 선천과 『주비산경』의 일치를 밝히는 것으로 삼는데, 복희가 「복희64괘방원도」로부터 『주비산경』의 수법을 도출해 냈고, 삼대에 성인들이 서로 주고받으면서 위로는 천문을 헤아리고 아래로는 땅을 헤아리며, 가운데에서는 인사를 종류 지었다[575]고 본다. 즉, 「복희64괘방원도」가 주비수법, 즉 구고법의 근거라고 한다.

따라서 당시 중국의 학자들이 『주비산경』을 이해하는 것과는 전연 다르다. 서명응은 당시의 중국학자들이 주장하는 지구설과 오대설은 「복희64괘방원도」를 통해 설명하고[576], 천문관측 기구들에 대해서는 『상서일지尙書逸志』[577]를 통해서 설명하고 있다. 그러므로 서명응이 『주비산경』이 서양 과학의 원류라고 한 경우는 구고법에 한정되는 것이다. 주공이 상고商高에게 묻기를 '옛날에 복희가 주천역도周天曆度를 세울 때 그 수는 어디에서부터 나왔는가?'라고 하자, 상고가 '수법은 원圓과 방方에서 나왔으며 원圓은 방方에서 나왔고, 방은 구矩에서 나왔으며, 구矩는 구구 팔십일九九 八十一에서 나왔다'[578]고 한 구절을 근거로 서명응은 「복희64괘방원도」에서 구고법句股法을 도출한다.

그런데 "수법이 '원방'에서 나왔다"라는 『주비산경』의 구절 중에서 '원방'은 바로 복희가 만든 「복희64괘방원도」이고, '방원'은 '중'에서 일어났으며, 천지를 추측하는 수법은 '방원도'에서 나왔으니, 복희가 이미 「방원도」(「복희64괘방원도」)를 만들고 이를 근거로 구고의 수법을 창제한 것이라고 그는 생각한 것이다.

서명응의 이러한 설명방식은 선천학적 체계 속에서 상과 수의 관계를 통해서도 알 수 있다. 「복희64괘방원도」의 상과 수는 체단과 절도의 관계를 이루기 때문에 「복희64괘방원도」 속에 나타난 상이란 바로 구고라는 수의 체단이 되는 것이다. "수법이 원과 방에서 나왔다"는 것은 원과 방이라는 상이 수법의 체단이 된다는 것이다.

> 수數란 상象의 절도節度이고, 상象이란 수數의 체단體段이다. 그러므로 상에 밝지 못하면 그 수를 다할 수 없다. 『주비경』을 관장하는 자들이 어찌 『주례』가 천상天象의 서적임을 알지 못하겠는가.[579]

서명응의 이러한 상과 수에 대한 인식에 기초해서 보자면, 천문은 필연지상必然之象이 되고, 그 천문의 운행과 구조를 설명하는 역법은 필연지수必然之數가 된다.[580] 따라서 서명응은 『주비산경』을 통해서 천문의 구조와 지구설 및 오대설을 이해하려 한 것이 아니라, 천문의 구조와 운행으로 발생하는 역법을 기하학으로 이해하려 했다는 것을 알 수 있다. 이는 선천학의 용으로서 수법이 선천학의 체인 「하도」와 「복희64괘방원도」에서 연역되고 있어서, 선천학 체용이 결합됨을 보여주는 것이기도 한 것이다.

제3절 서양 천문학의 12중천설十二重天說 비판과 9중천설九重天說 견지

동양의 고대 우주론은 하늘을 고체로 취급하고 이를 토대로 논의를 전개하였다. 그러다가 송대 주자가 장재의 기일원론氣一元論적인 우주생성론을 받아들여, 하늘은 기가 쌓여 이루어진 것이라고 하여 우주의 고체성을 부정하는 이론을 확립한다.

주자의 천체 구조론은 『초사楚辭』, 「천문天文」에 나오는 '원즉구중圓則九重'에 대한 논의를 통하여 중층성을 주장한다. 이는 기존의 천문학에서 '구중'을 '구방九方'의 의미로 이해한 분야설分野說에서 9층의 궤도를 가진 중층 구조의 천문학적 사유로 전환한 것이다.[581] 그 구조는 아홉 개의 동심원이 중첩된 구조이고, 이는 기의 회전 속도에 따라 우주공간을 구별한 것이다.[582]

주자의 천체 구조론은 유학자들에게 정통으로 인식되어 중국과 조선의 유학자들은 이를 기초로 서양의 12중천설을 쉽게 이해하고 비판할 수 있었다. 서명응 역시 주자의 9중천설에 근거하여 서양 천문학의 12중천설을 이해하고 비판한다. 그리고 서명응은 더 나아가 9중천의 천이 각각 고정된 고체로서 설정된 것이 아니라 각기 스스로 돌고 있으며, 각기 빠름과 느림이 있다고 한다. 그리고 남북 두 극으로 관통되고, 밖으로는 고요하여 움직임이 없는 체에 의존하고 있어서 마치 수레바퀴에 축이 있는 것과 같고, 맷돌의 배꼽이 있는 것과 같으며, 문에 지도리가 있는 것과 같아서 그 유행이 어긋나지 않는 것[583]이라는 입체적인 구조론을 펼치고 있다. 이처럼 서명응은 당시에 전래된 서양 천문학과 기하학에 대한 이해를 바탕으로 주자의 천체 구조론에 입체적이고 중층적인 구조를 더하고, 운행의 원리를 시공간적으로 이해하였다.

또한 선천 상수학의 논리에 기초해 서양에서 전래된 12중천설을 비판하고 9중천설을 주장한다. 이는 서양인들이 상정한 종동천宗動天과 동서세차천東西歲差天, 남북세차천南北歲差天이 실제 계산상 아무런 의미를 가지지 못하는데도 억지로 설정한 것이라고 비판하면서 12중천설을 거부한 것이다. 물론 당시 선교사들은 가장 최신의 우주론을 전파한 것이 아니라, 그들의 종교적 이념이 투영된 Ptolemaios의 이론을 전하였다. 이 12중천설은 『천문략天問畧』에서 소개되어 동양의 지식인들에게 전해진 것으로, 그 구조는 지구를 중심축에 두고 제1중은 월륜천, 제2중이 수성천, 제3중이 금성천, 제4중천이 태양, 즉 일륜천, 제5중천이 화성천(형혹천), 제6중천이 목성천, 제7중천이 토성천, 제8중천이 항성천, 제9중천이 동서세차천, 제10중천이 남북세차천, 제11중천이 무성 종동천無星 宗動天, 제12중천이 천주상제天主上帝의 거주처인 영정천永靜天이다. 여기에서 제11, 12중천은 종교적 의미를 가진 궤도이고, 제9, 10중천은 행성들의 운행과 그로 인해 발생하는 천문현상들을 설명하기 위해 고안된 궤도들이다.

그런데 서명응은 제8중을 넘어선 중천궤도들을 비판한다. 제9, 10중천은 세차歲差와 세실歲實, 절기節氣와 삭망朔望, 영허盈虛 등의 천문 현상을 계산하는 데 전혀 도움이 되지 않는다고 본다. 그리고 제11, 12중천은 선천학의 체계에 맞지 않는 것으로 무익한 것이라고 본다.

우선 9중천의 구조를 살펴보자. 지구를 중심에 두고 사람의 눈을 기준으로 궤도들을 구별하여 번호를 붙여 가면, 제1중은 태음천

[달]이고, 제2중은 수성천이며, 제3중은 금성천이며 제4중은 태양천이며, 제5중은 화성천이며, 제6중은 목성천이며, 제7중은 토성천이며, 제8중은 항성천이다. 여기에 관찰자가 위치한 지구를 중심에 두면 9중의 궤도가 있게 되는 것이다. 그리고 항성천은 지구로부터 토성에 이르는 8중을 지탱하고 궤도를 통괄하는 기준이 된다. 그래서 항성천은 눈금이 있는 저울과 같고, 일곱별은 저울에 있는 추와 같아서, 추가 눈금을 따라 옮겨져 수량을 계산할 수 있는 것처럼 일곱별이 항성에서 옮기며 도수를 나누어 기준을 삼을 수 있게 하는 천이다.

이러한 9중천의 논리에 의하면, 서양 천문학의 12중천 구조에서 종교적 색체가 짙은 종동천이나 영정천은 위치할 논리가 없게 된다. 특히 서명응의 논리처럼 행성들이 스스로 돌고 각기 빠름과 느림이 있게 되면, 자신은 움직이지 않으면서 다른 행성들의 움직임에 원인이 되는 부동의 운동자인 종동천은 더욱 필요가 없게 되며, 그것의 종국적인 근거인 천주상제천인 영정천도 설 자리를 잃게 된다.

하늘은 아홉 겹인데 제9중은 지정부동하고 제8중은 항성이 붙어 있으며, 제7중은 토성이 붙어 있고, 제6중은 목성이 붙어 있으며, 제5중은 화성이 붙어 있고, 제4중은 태양이 붙어 있고, 제3중은 금성이 붙어 있고 제2중은 수성이 붙어 있으며, 제1중은 태음이 붙어 8중이 각각 저절로 도는데 각기 느림과 빠름이 있다. 그것을 관통하는 것은 남북 두 극으로 두 끝이 대대하고 있으며, 밖으로 지극히 고요하고 움직임이 없는 체에 의지하고 있는 것이 마치 수레바퀴에 축이 있는 것 같고, 맷돌에 배꼽이 있는 것 같고, 문에 지도리가 있는 것 같으니, 문이 열리고 닫히지만 어그러지지 않음은 그 지도리 때문이다. 맷돌이 돌면서 갈지만 옮기지 않는 것은 그 배꼽이 있는 것과 같고 바퀴가 굴러가지만 어긋나지 않는 것은 그 축이 있는 것과 같다. 8중이 순

> 환하여 그침이 없고 만고부터 그러한 것도 또한 남북 두 극이 두 끝을 대대하여 밖으로 의지하고 있기 때문이다.[584]

서명응에게서는 종동천과 영정천의 문제뿐만 아니라, 천문현상을 설명하기 위해 도입된 '동서세차천'이나 '남북세차천'도 비판의 대상이 된다. 그것은 동양의 9중천설이 천문현상을 설명하기에 더 적합하다고 보기 때문이다. 동양 천문학에서 세차와 세실, 절기와 삭망, 영허 등은 태양과 항성의 운행 과정에서 자연스레 발생하는 천문현상으로, 이를 설명하기 위해 따로 행성들을 상정하고 궤도들을 상정할 필요가 없었다. 그러므로 서양 천문학에서 상정한 9중천 이상의 궤도들은 천문 현상을 설명하거나 이를 계산하는 데 무익한 것이 되어 거부되는 것이다.

> 항성과 영정이 서로 교차하여 세차가 생기는 것이며, 태양과 항성이 서로 만나서 세실이 생기며 황도와 적도가 출입하여 절기가 생기며 태양과 태음이 순환하여 삭망영허가 생기며, 황도와 백도가 사귀어 섞이어 엷음과 먹힘이 생기며 오성과 태양이 분리되고 합치되어 느리고 빠르거나 따르거나 거슬림이 생기는 것이다. ……서국인이 정천의 아래에 종동천과 동서세차천, 남북세차천을 설정하였는데 술수術數에 무익하므로 버린다.[585]

서명응은 이처럼 서양 천문학의 12중천설을 비판하면서, 동양 전통의 천체 구조인 9중천을 선천학으로 설명한다. 그가 파악한 선천학 속에서 천체구조는 건과 곤의 대대관계에 의해서 설명되는 것이었다. 복희가 역도를 세울 때 선천의 곤괘8이 건괘1을 얻어서 9가 되는 수 때문이라고 한다. 그리고 이러한 '구중'의 논리를 처음으로 제기한 굴원의 논리도 실은 그 이전의 학설을 전수받아서 설립한 것이라는 주장을 하는 것이다.

> 대개 구중천은 희황(복희)이 역도曆度를 세울 때에 선천의 곤8이 건1을 얻어서 9의 수가 된 원리를 따른 것이니, 8중이 밖으로 정천靜天을 의지한 것은 분명하게 알 수 있으므로 이 상을 세운 것이다. 어찌 후대 사람이 더하거나 뺄 수 있겠는가.[586]

서명응의 이러한 설명 외에 9중천설을 주장하는 논리는 경학적 전거에서 찾는 '문文', 엄식掩食으로 드러나는 천체현상을 통한 전거인 '상象', 세차나 세실, 절기의 발생, 운행의 빠름과 늦음, 그믐달과 초생달의 현상 등의 전거인 '수數'가 있다. 이들 상과 수를 서명응은 필연지상必然之象과 필연지수必然之數라고 부른다. 또한 경학적 전거로 제시된 『초사』의 "원칙구중"이라는 전거는 주희에게서 이론적으로 정립되는 전거들이다.[587] 천체현상은 행성들 간의 위치에 상하가 있게 되고, 그 위치에 따른 먹힘과 가림 현상인 일식, 월식 등이 상으로서 드러나는데[588], 이는 필연지상이고, 세차나 세실 등을 통한 천체의 변화를 파악할 수 있는 것은 필연지수가 되는 것이다. 서명응은 여기에 지구를 기준으로 각 행성들간의 거리가 일정한 규칙을 가지고 있다는 점을 덧붙여 이들 지구와의 거리를 나타내는 수가 9중천의 근거라고 보기도 한다.[589] 즉, 문文에 의한 증명방법으로는 『초사』의 "원칙구중"과 이에 대한 주자의 이론적 정립이 제시되며, 상에 의한 증명방법은 엄식과 궤도의 차이가 제시되고, 수에 의한 증명법은 지구와 항성들의 거리로써 증명하는 것이다.

구중천의 설은 무엇 때문에 그 반드시 그러함을 믿을 수 있는가. 문文이 있어서 증명할 수 있고, 상象이 있어서 징험할 수 있으며, 수數가 있어서 근거할 수 있다.[590]

그런데 천체에 대한 이러한 구조와 운행의 논리는 서명응이 천을 형체의 천과 유행의 천으로 구분하고, 형체천을 규명하고자 하는 사유 때문이다. 서명응은 활처럼 둥글고 높은 원의 형체에 일월성신이 걸려있는 상을 형체의 천으로 규정하고, 위아래로 오르내리고 춘하추동의 차례가 있는 것을 유행의 천으로 구분한다. 그리고 유행의 천은 유학자들이 말하는 도이고 형체의 천은 의학자들이 숭상하는 것이라고 한다. 그러므로 고대의 성현이 말한 것과 육경에 실려 있는 것이 대부분 유행의 천이고, 형체의 천은 역상가들이 오로지 익힌 것이라고 한다.[591]

제8장 서명응의 선천학의 사상사적 의의

제1절 서양 과학에 대한 상수학적 이해와 그 한계

1) 상수학적 전통과 서양 과학 해석의 경향성

서명응이 선천학의 상수로 서양 천문학과 기하학을 이해한 것과 마찬가지로 상수학으로 서양 천문학을 이해하는 것은 조선이나 중국에서 하나의 경향성으로 나타난다.[592] 이러한 경향성은 천도를 드러내는 것이 상수라는 인식과 역율曆律과 상수는 성인이 양강陽強과 음유陰柔를 따지고 손익을 개통한 도구라는 인식에 기초한 것이다.[593] 역학易學과 역법曆法의 결합은 전통적 사유에서 자연스러운 것이었다. 이를 증명하는 것이 『한서예문지』이다. 『한서예문지』에서 역경易經과 관련된 저작들은 모두 '역가류曆家類'에 넣고, 시귀蓍龜, 천문, 역보, 오행, 잡점, 형법과 함께 '술수가류數術家類'에 넣고 있다.[594]

상수와 역율의 관계를 하나의 명제로 제시한 것이 '역曆과 역易이 표리가 된다[曆與易相爲表裏]'는 서명응의 언급이다.

역학과 천문에 관해 전통적인 입장을 견지하는 학자들은 당연히 상수학에 기초해서 서양 과학을 이해한다. 이러한 입장을 견지한 조선의 학자로는 대곡大穀 김석문金錫文(1658 ~ 1736)과 서명응을 들 수 있다. 김석문이 상수역학에 기초해 서양 과학을 이해한 것은 서명응의 이해방식과 비슷하다. 김석문은 매문정의 역산에 관련된 저술들을 읽었다는 기록들이 존재한다.[595] 서명응 역시 매문정의 저서 『역산전서』를 직접 거론하면서, 잘못 이해한 부분을 지적하기도 한다.[596] 그렇다면 두 학자의 공통 기반은 매문정의 학설이라 할 수 있다.

또한 역사학계의 연구를 참조하면, 김석문의 상수학에 기초한 서양과학 이해는 김창흡(1653 ~ 1722), 이희조(1655 ~ 1724)를 거쳐서, 김원행(1702 ~ 1772), 홍대용(1732 ~ 1783), 황윤석(1729 ~ 1791) 등 노론 낙론계 학자들에게 많은 영향을 끼쳤다고 평가한다.[597] 서명응 역시 황윤석에게 상당한 영향을 미치는데, 황윤석이 서명응의 집안을 방문해 『수리정온』과 『역상고성』 등의 서적을 열람하였다고 한다.[598] 김석문과 서명응은 동시대를 살았지만 서로 교류하였다는 기록은 없다. 하지만 이들은 노론계 학자들에게 서양 과학을 이해하게 한 주요한 매개자로 이해할 수 있다. 왜냐하면 서명응과 황윤석의 관계나, 김석문의 노론 낙론계의 영향은 여러 기록에 분명히 나타나기 때문이다.

우선 김석문의 서양 과학 해석 경향성에 대해 정리해보자. 김석문이 1697년에 작성한 『역학도해易學圖解』는 대략 5권 5책이었던 것으로 추정되며, 현존하는 『역학십이도해易學十二圖解』는 『역학도해曆學圖解』 가운데 24도와 총해總解를 중심으로 재구성한 것[599]이라고 한다.

또한, 구만옥에 따르면, 김석문의 『역학도해』는 마테오 리치, 웅삼발熊三拔(1575 ~ 1620, Sabbathine de Ursis) 등 서양의 논의를 포괄하고 공자孔子와 소강절의 견해를 결합시킨 것[600]이라고 한다. 구체적으로 김석문의 『역학도해』는 전통적인 상수학과 서양의 천문역산학을 두 축으로 하여 구성되었는데, 전통적인 상수역학은 『주역』을 중심으로 주렴계의 『태극도설』과 소옹의 『황극경세』, 장재의 『정몽正蒙』이 주로 참고되었다고 한다. 주돈이의 생성론적 도식을 차용하여 우주 생성의 원리를 설명하고, 지전설의 역사적 전거로 장재의 『정몽』을 인용하였으며, 우주의 '변멸變滅'을 설명하면서 소옹의 원회운세를 적극적으로 원용하고 있다고 한다.[601]

김석문의 이러한 사유 역시 '역易과 역曆이 표리를 이룬다'는 상수학적 사유에 기초한 것으로 보인다. 김석문은 기존의 상수학적 사상을 숙지하고 있었고, 거기에다가 매문정의 역산에 대한 이해를 바탕으로 해서 서양 천문학을 이해한 것으로 판단할 수 있다.

김석문의 이러한 사유 구조는 상수학적 측면에서는 서명응과 비슷한 논리 구조를 가진다. 그러나 서명응이 성리학적 사유를 전혀 언급하지 않고, 심성론 등을 후천학으로 규정한 것과는 달리, 김석문의 상수학적 우주론은 성리학적 사유와 완전히 결별하지는 못한 것으로 보인다. 왜냐하면 그는 천지만물의 근원자의 속성으로 '진眞 · 정精 · 명明 · 허虛'를 제시하고, 이를 유학의 사덕四德, 성리학의 도리道理 · 성심性心으로 이해하기 때문이다.

참되면서도 정미하고, 밝으면서도 텅비고, 텅비면서도 정미하고, 밝으면서도 참되니, 참되면서 밝고 정미하면서 텅비고, 텅비면서도 밝으며 정미하면서도 참되다. 참되고 정미하고 밝고 텅빈 것이 오묘히 합하여 하나가 된다. 이를 역易에서는 이른

> 바 태극이라고 하고, 도가에서는 이른바 태일이라고 하며, 중용에서는 이른바 성명이라고 하고, 대학에서는 이른바 명덕이라고 하니, 소강절이 드러내 밝힌 것이자 정주가 미루어 연역한 것이다.[602]

> 이러한 까닭에 참됨에서 드러나는 것을 인仁이라고 하고, 정미함에 드러나는 것을 의義라고 하며, 밝음에서 드러나는 것을 지智라고 하며, 텅빔에서 드러나는 것을 예禮라고 한다. 천지에서는 도道라고 하고, 사물에서는 리理라고 하며, 사람에게서는 본연지성이라고 하며, 심에서는 도심이라고 한다. 이로부터 그것을 살펴보면 인의예지도리성심이란 진정명허의 체이고, 진정명허란 인의예지도리성심의 체이다.[603]

또한 서명응과의 근본적인 차이는 김석문은 「하도」를 기초로 연역한 「복희64괘방원도」를 정방형으로 그대로 사용한다는 점이다. 이에 대한 김석문의 구체적인 설명을 찾을 수 없다는 점에서 서명응의 사상과 근본적인 비교는 불가능하다. 하지만 서양 천문학과 수학이 전래되었을 당시 동양적 사유에서는 선천 상수학으로 서양 천문학과 수학을 이해하려 한 시도는 일반적이라 할 수 있다. 애석하게도 김석문에게서는 수학적인 사유를 찾기 어렵다.

그런데도 김석문과 서명응이 상수학으로 서양 과학을 해석할 수 있었던 그 근저에는, 16세기 이후 서경덕에 의해서 소강절의 상수학에 대한 이해가 본격적으로 이루어지면서 지속적으로 학자들의 관심의 대상이 되어왔기 때문이다. 조선에서 상수학적 연구가 지속될 수 있었던 이유로는 다음과 같은 원인이 제시된다.

첫째, 선조대를 전후해서 이루어졌던 리기논의와 역학 연구의 확산이 상수학 연구의 터전을 열어 놓았다는 점이다. 이는 사단칠정논쟁과 인심도심논쟁을 통해서 리기와 심성에 대한 이해가 심화되면서 동시에 임진왜란 동안 선조가 침잠했던 『주역』 연구는 당시 지식인들 사이에서 상수학에 대한 이해를 촉진시키는 일정한 역할을 했다는 것이다. 이는 광해군대에 북인 정권기를 거치면서 상수학의 이해가 확산되는 것으로 나타난다고 한다. 둘째, 당시의 국내외적인 역사적 상황이 대변혁되면서 천지가 뒤바뀌는 상황으로 인식되었고 이에 의해 상수학의 연구가 활발해졌다는 것이다.

이러한 정황들 때문에 17세기 서울·경기 지역을 중심으로 활동하던 서인들이 소강절의 상수학에 대해서 활발한 논의를 전개하였다.[604] 그리고 상수학이 서울·경기를 중심으로 한 학자들에게 널리 연구될 수 있었던 이유는 대통력과 시헌력의 교체과정과 무관하지 않다. 즉, 서양 역법의 원리를 수용하여 만든 청나라의 시헌력이 조선에 전래되고, 시헌력에서 윤달을 설정하는 법 등이 대통력과 차이를 발생하면서 서양 역법의 도입이 국가적으로 검토된 점이다. 이 과정에서 상수학적 바탕에서 서양 역법을 이해하려는 시도들을 지목할 수 있다.

이상의 논의에 따르면, 서양 과학의 전래와 상수학의 대두는 당시의 시대상황 속에서 하나의 요구로 이해될 수 있다. 특히 서명응과 김석문은 이러한 과정에서 상수학을 기반으로 한 서양 역법 이해에 가장 두각을 나타낸 인물로 이해할 수 있는 것이다.

이러한 흐름에서 서명응의 역할은 적지 않다. 조선에서도 '서법중원유래설'이 하나의 흐름으로 등장하는데, 이 흐름에서 서명응이 상당한 영향을 미친 것이다. '서법중원유래설'을 주장한 대표적인 인물로 황윤석(1729~1791), 홍양호(1724~1802) 등이 거론된다. 이들은 서명응과 관련성이 있다. 황윤석의 경우는 서명응과의 교유를 통해 이러한 입장을 견지한 인물이다. 노대환에 따르면, 1766년

경에 황윤석은 서명응과 만나 서법의 원류가 복희에게 있고, 지구가 둥글다는 것 역시 중국에서 유래된 것이라는 설명을 듣는다.[605] 그리고 그의 저서인 『이재난고頤齋亂稿』 속에는 『주비산경』이 서법의 원류라고 하거나, 매문정의 저술인 『명사明史』에 서양 과학의 원류에 관한 내용이 실려 있고, 매문정의 논리인 '회회력과 구라파역은 같은 뿌리이자 다른 파(回回曆與歐羅巴曆, 同源異派, 『頤齋亂稿』 卷25, 閏六月朔日己未)'라는 내용 등을 거론하고 있는 것으로 보아, 서명응으로부터 영향을 받아 이들 서적을 읽은 것으로 추론할 수 있다. 왜냐하면 서법의 원류가 복희에 있다거나 『주비산경』이 서법의 원류라는 것은 서명응의 논리와 같기 때문이다. 또한 그가 『명사』를 거론한 것은 매문정의 논리를 이해했다는 것을 의미하는데, 이는 서명응이 매문정의 학설을 그에게 설명했을 것으로 보이기 때문이다.

홍양호의 경우는 직접 연행을 통해 청나라의 상황을 보았다. 그는 천문, 역학의 기본적인 원리는 중국에 있다고 한다. 서양의 천문, 역학이 우수한 것은 사실이지만 그 기본적인 원리는 중국의 삼대시대에 있는 것으로 본다.[606]

서명응을 중심으로 한 김석문, 황윤석, 홍양호 등은 상수학적 관점에서 서양의 천문, 역법을 이해한 사람들이고, 이들은 서양의 천문과 역법의 근거를 동양적 전통에서 찾고 있다는 점에서 '서법중원유래설'을 동시에 견지한 사람들로 볼 수 있다.

2) 서명응의 상수학적象數學的 서양 과학 이해와 그 한계

서명응 역시 상수학적 관점에서 서양 과학을 해석하고 이해한다. 그러나 서명응이 상수학적 관점에서 서양 과학을 이해한 것은, 김석문의 이해와는 그 깊이에서 차이가 난다. 즉, 서명응이 '역易과 역曆이 표리를 이루므로, 역曆을 말하면 역易을 알 수 있다고 하고, 그 역과 역법이 복희에게서 기인한다'고 한 주장에 근거해 보면, 서명응은 소강절의 상수학에 한정한 것이 아니라, 선천학의 연원을 복희에게 두면서 고대의 이상사회를 추구했다는 것이다.

그러나 서명응이 역易과 역曆을 이해하는 관점은, 『한서예문지』에서 역易을 이해하고 분류하는 방식과 다르지 않다. 즉, 역을 천문역법과 분리해서 보지 않으며, 이는 결국 상수가 객관 세계를 반영한다는 논리로 귀결되는 것이다. 이는 동양의 전통 사회에서 역법과 천문에 대해 가지는 철학적 태도가 바로 "하늘은 성실하다[誠者, 天之道也]"는 해석과 관련이 있다. 그래서 하늘에 대한 관찰과 이를 바탕으로 한 정확한 역법의 창제는 바로 하늘의 성실성을 확인하고, 왕권을 강화하는 논리로 귀결되는 것이었다. 그리고 인간은 하늘의 성실함을 본받아 성실하려고 노력해야 하는 것이다[誠之者, 人之道也].

따라서 천문과 역법에 대한 상수학적 해석은 객관 세계를 기하학적 방법으로 접근한 것이 아니라 다분히 철학적이며 형이상학적 접근 태도에 기초한 것이다. 즉, 상수학이라는 철학적 사유에서 우주의 구조와 운행 및 그것의 수학적 구조를 연역한 것이라고 할 수 있다. 이러한 사유는 객관적 대상으로서 우주에 관해 그것의 법칙을 제대로 반영하는 데 한계를 가질 수밖에 없다.

그런데도 서명응의 선천학에서 보이듯이, 상수학과 서양 천문학 및 역법을 통합하여 해석하려 하는 경향은 조선과 중국의 학자들에게서 동시에 보이는 경향이다. 서명응의 경우는 천체의 운행 원리와 법칙을 「하도」와 「복희64괘방원도」를 중심으로 설명한다. 구체적으로는 지구설과 9중천설 및 천체의 좌선과 일월오성의 우전, 오대설, 기하학 등을 선천상수로 해석한다는 것이다.

우리는 여기에서 서명응의 문제의식을 확인할 수 있다. 즉, 서양의 우주설을 상수학의 방법 또는 선천학의 바탕 위에서 해석하려는 것은 18세기 조선의 학자가 서양 과학을 인식하고 이해하려 한 학문적 탐구의 산물인 것이다. 서명응의 이러한 노력은 바로 그의 아들인 서호수徐浩修에게 비판을 받지만[607], 서명응 개인의 철학적 문제의식 속에서 매우 분명한 의미를 가진다. 서명응의 이러한 태도는 결국 유학적 사유와 태도를 포기하지 않은 측면을 보이는 것이기도 하다. 이것이 바로 서양 과학에 대한 경학적 대응이라는 하나의 시대적 과제를 수행한 것이라고 필자는 판단한다.

그러나 서명응의 이러한 사유는 이후 북학파의 학자들에게서 비판을 받는다. 북학파의 학자들 중에서 상수학적 우주관으로부터 완전한 탈피를 보이는 홍대용과 같은 이는 선유들의 상수학적 우주관을 비판하면서 "추측이 심하다[推之太深]"라는 말로 일갈한다. 홍대용의 이러한 지적은 역易의 법과 역曆의 법이 전혀 다른 범주를 갖는 것이라는 인식에 기초한 것이다. 이는 역易의 원리 자체를 부정한 것이 아니라 역易의 원리를 구체적인 우주론에 적용해서는 안 된다는 것이다. 즉, 범주착오(category mistake)라는 것이다.

홍대용은 김석문의 『역학도해』를 보았을 가능성이 높으며, 석실서원의 상수학 중시 풍토에 일정 정도의 영향을 받은 것으로 사학계에서 지적한다. 그런데도 그의 사유는 상수학적 전통에서 완전히 벗어나 있다. 그는 『계몽기의啓蒙記疑』에서 상수역에 대한 의문과 비판을 기록하고 있다. 그 내용은 다음과 같다.

> 「하도」의 '원圓'은 우隅와 각角이 없다. 원은 성星이니, 성이 아니면 역기曆紀의 법이 행치 못한다. 그러므로 역기의 수는 「하도」에서 시작했다고 한다. 「낙서」의 '방方'은 우각隅角이 있다. 방은 토土이니 토가 아니면 주州를 그리는 법이 행하지 못한다. 그러므로 획주畫州하는 법은 「낙서」를 모방했다고 한다. 소강절·주자의 뜻이 대개 이러한데 아마 추측이 너무 심한 것 같다.[608]

이 내용에 따르면, 홍대용은 소강절과 주자의 「하도」와 「낙서」에 대한 설명과 천체의 운행과 그로부터 발생한 역법체계인 원회운세를 인정하지 않는다. 그리고 "소옹과 주희의 뜻이 대개 이러한데 아마 추측이 너무 심하다"라고 언급하고 있는 것을 보아도 홍대용의 사유는 상수학적 우주론과는 거리가 먼 것으로 이해할 수 있다. 홍대용의 상수학에 대한 비판적 입장은 『의산문답醫山問答』에도 보인다. 『의산문답』에서는 "대개 내가 세상에 나와 1원을 계산하여도 몇 천만억 년인지를 알 수 없었고 각 세계에 두루 다니면서 응결하고 녹는 것을 보았으나 또한 몇 천만억 년인지 알 수 없다"[609]고 하여, 소강절의 상수학을 믿을 수 없는 학설로 치부한다. 따라서 서명응 이후의 홍대용, 서유구 등의 북학파 학자들은 상수학적 우주론에서 벗어나 새로운 공부 방법으로서의 격물치지설格物致知說이 등장하는 길로 나아간다.

그러나 우리는 여기서 생각해 보아야 할 문제가 있다. 그것은 당시에 서양의 지식을 전달해 주었던 선교사들의 태도와 그 지식의 내용들에 관한 것과 이를 수용한 조선의 지식인에 대한 평가의 문제이다. 우선 예수회(Society of Jesus) 선교사들이 전했던 지식들은 근대적 혹은 진보적 지식이 아니라, 예수회의 신학의 관점에서 용인되고 수용된 지식이라는 점이다. 이는 당시의 서구에서 이룩된 근대적 과학이 예수회의 종교적 형이상학의 관점에서 왜곡되고 변형된 지식이라는 것이다. 이는 아리스토텔레스 지식 체계에 기원을 둔 낡은 지식인 것이다. 또 하나는 당시의 예수회 선교사들이 이해한 동양의 자연학에 관한 태도의 문제이다.

마테오 리치가 유럽에 보낸 편지에 의하면, "동양의 수학과 자연학은 천박하며 어처구니 없는 수준"이라는 것이다. 이러한 관점에서 포교를 위해 과학적 지식을 수단으로 사용하고, 과학적 지식을 도구화하였다.

우선 이러한 내용을 좀 더 검토해 보면서 당시의 예수회 선교사들의 과학적 지식이 근대 과학이 아닌 종교적 관점에서 세계를 해석한 종교적 이론임을 확인해 보자.

당시의 예수회 선교사들이 전한 서양 천문학은 아리스토텔레스적 우주론에 근거하고 있었다. 이에 관해 씨빈(Nathan Sivin)은 당시의 선교사들이 전한 유럽의 천문학이 중국에 부정적인 영향을 미친 과정을 밝히고 있기도 하다. 그에 따르면, "선교사들은 1600년대에 천문학에 관한 서적들을 중국에서 출판하기 시작하였다. 그들의 최초 책들은 천체의 운동을 예측하기 위해서 필요한 것들을 제공한 것이 아니라, 당시에 유럽에서 통용되던 아리스토텔레스—프톨레마이오스의 우주론과 천문학의 유용성을 증명하는 것이었다. 또한 그들이 역법의 수학적 원리들을 내세우기 시작한 것은, 주로 1631 ~ 35년에 흠천감의 운영 실권을 얻고 서양의 기법에 기초한 달력의 개혁을 실시하려는 움직임의 일부로서 황제에게 제출한 보고서들에서였다. …… 일단 예수회 선교사들은 자신들의 종교적 활동을 보호해줄 안전한 지위를 확보하고 나서는 천문학과 우주론 분야에서 유럽의 발전에 대해 계속 이야기할 필요가 없게 되었다"[610]고 한다.

씨빈의 말에 따르면, 당시의 예수회 선교사들은 아리스토텔레스주의의 천문학적 관점을 견지하고 있었으며, 선교의 안전성을 확보하기 위해 천문학적 지식을 도구로 사용했다는 것이다.

그런데 여기서 예수회 선교사들이 아리스토텔레스주의의 천문학의 관점을 견지했다는 것은 아리스토텔레스가 『천체에 대하여 De Coelo』라는 저서에서 "지구상 모든 물체의 자연스러운 운동은 우주의 중심으로 향하는 운동이며, 이는 곧 지구의 중심과 일치하고 있다"라고 주장한 것을 따른다는 의미이다. 그리고 그 증거로서 "무거운 물체를 곧장 던져 올릴 때, 아무리 세게 휙 하고 높이 던져 올리더라도 다시 제자리로 떨어지는 것이 바로 그것이다"라고 말한 것에 기초한 것이다. 이러한 이해를 기초로 기원전 140년쯤에 프톨레마이오스가 '알마게스트(Almagest)'를 발표하면서 천동설로 집대성하게 된 것이다. 이러한 천동설이 예수회의 종교적 관점과 결합하면서 천동설이라는 하나의 우주론이 형성된 것인데, 이것이 당시 예수회 선교사들이 전파한 우주론이다.[611]

또한 언급해야 할 부분은 예수회 선교사들의 태도에 관한 것이다. 예수회 선교사들은 포교의 수단으로 천문학적 지식과 수학적 지식을 이용하고 있었으므로, 자신들의 편리에 의한 천문학의 소개와 이에 따라 중국의 학자들에게 일어난 혼란들을 지적할 수 있다. 예수회 선교사들이 흠천감에서 내쫓기고 중국의 지방에서 그들의 교회가 폐쇄될 때, 다시 천문학에 관한 책들을 저술해 낸다는 것이다. 당시의 예수회 선교사 중의 남회인南懷仁(페르비스트)는 천문기구들과 예측들의 표와 설명으로 이루어진 몇 권의 저술을 펴내는데, 이는 자신들의 포교에서 위협의 시기에 한정된 것이다. 그리고 이들 저서에서 보여준 천문학적 구조 역시 아리스토텔레스—프톨레마이오스의 천체구조에 코페르니쿠스의 변혁을 가미한 티코 브라헤의 우주론을 소개하고 있는 정도이다. 이는 당시 서양에서 갈릴레오 등에 의한 새로운 지동설[612]이 탄생하고 천체구조를 설명하는 새로운 천문학이 일반화되었는데도 그에 대한 소개를 하지 않은 것이다.

예수회 선교사들은 포교와 관련된 천문학적 지식만을 전한 것으로, 이는 천문학적 지식을 선교의 도구로 사용한 것으로 이해할 수 있다. 이에 관해, 씨빈은 예수회 선교사들의 당시 유럽 천문학에 대한 제한적인 소개는 중국의 학자들로 하여금 새로운 천문학에 대한 이론을 정립하는 데 실패하게 만든 요소라고 거론한다.[613]

또한 예수회 선교사들의 동양과학에 대한 폄하를 거론할 수 있다. 마테오 리치는 유럽에 보낸 편지에서 동양의 과학에 대해 천박하고 어처구니 없는 수준이라고 혹평한다. 이는 다른 episteme에 기초한 자연학에 대한 몰이해에 기초한 것으로 볼 수 있다.

> 만약 중국이 전세계라면 나는 틀림없이 세계 최대의 수학자이며 동시에 최고의 자연철학자라고 자부할 수 있을 판이다. 왜냐하면 이 방면에서의 중국인의 지식이란 천박하고 어처구니 없는 정도이기 때문이다. 중국인들은 하나같이 도덕철학의 문제에 깊은 관심을 갖고 있고, 훌륭한 토론 태도를 갖고 있기는 하다. ……그러기에 중국인들의 눈에는 내가 과학적 지식의 총화같이 보이며 아직까지 나 같은 사람이 서양에서 온 적이 없다는 것이다. 아주 재미있는 일이다.[614]

마테오 리치의 편지는 오만함의 극치를 보여준다. 왜냐하면 그 자신의 자연학에 대한 지식 역시, 완전한 의미에서 정상적인 과학지식(normal science)이 아닌 것이어서, 오히려 철학적으로 이해되고 설명되어야 할 요소가 있다는 점이 첫 번째 이유이다. 다른 하나는 당시의 지적 충돌은 과학적 진리에 기초한 것이 아니고, 세계관 혹은 형이상학의 충돌이기 때문에 그 지식에 우열이 존재할 수 없다는 점이 두 번째 이유이다. 즉, 이는 과학적 관점에서 진보와 발전의 논리가 아니라, 바로 철학적 인식론과 형이상학을 근거로 상호이해하고 토론해야 할 대상이었다는 점이다.

이와 관련해, 하이데거가 『세계상의 시대Die Zeit des Weltbildes』에서 제기하는 문제의식은 참고할 만하다. 하이데거는 근대의 학문과 그리스 학문을 비교하면서 그리스 시대의 학문은 결코 정밀하지도 않았고, 정밀할 필요도 없는 것이라고 한다. 그러면서 근대학문이 고대 학문보다 더 정밀하다는 생각은 무의미한 것이라고 한다. 그는 자유낙하 운동에 관해 갈릴레오의 학설은 참이고 아리스토텔레스의 이론은 거짓이라는 것은 전혀 무의미한 것이라고 한다. 왜냐하면 물체와 장소 그리고 양자의 관계의 본질에 대한 그리스 시대의 파악은 존재자에 대한 다른 해석에 근거하고 있으며, 따라서 자연의 변화 과정을 근대와 상이하게 보고 그것에 대하여 상이하게 물을 수밖에 없기 때문이라고 한다.[615]

하이데거의 논리를 우리의 논의에 적용하면, 당시의 예수회 선교사들의 과학적 지식이 동양의 지식보다 발전되거나 진보적인 것이어서 오류인 동양의 과학적 지식을 대체한 과정도 아니고, 전혀 다른 episteme에 기초한 자연학적 지식이 서로 충돌한 것으로 이해하는 것이 정당하다. 따라서 어떤 지식이 진리이고 어떤 지식이 오류라는 것이 아니라 상이한 인식과 실천이 존재하며, 이에 대해 진리와 비진리로 구분하거나 우열을 따질 수 없다는 것이다.

그런데 북학과 실학을 연구한, 기존의 선행연구자들에 의해 조선의 실학자들 중에서 이익·홍대용·정약용 등이 예수회 선교사들의 지식을 수용하여 지구설과 오대설 및 천문학에서 전통적인 사유를 버리고 새로운 사유로 전환하였으며, 중국 중심의 세계상에서 벗어나 자국의 역사와 지리에 대해 관심을 가지게 되었고, 이것이 조선 후기 근대 민족주의 또는 그 맹아의 등장에 기여했다고 논리를 펼치는 연구가 있다.[616] 이러한 연구들은 암암리에 서양의 과학 지식은 발전된 진리이며, 동양의 전통 지식은 오류라는 전제를 상정한 것이고, 이들 실학자들의 학문이 바로 진리가 오류를 대체해 가는 과정이라는 생각을 전제한 것이다.

그러나 필자의 판단으로는 당시 예수회 선교사들의 과학적 지식은 당시 유럽의 발전된 정상과학(normalcy science)을 소개한 것도 아니고, 서양의 과학적 지식에 대해 거부하는 학자들도 존재했으며, 서양의 학문들을 수용하는 입장의 실학자들 중에서도 서양 과학을 그대로 수용한 것이 아니라, 기존의 지식인 경학적 입장에서 재해석한 경우도 존재한다.

또한 서양 과학을 수용한 학자들의 경우도 그들의 학문이 진보적이거나 합리적이라는 관점으로 판단할 수 없다. 다만 그들이 서양 과학을 수용한 점은 그들의 개방성을 보여주는 것이지 그들이 학문적 진보를 담보했다는 논리로 전개할 수 없다. 중국학자들에게 새로운 천문학의 이론을 세울 수 없게 만든 요소도 있다는 씨빈의 말대로, 선교사의 지식을 받아들인다고 해서 새로운 지식이 만들어진 것이 아니기 때문이다. 전통적 사유에 가장 비판적이었던 홍대용의 경우도 전통적 지식이 서구의 지식에 비해 우월하다는 점을 지적하는 내용도 있기 때문이다.[617]

서명응의 서양 과학에 대한 선천학적 이해는 경학적 대응의 관점으로 이해할 수 있다. 서명응이 보여준 선천 상수학의 관점에서 천체구조와 기하학에 대한 설명의 방식은, 서양 과학의 자연학을 그대로 수용한 것이 아니라 기존의 사상에 존재한 선천상수라는 학문을 이용하여 서양 과학을 재해석하고 이해한 것이다.

서명응의 이러한 이해는 천체구조론과 기하학에 대한 정상적 과학의 방법을 사용한 것이 아니라, 철학적 세계관 즉 형이상학적 전제에서 자연학에 대한 이해를 한 것으로 이해할 수 있다. 역易과 역曆이 표리관계임을 전제하고, 선천학의 시대인 삼대에는 역과 역 및 국가의 구조조차 천문의 구조를 기초로 편성되며, 심성론 역시 천문구조와 같은 구조를 가진다는 설명은, 서명응의 자연학이 철저하게 천인합일의 논리에 기초한 정성적 과학(qualitative science)[618]의 구조를 가진다는 것이다.

이는 서양 천문학과 역법이 속성을 규정하는 것이 아니라 공간과 시간에 대한 기하학적 모델의 적용에 기초한 것과 비교하면 동양적 자연학의 특징을 분명하게 보여주는 것이기도 하다. 즉, 동양적 자연학은 상과 수로 천체에 관한 지식을 설명하고 있어서 이것은 철학적 체계에서 해명되어야 할 지식론에 해당한다. 따라서 서명응의 선천학적 체계 속에서 서양 과학에 대한 해석은 동양의 전통적인 학문 방법 중의 하나인 경학적 방법에 기초한 서양 과학에 대한 해석이며, 이해의 과정이자, 철학적 해석이라고 판단할 수 있다.[619]

제2절 북학파北學派와의 사상적 관련성과 그 의의

1) 북학파北學派와의 사상적 관련성

서명응의 사상에 대한 역사학계의 평가는 북학파의 비조라는 것이다.[620] 또한 서명응을 실학자로 분류하기도 한다.[621] 서명응에 대한 이러한 평가는 그가 박제가의 『북학의北學義』에 서문을 쓴 점과 그의 아들 및 손자가 북학파의 인물들과 교유한 점, 서명응의 『보만재총서』의 편찬 과정에서 북학파로 분류되는 인물이 대거 참여하여 합의과정을 거쳐서 편찬되는 사실 등에서 기인한다.[622] 명응이 북학파의 사상에 직접적인 영향을 미친 경우는, 북학파의 사상 형성에 상당한 영향을 미쳤던 연행의 경험과 그로 인한 서양 과학에 대한 이해들이다. 또한 북학파의 사상이 공통적인 경향으로 보여준 명물지학名物之學에 대한 관심이 서명응에게서도 나타난다.

위의 사실들에 기초하면 서명응의 학문을 북학파로 분류할 수 있다. 일반적으로 거론되는 북학파의 학문적 특징은 첫째, 주자학말류에 대한 비판과 개방적인 학문태도이다. 그들은 당시 조선에서 독존주자를 외치던 학문적 풍토를 비판하고, 실용지학에 관심을 기울였다. 둘째, 과학적 자연관이다. 그들은 오행설에 대한 새로운 이해를 통해 전통적인 음양오행론을 비판하고 우주의 생성원리가 아니라 이용후생할 대상으로 이해하였다. 셋째, 근대적 인간관을 보인다는 것이다. 그들은 인간중심주의에서 탈피해 인물균론을 펼친다. 넷째, 주체적인 역사의식이다. 그들은 화이론을 변용하여 북학론을 펼친다. 이러한 특징을 기초로 다섯째, 이용후생과 사회개혁론을 제기한

다는 것이다.[623]

그런데 북학파의 사상적 특징을 이렇게 나열하고 보면, 서명응의 사상과 배치되는 측면이 없지 않다. 서명응은 주자학을 드러내어 비판하지도 않았고, 성리학의 주제는 아니지만 주자의 논리를 끌어와 서양 과학에서 설명하는 내용들을 비판하기도 하며, 자신의 논리적 전거로 삼기도 하였다.[624] 또한 주렴계의 『태극도설』에 대한 탐구를 진행하는 것으로 보아 전통적인 음양오행설을 견지했음을 알 수 있다. 그리고 그의 사유에서 근대적 인간관을 찾아보기 힘들다. 특히 화이관을 변용이라기보다 중화中華의 문물은 오히려 기자箕子에 의해 우리에게 전래되었고, 우리가 중화를 담지하고 있다는 주장으로 읽힐 자료들도 존재한다. 다만 이용후생의 실용성과 명물지학에 대한 관심, 서양 과학에 대한 해석과 수용의 측면이 북학파의 사상과 관련성을 보이는 것들이다.

그렇다면 왜 이런 간극이 존재하는 것일까. 우선 지적할 수 있는 것은 북학파의 학자들이 서명응의 선천 상수학에 기초한 서양 과학 이해를 비판하고 있다는 점이다. 가령 서명응의 선천 상수학적 서양 과학 이해는 그의 아들인 서호수에 의해서도 비판을 받는데, 이는 선천 상수학과 서양 우주관의 통합이 순조롭지 않다는 것을 증명하는 것이기도 하다. 하지만 서양 과학에 대한 이해가 깊어질수록 상수학적 자연관은 취약해질 수밖에 없다. 또한 선천 상수학이라는 것이 송대의 지적 수준이 투영된, 철학적 의미의 도상에 지나지 않는 것이어서 당시에 전래된 서양 과학의 천문학적 지식의 성과와 같을 수도 없으며, 적절한 이해와 대응의 논리가 될 수도 없는 것이기 때문이다.

그래서 서명응과 한 세대가 차이 나는 북학파의 학자들은 그의 선천 상수학적 서양 과학이해에 대한 비판을 가하는 것이다. 이러한 점에서 서명응의 선천학적 관점에서의 서양 과학 이해는 서양 과학에 대한 전반적인 이해를 위한 초기의 도상途上에 지나지 않는 것일 수 있다.

또한 북학파는 연행이라는 공통적인 경험을 기반으로 하고 있는데, 이들은 연행을 통해서 적극적으로 서양 과학을 배우려 하였고, 그들이 보았던 서양 과학의 내용과 교유했던 인물들이 서명응이 연행할 때와는 다른 환경적 조건을 만들어 주었기 때문이다.

주자학에 대한 태도에 관해서도 서명응은 주자학에 관한 충분한 이해를 하고 있었음에도 자신의 학문을 선천학으로 추구한다. 이는 서명응이 주자학을 비판하거나 탈주자학적 경향을 보이는 것이 아니라, 학문적 관심이 전혀 달랐다는 점을 보이는 것이다. 왜냐하면 서호수가 서명응의 행장에서 기록한 내용들에서 서명응이 주자를 자못 좋아했다는 내용이 기록된 것을 보아도 확인할 수 있다.[625] 서형수 역시 서명응의 학문을 '의리지학'을 기본으로 하여 명물지학을 더하였고, 선천역에 조예가 깊었다[626]고 평가했는데, 여기서 확인할 수 있는 것은 서명응의 학문적 근간은 선천학이며, 의리지학을 포기하지 않았다는 것이다.

서명응은 농학과 관련하여 농사農史의 일종인 『본사本史』를 저술하였고, 홍만선(1643 ~ 1715)의 『산림경제』를 첨삭 증보하여 『고사신서』 중의 농포문으로 편입하기도 하고, 전제와 관련해서 기전정형설을 주장하기도 하였다. 이러한 점들을 북학파의 이용후생의 경향과 맥을 같이하고 있는 것으로 평가할 수 있다.

또한 조선 학자들이 서양학문에 대해 수용의 가능성을 열었다는 점에서 북학파의 과학적 자연관과 연관성을 가진다고 할 수 있다.

서명응은 서양 과학의 '성인창제설'과 '선천 = 체, 서양 과학 = 용' 이라는 도식과 '서법중원유래설'을 통해서 서양 과학에 대한 거부감을 제거하는 역할을 함으로써, 서양 과학이 외국으로부터 온 것이라고 혐의할 것이 아니라 수용의 대상으로 상정되는 역할을 한 것이다.

이것이 18세기 후반에 들어 북학파라는 젊은 지식인들에 의해 주도된 북학운동의 논리로 전환된다. 즉, 서양 학문은 성인이 창제한 것이고, 이를 청나라가 앞서 수용한 것이어서 적극적으로 수용해야 할 대상이라는 것이다. 이는 서명응이 『북학의』의 서문에서 "중국의 풍부하고 앞선 제도와 문물이 다름 아닌 성인이 『주례』에서 밝혀 놓은 제도"라고 말하는 것을 통해서도 확인할 수 있다. 이것이 북학운동의 논리로 정립되는 것이다.

이처럼 서명응의 학문적 경향성은 북학파의 명물도수지학으로 연결되고, 이용후생의 논리로 확대되어 가는 것으로 이해할 수 있다. 다만 서명응의 선천학은 본격적인 북학파의 운동이 일어나 주자학적 사유가 전환되는 과정 중에서 주자학에서의 이탈과 북학운동의 도상途上에 위치하는 것으로 이해할 수 있다.

2) 사상적 의의와 의미

서명응은 당시에 조선 학계와 사상계를 주도해 나간 학자로서 평가할 수 있다. 왜냐하면 정조와 함께 국립도서관이랄 수 있는 규장각을 만들고, 관직에서 물러나 죽을 때까지 규장각의 운영에 관여하였기 때문이다. 이러한 정황에서 보자면, 본격적으로 전래되기 시작한 서양학문에 대한 발언을 해야 하는 위치에 서 있었다고 볼 수 있다.

서명응은 서양학문이라는 이질적인 사상을 유학적 사유 안에서 포섭하려고 시도한다. 하지만 서명응의 시도는 몇 가지 측면에서 한계를 가진다. 첫째는 동양의 천문과 역법이 "삼가 공경하게 사람에게 때를 준다"라는 『서경』「요전」의 말에 근거한 수시력授時曆과 "천이 상을 드리워 길흉을 나타낸다"라는 천임감응의 형이상학적 사유에 기초하고 있고, 이를 다루는 역법이 추보법推步法 — 추보의 의미는 하늘에서 해와 달이 운행하는 것이 사람이 행보하는 것과 같다는 의미이다 — 인데도, 이를 기하학으로 변용하고 있다는 점이다. 이는 동양의 천문 역법을 선천상수학으로 이해한 것이다. 상수학은 유사과학(Pseudoscience)인데도 서명응은 이를 기초로 기하학적 사유를 이해하려고 하였다. 이는 결국 서양과 동양의 사유가 서로 화합할 수 없다는 논리를 확인하는 결과를 낳았다.

둘째는 서명응의 사상에서 선천학의 성격에 관한 것이다. 서명응은 선천학에 도교의 역학을 수용하였지만, 도교의 역학에서 나타난 천문이 현대적 의미의 천문학과 역법을 의미하지 않는다는 점이다. 도교의 역학에서 천문은 천인관계론의 입장에서 천문과 인간의 육체를 일치시키면서, 천체의 운행과 인간의 장기들 간의 기의 흐름을 일치시키는 것이었다. 그러나 서명응은 도교의 천문을 자신의 선천상수학에 포괄함으로써 형이상학적 논리 위에 정초하였다.

셋째는 서명응이 두 번의 연행을 통해 500여 권의 천문과 수학책을 들여오고, 수학에 관한 공부를 통해 현대적 의미에서 기하학뿐만 아니라 미적분에 관한 사유를 하고서도 이를 유사과학으로 해석하고 있다는 점이다. 이것이 선천학과의 괴리를 오히려 노정하고 있는 것으로 보인다. 즉 체와 용으로 선천학과 천문학을 파악한 것은 전혀 성격이 다른 두 학문적 영역을 하나의 체계로 만들고자 하는 과정에서 범주적 착오와 논리적 괴리를 노정한 것이다.

그러나 외래의 사상이 전래되었을 때, 그것에 대응, 적응하는 과정으로써 서명응의 사유를 이해하면, 서명응의 사상은 이후 북학파와 실학자들의 사유를 싹 틔우는 과정으로 이해될 수 있다. 서명응과 한 세대의 차이가 나는 북학파들은 서명응의 사상적 결과물인 『보만재총서』의 편찬에 참여함으로써 서학이라는 외래 사상을 수용하고 이해하는 직접적인 통로로 활용하였다. 따라서 서명응의 사유가 실학자들에게 부정되지만, 그들의 사상적 발생에 서명응의 사유가 일정 정도 기여를 한 것으로 생각된다.

제2부 맺음말

서명응은 전래된 서양 과학을 선천학의 상수학으로 이해하고 비판한다. 그가 서양 과학을 이해하는 방식은 중국의 지식인들, 특히 매문정이 보여준 태도와 비슷하다. 특히 『주비산경』을 중시하거나, 서양 과학이 성인에 의해서 창안된 것이며, 동양적 기원을 갖는다는 논리들이 그러하다.

하지만 『주비산경』을 중국의 학자들이 지구설과 오대설의 예견서로 보아 높이 인정한 것과 달리, 서명응은 구고의 수법으로만 이해하고, 이를 선천학의 용用으로 위치지운다. 이러한 점은 중국의 학자들이 보여준 태도와 전혀 다른 것이다. 서명응의 선천학 체계 속에서 구고법은 용이고, 서양 과학은 이 구고법이 발전한 것으로 정립되기에 서양 과학은 자연스럽게 선천학의 용으로 위치지워지게 된다. 이러한 관점에서 서법성인창제설과 서법중토기원설이 도출되는 것이다.

구고법이 선천학의 용으로 위치지워지듯이, 지구설과 천체구조설을 설명하는 논리도 선천학의 상수론이다. 특히 복희 선천4도를 중심으로 지구설과 구고법, 9중천설을 논의하고 있어서, 그가 여실한 상수학자임을 보여준다. 특히 그가 지구설의 전거로 드는 「복희64괘방원도」의 방도를 마름모 형태로 전환하고, 그 전환의 근거로 「하도」의 구조를 지목하는 것은 그가 선천학의 도식들에 대한 고심의 흔적을 읽을 수 있는 대목이다. 그가 이러한 방식의 창안을 시도한 것은 그만의 선천학에 대한 조예이기도 한데, 필자의 판단으로는 논리적으로 가능한 것으로 이해된다. '「하도」가 천문'이라는 그의 명제에 따르면 「하도」의 구조에서 「복희64괘방원도」가 연역되었고, 이에 따라 「복희64괘방원도」의 방도를 수정하는 것은 논리적으로 정당하기 때문이다.

또한 그는 구고의 수법들을 '선천태극생구고양의先天太極生句股兩儀 → 구고양의생구고사상句股兩儀生句股四象 → 구고사상생구고팔괘句股四象生句股八卦'로 이어지는 생성의 과정을 통해 기하학적 도형과 측량의 방법들을 설명한다. 이러한 그의 설명은 당연히 상과 수의 관계에 대한 상수학적 관점을 반영하고 있다. 그가 제시한 '수가 상의 절도이고, 상은 수의 체단'이라는 명제는 태극에서 양의로, 양의에서 사상으로, 사상에서 8괘로 이어지는 상의 생성론에 수적 질서가 깃들어 있는 것임을 의미하는 것일 터이다.

이러한 상과 수의 관계는 천문현상을 설명하는데도 그대로 적용되어, 천문현상들이 필연지상과 필연지수로 전환되어 9중천설을 전거하는 논리로 사용된다. 9중천설은 경전의 전거들과 함께 이 상과 수를 통해 불변의 진리로 정립되고, 서양 천문학에서 말하는 12중천설은 천체현상을 파악하거나 계산해내는 데 불필요한 중천들을 포함하고 있는 것으로 비판의 대상이 된다.

12중천설이 종교적 신념들을 전제하고 있듯이, 마테오 리치에 의해 진행된 사원소설을 통한 오행설의 비판도 그에게는 수용할 수 없는 지식이다.[627] 그의 선천학은 후천인 오행을 간직하고 있어서, 선천을 명확히 알면, 후천은 저절로 도출되어 나오는 지식이기 때문이다.

그렇다면 서명응의 서양 과학에 대한 이해를 어떻게 사상적으로 파악할 수 있을까. 서양 과학이 전래되고 나서 조선의 학자들은 상수학적 관점에서 이를 수용하거나 비판하였다. 김석문이나 황윤석, 서명응 등의 학자들은 상수학의 관점에서 이를 이해하거나 비판하고 있다. 반면에 홍대용은 상수학적 관점뿐만 아니라 오행론까지 버리면서, 기일원론氣一元論의 천체관을 형성한다. 필자의 판단으로 홍대용의 이러한 사상적 전회는 마테오 리치의 『건곤체의』의 논리와 다르지 않아 보인다. 홍대용의 무한우주설은 마테오 리치의 『건곤체의乾坤體義』의 내용을 따르고 있다고 본다. 마테오 리치가 『건곤체의』에서 오행을 비판하면서 지구나 천체를 설명한 논리는 홍대용에게 수용되어 오행론을 비판하면서 기론적 세계를 형성하게 했기 때문이다. 마테오 리치의 지식에 동양적 기의 개념을 적용해 우주를 보면, 우주는 무한한 기의 세계가 된다. 이는 마테오 리치의 논리를 동양적 기론으로 재해석한 것이다.[628]

다만 홍대용의 사상적 전회는 서양 과학의 영향을 받아 '인물균론'이나, '화이론'을 제시할 만큼 성리학적 사유를 넘어섰다는 데 의의가 있다.

홍대용의 전회는 『의산문답』에서 "구어음양拘於陰陽, 니어이의泥於理義, 불찰천도不察天道, 선유지과야先儒之過也"라는 선언으로 드러난다. 이 선언은 전통적 사유로부터 결별을 의미한다. 여기서 '음양에 얽매이고 이의에 빠진 것'은 상수학적 세계관을 비판한 내용이고, '천도를 살피지 않았다'의 '천도'는 기하학적 천문학과 역법을 의미한다. 즉, 전자는 전통적 세계관을 비판한 것이고, 후자는 새로운 세계관을 지향함을 의미한다.

서명응 역시 '하늘만이 우리의 스승(天吾師)'이라는 명제를 제시하지만, 그 하늘을 이해하는 방식이 전혀 달랐다. 서명응이 전통적 의미에서 파악된 하늘을 추구하였다면, 홍대용은 반대의 주장을 펼치는 것이다. 이들은 모두 성리학에서 추구하는 도덕적 세계가 아닌 물리적 세계로서의 하늘을 추구한 점에서는 동일하지만, 그것을 대하는 태도가 달랐던 것이다.

서양 천문학에 대한 상수론적 이해가 북학파의 학자들에 의해서 부정되고, 상과 수를 분리로 이행해 가는 것은 서양 천문학의 천문학과 역법의 기초가 바로 상수의 수가 아니라, 기하학적 수로서 상과는 무관한 것임을 그들이 간파했기 때문이다. 즉 기하학(geometry)이 말 그대로 대지(geo)를 측량(metry)하는 것인데, 이를 우주라는 공간에서 행성들의 관계(우주론)와 행성들의 운행(역법)에 적용시킨 것임을 인지했던 것이다. 이러한 점에서 북학파 학자들의 상과 수의 분리는 서양 천문학의 '토착화 과정'으로 이해할 수 있다.

이러한 과정들에 대해서 구만옥은 "주자학적 우주론의 변동"으로 규정하거나, 김용헌은 "상수학적 자연관의 균열"[629]로 규정한다. 이들 선행연구의 입장을 따르면, 김석문과 서명응은 소옹과 주자학적 우주론을 견지하고, 상수학적 자연관을 고수한 학자들이다. 이들은 전통적 사유를 견지, 고수하는 방편으로 전통적 사유를 변경하거나 수정하는 노력을 아끼지 않았다. 가령 김석문의 경우는 소옹의 수적 원리를 천체의 운동 주기와 결부시키기는 하지만 그 수치가 역법과 완전히 일치할 수 없다고 하여 소옹이 제시한 원회운세의 수치를 수정한다.[630] 서명응의 경우는 「복희64괘방원도」의 방도의 위치를 수정한다.

이러한 점들은 오히려 상수학적 세계관이 서양 천문학과 균열을 노정하는 것을 반증하는 것이기도 하고, 서양의 천문과 역법을 수용하는 데 걸림돌이 되기도 하며, 반대로 서양의 천문과 역법을 수용하는 데 용이하게 하는 점[631]도 될 수 있다.

필자는 서명응의 선천학이 서양 천문학과 균열을 노정함으로써 서양 천문과 역법을 수용하는 데 용이하게 한 점이 있다고 판단한다. 왜냐하면 서명응 자신이 서양 천문학에 대한 심리적 거부감을 제거하는 노력을 한 측면이 있기 때문이고, 북학파의 관계에서 보자면 서양 천문학과의 균열을 통해 서양 천문학의 수용으로 나아가는 점이 있기 때문이다.

총결론

서명응은 자신의 학문을 ‘선천학’으로 규정하고, 거대한 학문적 체계를 세운 학자이다. 서명응은 ‘하늘만이 우리의 스승’이라는 명제를 제시하면서, 형체지천과 유행지천의 일치를 추구하였다. 서명응의 이러한 철학적 문제의식은 선천학이라는 학문적 체계로 구성되었는데, 이것이 서양 과학을 해석하고 대응하는 논리로 확립된다.

필자는 서명응의 선천학을 규명하면서 그가 이해하는 선천학의 역사가 료명춘 등의 현대의 학자들이 분석하는 것과 다르지 않음을 확인할 수 있었다. 그것은 첫째, 도교의 역학이 송대의 도서학과 상수학의 연원이고, 송대의 도서학과 상수학이 도교의 역학을 수용한 이유가 천체구조와 천문현상을 설명하는 데 유용했다는 점이다. 이는 도교의 역학이 천체의 구조를 4정괘를 통해 구조화해내고, 384효를 천체현상의 변화로 설명하는 방식을 수용했다는 것이다.

둘째, 특히 진단의 역학이 소강절의 선천심법론의 연원이 됨을 확인할 수 있었다. 선천학이 심법이라는 명제는 진단이 불교의 유심론을 받아들여 역학을 해석한 것에 기인한 것이다.

셋째, 서명응의 선천학의 역사에 대한 이해가 황종염과 모기령이 밝힌 역학의 역사에 관한 이해와 다르지 않다는 점이다. 즉 『노자하상공장구』로부터 『주역참동계』를 거쳐서 진단의 역학으로 이어지고, 진단에서 「무극도」는 주렴계로, 「선천도」는 소강절로 이어진다는 인식이다. 그런데 서명응은 여기에 선천학의 연원을 복희에게 둠으로써 도교와 유학을 포괄한다. 복희와 공자에서 도교로 이어지는 선천학의 역사를 서술하면서, 송대 사상가들의 사유까지 결합하는 것이다. 그래서 그는 주렴계의 『태극도설』의 논리로 『노자』를 주석하고, 소강절의 상수학으로 선천학의 기본적인 개념들을 설정한다.

서명응의 이러한 이해는 유학자적 입장을 견지한 것이며, 선천학의 연원을 복희로 상정함으로써 중국학자들이 황제를 중심으로 이해하는 것과는 다른 것이다. 그는 선천학의 체용이 기자箕子를 통해 조선으로 전래되었다는 주장을 펼치고, 평양감사 시절 이를 고증하기 위해 기자의 사실史實을 발굴하기도 하였다.[632]

넷째, 서명응은 공자의 「계사」를 선천학에 포함함으로써 진단의 역학과는 근본적으로 다른 이해를 보인다. 즉 진단이 문왕과 주공 및 공자의 역학에 관한 이해를 거부하는 데 반해, 서명응은 공자의 「계사」를 선천역에 편입시켰다. 서명응이 진단의 이해와 달리 선천역을 이해한 것은 『주역참동계』가 「계사」를 많이 인용하면서 논리를 전개시키고 있는 점에 근거한 것이다.

다섯째, 서명응은 도교의 역학을 수용함으로써 도교적 내단수련의 이론들도 받아들이고 있다는 점이다. 서명응은 특히 『도덕지귀』를 통해 도교적 내단사상이 무극에 복귀하는 논리를 태극의 진체眞體를 확인하는 과정으로 해석함으로써 선천학적 입장에서 유교와 도교의 일치를 추구하였다.

여섯째, 서명응은 당시에 심각하게 논변되던 호락논쟁의 심성론과 무관하게 심법을 추구함으로써 유교 심성론의 근본을 회복하려는 시도를 보이고 있다는 점이다. 이는 심성론에서 철학적 사변에 기초한 논리적 이해가 아니라 유가적 수양론을 중시하는 것과 맥락을 같이하는 것이다.

서명응의 이러한 선천학 체계는 당시에 전래된 서양 과학을 해석하고 대응하는 논리로 적용되는데, 천문학과 역법 및 기하학을 선천학의 용用으로써 해석하는 것이다. 선천학 관점에서 서양 과학을 해석하는 논리는 다음과 같다.

첫째, 서학 성인창제설이다. 서명응은 서학이 복희에게서 창제되어 서국으로 전파된 것으로 이해하였다. 그리고 자신의 이러한 논리를 증명하기 위해 「복희64괘방원도」를 통해 천문구조와 운행 및 그것을 기하학으로 설명한 구고법까지 연역해 낸다. 이러한 논리의 근거는 '선천=체, 서학=용'의 체용론적 구조이다.

둘째, 『주비산경』을 천체의 구조나 천문을 관측하는 기구 및 지구설을 증명하는 것이라는 당시의 중국학자들의 이해와 달리, 서명응은 『주비산경』을 철저하게 구고의 술수로 이해하여, 선천학의 용으로 인식하였다. 즉 서명응은 『주비산경』을 천문학에 관련된 책이 아니라 기하학의 책으로만 이해한 것이다.

셋째, 서명응은 지구설이나 9중천설에 대한 설명을 철저하게 「복희64괘방원도」를 통해서 증명해내었다. 여기서 특히 주목할 만한 특징은 「복희64괘방원도」의 방도위치를 「하도」 중궁의 다섯 점의 구조와 일치시켜 설명하였다는 점이다. 「복희64괘방원도」의 방도를 정방형에서 마름모로 위치를 변경함으로써 지구설을 증명하고 있는 것이다. 또한 9중천설을 견지함으로써 당시에 서양 과학에서 말하는 12중천설을 비판하고 있는데, 서명응은 서학의 12중천설이 상정하는 종교적 관점에서 제시된 영정천과 종동천이 논리적 근거가 없다는 점과 세차歲差를 설명하기 위해 제시된 종동천宗動天과 동서세차천東西歲差天이나 남북세차천南北歲差天이 역법曆法을 계산하는데 아무런 의미가 없다는 점을 들어 부정하였다.

서명응의 이러한 서학에 대한 이해와 대응은 철저하게 선천학의 관점에서 진행된 것이다. 서명응의 선천학적 관점에서의 서학 이해는 북학파의 학자들에 의해 비판을 받지만, 서명응의 선천학적 서학 이해를 통해서 동양 과학적 사유의 특징을 이해할 수 있다. 즉, 동양의 과학적 사유란 그 양적量的인 규정을 통해 우주와 사물을 이해하는 것이 아니라, 관계망의 속성적 규정을 통해 우주와 세계를 이해한다는 점이다. 이를 씨빈은 정량적 과학과 정성적 과학으로 구분하고 있다.

서명응은 북학파의 비조로 거론되기도 하고, 실학자로 분류되기도 한다. 서명응은 북학파들의 서학 수용에 가교 역할을 한 인물로 이해할 수 있다. 왜냐하면 외래사상의 전래에 대한 수용자의 태도 중에서 외래사상을 자신의 사상으로 해석하면서 편입시키는 논리를 보여주는 대표적인 학자이기 때문이다. 이러한 과정을 거친 후에 본격적인 서학에 대한 이해의 과정이 일어날 수 있었다. 따라서 북학파의 서학 수용은 서명응의 이해 단계를 거쳐야 이룩될 수 있었던 과정인 것이다.

참고문헌

가. 원전류

『周易』, 『書傳』, 『經書』, 『周禮』, 『周髀算經』, 『朝鮮王朝實錄』, 『史記』, 『漢書』, 『晉書』, 『老子』, 『周易參同契』, 『春秋左氏傳』, 『正祖實錄』, 『列子』

나. 문집류

徐命膺, 『保晩齋叢書』, 규장각본, 도서번호 고0270—11.

_______, 『保晩齋集』, 한국문집총간 233, 민족문화추진회.

_______, 『保晩齋剩簡』, 규장각본, 도서번호 고3428—510.

_______, 『易學啓蒙集箋』(한국경학자료집성 · 易經 17), 성대 대동문화연구원.

_______, 『啓蒙圖說』(한국경학자료집성 · 易經 18), 성대 대동문화연구원.

_______, 『道德指歸』, 규장각본. 도서번호 고14011

_______, 『保晩齋年譜』, 고려대도서관본.

徐有榘, 『楓石全集』, 보경문화사, 1983.

徐浩修, 『私稿』

徐瀅修, 『明皐集』(한국문집총간), 민족문화추진회.

金錫文, 『易學二十四圖總解』(한국경학자료집성 · 易經 10), 성대 대동문화연구원.

洪大容, 『湛軒書』 (한국문집총간), 민족문화추진회.

黃胤錫, 『頤齋亂稿』, 한국학중앙연구원.

다. 서양 과학 관련자료

利瑪竇, 『乾坤體義』(『文淵閣 四庫全書』 787冊, 臺灣商務印書館, 1983)

艾儒略, 『職方外紀』(『文淵閣 四庫全書』 584冊, 臺灣商務印書館, 1983)

南懷仁, 『坤輿圖說』(『文淵閣 四庫全書』 595冊, 臺灣商務印書館, 1983)

『渾蓋通憲圖說 · 簡平儀說』(『文淵閣 四庫全書』 1303冊, 臺灣商務印書館, 1983)

『新法算書』(『文淵閣 四庫全書』 788—789冊, 臺灣商務印書館, 1983)

『曆象考成』(『文淵閣 四庫全書』 790—791冊, 臺灣商務印書館, 1983)

『曆象考成後編』 (『文淵閣 四庫全書』 792冊, 臺灣商務印書館, 1983)

『中西見聞錄』 (남경고구서점, 1 · 2 · 3 · 4冊, 1992)

梅文鼎,『曆算全書』,『사고전서』 전자판.
王夫之,『思問錄』, 外篇, 고적출판사.

라. 기타서

『增補文獻備考』, 명문당, 1985.
『朱熹集』, 四川教育出版社, 1996.
『朱子語類』, 中華書局, 1994.
『性理大全』, 山東友誼書社, 1989.
『梅花易數 · 皇極經世』, 九州出版社, 2003.
『河洛精蘊』, 宏業書局印行, 1991.
『周易參同契彙刊』, 中州古籍出版社, 1990.
『參同契考異』, 대만중화서국인행, 1983.
『老子道德經 河上公章句』, 中華書局, 1993.
『易契』, 權克中, 최일범교수 소장본.
『正易心法』(馬衣道者 著, 陳摶 注), 未收四庫全書.
『한국문집총간해제5』, 서울: 민족문화추진회, 2001.
『佛祖統記』 권43,『四庫全書存目叢書子部』, 齊魯書社, 1995.
『象山集』(『사고전서』 전자판)
『易學二十四圖解』,「易學二十四圖總解」(한국경학자료집성, 易經 10, 성균관대학교 대동문화연구원)
『수학대사전』, 서울:한국사전연구사, 1995.

마. 단행본

강재언,『조선의 서학사』, 서울: 민음사, 1990.
_______,『서양과 조선』, 서울: 학고재, 2000.
江曉原 등 저,『天文西法東漸集』, 상해: 上海書店出版社, 2001.
今井宇三郎 著,『宋代易學の研究』, 東京:明治圖書出版株式會社, 1944.
김낙필,『조선시대의 내단사상』, 서울: 한길사, 2000.
김명호,『열하일기연구』, 서울: 창작과비평사, 1990.
김문식,『조선후기 경학사상 연구』, 서울: 일조각, 1996.
_______,『정조의 경학과 주자학』, 서울: 문헌과해석사, 2000.
니콜라우스 코페르니쿠스 지음, 민영기/최원재 옮김,『천체의 회전에 관하여』,

서울: 서해문집, 1998.
김영식 편,『중국 전통문화와 과학』, 서울: 창작과비평사, 1986.
鈴木由次郎 著,『漢易硏究』, 東京: 明德出版社, 1960.
류승국 저,『동양철학연구』, 서울: 동방학술연구원, 1988.
牟鍾鑒 저,『中國道敎』, 광동: 광동인민출판사, 1996.
박성래 편저,『중국과학의 사상』, 서울: 전파과학사, 1993.
宋恒龍,『韓國道敎哲學史』, 서울: 성대 대동문화연구원, 1987.
심괄 지음, 최병규 옮김,『몽계필담 1,2』, 서울: 범우사, 2003.
야마다 게이지 지음, 김석근 옮김,『주자의 자연학』, 서울: 통나무, 1992.
_______, 박성환 옮김,『중국과학의 사상적 풍토』, 서울: 전파과학사, 1994.
오하마 아키라 지음, 이형성 옮김,『중국과학의 사상』, 서울: 예문서원, 1999.
유봉학,『조선후기 학계와 지식인』, 서울: 신구문화사, 1998.
_______,『연암일파 북학사상연구』, 서울: 일지사, 2000.
이문규,『고대 중국인이 바라본 하늘의 세계』, 서울: 문학과지성사, 2000.
이원순,『조선서학사연구』, 서울: 일지사, 1986.
임형택,『실사구시의 한국학』, 서울: 창작과비평사, 2000.
정옥자,『조선후기 지성사』, 서울: 일지사, 1991.
_______,『조선후기문화운동사』, 서울: 일조각, 1988.
_______,『조선후기 역사의 이해』, 서울: 일지사, 1993.
_______,『조선후기 중화사상 연구』, 서울: 일지사, 1998.
정옥자 외,『정조시대의 사상과 문화』, 서울: 돌베개, 1999.
조셉 니담, 이석호 등 역,『중국의 과학과 문명 Ⅰ, Ⅱ, Ⅲ』, 서울: 을유문화사, 1988.
周瀚光, 王貽梁,『發明的國度中國科技史』, 상해: 화동사범대학출판사, 2001.
주희 지음, 김상섭 해설,『역학계몽』, 서울: 예문서원, 1994.
지두환,『조선시대 사상과 문화』, 서울: 역사문화, 1998.
_______,『조선시대 사상사의 재조명』, 서울: 역사문화, 1998.
陳鼓應 主編,『道家文化硏究』 제11집, 북경: 삼연서점, 1997.
陳來 지음, 안재호 옮김,『송명성리학』, 서울: 예문서원, 2002.
차종천 역,『九章算術/周髀算經』, 서울: 범양사출판부, 2000.
하이데거, 최상욱 옮김,『세계상의 시대』, 서울: 서광사, 1995.
何俊 저,『西法與晩明思想的裂變』, 상해: 상해인민출판사, 1998.
한우근,『성호이익연구』, 서울: 서울대출판부, 1980.

황광욱 역주, 『역주 화담집』, 서울: 심산문화, 2004.

_______, 『화담 서경덕의 철학사상』, 서울: 심산문화, 2003.

까오 화이민 저, 신하령 · 김태완 공역, 『상수역학』, 서울: 신지서원, 1994.

바. 논문

구만옥, 『朝鮮後期 朱子學的 宇宙論의 變動』, 연세대학교 박사학위논문, 2001.

김경수, 「道德指歸를 통해 본 서명응의 道德經이해」, 『한국사상과 문화』, 한국사상문화학회, 2003.

김문식, 「서명응 著述의 種類와 特徵」, 『韓國의 經學과 漢文學』(李篪衡停年論叢), 太學社, 1996.

_______, 「18세기 후반 서명응의 箕子認識」, 『韓國史學史硏究』(趙東傑停年論叢), 나남출판사, 1997.

_______, 「徐命膺的易學世界地理觀」, 『國際儒學硏究』 5, 中國社會科學出版社, 1998.

김용헌, 「서양의 자연학과 동양의 반향」, 『동아시아에서의 서학수용과 그 대응』, 동양철학회 제45차 추계학술대회, 2004.

김윤수, 「徐命應의 參同攷와 易參同契詳釋」, 『한국도교와 도가사상』, 아세아문화사, 1991.

김인규, 『북학사상연구』, 성대 박사학위 논문, 1998.

노대환, 「조선후기의 서양 과학 유입과 서기수용론」, 『진단학보』 83, 1997.

민영규, 「17세기 李朝學人의 地動說—金錫文의 易學二十四圖解—」, 『동방학지』 16, 1975.

박권수, 『서명응의 易學的 天文觀』, 서울대 석사학위논문, 1997.

宋日基, 「奎章總目考 —특히 서명응, 서호수 부자의 활동을 중심으로」, 중앙대 석사학위논문, 1982.

송지원, 「서명응의 '국조시악'」, 『문헌과 해석』 5, 서울: 문헌과해석사, 1998.

_______, 「서명응의 '원음약'」, 『문헌과 해석』 4, 서울: 태학사, 1998.

_______, 「서명응의 '시악묘계'」, 『문헌과 해석』 8, 서울: 문헌과해석사, 1999.

_______, 「일무, 그 상징과 함의 —서명응의 해석을 중심으로」, 『문헌과해석』 11, 서울: 문헌과해석사, 2000.

李康洙, 「徐命應의 老子理解」, 『동방학지』 62, 연세대 국학연구원, 1989.

이봉호, 「서명응의 『道德指歸』에 나타난 易理와 內丹思想의 일치」, 서울: 한국사상문화학회, 2003.

________, 「서명응의 『參同攷』에 나타난 先天易을 중심으로 한 丹易參同論」, 『도교문화연구』, 서울: 동과서, 2004.

李遠國, 「陳摶易學思想探微」, 『道敎文化硏究』 11, 三聯書店, 1997.

李林起, 「保晩齋叢書 편성체제고 —서명응의 사분법시원론을 중심으로」, 중앙대 석사학위논문, 1986.

________, 「『保晩齋叢書』에 나타난 서명응의 사분법시원론」, 『서지학연구』 2. 서지학회, 1987.

유봉학, 「경화사족의 사상과 진경문화」, 『진경시대 1 —사상과 문화』, 서울: 돌베개, 1998.

________, 「18-19세기 燕巖一派 北學思想의 硏究」, 서울대 박사학위논문, 1992.

유성태, 「서명응의 도가사상」, 『한국사상사』, 원광대 출판국, 1991.

任侑炅, 「서명응의 文學觀 및 詩經論」, 『韓國漢文學硏究』 제9·10합집(한국한문학연구회), 1987.

________, 「保晩齋叢書에 대하여」, 『서지학보』 9, 1993.

임종태, 「이방의 과학과 고전적 전통: 17세기 서구 과학에 대한 중국적 이해와 그 변천」, 『동아시아에서의 서학수용과 그 대응』, 동양철학회 제45차 추계학술대회, 2004.

張東宇, 「朱子學的 패러다임의 반성과 해체과정으로서의 실학 —자연학과 인간학의 분리를 중심으로」, 『태동고전연구』 12, 태동고전연구소, 1995.

鄭誠嬉, 『朝鮮後期 宇宙觀과 曆法』, 한국정신문화연구원 한국학대학원박사학위논문, 2001.

조민환, 「서명응 『道德之歸』 1장에 관한 연구」, 『한국사상과 문화』, 한국사상문화학회, 2003.

조성산, 『조선후기 낙론계 학풍의 형성과 경세론 연구』, 고려대 박사학위논문, 2003.

최영진, 『易學思想의 哲學的 探究』, 성대 박사학위 논문, 1989.

최일범, 『儒敎의 中庸思想과 佛敎의 中道思想에 관한 硏究』, 성대 박사학위논문, 1991.

한영호, 「서양 기하학의 조선 전래와 홍대용의 『주해수용』」, 『역사학보』 170.

후주後註

1 서명응의 자는 군수君受, 호는 보만재保晩齋이다. 1754년(영조 30)에 급제하여, 부제학·이조판서, 규장각 제학 등의 관직을 지냈다. 대표적인 저서로 『보만재집』·『보만재총서保晩齋叢書』·『보만재잉간保晩齋剩簡』 등이 있다.

2 서명응의 학문이 선천학 체계를 이루고 있다는 점은 그의 『보만재총서』의 「범례」 등에서 확인할 수 있다. 특히 그의 아들인 서형수도 서명응의 학문이 선천학의 원리에 근본함을 밝히고 있다. "보만재사집총목은 가형인 호수와 가질인 유구가 강론하면서 산정하는 것인데 형수도 참여하여 편집의 순서에 대하여 들었다. 사집四集은 사상에 근본한 것이며, 55권인 것은 「하도」의 전체 수를 근본한 것이다. …… 대개 『보만재총서』의 규모와 비슷하다. 이는 총서와 더불어 내외 두 편을 갖춘 것이니, 집안 대인이 선천학을 궁구한 문로를 볼 수 있다. / 保晩齋四集總目, 家兄浩修, 與家侄有榘所講定, 而瀅修亦嘗與聞於次輯之意. 四集本四象也. 五十有五卷本河圖全數也. …… 大抵略倣保晩齋叢書之規模, 欲與叢書備內外二編, 於以見家大人研窮先天學之門路也. (徐瀅修, 『明皐全集』 卷7, 「保晩齋四集編例題辭」)

3 상수역은 도서역圖書易을 포함하여 말해진다. 하지만 도서가 먼저 존재하고, 이 도서에 상과 수가 깃들어 있다고 보면, 도서역이 우선하고 상수역이 그로부터 도출된 것으로 볼 수 있다. 그러나 이 글에서는 일반적인 구분을 따라 상수역과 도서역으로 구분해서 논의를 펼친다.

4 『주역참동계』란 호칭을 앞으로는 『참동계』라고 하겠다. 이는 서명응이 『주역』을 후천역으로 규정하고 언급을 하지 않는 이유 때문이기도 하고, 간략하게 칭하기 위한 것이기도 하다.

5 도가와 도교는 개념상 명확히 구분되는 것이지만, 본 논문에서는 논의의 편의를 위해 도교로 범칭하고자 한다. 서명응 역시 노자와 신선가라는 개념 구분을 하고 있는데, 서명응의 구분은 오행五行을 기준으로 노자와 신선가를 구분한다. 노자는 오행개념을 사용하지 않았고, 단지 오행 중에서 토만을 인정하는데 반해, 신선가들은 오행을 자신의 사상적 근거로 사용한다는 점에서 노자와 신선가는 다르다고 본다. 이에 관해서는 졸고, 「서명응의 『道德指歸』에 나타난 易理와 內丹思想의 一致」(『한국사상과 문화』 제22집, 2003, 12) 참조.

6 구고법은 삼각형의 밑변을 구句, 높이를 고股, 빗변을 현玄이라고 한 것에서 기원한다. 삼각형의 성질을 이용해 거리, 높이, 깊이를 계산하거나, 여러 도형의 면적을 구하는 것을 구고법이라고 한다. 서명응은 구고법을 기하학으로 치환하여 이해한다. 구고법을 기하학으로 이해한 경우는 강희제가 『삼각형론』에서 "기하가 바로 구고[幾何卽句股]"라고 하고 있듯이, 당시 동양의 지식인들은 구고와 기하학을 동일한 학문으로 보았다.

7 『先天四演』, 「先後天箋」: 伏羲之易謂之先天, 文王之易謂之後天.

8 『緯史』, 「序」: 先天之道, 卽伏羲神農黃帝堯舜禹轉相授受, 以繼天立極者也.

9 『先天四演』, 「先後天箋」: 後天之易, 自孔門傳於商瞿驕庇, 以及田何. 遂盛行於世, 而其先天四圖, 則孔門傳於隱逸家.

10 『參同攷』 권2, 「互體攷」 1장 1절: 天文之森羅布列於上者, 卽河圖象數之所著見.

11 『髀禮準』 上篇, 「序」: 測天文, 正官制.

12 『保晩齋集』 권16, 「蠡測」: 天之所以爲天之象也. 故不明乎易, 不足以知天. 不明乎天, 不足以知易也.

13 『先天四演』, 「方圓言箋6」: 唯曆與易, 相爲表裏, 言曆則易可知也.

14 『先天四演』, 「方圓象箋1」: 凡圖與天, 豈可以差殊觀哉.

15 『保晩齋集』 권7, 「新法渾天圖序」: 圖起於象, 象明, 則圖明矣.

16 『髀禮準』 上篇, 「序」: 數者, 象之節度, 象者, 數之體段. 故不明乎象, 無以盡其數.

17 소옹은 북송시기 철학자이자 상수학의 창시자이다. 자는 요부堯夫 호는 강절康節이다. 주요 저작으로는 『황극경세皇極經世』, 『매화역수梅花易數』, 『이천격양집伊川擊壤集』 등이 있다.

18 주돈이는 북송시기의 철학자로, 성리학의 토대가 되는 『태극도설』을 지었다. 자는 무숙茂叔 호는 염계濂溪이고, 시호는 원공元公이다.

19 진단陳摶(871 ~989)은 자字는 도남圖南, 호는 부요자扶搖子이고, 희이선생希夷先生이라는 시호를 받았다. 오대시기, 북송초기의 유명한 도교학자이다.

20 『先天四演』, 「序」: 伏羲先天之四圖也. … 孰傳之, 孔子傳之也. 孰聞之, 希夷聞之也. 孔子聖也, 希夷仙也, 道其不同矣, 何傳而何聞也. 是有由焉. 昔者, 孔子憂秦焰, 及於四圖, 欲與竹簡, 偕藏於壁, 則圖與書不同, 傳寫易吪, 且不知演圖之法, 尠不流爲術數, 於是, 度其可以傳久無差者, 以四圖與演圖之法. 別傳於隱士. … 希夷知四圖, 終非仙府私有之物, 且意宋文運將啓四圖可出也. 抽之丹竈, 大彰斯世, 一轉而開濂溪太極之學, 再轉而爲康節經世之學, 三轉而朱子表章四圖, 首列於後天, 易書以爲六經之宗.

21 『先句齋』, 「序」: 先天, 卽句股之體也. 句股, 又先天之用也. 用雖萬變, 終不能舍體以爲用. 故三代盛時, 爲句股者, 必以先天兩生四, 四生八之象, 文之於句股之數術, 經緯相乘, 錯綜相發, 於是句股得先天, 而其用益妙, 先天得句股, 而其體益顯, 蓋其相須者也.

22 『髀禮準』 上篇, 「序」: 周衰, 疇人知中原將亂, 多逃之外國, … 至明季, 句股數法, 自西國流入中國, 推測躔度, 錯錯相符, 以至日月交食, 無所差謬, 其法一以周髀爲主, 而赤 道黃道之名, 密合漢臺之銅儀, 晝夜節氣之差, 密合堯典之宅四, 嵩高天頂之稱, 密合水經 土中之說, 地圓裏差之理, 密合戴禮曾子之言 … 是必疇人挾周髀之西國, 傳其法術,無疑也.

23 『先句齋』, 「序」: 及夫秦燄以後, 先天淪於丹竈, 而句股失其體, 句股逸於西國.

24 『先天四演』, 「序」: 愚於先天, 始焉若墮深井, 中焉如攻堅木彷徨岐路, 蓋亦有年及得演圖之法, 恍然如披雲霧而覩青天, 洗心從事, 樂而忘憂, 不知歲月之愈邁, 及今景迫桑楡, 苟不筆其所得, 以與學先天者共之, 則豈所謂公天下之心哉.

25 본 논문에서 규정하는 서양 과학이란 서양 천문학과 기하학에 한정한다. 서양의 천문학과 기하학을 '서법西法'이라고 규정하기도 하지만, 이 글에서는 서법이라는 용어 대신에 '서양 과학'이라는 용어를 사용하고자 한다. 그 이유는 서법이라는 용어보다 서양 과학이라는 용어가 더 포괄적이기도 하고 일반적으로 사용되기 때문이다.

26 『道德指歸』 65장: 周子以希天爲學之準的, 苟其言合天, 豈可以非吾師而舍之乎. 天吾師也.

27 『保晚齋集』 권16, 「蠡測」: 穹窿圓崇, 係日月星辰之象者, 形體之天. 升降上下, 爲春夏秋冬之序者, 流行之天也. 形體之天, 如血肉之心, 流行之天, 如神明之心. 神明之心, 儒者所道. 血肉之心, 醫者所尙, 故從古聖賢所言, 六經所載者, 多是流行之天, 而其形體之天 則曆象家專習之.

28 현대적 의미에서 과학이란 사실에 기초한 경험 및 확실성에 근거한 설명체계를 말한다. 이는 방법적으로는 경험 속에 주어지는 대상을 분류하고 통일성을 부여하며, 실험을 통해 확인하는 것으로, 반증 가능성(Falsifiability)을 갖추어야 한다.

29 서명응은 체용 개념을 선천과 후천 개념의 구분에 적용하기도 하고, 「복희64괘방원도」를 체로, 「복희64괘방원도」에서 연역되는 구고법을 용으로 구분하기도 한다. 본 논문과 관련한 체용개념의 용례는 다음과 같다.

先天, 卽句股之體也. 句股, 又先天之用也. 用雖萬變, 終不能舍體以爲用. 故三代盛時, 爲句股者, 必以先天兩生四, 四生八之象, 文之於句股之數術, 經緯相乘, 錯綜相發, 於是句股得先天, 而其用益妙, 先天得句股, 而其體益顯, 蓋其相須者也.(『先句齋』, 序)

30 『髀禮準』 上篇, 「序」: 周衰, 疇人知中原將亂, 多逃之外國, … 至明季, 句股數法, 自西國流入中國, 推測躔度, 錯錯相符, 以至日月交食, 無所差謬, 其法一以周髀爲主, 而赤道黃道之名, 密合漢臺之銅儀, 晝夜節氣之差, 密合堯典之宅四, 嵩高天頂之稱, 密合水經土中之說, 地圓裏差之理, 密合戴禮曾子之言 … 是必疇人挾周髀之西國, 傳其法術, 無疑也.

31 『정역심법正易心法』은 마의도자麻衣道者가 짓고, 진단陳摶이 주석한 책이다. 원래 이 책의 정식 이름은 『마의도자정역심법麻衣道者正易心法』이다. 마의도자는 생몰년 미상의 도사로 사람의 상相을 잘 보았다고 한다.

32 『正易心法』 41장, 주석: 苟惟束於辭訓, 則是犯法也, 良由未得悟耳! 果得悟焉, 則辭外見意, 而縱橫妙用, 唯吾所欲, 是爲活法也. 故曰學易者, 當於羲皇心地中馳騁, 無於周孔 言語下拘攣.

33 이러한 점은 주자에게서도 보인다. 『주자대전朱子大典』 권81, 「서마의심역후書麻衣心易後」에서 노장의 설과 불교의 설, 의가의 설, 점복술의 설이 결합된 비루한 설[道聽塗說, 掇合老佛 醫藥諸說之陋者, 以成其書]이라고 인식한다. 그리고 『주자대전』 권81, 「서마의심역후」에서는 '그 허망한 실질을 가려내 공격할 것'[予前所見, 本有張敬夫題字, 猶摘其所謂當於羲皇心地上馳騁, 無於周孔腳跡下盤旋者, 而與之辨, 是亦徒費於辭矣. 此直無理, 不足深議, 但當摘其謬妄之實而掊擊之耳]을 힘주어 말하고 있는데, 주자가 불교의 설이라고 지목한 내용은 『정역심법』 21장, 주석(六子假乾坤以爲體, 重卦合八卦以爲體, 若分而散之, 則六子重卦皆無有定體也. 若今天地清明, 陰陽不雜, 則六子何在, 以是 知人間萬事, 悉是假合陰陽一氣, 但有虛幻, 無有定實也.)에 해당한다. 서명응 역시 동일한 관점을 취한 것으로 판단한다.

34 『皇極經世』, 「觀物外篇」: 凡此者, 先天而天不違, 謂之學天可也. 故曰先天之學. 要皆聖人之心法. 按其方圓二圖, 皆與河圖五十居中, 虛含四生四成, 而各因之以起數者相准. … 中以宅心生極, 法貫於一. 起乎中者, 生乎心者也.

35 『朱子語類』, 「尙書2」: 中不可解做極, 極無中意, 只是在中, 乃至極之所, 爲四向所準標 故因以爲中.

36 이강수의 「서명응의 老子 이해」, 류성태의 「서명응의 도가사상」(1991: 이상 『한국도교와 도가사상』)과 조민환의 「서명응 道德指歸 1장 연구」, 김경수의 「道德指歸를 통해 본 서명응의 도덕경 이해」, 이봉호의 「서명응의 道德指歸에 나타난 易理와 內丹思想의 一致」(2003: 이상 『한국사상과 문화』), 이봉호의 「서명응의 先天學 체계 속의 老子」(2004: 한국도교문화학회)가 있고, 석사학위논문으로는 김윤경의 「서명응의 노자 사상에 관한 연구」(2003: 성균관대학교 석사학위논문)가 있다.

37 김윤수의 「서명응의 『참동고』와 『주역참동계상석』」(1991: 『한국도교와 도가사상』)과 이봉호의 「서명응의 『참동고』에 나타난 先天易을 중심으로 한 단역참동론」(2004: 도교문화연구)이 있다.

38 이임기, 「保晩齋叢書」에 나타난 서명응의 四分法始源論」(1987: 『서지학연구』 2).

39 서명응의 음악관계 연구는 송지원에 의해 주로 연구되었다. 「서명응의 음악관계 저술연구」(『한국음악연구』 27), 「조선 악학의 부흥을 위한 음악이론서, 『시악화성』」(『정조대의 예술과 과학』, 문헌과해석사, 2000), 「서명응의 '국조시악'」 『문헌과 해석』 5, 서울: 문헌과해석사, 1998), 「서명응의 '원음약'」(『문헌과 해석』 4. 서울: 태학사, 1998), 「서명응의 '시악묘계'」(『문헌과 해석』 8. 서울: 문헌과해석사, 1999), 「일무, 그 상징과 함의 —서명응의 해석을 중심으로」(『문헌과해석』 11, 서울: 문헌과해석사, 2000) 등이 있다.

40 김문식, 「서명응의 생애와 규장각 활동」(1999: 『정신문화연구』 75) 및 그의 「서명응 저술의 종류와 특징」(1996: 『한국의 경학과 한문학』) 등이 있다.

41 신복호, 「서명응의 문장론」(2003: 『민족문화연구』 38), 임유경, 「서명응의 문학관 및 시경론」

(1987:『한국한문학연구』 9) 등이 있다.

42 박권수, 「서명응의 역학적 천문관」, 서울대 석사학위논문, 1997.

43 김문식, 「서명응의 생애와 규장각 활동」(1999:『정신문화연구』 75) 참조.

44 최희범崔希範(?~?)은 당대 인물로, 생몰을 알 수 없다. 호는 지일진인至一眞人이고, 『입약경入藥鏡』을 지었다.

45 김문식은 서명응이 규정한 선천은 하·은·주 삼대를 지칭하는 것으로 이해했다. 이는 옳지 않다. 서명응은 주나라 초기 『주례』의 탄생까지를 선천의 시대로 규정한다. 서명응은 문왕 이후의 주나라는 후천의 시대로 이해하기 때문에 『주역』 역시 후천역으로 규정하고, 『주비산경』 역시 1권만 선천의 범주에 해당한다고 보고 주석하고 있다. 「서명응 저술의 종류와 특징」(1996:『한국의 경학과 한문학』) 참조.

46 『緯史』, 「序」: 以先天之道, 卽伏羲神農黃帝堯舜禹轉相授受, 以繼天立極者也.

47 주진朱震(1072~1138)은 호북湖北 형문荊門 사람으로, 자字는 자발子發이고 세상 사람들이 한상선생漢上先生이라고 불렀다. 북송과 남송시기의 이름난 관료이자 이학가이다.

48 황종염(1616~1656)은 명말청초의 절강浙江 여조餘姚사람으로 자는 회목晦木, 다른 자로는 입계立溪라고 한다. 학자들은 자고선생鷓鴣先生이라고 한다. 저서로는 『주역상사周易象辭』, 『육서회통六書會通』 등이 있다.

49 모기령(1623~1716)은 청대 초기 경학가이자 문학가로, 소산성상진蕭山城廂鎭 사람이다. 자字는 대가大可이고, 학자들은 서하선생西河先生이라고 불렀다.

50 호위(1633~1714)는 청대 경학자이자 지리학자로, 절강성 덕청 사람이다. 자字는 비명朏明, 호는 동초東樵이다. 저술로는 『역도명변易圖明辨』, 『홍범정론洪範正論』, 『대학익진大學翼眞』등이 있다.

51 장영(946~1015)은 복주濮州 견성鄄城 사람으로 자는 복지復之이고 호는 괴애乖崖이다. 송나라 태종 때 진사가 되었고, 공부시랑工部侍郞으로 익주益州지사를 지내고 예부상서禮部尙書에 올랐다.

52 『太極圖說通書書後』: 按張忠定公, 嘗從希夷學, 而其論公私之有陰陽, 頗與圖說意合, 竊疑是說之傳, 固有端緒, 至於先生, 而後得之於心, 而天地萬物之理, 鉅細幽明, 高下精粗, 無所不貫, 於是始爲此圖, 以發其秘耳.

53 위백양은 동한東漢 시기 회계會稽 상우上虞 사람으로 생몰 미상이다. 일설에 의하면 이름은 고翱, 호는 백양伯陽이다. 팽효의 『주역참동계분장통진의서周易參同契分章通眞義序』에 의하면, 그는 명문가 출신으로 연단술을 좋아하였다고 한다. 『주역참동계周易參同契』, 『오상류五相類』 등을 지었는데, 역학과 황로학을 섞어 연단술에 적용하였다고 한다.

54 朱震, 『漢上易傳集』(『사고전서』11책) 5쪽, 「漢上易集傳表」: 濮上陳摶以先天圖傳種放, 放傳穆修, 穆修傳李之才, 之才傳邵雍. 放以河圖洛書傳李漑, 漑傳許堅, 許堅傳範諤昌, 諤昌傳劉牧. 穆修以太極圖傳周敦頤, 敦頤傳程顥程頤, 是時, 張載講學於二程, 邵雍間, 邵雍著黃極經世書, 牧陳天地五十有五數, 敦頤作通書, 程頤著易傳, 載 造太和參兩篇.

55 廖名春, 康學偉, 梁韋弦 지음, 심경호 옮김, 『주역철학사』, 서울:예문서원, 1995, 377~380쪽 참조.

56 『中華道敎大辭典』, 북경:중국사회과학출판사, 1995, 439쪽 참조.

57 이와 관련해서는 가와하라 히데키의 『毒薬は口に苦し—中國の文人と不老不死』(大修館書店, 2001)를 참조하라. 당 황제들과 귀족들의 외단 열풍은 "5장 황제와 연단"을, 한유와 관련된 내용은 "6장 문인들의 선약광상곡"을 참조하라.

58 소원랑(?~?)은 수당시기의 도사로, 자호를 청하자靑霞子로 삼았다. 나부산 청하곡에서 수련하여 도를 얻었다고 한다. 『태청석벽기太靑石壁記』, 『석양이아石藥爾雅』 등의 저술이 있다.

59 牟鍾鑒, 『中國道教』, 광동:廣東人民出版社, 1996. 91쪽 참조.

60 종리권鍾離權: 당말 오대의 경조 함양 사람이다. 자는 운방雲房이고, 한종리漢鍾離라고도 불린다. 왕현보王玄甫에게 공부하여 장생의 도를 얻었다. 난리를 피해 종남산에 들어가 석벽 사이에서 『영보필법』을 얻고서 정좌 내시하고, 음양화합을 하여 내외 승강의 이치를 얻었다. 도교에서는 그를 북오조의 한 사람으로 높인다. 세상에서는 정양조사라고 칭한다. 제자로는 여동빈, 진박, 정문숙, 왕로지 등이 있다. 여동빈이 그의 내단학설을 계승하여 종려내단학파를 형성하였다. 민간 전설에서는 팔선 중의 한 사람으로 부른다.

여동빈呂洞賓: 당말 오대의 도사이다. 경조 사람으로 이름은 암巖, 호는 순양자純陽子, 회도인回道人이며, 동빈의 그의 자이다. 진사 시험에 낙방 한 후 강호를 유랑하다가 종리권을 만나 도를 전수받았다. 처음에는 종남산에서 수련하다가 종리권을 따라 학령鶴嶺으로 가서 상진비결上眞秘訣을 전수받았다. 그는 천둔검법天遁劍法을 깊이 체득하였으며, 도를 얻고 선화하여 8선의 하나가 되었다. 전진교에서는 그를 종조로 받들고 있다.

61 『鐘呂傳道集』「論天地第3」: 天道以乾爲體, 陽爲用, 積氣在上 ; 地道以坤爲體, 陰爲用, 積水在下.

62 위와 같은 책, 같은 곳: 乾坤相索而生六氣, 六氣交合而分五行, 五行交合而生成萬物.

63 위와 같은 책, 「論日月第4」: 始也效法天機, 用陰陽升降之理, 使眞水眞火合而爲一. 鍊成大藥, 永鎮丹田, 浩劫不死, 而壽齊天地.

64 장백단張伯端(984~1082)은 북송시기의 도사로, 도교 내단파 남종을 연 인물이다. 자는 평숙平叔이다. 이후에 이름을 용성用成으로 고쳤다. 호는 자양진인紫陽眞人이다. 저서로는 『오진편悟眞篇』이 있는데, 이 책은 내단 수련이론을 밝힌 것이다.

65 『入藥鏡』: 先天炁, 後天炁, 得之者, 常似醉.

66 『伍柳仙宗』, 「先後天二氣直論」: 然所謂先天炁者, 謂先於天而有無形之炁, 能生有形之天, 是天地之先天. 即是能生有形之我者, 生我之先天也. 天從元炁所生, 我亦從元炁所生.

67 위와 같은 책, 같은 곳: 所謂後天氣者, 後於天而有, 言有天形以後之物, 即同我有身以後有形者也.

68 위와 같은 책, 같은 곳: 是言太極一中分陰陽爲二, 神 炁是也. 陰陽俱有動靜, 故相乘, 如二分四之說.

69 위와 같은 책, 같은 곳: 世人乃不知先天爲至清至靜之稱, 所以變而爲後天有形之呼吸者, 此先天也.

70 위와 같은 책, 같은 곳: 自交感之精而論, 由先天之炁動而爲先天無形之精. 觸色流形, 變而爲後天有形之精, 是精之常理也, 皆人道, 若此而已.

71 위와 같은 책, 같은 곳: 眞氣者, 即先天元精, 清者也. 後天交感之精, 濁者也, 則不眞.

72 위와 같은 책, 같은 곳: 世人乃不知先天爲至清至靜之稱, 所以變而爲後天有形之呼吸者, 此先天也. 動而爲先天無形之精者, 亦此先天也. 化而爲後天有形之精者, 亦此先天也. 此順行之理也.

73 위와 같은 책, 같은 곳: 先天之炁藏氣穴, 雖有動時, 猶是無形依附有形, 而爲用者.

74 위와 같은 책, 같은 곳: 元炁固要逆修, 而呼吸之氣, 亦要逆轉. 不逆轉, 則與凡夫口鼻咽喉浩浩者何異. 所以言眞呼吸者, 以此. 是以後天氣之呼吸, 得眞機而致者. 故於動靜先後之際, 用後天之眞呼吸, 尋眞人呼吸處, 一意歸中, 隨後天氣軸, 而逆轉闔闢. 當吸機之闔, 我則轉而至乾, 以升爲進也. 當呼機之闢, 我則轉而至坤, 以降爲退也. 修煉先天之精, 合爲一炁, 以復先天者也.

75 위와 같은 책, 같은 곳: 當靜虛至極時, 無一毫念慮. 亦未涉一念覺知, 此正眞先天之眞境界也.

76 李遠國, 「陳摶易學思想探微」, 『道家文化研究』 제11집, 상해:삼연서점, 1997, 17~76쪽 참조.

77 소강절의 『황극경세』와 『이천격양집』은 모두 『도장』 23책 태현부太玄部에 수록되어 있다.

78 복희라는 인물에 대한 이름이 서명응의 『보만재총서』에서 伏犧, 伏義, 伏羲氏, 包羲 등 통일되어

있지 않다. 편의상 복희伏羲로 통일한다.

79 『周易』, 「繫辭下傳」 2장: 古者包犧氏之王天下也, 仰則觀象於天, 俯則觀法於地, 觀鳥獸之文, 與地之宜, 近取諸身, 遠取諸物, 於是, 始作八卦, 以通神明之德, 以類萬物之情.

80 위와 같은 책, 같은 곳: 於是, 始作八卦, 以通神明之德, 以類萬物之情.

81 『周易』, 「說卦傳」 1장: 觀變於陰陽而立卦, 發揮於剛柔而生爻.

82 『朱子語類』 권66: 文王之心, 已自不如伏羲寬濶, 急要說出來, 孔子之心, 不如文王之心寬大, 又急要說出道理來.

83 『朱子大全』 권38, 「答袁機仲」: 據邵氏說, 先天者伏羲所畫之易也, 後天者文王所演之易也. 伏羲之易, 初無文字, 只有一圖以寓其象數, 而天地萬物之理, 陰陽始終之變具焉. 文王之易卽今之周易, 而孔子所爲作傳者是也. 孔子旣因文王之易以作傳, 則其所論固當專以文王之易爲主.

84 『皇極經世』, 「觀物外篇」: 先天之學, 心也. 後天之學, 跡也. 堯之前, 先天也, 堯之後, 後天也.

85 今井宇三郎, 『宋代易學の研究』, 동경: 明治圖書出版株式會社, 1955. 317쪽 참조.

86 『皇極經世』, 「觀物外篇」: 易者, 一陰一陽之謂也.

87 위와 같은 책, 같은 곳: 一陰一陽之謂道, 道無聲無形, 不可得而見者也, 故假道路之道爲名. 人之有行, 必由於道. 一陰一陽, 天地之道也. 物由是而生, 由是而成也.

88 위와 같은 책, 같은 곳: 道爲太極.

89 위와 같은 책, 같은 곳: 易之數, 窮天地終始.

90 위와 같은 책, 같은 곳: 乾坤起自奇偶, 奇偶生自太極.

91 위와 같은 책, 같은 곳: 太極, 一也, 不動生二, 二則神也. 神生數, 數生象, 象生器.

92 위와 같은 책, 같은 곳: 太極不動, 性也. 發則神, 神則數, 數則象, 象則器, 器則變, 復歸於神也.

93 『朱子全書』 권37, 「與郭沖晦」: 易有太極, 是生兩儀, 兩儀生四象, 四象生八卦, 某竊謂此一節, 乃孔子發明伏義畫卦自然之形體次第, 最爲切要. 古今說者惟康節明道二先生爲能知之. 故康節之言曰, 一分爲二, 二分爲四, 四分爲八, 八分爲十六, 十六分爲三十二, 三十二分爲六十四. 猶根之有榦, 榦之有枝, 愈大則愈小, 愈細則愈繁. 而明道先生以爲加一倍法, 其發明孔子之言, 又可謂最切要矣.

94 원추는 송나라 건영建寧 건안建安 사람으로 효종 융흥 원년에 과거에 합격하여 온주판관溫州判官, 흥화군교수興化軍教授, 태부승太府丞 겸 국사원國史院 편수관, 국자제주國子祭酒 등을 역임했다. 저서로는 『역전해의易傳解義』, 『변이辨異』, 『동자문童子問』 등이 있다.

95 『朱子集』 권38, 「答袁機仲」: 答袁樞曰 若要見得聖人作易根原直截分明, 卻不如且看卷首橫圖. 自始初只有兩畫時漸次看起, 以至生滿六畫之後, 其先後多寡旣有次第, 而位置分明不費詞說. 於此看得, 方見六十四卦全是天理自然挨排出來. 聖人, 只是見得分明便只依本畫出, 元不曾用一豪智力添助. 蓋本不煩智力之助, 亦不容智力得以助於其間也.

96 위와 같은 책, 같은 곳: 據邵氏說, 先天者伏羲所畫之易也, 後天者文王所演之易也. 伏羲之易, 初無文字, 只有一圖以寓其象數, 而天地萬物之理, 陰陽始終之變具焉. 文王之易卽今之周易, 而孔子所爲作傳者是也. 孔子旣因文王之易以作傳, 則其所論固當專以文王之易爲主, 然不推本伏羲作易畫卦之所由, 則學者必將誤認文王所演之易便爲伏羲始畫之易, 只從中半說起, 不識向上根原矣.

97 위와 같은 책, 같은 곳: 蓋其初生之一奇一偶, 則兩儀也. 一奇之上又生一奇一偶, 則爲二畫者二, 而爲之太陽, 少陰矣. 一偶之上亦生一奇一偶, 則亦爲二畫者二, 而謂之少陽, 太陰矣. 此所謂四象者也. 太陽奇畫之上又生一奇一偶, 則爲上爻者二而謂之乾, 兌矣. 此則所謂八卦者也. 是皆自然而生, 瀵湧而出, 不假智力, 不犯手勢, 而天地之文, 萬事之理, 莫不畢具, 乃不謂之畫前之易, 謂之何哉.

98 위와 같은 책, 같은 곳: 其曰畫前之易, 乃謂未畫之前, 已有此理, 而特假手於聰明神武之人以發其秘, 非謂畫前已有此圖, 畫後方有八卦也.

99 『周易』, 「繫辭下」 2장: 古者包犧氏之王天下也, 仰則觀象於天, 俯則觀法於地, 觀鳥獸之文與地之宜, 近取諸身, 遠取諸物, 於時, 始作八卦, 以通神明之德, 以類萬物之情.

100 위와 같은 책, 「說卦傳」 3장: 天地定位, 山澤通氣, 雷風相薄, 水火不相射, 八卦相錯, 數往者順, 知來者逆, 是故易逆數也.

101 『皇極經世』, 「觀物外篇」: 天地定位一節, 明伏羲八卦也. 八卦者, 明交相錯, 而成六十四卦也. 數往者順, 若順天而行, 是左旋也, 皆已生之卦也, 故雲數往也. 知來者逆, 若逆天而行, 是右行也, 皆未生之卦也, 故曰知來也. 夫易之數, 由逆而成矣. 此一節直解圖意, 若逆知四時之謂也.

102 『朱子語類』 권제65, 「伏羲卦畫先天圖」: 所問先天圖曲折, 細詳圖意, 若自乾一橫排至坤八, 此則全是自然. 故說卦雲 : 「易, 逆數也.」 皆自已生以得未生之卦. 若如圓圖, 則須如此, 方見陰陽消長次第. 震一陽, 離兌二陽, 乾三陽. 巽一陰, 坎艮二陰, 坤三陰. 雖似稍涉安排, 然亦莫非自然之理.

103 위와 같은 책, 권제1, 「理氣上」: '太極天地上', 太極只是天地萬物之理. 在天地言, 則天地中有太極 ; 在萬物言, 則萬物中各有太極. 未有天地之先, 畢竟是先有此理. 動而生陽, 亦只是理 ; 靜而生陰, 亦只是理.

104 『性理大全』 권1: 朱子曰, 伏羲作易自一畫以下, 文王演易自乾元以下, 皆未嘗言太極也. 而孔子言之. 孔子贊易自太極以下, 未嘗言無極也. 而周子言之. 先聖後聖, 豈不同條而共貫哉.

105 위와 같은 책, 같은 곳: 無極二字, 乃周子灼見道體, 逈出常情, 勇往直前, 說出人不敢說底道理. 令後之學者 曉然見得太極之妙, 不屬有無, 不落方體, 眞得千聖以來不傳之秘.

106 위와 같은 책, 같은 곳: 濂溪太極圖, 首尾相因, 脈絡貫通, 首言陰陽變化之原, 其後即以人所稟受明之, 自惟人也得其秀而最靈, 純粹至善之性也, 是所謂太極也. 形生神發, 則陰動陽靜之爲也. 五性感動, 則陽變陰合而生水火木金土之性也. 善惡分, 則成男成女之象也. 萬事出, 則萬物化生之象也. 至聖人定之以仁義中正而主靜立人極焉, 則又有得乎太極之全體, 而與天地混合無間矣. 故下文只言天地日月四時鬼神四者無不合也.

107 『朱子語類』 권75, 「易十一」: 問易有太極, 是生兩儀, 兩儀生四象, 四象生八卦. 曰此太極卻是爲畫卦說. 當未畫卦前, 太極, 只是一箇渾淪底道理, 裏面包含陰陽·剛柔·奇耦, 無所不有.

108 『性理大全』 권1: 始有濂溪周先生, 獨傳千載不傳之秘, 上祖先天之易著太極一圖. 所謂太極雲者, 蓋本於易有太極, 而陰陽五行人物由此而生, 卽太極生兩儀, 兩儀生四象, 四象生八卦之謂也.

109 『朱子大全』 卷46, 答黃直卿 榦: 前書所論先天太極二圖, 久無好況, 不暇奉報. 先天乃伏羲本圖, 非康節所自作. 雖無言語, 而所該甚廣, 凡今易中一字一義, 無不自其中流出者, 太極卻是濂溪自作, 發明易中大概綱領意思而已. 故論其格局, 則太極不如先天之大而詳, 論其義理, 則先天不如太極之精而約, 蓋合下規模不同, 而太極終在先天範圍之內, 又不若彼之自然, 不假思慮安排也. 若以數言之, 則先天之數, 自一而二, 自二而四, 自四而八, 以爲八卦. 太極之數, 亦自一而二 剛柔, 自二而四, 剛善剛惡, 柔善柔惡 遂加其一中以爲五行, 而遂下及於萬物, 蓋物理本同, 而象數 亦無二致, 但推得有大小詳略耳.近日講論及修改文字頗多, 當候相見面言之.

110 『性理大全』 권1: 問太極自一而二, 自二而五, 即推至於萬物. 易則自一而二, 自二而四, 自四而八, 自八而十六, 自十六而三十二, 自三十二而六十四, 然後萬物之理備. 西銘則止言陰陽, 洪範則止言五行, 或略或詳, 皆不同何也. 曰理一也, 人所見有詳略耳, 然道理亦未始不相値也.

111 『先天四演』, 「先後天箋1」: 伏羲之易, 謂之先天, 文王之易, 謂之後天.

112 위와 같은 책, 같은 곳: 康節每稱先天爲先天, 後天爲後天曰先天, 體立天地之先, 後天, 用起天地之後.

113 『保晩齋剩簡』에 관한 내용과 체제는 김문식의 「서명응 저술의 종류와 특징」(1996: 『한국의 경

학과 한문학』) 참조.

114 『明皐全書』 권5, 「答成秘書大中」: 示喩叢書編組之相助, 意甚盛也. 彼以小品譏之者, 豈足以知叢書哉. 蓋叢書之名, 起自何鏜之輯漢魏, 而舊目百種, 皆非小品也. 經翼以考 淵源, 別史以博譎怪, 子餘以辨門戶, 載籍以資逍遙.

115 장원목, 「보만재 서명응의 생애와 학문」 (2003: 『한국사상과 문화』 22집), 18쪽 참조.

116 『保晩齋叢書』, 「凡例」: 古人編書, 必有所以主宰綱紀之者, 易之主宰綱紀則陰陽是已. 書之主宰綱紀則道法是已. 詩之主宰綱紀則性情是已. 禮之主宰綱紀, 則恭讓是已. 是書凡十有三種, 雖各自爲一書. 門戶殊別, 皆以先天爲之主宰綱紀. 故以先天四演冠於首, 先天, 一本也, 十有二種, 萬殊也. 一本貫於萬殊. 故先天冠於十有二種.

117 위와 같은 책, 같은 곳: 書分四目 曰經翼 曰史別 曰子餘 曰集類, 是雖因唐四庫漢魏叢書等目錄, 參互潤色然. 其實乃是先天之四象, 先天四象, 在天爲日月星辰, 在地爲水火土石, 在時爲溫熱冷寒, 在人爲禮樂政教, 在書爲經史子集, 其理一也.

118 위와 같은 책, 같은 곳: 包犧氏所受河圖之文, 乃是萬世人文之所由本, 故握奇家, 何與於文事, 而亦必取河圖數法, 布之爲陣圖. 況是書, 乃先天之全書乎. 又況先天學, 實起於河圖中衍乎. 經之書凡五者, 中衍之全體五點也. 史之書凡三者, 中衍之經緯三點也. 子之書凡四者, 中衍之外指四點也. 集之書凡一者, 中衍之中心一點也. 觀於此, 則中衍數法之微妙精深, 亦有可以得之雲.

119 서명응은 태극에서 64괘에 이르는 획괘 과정을 "태극 – 음양 – 사상 – 8괘 – 64괘"로 보지 않고, "태극 – 음양 – 사상 – 육효 – 32효 – 64효(64괘)"의 과정으로 본다. 이에 관해서는 잠시 후 논의한다.

120 『先天四演』, 「後天象箋2」: 河圖是造化之全體, 而并包五行以前之陰陽與五行以後之陰陽. 故伏羲之則, 則其五行以前之陰陽, 而五行以後之陰陽, 包括於其中. 文王之則, 則其五行以後之陰陽, 而五行以前之陰陽, 含具於其中.

121 『保晩齋叢書』, 凡例: 篇第分合, 雖無關於書中所說之理, 而諦觀古書, 亦有寓意於此者, 如後天易書, 上下二經, 以象陰陽, 二經十翼, 以象十有二月是也. 是書有分爲二卷者, 所以象陰陽也. 有分爲四卷者, 所以象四象也. 有分爲六卷者, 所以象六爻也. 有分爲十有二卷者, 所以象十有二月也. 至於總其卷爲六十, 則又律曆之六十周, 六十甲子, 皆以六十紀之也.

122 위와 같은 책, 같은 곳: 天地萬物, 不越乎理氣數三者, 太極理也, 陰陽五行氣也, 一三五七九二四六八十數也.

123 『先天四演』, 「次序數箋」: 數之所在, 象必寓焉.

124 『保晩齋叢書』, 凡例: 書分四目 …, 其實乃先天之四象. 先天之四象, 在天爲日月星辰, 在地爲水火土石, 在時爲溫熱冷寒, 在人爲禮樂政教, 在書爲經史子集, 其理一也.

125 『皇極經世』, 「觀物外篇」: 堯之前, 先天也. 堯之後, 後天也.

126 물론 『보만재연보』를 보면, 그가 31세 되던 해에 『논어』 등에서 인을 말한 내용과 후세 유학자들이 그 내용을 해명한 학설들을 모아 정리한 『인서仁書』가 있었다. 그러나 이들 내용을 기초로 연구를 하거나 주석을 남기고 있지는 않다. 이와 관련한 『보만재연보』의 내용은 다음과 같다.(丙寅三十一歲『仁書』成, 公自居憂以後與仲氏議政公季氏綱齊公, 日聯床講學討論經旨微辭奧義, 洋洋發難. 暇日倣南軒洙泗言仁錄, 褒輯論語中言仁處, 附以後儒發揮之說. 名曰仁書)

127 『先天四演』, 「序」: 愚於先天, 始焉若墮深井, 中焉如攻堅木彷徨岐路. 蓋亦有年及得 圖之法, 怳然如披雲霧而覩青天, 洗心從事, 樂而忘憂, 不知歲月之愈邁. 及今景迫桑榆苟不筆其所得, 以與學先天者共之, 則豈所謂公天下之心哉.

128 『朱子全書』 권37, 「與郭沖晦」: 蓋以河圖洛書論之, 太極者, 虛其中之象也. 兩儀者, 陰陽奇耦之象也. 四象者, 河圖之一含六, 二含七, 三含八, 四含九, 洛書之一含九, 二八, 三含七, 四含六也. 八卦者, 河圖四正四隅之位, 洛書四實四虛之數也.

129 『先天四演』, 「河圖言箋1」: 先天圖有四, 曰八卦圖, 曰方位圖, 曰次序圖, 曰方圓圖, 四圖, 皆出於河圖.

130 구양수(1007 ~ 1073)는 강서江西 사람으로, 자는 영숙永叔, 호는 취옹醉翁이다. 북송 시기의 문학가이자 역사가이다.

131 귀유광(1506 ~ 1571)은 강소江蘇 사람으로, 명대의 관리이자 문학자이다. 자는 희보熙甫, 호는 항척생項脊生이다. 저서로는 『진천집震川集』, 『삼오수리록三吳水利錄』 등이 있다.

132 황종희(1610 ~ 1695)는 절강 사람으로 자는 태충太沖, 호는 남뢰南雷이다. 학자들이 그를 梨州 선생이라고 불렀다. 저서로는 『명유학안明儒學案』, 『송원학안宋元學案』, 『명이대방록明夷待訪錄』 등이 있다.

133 『先天四演』, 「先天象箋」: 故康節所傳於希夷者亦然, 而希夷之前, 亦班班見於孔安國劉歆關朗之說. 其旋毛圈圖, 不知出於何人, 明楊氏時僑以爲, 西山蔡氏得之蜀山隱者. 然蔡氏之前, 鄭氏樵漁仲所著通志, 已有此說, 不知楊氏何從而聞之也.

134 위와 같은 책, 「河圖象箋2」: 河圖者, 以其畫前之易也.

135 『參同攷』 권1, 「初擬攷」 2장 3절: 言上古聖人推物之象類而結成其字形, 原物之理致作爲其徵信.

136 『參同攷』, 「互體攷」 제2: 推類配象.

137 『先天四演』, 「先天象箋」: 大抵伏犧仰觀俯察, 中類萬物, 神智已八九分開. 但未得天自然之法象, 以據依而爲人文制作之楨幹, 於是, 天生龍馬, 出於滎河. 及其牽來赤墀, 則伏羲見馬背之旋毛有如星象者凡五十五點, 而是五十五點, 有奇陽偶陰之象, 有一三七九二四六八之數, 又有五數居中爲太極, 以統四方諸數之意. 伏羲點識心融, 遂傳寫其狀於版, 沈思講究, 先畫陰陽之兩儀, 次畫二太二少之四象, 節節加倍, 以成六十四卦.

138 위와 같은 책, 「經卦四箋」: 夫子繫易贊伏羲之畫卦, 一則曰八卦, 二則曰八卦, 未嘗及六十四卦. 故後之人因此, 往往疑伏羲但畫八卦, 其六十四卦文王所作, 此大不然也. 伏羲畫卦, 兩而四, 四而八, 以至於六十四, 節節加倍, 則有兩之後, 雖伏羲, 亦自住不得, 況內外各三重之法象已見於河圖. 伏羲何爲而則其內, 不則其外乎. 蓋伏羲旣成六十四卦次 序圖之後, 黙觀第三爻以後, 又皆八卦之節節加倍, 乃悟八卦卽是六十卦之性命, 而六 四卦所變化運用專, 由八卦之相因相錯, 以生無限造化.

139 위와 같은 책, 같은 곳: 故卽夫六十四卦次序圖, 抽出八卦, 復成八卦圖.

140 위와 같은 책, 「次序言箋」: 伏羲畫卦, 非始於八卦也. 其始於次序圖乎. 何以知之. 伏羲畫卦, 實本諸河圖, 使河圖之中, 某點可以起乾坤, 某點可以起坎離, 某點可以起震巽艮, 則伏羲先畫八卦, 自八卦衍之爲六十四卦者 固也. 今河圖之中, 但有一奇一偶, 相間相錯, 自裏至表, 無非兩儀也. 四象也. ……伏羲只是布其奇者爲 ━ 之畫, 布其偶者爲 ╍ 之畫, 依河圖中五, 中十與生數, 爲內三重之象, 而加倍至三, 則八卦於是乎生矣.

141 위와 같은 책, 「河圖象箋2」: 伏羲之則河圖, 只是兩儀四象兩儀而已. 兩儀四象兩儀之外, 無餘法也.

142 위와 같은 책, 「方位四箋」: 人由是生, 物由是化, 天地間, 日夜流行, 無非變應而已, 此方位圖」之象也.

143 위와 같은 책, 「方圓言箋2」: 伏羲以次序圖爲圓圖也.

144 위와 같은 책, 「方圓言箋1」: 方伏羲以次序圖規之爲圓圖也, 但兩分次序圖, 以陽儀之在左者, 成規於左, 而左三十二卦, 隨陽儀成規, 以陰儀之在右者, 成規於右, 而右三十二卦, 隨陰儀成規, 何嘗營爲費乎.

145 위와 같은 책, 「方位四箋」: 伏羲旣就次序圖, 抽出內層之小成八卦, 以爲八卦圖, 又就方圓圖, 抽出內層之小成八卦, 以爲方位圖.

146 위와 같은 책, 같은 곳: 圖象之用, 圓活不滯, 以之準氣序, 則乾午坤子爲二至之中, 離東坎西爲二分之中, 震巽兌艮爲四立之中. 以之準天地, 則乾坤位乎上下, 卽天地之尊卑也, 坎離位乎東西, 卽日月之所出入也, 艮西北兌東南與之爲對, 卽西北多山水泉脈, 注於海東南, 多澤滋土石, 潤於山也, 巽西南震東北與之爲對, 卽風起西南以隨於雷, 雷動東北以隨於風也. 以至準氣化形化, 則左半主氣主始主生, 右半主形主終主成, 各以陰陽之對待, 互相變應, 左變則右應, 右變則左應, 人由是生, 物由是化, 天地間, 日夜流行, 無非變應而已, 此方位圖之象也.

147 위와 같은 책, 「河圖象箋2」: 若河圖則只有兩儀四象兩儀而已, 不可名爲八卦, 何故, 以畫前之易也.

148 위와 같은 책, 「次序言箋2」: 故曰伏羲畫卦, 非始於八卦也. 其自次序圖始乎. 次序圖, 儒或稱卦圖, 或稱橫圖雲.

149 『參同攷』 권1, 「初擬攷」 1장 1절: 天以對待言之, 則北南二極爲乾坤之經, 黃赤二道爲坎離之緯. 以流行言之, 則冬夏二至爲乾坤之經, 春秋二分爲坎離之緯 ……二至二分覆冒於千萬化之陰陽, 二極二道覆冒於千萬運之陰陽. 嗚呼至哉. 四正之理誠開.

150 『先天四演』, 「先後天箋」: 後天立象, 皆以反對, 而以其分篇則惟曰反對, 以其序卦, 則惟曰反對, 以其列位則惟曰反對, 以其取象, 則惟曰反對.

151 『參同攷』 권1, 「初擬攷」 1장 1절: 以後天卦位言之, 則乾坤退處於西北東南, 而坎離進居於正南正北, 故曆家以赤道爲經度, 北極爲緯度者, 從後天方位與日月名易同意.

152 위와 같은 책, 같은 곳: 乾坤相爲牝牡, 而立萬物之經, 坎離相爲牝牡, 而成萬物之緯, 以鼓鑄萬物. 包二氣. 猶工匠以繩墨規矩四者, 造出天下萬器.

153 모기령은 역에는 다섯 가지 뜻이 있다고 한다. 그중 제1역은 '변역의 역'으로 양→음, 음→양으로 변하는 것이고, 제2역은 '교역의 역'으로 음과 양이 교호하고 양과 음이 교호하는 것이다. 이 둘은 일반적으로 복희의 역이라고 칭한다. 제3의 역은 반역으로 순역을 살피고 향비를 살펴 반대로 보는 것이다. 제4의 역易은 음양을 나란히 두고 강유를 엮어서 짝을 살피는 것이다. 제5역은 이역으로 나뉨과 모임, 오고감을 살펴서 상괘와 하괘로 나누는 것이다. 이에 관해서는 『周易哲學史』, 료명춘 등 지음, 심경호 역, 서울: 예문서원, 1995, 659쪽 이하면 참조.

154 『參同攷』 권1 「初擬攷」 1장 1절: 先天圖, 自坤之純陰而闢之, 極其長, 則爲乾之純陽, 又自乾之純陽而闔之, 極其消, 則爲坤之純陰, 一闔一闢, 皆樞紐乎乾坤, 而萬化由是出入. 故曰乾坤門戶於易, 此, 卽朱子所稱變易之易也. 乾一索於坤而爲震, 再索於坤而爲兌, 三索於坤而爲乾, 坤一索於乾而爲巽, 再索於乾而爲艮, 三索於乾而爲坤, 雖至大成 六十四, 亦只是自一陽至六陽, 自一陰至六陰而已. …… 故曰乾坤父母於衆卦. 此卽朱子所稱, 交易之易也.

155 위와 같은 책, 같은 곳: 以對待言, 則離爲日, 坎爲月 …… 以流行言, 則風生於火, 火卽離也, 雨生於水, 水卽坎也, …… 是乾坤之用.

156 위와 같은 책, 같은 곳: 九六二用, 初無一定之爻位, 而周流於六處之中, 以生無限變化, 亦如日月二用, 初無一定之位置, 而周流於六合之中, 以生無限造化也.

157 이와 관련하여 『先天四演』의 「方圓意箋3」에서 상세하게 말하고 있다.

158 『參同攷』 권1, 「初擬攷」 1장 1절: 乾坤坎離, 處南北東西之中, 裁制四外之諸卦, 而體常隱, 用數常行.

159 위와 같은 책, 같은 곳: 故卦凡六十四, 去乾坤坎離, 則用之者 六十而其數可徵於律曆之紀.

160 위와 같은 책, 같은 곳: 以其去乾坤坎離故也. 曆以甲子紀日星之往來, 而十幹十二支, 更相乘因, 止六數者, 以其去乾坤坎離故也

161 『參同攷』 권1, 「初擬攷」 1장 3절: 日辰, 以辰之幹支配日者也. 爲期度, 謂以配日之辰期度於配日之卦, 以觀其生克旺相也. 卦之九六爲動, 七八爲靜也. 一歲之子至巳, 六月爲春夏, 一日之子至巳, 六時爲午前,

皆以卦之內體而占之, 一歲之午至亥, 六月爲秋冬, 一日之午至亥, 六時爲午後, 皆以卦之外體而占之也. 今按此法與京房卦氣直日之法, 大體相近, 而少有不同.

162 『先天四演』, 「先後天箋」: 先天, 對待也, 後天, 反對也. 對待, 在天者也, 反對, 在地者也. ……對待, 天之所本有, 故體也. 反對, 必因地而有之, 故用也.

163 『參同攷』 권1, 「初擬攷」 1장 3절: 蓋先天, 體也. 後天, 用也, 先天, 對待也, 後天, 反對也, 對待之體立於上, 則反對之用見於下. 故日月之晝夜, 以反對配之.

164 위와 같은 책, 같은 곳: 言自旣未濟之晦至屯蒙之朔朝, 六十卦終而復始, 亦以其去乾坤坎離故也.

165 이에 관한 논의는 4장과 2부에서 논의할 것이다.

166 『髀禮準』 上篇, 「序」: 周衰, 疇人知中原將亂, 多逃之外國, ……至明季, 句股數法, 自西國流入中國, 推測躔度, 錯錯相符, 以至日月交食, 無所差謬, 其法一以周髀爲主, 而赤道黃道之名, 密合漢臺之銅儀, 晝夜節氣之差, 密合堯典之宅四, 嵩高天頂之稱, 密合水經土中之說, 地圓裏差之理, 密合戴禮曾子之言 …… 是必疇人挾周髀之西國, 傳其法術, 無疑也.

167 위와 같은 책, 같은 곳: 歷唐虞夏商, 至於周公與商高, 論句股法術, 命史官記其問答, 以爲周髀之書, 又因周髀之書, 測天文正官制, 以爲周禮之書, 而天文遂大明於世.

168 『先天四演』, 「先後箋」: 伏羲之易謂之先天, 文王之易謂之後天. 後天之易, 自孔門傳於商瞿驕庇, 以及田何. 遂盛行於世, 而其先天四圖, 則孔門傳於隱逸家. 千五百年之後希夷先生陳摶, 圖南得之於魏眞人伯陽, 以傳於康節先生. 邵雍堯夫康節, 每稱先天爲先天, 後天爲後天 曰 先天體 立天地之先, 後天用起天地之後, 此亦自孔門流傳之名言也.

169 위와 같은 책, 「序」: 伏羲先天之四圖也. … 孰傳之, 孔子傳之也. 孰聞之, 希夷聞之也. 孔子聖也, 希夷仙也, 道其不同矣, 何傳而何聞也. 是有由焉. 昔者, 孔子憂秦焰, 及於四圖, 欲與竹簡, 偕藏於壁, 則圖與書不同, 傳寫易吪, 且不知演圖之法, 尠不流爲術數, 於是, 度其可以傳久無差者, 以四圖與演圖之法. 別傳於隱士. … 希夷知四圖, 終非仙府私有之物, 且意宋文運將啓四圖可出也. 抽之丹竈, 大彰斯世, 一轉而開濂溪太極之學, 再轉而爲康節經世之學, 三轉而朱子表章四圖, 首列於後天, 易書以爲六經之宗.

170 『緯史』, 「序」: 自包犧氏作先天圖, 以生周髀數法, 而歷神農黃帝 至於堯舜禹, 更相授受, 上以度天, 下以度地, 中以類乎人事, 及夫秦漢以後, 先天淪於丹竈, 周髀淪於西國, 二者不相爲用.

171 『保晩齋集』 권16, 「蠡測」: 三代盛時, 雖婦孺卒隷, 亦莫不學習天文.

172 위와 같은 책, 같은 곳: 自周末, 疇人子弟挾數書, 分散外夷, 幸有周髀經一篇, 留在中國, 然諸儒茫然 知爲何語, 蔡邕徒見經中有笠寫天之文, 疑其爲儀器之書, 與宣夜渾天等儀器, 列之爲三. 太史公張橫渠未詳句股之數天文具焉, 而又疑夫子不以天文語顔閔, 夫旣曰身通六藝, 則是於敎六藝之時, 已敎天文矣.

173 『先句齋』, 「序」: 故中國之爲先天者, 指其圓曰此象天也, 方曰此象地也. 其於天地相衡, 日月之交運, 五星之留伏進退, 則茫然無所關涉.

174 『髀禮準』 上篇, 「序」: 漢中葉, 二書復出, 然於周禮則以爲周公之書, 而列之六經, 有疏有註, 乃若周髀, 始爲榮方陳子之徒所亂, 終又爲蔡邕考驗天象, 多所違失之言所蔽, 世不復知周髀爲周公之書者.

175 위와 같은 책, 같은 곳: 漢初諸儒, 雖司馬遷之宏博, 亦未之得見其爲天官書.

176 위와 같은 책, 같은 곳: 周衰, 疇人, 知中原將亂, 多逃之外國, 浸浸至秦, 焚書設禁, 則書皆隱於民間.

177 『先句齋』, 「序」: 及夫秦燄以後, 先天淪於丹竈, 而句股失其體, 句股逸於西國.

178 『參同攷』 권1, 「初擬攷」 1장 2절: 今以先後二易, 參究天地之體用, 則先天, 對待也, 後天, 反對也. 對待, 在天者也, 反對, 在地者也. 天行左旋, 日行右轉, 日行左旋, 月行右轉, 非在天之對待乎. 冬至之夜, 反夏至之晝, 春分之晝, 反秋分之夜, 朝景之長, 反夕景之長, 南景之內, 反北景之外, 非在地之反對乎.

179 『先天四演』, 「方圓象箋1」: 夫以一體之旋轉疑若無左右之異, 然凡在上之左旋者, 自下對視, 則悉成右轉. 故北極之左旋者, 自南極對視, 反成右轉, 是又與圖左之左旋始物, 圖右之右轉成物, 自其象如出一, 凡圖與天, 豈可以差殊觀哉.

180 위와 같은 책, 「先後天箋」: 對待, 天之所本有, 故體也. 反對, 必因地而有之, 故用也. 以先天立象, 皆以對待, 而橫圖以左右對待, 圓圖以周旋對待, 方圖以表裏對待, 變化推移, 密合造化之體, 而其於學也, 以簡易立其心法, 成位於中, 是亦體而已矣. 後天立象, 皆以反對, 而以其分篇則惟曰反對, 以其序卦則惟曰反對, 以其列位則惟曰反對, 以其取象則惟曰反對, 變動推遷, 該括人事之用, 而其於學也, 千塗萬轍, 或險或夷, 皆欲一心之應之得中得正, 是亦用而已矣.

181 위와 같은 책, 「方圓數箋2」: 以乾坤坎離, 在天爲北南二極爲赤黃二道, 在時爲冬夏二至爲春秋二分, 在人爲氣精二用爲魂魄二物, 魂魄氣精, 覆冒千萬變之陰陽, 二分二至, 覆冒千萬化之陰陽, 二道二極, 覆冒千萬運之陰陽.

182 『髀禮準』, 「下規準」: 蓋北極之星五者, 河圖中宮天五之數也. 南極之星十五者 河圖中宮之十含天五之數也.

183 『先天四演』, 「方圓意箋4」: 繫辭曰六爻之動, 三極之道也. 三極之理, 自漢以後, 不明於世. 故先儒以天地人釋三極. 然泛而不切, 未見法象之至妙也. 蓋三極者, 赤極黃極地平極是也. 天有北極, 爲赤道之極, 又其內二十三度半, 爲黃道之極, 與各地天頂爲地平之極者, 並爲三極.

184 『參同攷』 권1, 「初擬攷」 편 서문: 易並言先天後天, 故不曰周易, 而曰易.

185 위와 같은 책, 같은 곳, 1장2절: 以對待言, 則離爲日, 坎爲月 ……以流行言, 則風生於火, 火卽離也, 雨生於水, 水卽坎也, ……是乾坤之用.

186 『先天四演』, 「方圓象箋3」: 伏犧仰觀天行, 俯察日景, 驗之於圓圖之象與數, 以定二極赤道, 則天凡九重. 其第九重, 至靜不動, 以包其內八重, 爲之範圍.

187 위와 같은 책, 「方圓箋6」: 鬥建左旋, 地上之方位子醜寅卯辰巳午未申酉戌亥而順數之, 卽圖左半自震至乾之順數也. 日躔右轉, 天上之方位亥戌酉申未午巳震卯寅醜子而逆數之, 卽圖右半自巽至坤之逆數也. 乃若天左旋之中, 星左旋日右行, (辰次右轉乃日之自行)日右行之中, 日東出月西生, (周禮曰大明生於東月生於西)月酉生之中, 明左生魄右生. 以至五星之留伏進退, 大有大之左右順逆, 小有小之左右順逆, 而其陽之在陰中者, 陽必逆行, 陰之在陽中者, 陰必逆行, 卽圖順數之中, 亦有順數逆數. 逆數之中, 亦有順數逆數. 故曆之所以紀天行者, 必自其逆數處推來, 以坐致千歲之日至, 豈非曆爲逆數之書乎. 唯曆與易相爲表裏, 言曆則亦可知也.

188 『髀禮準』下篇, 「太陰準」: 其數則起於河圖中衍, 朔至上弦八日, 上弦至望七日, 以少陰之八而合少陽之七. 望至下弦七日, 下弦至晦八日, 以少陽之七而合少陰之八. 乃若望前十五日, 又以老陰之六而合老陽之九. 望後十五日, 又以老陽之九而合老陰之六也.

189 납갑법納甲法은 한대 역학의 술어이다. 경방과 우번이 이에 근거하여 역을 설명하였다. 천지와 8괘, 천간, 오행, 방위를 서로 배합하여 설명하는 학설이다. 이를 표로 그려보면 다음과 같다.

八卦와 천지	乾	坤	艮	兌	坎	離	震	巽	天	地
天幹	甲	乙	丙	丁	戊	己	庚	辛	壬	癸
五行	木		火		土		金		水	
方位	東		南		中央		西		北	

190 『參同攷』 권1, 「初擬攷」 3장 3절: 朱子嘗言河洛先天諸圖, 自夫子之門傳於隱士, 以及希夷始出於世, 蓋希夷所傳受之隱士, 卽魏子是已. 傳圖之時, 並與此書而傳之, 以爲諸圖所從入之門. 故朱子與蔡季通眷眷此書, 講論不輟, 又因此書, 撰成易學啓蒙四篇.

191 『髀禮準』下篇, 「太陰準」: 其法則起於先天圖之方位納甲之法, 月以初日至初五凡五日, 昏見地上之庚位, (辰時出戌時沒)在先天圖爲震宮, 故以六庚納震宮. 初六至初十凡五日, 夕見地上之丁位, (午時出子時沒)在先天圖爲兌宮, 故以六丁納兌宮.

192 『保晩齋集』 권16, 「蠡測」: 穹窿圓崇, 係日月星辰之象者, 形體之天. 升降上下, 爲春夏秋冬之序者, 流行之天也. 形體之天, 如血肉之心, 流行之天, 如神明之心. 神明之心, 儒者所道. 血肉之心, 醫者所尙, 故從古聖賢所言, 六經所載者, 多是流行之天, 而其形體之天則曆象家專習之.

193 위와 같은 책, 같은 곳: 道出於天. 行於命, 成於性, 而具於心. 心發於情, 實於意, 見於事, 而形於物. 自心而溯而上之, 極乎天, 而天外無道. 自心而沿而下之. 極乎物, 而物外無道. 故心者, 道之樞也. 至隱至密. 鬼神莫得以窺. 至顯至彰. 娘孺亦得與知. 至近至切. 妙凝乎動靜語默. 至大至廣. 馴致乎參贊位育.

194 위와 같은 책, 같은 곳: 七曜居天之中, 日又居七曜之中, 自上下言之, 則土木火在上, 金水月在下, 而惟日正當上下之中, 自左右言之 則月有九行, 五星各有行道, 或順或逆, 出入黃道南北六度而惟日正行南北之中, 旣得上下之中, 又得南北之中猶人之有心, 夫人心以火居五臟之中. 日亦以火居五星之中, 則日之於天, 非心也乎.

195 위와 같은 책, 같은 곳: 形體之天, 猶人心之郛郭, 流行之天, 猶人心之性情. 性情郛郭, 初無二致. 故日月之躔次, 氣序之流行, 常相洽合, 此至妙自然之理也.

196 위와 같은 책, 같은 곳: 心一也, 而曰性曰情曰志曰意曰幾曰思曰未發已發曰人心道心, 何其名之不一也. 天一也, 而曰善曰誠曰理曰帝曰神曰性曰道, 何其稱之至繁也. 天與心, 體則同體, 用則同用, 宜其稱名, 亦不得不同.

197 위와 같은 책, 같은 곳: 穹窿圓崇, 係日月星辰之象者, 形體之天. 升降上下, 爲春夏秋冬之序者, 流行之天也. 形體之天, 如血肉之心, 流行之天, 如神明之心.

198 『參同攷』 권2, 「互體攷」 편 서문: 邵子嘗論方圖中宮曰 四象相交, 成十六事, 蓋方圖中宮, 乃天地之心意, 所以賦與人物之心意者, 故各卦中互四爻相交相疊者, 象方圖中宮四震四巽相交相疊也. 心意之中, 必有五性四端七情, 第十六事者, 又象方圖中宮之四震四巽, 含具風雨雷露等十六事也. 十六交錯而出萬事, 萬事交錯而出萬變, 得失之相因, 吉凶之相乘, 禍福之相尋, 爲古今宇宙之至賾至紛者, 又皆互卦之法象, 以互卦之心義, 推互卦之法象, 其或有不得者乎.

199 서명응은 『역참동계易參同契』라는 명칭을 고집하면서, 『주역참동계』라는 이름을 거부한다. 그 이유는 '주周'자를 더한 것은 후대의 일이며, 본래의 글자가 아니라고 한다[易並言先天後天. 故不曰周易而曰易, 一本作周易, 乃後人加周, 非本文也]. 이는 '역'이라는 말이 선천先天과 후천後天을 포괄하는 말이기 때문이기도 하지만, 그의 역을 이해하는 독특한 입장을 나타내는 말이기도 하다. 서명응은 '대역'이라는 개념을 사용하기도 하는데, 대역이란 음양陰陽만을 말하는 것이지만, 오행五行을 포함하고 있다는 그의 역에 관한 독특한 입장을 드러내는 개념이기도 하다.

200 서명응의 역학에 관련된 저술에는 『역학계몽집전易學啓蒙集箋』(4권 2책), 『계몽도설啓蒙圖說』(4권), 『선천사연先天四演』(2권 1책, 『보만재총서』에 수록)이 현재 전해진다. 그러나 '선천4도'에 담긴 역리易理를 해석한 『역선천학易先天學』은 서문만이 『보만재집』 권7에 실려 있을 뿐 현재까지 발견되지 않는다. 그 이유는 아마도 『이경통해二經通解』를 저술하면서 옛날 주석을 버렸다는 사정과 관련이 있지 않을까 한다.

201 『도서전집』은 매우 귀중한 자료이다. 이 책을 통해 조선에서 도교 서적의 유포와 연구를 짐작할 수 있기 때문이다. 현재 서울대 중앙도서관 한적실에 남아있다.

202 『保晩齋年譜』 권3, 「戊子 五十三歲」: '十一月 二經通解成'條, 初, 公旣編先天學也, 有人踵門賣道書, 全集中有參同契註解三家, 暇日旁參, 以魏伯陽參同契, 與先天象數一一溜合, 遂掃去舊註, 別爲箋釋, 又因

邵子所稱老子得易之體之言, 參考道德經, 乃曰諸子之中, 惟老子去先天之時不遠. 故其言多根據先天, 今當略其道, 而取其合於先天也. 亦隨乎正其註解, 遂名道德曰玄經, 參同曰丹經, 而統名之以二經通解, 俾作先天學之一助焉.

203 『도덕지귀』의 저술의 경위와 일실된 후 다시 발견한 경위에 대해서는 「도덕지귀후서」와 손자인 서유구가 『도덕지귀』 말미에 적어 놓은 발문에 자세하게 나온다. 기축년(서명응 61세)에 처음으로 저술하였고, 정유년에 정리했다가, 중간에 잃어버리고 서명응 사후(정미년)에 서유구가 서명응의 유품을 정리하다가 발견한 것(무신년)으로 기록되어 있다. 이러한 사정을 통해서 보면, 『이경통해二經通解』가 무자년(53세) 11월에 완성되었고, 『도덕지귀』가 기축년(61세)에 완성되었으므로, 서명응은 이미 『이경통해』를 저술할 당시부터 『도덕경』에 대한 천착을 한 것으로 이해할 수 있다.

204 유교의 수양론은 '복성復性'공부라고 할 수 있는데, '본성을 회복한다'는 '복성'공부는 바로 미발未發의 심체心體인 태극太極을 체인하는 것으로 이해할 수 있다. 내단사상의 수련 역시 후천後天의 상태에서 선천先天의 무극無極을 회복하는 과정이라는 점에서 유교의 수양론과 내단사상의 수련은 상통하는 점이 있다.

205 『參同攷』 권1, 「初擬攷」 3장 3절: 繫辭以後經世以前, 闡發伏羲先天文王後天之微旨者, 只有此一書而已.

206 위와 같은 책, 「序」: 況魏子之道, 視他仁知有大焉, 謹守孔門四圖, 歛之身而厚收六百遐齡之效, 啓於後而大彰千五百年中絶之先天學. 朱子稱康節易出於陳希夷, 希夷源流, 自參同契, 蓋謂此也. 是其爲道, 雖於先天之全體大用, 未可與論, 而若其致曲鑄型直捷眞功, 則歷數諸家, 未有能幾及也. 故朱子與蔡季通婁講參同微旨, 及其晩年, 親爲之註解, 豈其規規於鍊丹餘法而然乎. 蓋將以是爲入先天之階梯也.

207 서명응은 『역참동계易參同契』를 선천4도와 그 도를 연역하는 법이 갖추어진 것으로 이해하고, 여기에서 더 나아가 선천4도를 몸에 입상한 것과 한 몸으로 4도에 입상한 것, 천지의 도에 참여하는 것, 몸과 나라를 다스리는 것을 하나로 하는 것, 금단의 비결에 합하는 것으로 이해한다. 그러면서 인신의 사정을 밝히면 선천의 사정도 밝아진다고 보아, 선천의 4정괘인 건곤감리괘의 체용구조와 관계를 인신의 네 장기인 폐, 비, 심, 신의 기능과 관계와 일치시킨다.

208 서명응의 『도덕지귀』에 대한 선행 연구는 적지 않은 편이다. 그러나 선행연구들은 서명응의 사상 전반에 대한 이해에 기초하지 않고 『도덕지귀』만을 다룸으로써 서명응의 의도를 제대로 간파하지 못한 한계가 있다. 가령 이강수는 '서명응은 노자 연구를 통해 처세와 양생의 바탕을 삼으려 하였다'고 이해하고(「서명응의 노자이해」, 『한국도교와 도가사상』, 아세아문화사, 1991), 류성태는 '노자를 유가의 논리로 적극적으로 해석했다고 평가하면서 어쨌든 서명응이 『도덕지귀』를 저술한 동기는 양생과 처세의 방편을 추구하고자 한 것'이라고 한다.(이강수 논문의 서지와 같음)

209 『道德指歸』 1장주: 其爲此書, 自以其言侔擬造化, 且凡分章作節, 皆以易數立象.

210 위와 같은 책, 같은 곳: 其於易理則看得深切. 故邵子曰老子得易之體, 朱子曰老子見得此箇道理, 又曰至妙之理, 有生生之意, 程子所取老氏之說者也

211 위와 같은 책, 같은 곳: 蓋老子見大易專言陰陽, 不言五行, 遂以爲太極具於陰靜之中者, 乃天地始生之本然, 而道於是乎在也.

212 위와 같은 책, 52장주: 皆以五行言之. 觀於此, 則道家仙家之所由分可知也.

213 서명응은 선천을 태극과 음양으로 한정하기 때문에 『도덕지귀』의 주석을 태극과 음양만으로 진행한다. 다만 오행 중에 토土만을 취했다고 하면서, 토가 중中이며, 신信이고, 단丹이 된다고 한다.

214 『先天四演』, 「方圓意箋5」: 蓋河圖於象數之中, 實爲太極之一, ……一不可變之太極.

215 위와 같은 책, 「河圖意箋5」: 用以求卦, 掛一, 太極也.

216 『道德指歸』 10장주: 言煉精煉氣煉神之功用, 爲詩語首尾葉一韻. 古人言心, 以爲言有盡, 而意無窮也. 必以詩語歎發之. 觀於洪範重極之無偏無黨, 亦可驗也.

217 『尙書逸旨』, 「洪範初一五行8」: 蓋皇極者 乃人君之心, 天下萬事, 無一不本於人君之心. 故五行得皇極而順, 五事得皇極而敬, 八政得皇極而厚, 五紀得皇極而協, 三德得皇極而乂.

218 『先天四演』, 「後天象箋」: 蓋先天之太陽少陰少陽太陰, 乃陰陽之太陽少陰少陽太陰也. 後天之太陽少陰少陽太陰, 乃五行之太陽 少陰少陽太陰也.

219 위와 같은 책, 「河圖象箋2」: 然兩儀所含之數, 九一太陽包於外, 三七少陽居於中. 陰儀所含之數, 二八少陰包於外, 四六太陰居於中, 若是相反何也. 二太主變, 二少不變, 不變, 則其氣專一, 變然後, 方有化生.

220 위와 같은 책, 「河圖數箋4」: 河圖之四方諸數, 變動離合, 固有意存焉. 而其中央之十陰五陽, 或縱橫參列, 四指四向, 或待對偶列, 周遭均布, 以理則太極, 以氣則中土, 以天則北極, 以人則心法.

221 위와 같은 책, 「後天象箋3」: 以其後天之太陰水, 卽先天之太陽一, 太陰六之所妙合.

222 『道德指歸』 1장주: 蓋老子見大易專言陰陽, 不言五行, 遂以爲太極具於陰靜之中者, 乃天地始生之本然, 而道於是乎在也.

223 위와 같은 책, 같은 곳: 孔子曰知者見之謂之知, 又曰知者過之, 指老子也. 然其於易理則看得深切. 故邵子曰老子得易之體, 朱子曰老子見得此箇道理, 又曰至妙之理, 有生生之意, 程子所取老氏之說者也. 其許與老子亦已多矣.

224 『參同攷』 「序」: 故仙家之視參同, 猶儒家之視論語與四圖相爲表裏.

225 위와 같은 책 권2, 「互體攷」 5장 장하주: 孰謂眞人但得易學之宗旨耶. 愚見其言實與大學經傳相爲表裏 理到之言其歸一也.

226 위와 같은 책, 「序」: 參同攷, 以易參同契諸言鍊丹之道者爲之攷也. 鍊丹, 非吾儒之所道, 曷爲而爲之攷乎. 以其有攷於先天也.

227 위와 같은 책 권1, 「初擬攷」 3장 3절: 繫辭以後經世以前, 闡發伏羲先天文王後天之微旨者, 只有此一書而已.

228 위와 같은 책, 「序」: 故朱子與蔡季通叟講參同微旨, 及其晩年親爲之註解, 豈其規規於鍊丹餘法而然乎. 蓋將以是爲入先天之階梯也.

229 『先天四演』 「序」: 千五百年, 演圖之法, 傳習不廢, 亦未必非丹竈之力也. ……愚於先天, 始焉若墮深井, 中焉如攻堅木彷徨岐路, 蓋亦有年及得演圖之法, 怳然如披雲霧而覩靑天, 洗心從事, 樂而忘憂, 不知歲月之愈邁, 及今景迫桑楡, 苟不筆其所得, 以與學先天者共之, 則豈所謂公天下之心哉.

230 『參同攷』, 「序」: 今以無文字之四圖, 欲求包犧眞訣於叟千載之下, 非百倍其功兼取衆說, 則未易得其門戶, 必以孔子繫易之辭, 先立大本然後, 旁攷參同以輔翼之, 則庶可以津筏先天而叩其關鍵矣.

231 위와 같은 책 권3, 「因重攷」: 參同誠先天之眞傳也.

232 모기령, 『河洛原舛編』: 當太平興國之年, 忽有華山道士陳摶, 驟出河圖洛書幷先天圖古易以示, 世稱爲三寶.

233 『周易參同契考異』: 魏伯陽參洞契, 恐希夷之學有些是其源流.

234 위와 같은 책: 先天圖 傳自希夷, 希夷又自有所傳, 蓋方士技術用以修煉,參同契所言是也.

235 김낙필, 『조선시대의 내단사상』, 서울: 한길사, 2000년, 123쪽 참조.

236 『參同攷』 「序」: 四圖立象於一身, 又以一身立象於四圖, 養深積久, 始乃發之於言. 故仙家之視參同, 猶儒家之視論語與四圖相爲表裏.

237 위와 같은 책, 같은 곳: 今攷雲房, 洞賓相與講道之說 有曰乾三索而天交於地乃生三陽, 坤三索而地交於天乃生三陰, 陽中藏陰, 是爲眞陰, 陰中藏陽, 是爲眞陽. 存陽惟魂, 守陰乃魄, 魄凝魂聚, 交合得道自然長久, 此卽參同中乾坤精氣之說也. 有曰月受日魂, 日受月魄, 前十五日, 月抽其魂, 日添其魂, 而精華乃滿, 後十五日. 日抽其魂, 月添其魄, 而陰魄乃定, 此又參同中明魄納甲之說也.

238 호인胡寅(1098~1156)은 송나라 건녕 숭안建寧 崇安 사람으로, 자는 명중明仲이고 치당선생致堂先生으로 불렸다. 휘종 3년에 진사가 되어 관직이 예부시랑禮部侍郎 겸 직학사원直學士院에 올랐다. 문충文忠이라는 시호를 받았다. 저서로는 『논어상설論語詳說』, 『독사관견讀史管見』 등이 있다.

239 『參同攷』「序」: 魏伯陽參同契所論內丹, 以乾坤爲鼎器, 卽人之上下體, 是也. 坎離爲藥物, 卽人之心腎, 是也. 天地弦望則日月相對, 晦朔則日月相會, 所以地氣上升, 天氣下降, 人能朝晝則心對乎腎, 暮夜則心存乎腎, 所以陰氣上升, 陽氣下降, 結成聖胎,

240 위와 같은 책, 같은 곳: 外丹以黃金爲鼎器, 如天包地外, 黑鉛爲藥物, 如地含天幹, 自子至巳, 進陽火, 金吸鉛之眞氣, 以生丹, 自午至亥, 退陰火, 鉛吸金之眞氣, 以成丹, 此雖非吾儒之所當講, 而亦天地造化之機, 理之至妙者也.

241 『中庸』 22장: 惟天下至誠, 爲能盡其性, 能盡其性則能盡人之性, 能盡人之性則能盡物之性, 能盡物之, 性則可以贊天地之化育, 可以贊天地之化育則可以與天地參矣.

242 『大學』 1장: 古之欲明明德於天下者, 先治其國, 欲治其國者, 先齊其家, 欲齊其家者, 先脩其身, 欲脩其身者, 先正其心, 欲正其心者, 先誠其意, 欲誠其意者, 先致其知, 致知在格物.

243 『參同攷』 권1 「初擬攷」, 편 서문: 易並言先天後天. 故不曰周易而曰易, 一本作周易, 乃後人加周, 非本文也. 參者, 參天地之道也. 同者, 同身國之理也. 契, 合也, 合金丹之訣也.

244 위와 같은 책 권1, 「序」: 四圖立象於一身, 又以一身立象於四圖, 養深積久, 始乃發之於言. 故仙家之視參同, 猶儒家之視論語與四圖相爲表裏.

245 위와 같은 책 권2, 「互體攷」편 서문: 中篇專言肺金之爲鼎, 蓋脾土之爲鼎器, 心火腎水之爲藥爐, 四者, 人身之四正也. 人身之四正明, 則先後天之四正亦明矣. 八章象八卦, 二十四節象二十四氣.

246 위와 같은 책 권2 「互體攷」 1장 1절: 蓋人身, 小天地也. 天以金氣在萬有之上, 故肺亦以金氣在五藏之上, 天有二十四氣, 分播一歲之春夏秋冬, 故肺亦有二十四孔, 分播一身之淸濁榮衛. 觀其象類之妙契, 可知氣運之密合.

247 위와 같은 책, 같은 곳: 乾卦也. 肺藏也. 鼎蓋也.

248 위와 같은 책, 같은 곳: 故乾坤無用九用六, 則不能變化其乾坤之事, 肺脾無離火坎水, 則不能運行其肺脾之氣也.

249 위와 같은 책, 같은 곳: 觀於造化, 則五土居中, 爲水火木金生成之交. 故天一, 必歷土五, 至地六然後, 方成其體. 此, 河圖陰陽五行之序也.

250 위와 같은 책, 같은 곳: 言肺金相胥腎水而宅之也.

251 위와 같은 책, 같은 곳: 坎以坤初上二陰含乾中一陽.

252 위와 같은 책, 같은 곳: 以明腎水脾土互相關維之妙.

253 위와 같은 책, 같은 곳: 鼎爐, 言爲鼎之爐也. 腎有兩隻左右各, 如偃月承脾之下, 如以兩石撑柱鼎底爲之爐.

254 위와 같은 책, 같은 곳: 三才之象, 天以金氣在上, 地以土精在下, 人處其中, 並立爲三者, 以其心之藏神而已. 故仙經號心爲絳宮眞人, 絳宮, 心之宅也. 眞人, 心之神也. 此蓋言心在肺脾之中, 幹運肺脾之氣, 猶

人在天地之中, 彌綸天地之氣, 而其爲用至妙至妙也.

255 위와 같은 책, 같은 곳: 此蓋言絳宮眞人調馴其細細如線之氣.

256 위와 같은 책, 같은 곳: 大抵天圓之內, 大地中焉而六陰六陽升降於大地上下, 人身之內, 脾土中焉而六陰六陽升降於脾土, 上下者, 天地人身之同其象也. 脾長一寸二分而應十二月之數, 上下去心腎三寸六分而應六六三十六之數者, 天地人身之同其數也. 是以上古造字脾從肉從俾, 俾使也. 言脾藏意, 能指使運用乎一身之氣, 以陶鑄精魂, 如大地闔闢出納乎四時之氣, 以生成萬物也. 此其所以修煉功成産生大丹.

257 『先天四演』, 「後天象箋3」: 是以先天, 以一爻直一氣, 自陰陽賦與五行, 處立象畫卦之初, 不得不然也.

258 『參同攷』 권2 「互體攷」, 편 서문: 此聖人所以示中互四爻爲卦之妙用也. 今夫天地萬物, 莫不有對待者, 立體於外. 流行者, 妙用於中, 天有二極, 定北南之位, 地有面背, 定前後之位, 萬物有首尾, 定上下之位, 雖欲易置, 有不可得, 豈非對待者, 立體於外乎. 天有日月交變於二極之中, 地有氣機交變於面背之中, 萬物有知覺交變於首尾之中, 互相乘因反復運行, 豈非流行者妙用於中乎.

259 위와 같은 책, 같은 편, 初上兩爻, 卽形殼所以含具心意也. 中間四爻, 卽心意所以酬酢事爲也. … 蓋方圖中宮乃天地之心意, 所以賦與人物之心意者, 故各卦中互四爻相交相疊者, 象方圖中宮, 四震四巽相交相疊也. 心意之中, 必有五性四端七情 第十六事者, 又象方圖中宮之四震四巽, 含具風雨雷露等十六事也. 十六交錯而出萬事, 萬事交錯而出萬變, 得失之相因, 吉凶之相乘, 禍福之相尋.

260 위와 같은 책, 같은 편: 初上兩爻, 卽形殼所以含具心意也. 中間四爻, 卽心意所以酬酢事爲也.

261 위와 같은 책, 같은 편: 心意之中, 必有五性四端七情 第十六事者, 又象方圖中宮之四震四巽, 含具風雨雷露等十六事也. 十六交錯而出萬事, 萬事交錯而出萬變.

262 각 괘의 효들과 정기신의의 관련성은 너무 복잡하기도 하고, 필자의 공부의 한계가 드러나는 곳이어서 여기에서는 전체적인 원칙만을 설명하고 다음 기회를 기약하겠다.

263 『參同攷』 권2 「互體攷」, 편 서문: 爻也者, 效天下之動也. 天文示兆象於人事, 卦爻示吉凶於人事, 一也.

264 위와 같은 책, 같은 곳: 文之森羅布列於上者, 卽河圖, 象數之所著見. 故曰河圖文. 地氣之噓吸升降於下者, 卽山林. 川澤之所流形. 故曰地形流. 人中天地參爲三才, 自夫喜怒哀樂以至語黙動靜, 與天地實相貫通, 猶門樞爲轂軸於日月次舍 故又曰中稽人情, 以參同考證於三才也. 卦節周公所繫六節, 動爻之辭, 以其盡天下之變.

265 위와 같은 책 권2, 「互體攷」 1장 1절: 天文之森羅布列於上者, 卽河圖象數之所著見, 故曰河圖文.

266 위와 같은 책 권1, 「初擬攷」 편 서문: 以四圖立象於一身, 又以一身立象於四圖.

267 김윤수 앞의 논문에 따르면, 『참동고』의 체제는 6권 3책으로, 전삼고(初擬攷, 互體攷, 因重攷)는 『역참동계易參同契』의 본문을 상세하게 주석한 참동계학의 총서이고, 후삼고(辨是攷, 多識攷, 居安攷)는 『역참동계』의 이치에 속하는 것을 널리 모으고 갈래로 엮어 연역의 공에 일조한 것이라고 한다.

268 『參同攷』 권1, 「初擬攷」 1장 1절: 每章首, 必引易繫辭者, 明其言本於易也. 先天圖, 自坤之純陰而闢之, 極其長, 則爲乾之純陽, 又自乾之純陽而闔之, 極其消, 則爲坤之純陰. 一闔一闢, 皆樞紐乎乾坤, 而萬化由是出入. 故曰乾坤門戶於易.

269 위와 같은 책, 같은 편 2장 1절: 將言坎離代乾坤之功用, 而先引易繫之文, 以推本焉. 行乎其中, 謂坎離流行於天地之中也.

270 위와 같은 책 권1, 「初擬攷」 1장 1절: 轂, 輪心也, 軸, 所以貫轂者也. 蓋坎離, 水火也, 乾坤, 陰陽也. 陰陽, 旣變爲水火, 則水火復鋪敘陰陽, 如運乾之轂, 正坤之軸而相爲經緯也. 觀於先天圖, 乾坤統諸卦而成全規, 坎離處二中而貫中衡, 則其體用經緯之分, 可知也.

271 위와 같은 책, 같은 곳: 天以對待言之, 則北南二極爲乾坤之經, 黃赤二道爲坎離之緯. …… 以流行言

之, 則冬夏二至爲乾坤之經, 春秋二分爲坎離之緯

272 위와 같은 책, 같은 곳: 故曆家以赤道爲經度, 北極爲緯度者, 從後天方位, 與日月名易同意.

273 가령 청하자 권극중의 『주역참동계주해』는 이 구절을 1장, 2장, 3장으로 구분하고 모두 작단법作丹法을 설명하는 것으로 풀이한다.(金丹之法, 鼎爐居先, 故此章, 首論鼎爐. 乾坤者, 鼎爐也. 乾坤, 本易卦之象天地者也. 乾卦, 三奇而連, 象天之周圍無缺也. 坤卦, 三偶而折, 象地之疎虛通氣也. 借而通喩, 則以人言之, 爲男女, 以器言之, 爲鼎爐也. 易者, 本書名也, 以卦爻之交易變易, 故名之以易也. 借而通喩, 則在天地, 日月陰陽也, 在人身, 精氣藥物也. 合而言之, 乾坤具而後, 六十四卦生, 天地位而後, 陰陽日月行, 鼎爐設而後, 金丹藥物成. 有鼎爐, 然後藥物次之. 故此章論藥物. 坎離者, 藥物也. 坎離, 本易卦之象日月者也. 日, 陽中有陰, 離之象也. 月, 陰中有陽, 坎之象也. 借而通喩, 則爲龍汞虎鉛, 腎氣心精, 實金丹大藥也. 又離中虛, 理也, 理, 主無也. 坎中實, 氣也. 氣, 主有也. 理氣, 不離之物也. 若主於虛而合於實, 則無中妙有也, 主於實而歸於虛, 則有裡眞空也. 老釋宗要, 不過坎離之旨耳. 故曰離宮求無者, 禪也. 坎府索有者, 丹也. 匡郭, 猶言形體也, 言藥物之成也. 運轂正軸, 言其關捩也.)

274 『參同攷』 권1, 「初擬攷」 편 서문: 以四圖立象於一身, 又以一身立象於四圖.

275 위와 같은 책 권1, 「初擬攷」 1장 1절: 觀於先天圖, 乾坤統諸卦而成全規, 坎離處二中而貫中衡, 則其體用經緯之分, 可知也.

276 위와 같은 책 권1, 「初擬攷」 1장 2절: 乾坤坎離處南北東西之中, 裁制四外之諸卦, 而體數常隱, 用數常行. 故卦凡六十四, 去乾坤坎離, 則用之者六十, 而其數可徵於律曆之紀. 蓋律以淸濁紀門樞之運行, 而五聲十二律, 更相乘因, 止六十數者, 以其去乾坤坎離故也. 曆以甲子紀日星之往來, 而十幹十二支, 更相乘因, 止六十數者, 以其去乾坤坎離故也.乾坤坎離處南北東西之中, 裁制四外之諸卦, 而體數常隱, 用數常行. 故卦凡六十四, 去乾坤坎離, 則用之者六十, 而其數可徵於律曆之紀. 蓋律以淸濁紀門樞之運行, 而五聲十二律, 更相乘因, 止六十數者, 以其去乾坤坎離故也. 曆以甲子紀日星之往來, 而十幹十二支, 更相乘因, 止六十數者, 以其去乾坤坎離故也.

277 이와 관련해서 서명응의 "독도경讀道經"(『保晩齋集』 권2)이라는 시는 서명응의 내단사상에 대한 깊이를 엿보게 한다. 아래에 옮겨본다.

老病淸朝謝事身 청조에서 늙고 병들어 사직한 이 몸
杜門聊與道書親 문을 닫고 한가히 도가서와 친밀히 지냈네.
還丹守黑非無術 환단수흑의 기술이 없지는 않지만
駕鶴驂鸞未有因 학과 난새를 타는 기회가 없었도다.
極北旋樞能注想 북극北極이 돌저귀를 돌리는 것에 생각을 집중하면
門南斟酌可通神 남두가 짐작하는 데서 신을 통할 수 있다네.
儒仙立脚雖殊軌 유학과 신선이 입각한 것이 궤는 다르지만
摠把天君作道眞 모두 천군을 도의 참됨으로 삼았도다.

278 서명응은 '태극太極'이란 리理로써 말한 것이고, 기氣로서 말하면 중토中土가 된다고 한다.(以理則太極, 以氣則中土—『先天四演』, 「河圖意箋5」)

279 『道德指歸』 1장주: 道者, 易所謂太極, 是也. 無聲臭無方體, 若指名以爲道, 則非經常悠久之道也.

280 위와 같은 책, 같은 곳: 此句及下句, 令人就一心體認道體之眞也. 言居常無事之時, 試使一心虛靜無欲, 則此正陰陽初生, 太極初乘之時, 無限妙理, 化化生生, 蓋觀於此,

281 위와 같은 책, 27장주: 無極者, 太極之本然也. 無極本無聲臭, 本無方體, 而及其乘陰陽, 運陰陽也. 惟陰靜, 肖無極之本然. 至於陽動之後, 則氣機推盪, 不復見其本然. 故人之處心立事, 常主於靜. 如從容者, 氣象之靜也. 謹愼者, 言語之靜也. 深密者, 措處之靜也. 韜光斂華者, 保全身名之靜也. 誠能於此, 眞積力久, 則可以復歸於無極之本然, 而嬰兒又不足言矣.

282 위와 같은 책, 10장주: 蓋言以魂載魄, 凡厥營爲, 必於魄, 而使魄恒抱魂之陽一, 無小暫離也. 能無離乎, 難其事而戒之也. 或曰老子於身退之後, 卽繼之以抱一者, 其意, 抱一之道, 惟斂退之後, 可以易成. 正如一陽來復至靜之中也.

283 이와 관련해서는 3장에서 상세하게 논의하겠다.

284 일반적인 오행五行이 수화목금토水火木金土라면, 내단內丹에서 말하는 오행은 정신혼백의精神魂魄意이다.(『易契』, 權克中)

285 『參同攷』 권1, 「初擬攷」, 편 서문: 今攷雲房洞賓相與講道之說, 有曰乾三索而天交於地, 乃生三陽, 坤三索而地交於天, 乃生三陰, 陽中藏陰, 是爲眞陰, 陰中藏陽, 是爲眞陽. 存陽惟魂, 守陰乃魄, 魄凝魂聚, 交合得道, 自然長久.

286 위와 같은 책 권3, 「因重攷」 9장 2절: 極言存心抱一長存服食, 又己之所獨得, 而可以配太極之眞也.

287 『道德指歸』 52장주: 陰陽之子, 五行是也. 自陰陽生出五行, 而五行強盛, 陰陽柔弱, 然不知強盛, 則安知柔弱之柔弱. 故不得不知其子. 雖幷知強盛柔弱, 而若其守之, 則在於柔弱. 故又守其母. 夫如是, 則可以歿身不殆也.

288 위와 같은 책, 52장주: 參同契亦引此, 以明修養之法曰, 知白守黑, 神明自來, 言知肺金之氣而守腎水之精, 則魂魄自然壯旺. 蓋氣可以知而導引, 精可以守而固秘也. 又曰金爲水母, 母隱子胎, 水者, 金子, 子藏母胞, 言肺氣旺, 則可以下宅腎精, 腎精壯, 則可以上宅肺氣也.

289 내단의 수련 단계는 연정화기와 연기화신, 그리고 마지막 단계인 연신환허의 세단계이다. 연정화기의 단계는 장기로는 폐금의 기와 신수의 정이 합치되는 단계이고, 이는 감리교구법(감괘의 중효인 양효가 리괘의 중효인 음효와 자리를 바꾸어 순양의 건괘와 순음의 곤괘가 되는 것)으로 설명된다. 연정화기는 중토에서 처음으로 단이 형성되는 단계이다. 지금 위의 글에서 혼백포일이 이 단계에 해당한다. 그리고 연기화신의 단계는 건곤합벽의 논리로 설명되는데, 중토로 돌아가 적연부동한 상태를 의미한다. 연신환허는 무극無極의 상태로 들어가는 것으로 이에 관한 설명들은 대체로 없다.

290 『參同攷』 권2, 「互體攷」 2장 2절: 言肺金相胥腎水而宅之也.

291 위와 같은 책, 같은 곳: 其始也. 肺金下生腎水. 故曰金爲水母. 其終也. 腎水上溶肺金.

292 위와 같은 책, 같은 곳, 장하주: 蓋推離之氣, 降之於坎, 引坎之精, 升之於離, ……此交泰之義.

293 『道德指歸』 10장주: 自第二章至此, 言煉精煉氣煉神之功用.

294 『參同攷』 권3, 「因重攷」, 3장1절: 以水定火, 則其本水而已. 是蓋道之本原也. 故上善法乎水, 其爲德, 至清無瑕也.

295 위와 같은 책, 같은 곳: 造化之初, 水最先生, 而其水中之煥氣爲火. 故合水火各一, 爲火之二也.

296 『道德指歸』 8장주: 老子之道, 要在全其氣之本始. 故亦以水喩善.

297 위와 같은 책, 18장주: 大抵老子之意, 以爲太極雖行於陰陽, 然陽則氣機動盪, 不見太極之眞體, 惟陰之至靜至虛, 如水湛一, 然後太極之眞體, 方能呈露.

298 위와 같은 책, 42장주: 一者, 陽之一也. 二者, 陰之二也. 三者, 沖氣立於陰陽之交也, 陰陽得沖氣, 然後萬物生焉. 涑水司馬氏曰, 道生一, 自無而有, 一生二, 分陰分陽, 二生三, 陰陽交而生和, 三生萬物, 和氣聚而生萬物.

299 위와 같은 책, 42장주: 若夫沖氣, 則運行於前後, 而和其前後焉,

300 위와 같은 책, 55장주: 氣之柔弱, 天也. 若以心使氣則人矣. 故其氣必強也. 今按老子此章, 示人養生之訣至明且切, 養生之訣, 要使一心沖和謙虛, 不爲喜怒憂欲所動而已.

301 위와 같은 책, 10장주: 朱子曰, 專氣致柔, 看他這箇甚麼樣功夫. 專是專一無間斷. 致柔是到那柔之極處. 才有一毫發露, 便是剛, 這氣便麤了.

302 『參同攷』 권2, 「互體攷」 2장2절: 氣調精滿, 則神明不求而自至. 此段神明及上文神德, 言之於精氣之間者, 明精氣之交, 神之所自生也.

303 위와 같은 책, 같은 편, 3장 장하주: 大抵人身亦一天地. 天地氣機之屈伸往來. 皆有神主之. 豈獨於人身之氣機而無其神哉.

304 위와 같은 책, 같은 편, 3장 3절: 氣盛精旺, 則自然神氣滿室, 神氣滿室, 則心是活物, 未能退然安靜, 常留在室中.

305 위와 같은 책, 같은 곳: 神守其室, 則萬事皆昌, 神失其室, 則萬事皆亡.

306 『道德指歸』 40장주: 反者, 反復也. 動者, 來復也. 來復之機, 實在於反復之中, 故人能凝聚, 收斂其心神, 使反復吾身, 則天機亦反復於其中也.

307 『參同攷』 권2, 「互體攷」 3장 3절: 一以見心位乎人身之中, 神位乎人心之中, 而爲中之中焉.

308 위와 같은 책, 같은 곳: 故修煉之法, 雖以節慾儲精爲要, 然若不能制其怒以傷肝氣則其所以害於神, 大矣.

309 『道德指歸』 6장주: 以喩人心虛靜, 然後其神方能溱著, 可以存道, 可以應物也.

310 『道德指歸』 3장주: 大寧薛氏曰恬淡無思, 則心虛, 神氣內守, 則腹實, 退懦無爲, 則志弱, 精力不耗, 則骨強. 夫無知無欲, 人心本如是.

311 위와 같은 책, 「序」: 老子之學, 切近儒學, 其說造化說事情, 雖儒學不能易也.

312 『先天四演』, 「後天象箋」: 河圖是造化之全體, 而并包五行以前之陰陽與五行以後之陰陽.

313 위와 같은 책, 「先後天箋」: 是以先天立象, 皆以對待, 而橫圖以左右對待, 圓圖以周旋對待. 方圓以表裏對待. 變化推移, 密合造化之體, 而其於學也, 以簡易立其心法, 成位於中, 是亦體而已矣. 後天立象, 皆以反對, 而以其分篇, 則惟曰反對.

314 위와 같은 책, 40장주: 然惟此微弱之氣, 爲本於造化發育之用, 故人之立心處事, 切不可強暴, 非氣之本然也.

315 위와 같은 책, 31장주: 故侯王萬物在天地之中者, 誠能一於樸, 則導達流行之氣, 使合陰陽之本, 太和所種, 釀成甘露, 於是, 民或有緣飾之文, 知見之異, 議論之歧, 而不能一於樸者, 至此則不期均而自均矣.

316 위와 같은 책, 5장주: 中者, 心也. 守中, 謂反其神用, 歸吾心中, 使其虛靜, 如橐籥之中天地之中, 則亦自有不屈愈出之妙也.

317 『參同攷』 권3, 「因重攷」 4장 2절: 天地至精, 觀於河圖, 則可知已. 河圖全數五十有五, 本是天地之精英, 而五又五十之精英. 故居於五十之中. 三又爲五數之精英, 故居於五數之中, 如中央五點, 縱數橫數, 莫不成三, 而皆位於四方之中, 是也. 一又爲三數之精英, 故居於三數之中, 如五中一點, 當縱三橫三之中, 而縱三橫三, 莫不取中, 是也. 蓋數之所在, 象必寓焉, 象之所在, 精氣神必具焉.

318 『道德指歸』 81장 장하주의 지신론知信論을 언급한 서술내용과 『선천사연』의 「방원의方圓意」에서 지신론을 언급한 서술내용은 글자하나 틀리지 않고 같다.

319 위와 같은 책, 81장주: 蓋知是冬水, 信是中土, 以知信爲道德之成始成終, 卽黃鍾宮土生於冬水之象也. 然上篇則知信居五土之始終, 而下篇則知信并爲一書之終, 何也. 大凡造化必有兩於終, 如四方之北龜蛇爲兩之類, 是也. 故古聖立言, 皆以兩終之, 易之終, 旣未濟爲兩, 書之終, 秦費誓爲兩, 詩之終, 魯商頌爲兩, 堯典之終, 兩欽哉爲兩, 大學之終, 兩義利爲兩. 皆所以象造化也. 況老子以冬至陽復爲之道. 則是其旣成今歲之事, 又始來歲之事, 亦一龜蛇之兩也. 故以知信兩終於一書, 其旨微矣.

320 위와 같은 책, 8장주: 古之聖人, 多以水喩道, 蓋水生於天一, 其質輕淸, 而道體無所遮隔故也.

321 『參同攷』 권2, 「互體攷」 2장 3절: 觀於造化, 則五土居中, 爲水火木金生成之交. 故天一, 必歷土五, 至地六然後, 方成其體. 此, 河圖陰陽五行之序也. 故凡物之稟陰陽五行以生者, 必先以水之玄色, 含土之黃芽, 然後乃能闔闢動靜, 以成其形.

322 『道德指歸』 8장주: 善利不爭, 沖也. 處人所惡, 謙也. 惟謙與沖, 故幾於道矣.

323 위와 같은 책, 55장주: 愚按赤子始生, 手握甚固者, 以純陽含至精故也. 以純陽含至精, 是謂乾體而得沖和中土之金. 故參同契, 以十五乾體滿, 言一月之中, 而使養生者不虧赤子之精, 則亦可以與道爲一而長生也.

324 위와 같은 책, 22장주: 蓋信者, 誠也中也土也. 土沖二氣, 中制萬運. 誠統萬化, 信貫四德.

325 今井宇三郎, 『宋代易學の研究』, 明治圖書出版柱式會社, 1955, 244쪽 참조.

326 『性理大全書』 卷1, 太極圖序: 太極圖者, 濂溪先生之所作也. … 潘淸逸誌先生之墓, 敍所著書, 特以作太極圖爲稱首. 然則此圖當爲先生書首不疑也. … 又嘗讀朱內翰(震) 『進易說表』, 謂此圖之傳, 自陳摶·種放·穆脩而來. 而五峯胡氏作序, 又以爲先生非止爲種穆之學者, 此特其學之一師耳, 非其至者也. 夫以先生之學之妙, 不出此圖, 以爲得之於人, 則決非種穆所及, 以爲非其至者, 則先生之學, 又何以加於此圖哉! 是以竊嘗疑之, 及得誌文攷之, 然後知其果先生所自作, 而非有受於人者. 二公蓋有未嘗見此誌而雲雲耳.

327 류승국, 『동양철학연구』, 서울:동방학술연구원, 191쪽 참조.

328 陳來 지음, 안재호 옮김, 『송명성리학』, 서울:예문서원, 1997, 85쪽 참조.

329 류승국, 앞의 책, 184쪽 참조.

330 이상의 논의는 今井宇三郎의 『宋代易學の硏究』(명치도서출판주식회사, 1955)의 28 ~ 94쪽에 관련된 내용만을 요약하여 서술한 것이다.

331 위와 같은 책, 345쪽 참조.

332 류승국, 앞의 책, 192쪽 참조.

333 朱震, 『漢上易傳集』(『사고전서』 11책) 5쪽, 「漢上易集傳表」: 濮上陳摶以先天圖傳種放, 放傳穆修, 穆修傳李之才, 之才傳邵雍. 放以河圖洛書傳李漑, 漑傳許堅, 許堅傳範諤昌, 諤昌傳劉牧. 穆修以太極圖傳周敦頤, 敦頤傳程顥程頤, 是時, 張載講學於二程, 邵雍之間, 邵雍著黃極經世書, 牧陳天地午十有五數, 敦頤作通書, 程頤著易傳, 載造太和參兩篇.

334 이에 관한 내용은 료명춘 등 저, 심경호 역, 『주역철학사』, 서울: 예문서원, 1995, 37 ~ 16쪽 참조.

335 毛奇齡, 『太極圖說遺議』: 水火匡廓圖者, 以章首有坎離匡廓運轂正軸二語, 所雲水火, 卽坎離也. 丹家以坎離爲用, 故輪而象之. 又名水火二用圖, 則又取天地者乾坤之象, 坎離者乾坤之用二語. 蓋其圖正作坎離二卦, 而運爲一軸, 非所謂兩儀也, 亦非所謂陽動生陰 陰靜復生陽也. 其中一○, 則坎離之胎也. 左☾爲離, 白黑白, 則☲也. 右☽爲坎 黑白黑 則☵也.

336 『周易參同契』: 天地設位, 而易行乎其中矣, 天地者, 乾坤之象也. 設位者, 列陰陽配合之位也. 易謂坎離, 坎離者, 乾坤二用. 二用無爻位, 周流行六虛. 往來旣不定, 上下亦無常. 幽潛淪匿, 變化於中. 包裹萬物, 爲道紀綱.

337 黃宗炎, 『太極圖說辨』: 此圖本名無極圖, 陳圖南刻於華山石壁, 列此名位, 刱自河上公, 魏伯陽得之, 以著參同契, 鐘離權得之, 以授呂洞賓. 洞賓後與圖南, 同隱華山, 因以授陳. 陳又受先天圖於痲衣道者, 皆以授種放, 放以授穆修與僧壽涯. 修以先天圖授李挺之, 挺之以授邵天叟, 天叟以授子堯夫. 修以無極圖授周茂叔. 茂叔又得先天地之偈於壽涯, 乃方士修錬之術.

338 黃宗炎, 『太極圖說辨』: 就其圖而述之, 其最下一, 名爲元牝之門, 元牝, 卽穀神也, 牝者, 竅也. 元與神, 皆莫可持測之謂. 在老莊而言, 謂元妙神化, 卽是虛無而爲萬有之原. 在修錬之家, 爲元牝穀神, 爲人身命門, 兩腎空隙之處, 氣所由生, 是爲祖氣. 凡人五官百骸之運用知覺, 皆根於此. 於是提其祖氣, 上升爲稍上一, 名爲錬精化氣錬氣化神. 錬有形之精, 化爲微芒之氣, 錬依希呼吸之氣, 化爲出有入無之神. 便貫徹於五臟六腑, 而爲中, 名爲五氣朝元, 行之而得也. 則水火交媾, 而爲又其上之, 名爲取坎塡離, 乃成聖胎. 又使復還於無始, 而爲最上之一, 名爲鍊神還虛, 復歸無極, 而功用至矣.

339 『佛祖統記』 권43, 『四庫全書存目叢書子部』, 齊魯書社, 1995.

340 주희 지음, 김상섭 해설, 『역학계몽』, 서울: 예문서원, 1994, 96쪽 참조.

341 『正易心法』 35장 주석: 學者徒知一爲太極不動數, 而不知義實落處也. 何則. 一者, 數之宗本也.

342 위와 같은 책, 37장 주석: 古人何以見易乎! 以至先天諸卦, 初以一陰一陽相間, 次以二陰二陽相間, 倍數至三十二陰, 三十二陽相間.

343 위와 같은 책, 23장 주석: 蓋乾爲首, 坤爲腹, 天地定位也, 坎爲耳, 離爲目. 水火相逮也. 艮爲鼻, 兌爲口, 山澤通氣也. 巽爲手, 震爲足, 雷風相薄也, 此羲皇八卦之應矣, 其理昭昭.

344 위와 같은 책, 8장 주석: 縱橫, 謂若爲諸圖, 或有二氣老少之漸, 或有三代祖孫之別, 或有對待之理, 或有眞假之義, 或有胎甲之象, 或有錯綜之占, 唯其施設, 皆具妙理, 無所往而不可, 此所謂包括萬象, 而易道所以大也.

345 위와 같은 책, 24장 주석: 凡麗於氣者, 必圓, 圓者徑一而圍三, 天所以有三時者, 以其氣也. 凡麗於形者, 必方, 方者徑一而圍四, 地所以有四方者, 以其形也.

346 『하락진수河洛眞數』는 진단과 소강절이 찬하고, 명나라 때 이학시李學時가 교각한 것으로 하도와 낙서의 수를 중심으로 서술된 책이다. 『속수사고전서』(상해고적출판사간)1061권에 수록되어 있다.

347 『參同攷』 권3 「因重攷」 3장 1절: 眞以無極言, 一以太一言. 無極太一妙合之初, 卽道也. 當此之時, 其形象, 眞實無僞, 專一安靜, 不可以畫圖也. …… 上摹夫子易繫之文法, 下同周子易通之文法. 觀希夷傳受眞人匡郭三五兩圖, 則其學之出自眞人, 斷無加疑, 而世傳周子之學, 得之希夷. 朱子書周子文集後, 亦言其傳固有端緖, 或無乃易通文法有得於此歟? 兩圖源流, 詳見易序章程之傳圖篇.

348 위와 같은 책 권1 「初擬攷」 제1: 眞人旣成參同, 密示靑州徐景休, 景休隱名而註之, 至漢孝桓帝時, 眞人復授同郡淳於叔通. 夫以百餘年間所傳授, 只是二人, 則二人必非常人. 然其註解, 無甚發明, 得非偶見此書, 自托於傳授也歟? 其後鐘離權雲房仕晉爲將軍, 軍敗入山, 見一眞人傳道呂巖洞賓, 至唐中葉年六十四, 又傳道於雲房. 語在信書中, 可按而覆, 是時, 眞人之跡, 尙隱見於世. 則二人者, 豈容舍仙家大宗師而爲道哉!

349 『太極圖說通書書後』: 按張忠定公, 嘗從希夷學, 而其論公私之有陰陽, 頗與圖說意合, 竊疑是說之傳, 固有端緖, 至於先生, 而後得之於心, 而天地萬物之理, 鉅細幽明, 高下精粗, 無所不貫, 於是始爲此圖, 以發其秘耳.

350 김윤수, 앞의 논문, 437쪽 참조.

351 물론 이 책은 개인의 소유재산이 맞다. 그러나 학술적인 측면에서 우리 민족 전체의 재산이기도 하다. 학문적 연구자들을 위해 필름화하여 공개하고 원본은 개인이 소장하는 것이 학문의 발전을 위해 바람직하다고 판단된다.

352 '태일太一'이라는 말은 우번이 '태극太極'을 두고서 한 말이다. 여기서 태극과 태일의 관계를 조금 설명해보자. 태극이라는 용어는 『장자』에서 시작된 말인데, 「계사전」에서도 "역에 태극이 있다[易有太極]"라는 언급이 있다. 「계사전」에서 태극이란 괘 그림과 시초점을 셈하는 최초 근원의 의미이다. 그런데 한대에 이르러 태극이라는 개념이 우주론적 의미를 띄게 되면서, 태역, 태초, 태시, 태소 등의 의미로 확대된다. 이들 개념들은 모두 기氣와 관련된 것으로 태역은 기가 생성되기 이전의 상태, 태초는 기가 시작되는 상태, 태시는 기의 형태가 이루어져 모양이 생긴 상태, 태소는 질이 생겨난 상태를 의미한다. 여기서 기와 형과 질이 뒤섞여 혼

돈된 상태를 혼륜渾淪이라고 하는데, 이것이 태극의 의미이다. 우번은 이러한 태극을 태일이라고 한 것이다. 우번의 태일이라는 개념은 우주 발생의 최고 근원의 의미로 사용한 것이다. 따라서 서명응이 '진'을 무극으로 해석하고 '일'을 태일로 해석한 것은 무극과 태극으로 '진일'을 해석한 것으로 파악된다.

353 『參同攷』 권2, 「互體攷」 4장 3절: 乙, 與一通. 漢書雲 : "中宮天極星, 其一明者, 太一常居." 淮南子雲 : "紫宮者, 太一之居." 此借言肺之神也. 蓋血氣循軌. 魂愧合體, 莫不聽命於肺金太一之神, 則太一之神, 乃召精室之神, 上交丹田之神. 照潤黃庭, 凝成大丹, 卽所謂移居中洲也.

354 위와 같은 책 권3, 「因重攷」 6장 2절: 雖黃帝臨爐, 太乙降坐, 八公擣煉, 淮南執火, 立宇崇壇, 玉爲階陛, 麟脯鳳臘, 把籍長跪, 禱祝神祇, 請哀諸鬼, 沐浴齋戒, 妄有所冀, 亦猶和膠補釜, 以芮芮塗瘡, 去冷加氷, 除熱用湯, 飛龜舞蛇, 愈見乖張.

355 위와 같은 책 권2, 「互體攷」 2장. 장하주: 蓋推離之氣, 降之於坎, 引坎之精, 升之於離, 使下者上上者下. 此交泰之義.

356 위와 같은 책 권3, 「因重攷」 4장 2절: 如中央五點, 縱數橫數, 莫不成三, 而皆位於四方之中是也. 一又爲三數之精英, 故居於三數之中, 如五中一點, 當縱三橫三之中, 而縱三橫三, 莫不取中是也. 蓋數之所在, 象必寓焉, 象之所在, 精氣神必具焉, 而凡數愈中愈精粹. 故曰至精. 至精, 言精而又精, 乃精之至也. 餘詳見傳圖篇三五至精圖說.

357 '주정설主靜說'은 도가적 전통에서 강조한 수행법으로 그 연원을 『노자』에서 찾는 것은 16장의 "수정守靜"이라는 용어 때문이다. 서명응 역시 16장의 "수정"에 대해서 음정陰靜으로 이해하고 치허수정致虛守靜의 상태는 유有에서 무無로 이행하여 도道에 이를 수 있다고 본다.(『道德指歸』 16장 장하주: 故卽夫一節之終, 備言致虛守靜之自有而無, 以及乎王乃天, 天乃道, 道乃久之成效極功焉.)

358 『通書』, 「聖學」 제20장: 聖可學乎. 曰可. 曰有要乎. 曰有. 請聞焉. 曰一爲要, 一者, 無慾也. 無慾則靜虛動直, 靜虛則明, 明則通, 動直則公, 公則博, 明通公博, 庶矣乎.

359 『道德指歸』 16장주: 此言致虛極也. 知常則至虛而容物, 容物則至公而溥遍, 乃帝王之德. 上天之事, 大道之要也.

360 위와 같은 책, 27장주: 無極者, 太極之本然也. 無極本無聲臭, 本無方體, 而及其乘陰陽運陰陽也. 惟陰靜肖無極之本然. 至於陽動之後, 則氣機推盪, 不復見其本然. 故人之處心立事, 常主於靜. 如從容者, 氣象之靜也. 謹愼者, 言語之靜也. 深密者, 措處之靜也. 韜光斂華者, 保全身名之靜也. 誠能於此, 眞積力久, 則可以復歸於無極之本然, 而嬰兒又不足言矣.

361 『保晩齋年譜』 권3: 公常言張子房謝病杜門 願從赤松子遊 蓋有得於道德經 名遂身退章之下 卽繼以載營魄抱一章者, 其意若曰身退之後 方可以養生學仙也. 古人看文字精細, 此亦可見. 及夫休致之後 杜門謝客, 終日不下庭, 雖隣房子舍, 亦不往來, 而顔貌精神 常若三四十歲 少壯之時 人或疑公暗用參同契煉丹之法雲.

362 『保晩齋集』 권1 「偶吟」: 晩鍊丹三鼎, 如窺豹一斑. 心忘憂喜界, 身遠是非關. 夜靜天機轉, 晨淸灝氣還. 唯餘著書業, 隨意不妨閒.

363 『道德指歸』 「德經」 7절, 40장: 橫渠張子雲, 大易不言有無, 言有無諸子之陋也. 然則周子之言靜無而動有何也, 亦將謂之陋乎. 大抵古人名理之辭, 同實而異名, 如大易之寂感, 卽老子之有無也, 顯藏卽老子之有無也.

364 『髀禮準』, 「數法準」: 太史公張橫渠未詳句股之數天文具焉, 而又疑夫子不以天文語顔閔, 夫旣曰身通六藝, 則是於敎六藝之時, 已敎天文矣.

365 『參同攷』 권4 「辨是攷」 제4: 其於二易象數, 全無所見, 凡諸分合排比, 不成頭緖.

366『先天四演』: 蓋先天之太陽, 少陰, 少陽, 太陰, 乃陰陽之太陽, 少陰, 少陽, 太陰也. 後天之太陽, 少陰, 少陽, 太陰, 乃五行之太陽, 少陰, 少陽, 太陰也.

367 위와 같은 책: 河圖是造化之全體, 而幷包五行以前之陰陽與五行以後之陰陽. 故伏羲之則, 則其五行以前之陰陽, 而五行以後之陰陽, 包括於其中. 文王之則, 則其五行以後之陰陽, 而五行以前之陰陽, 含具於其中, 此所以有先後天體用之分也.

368『道德指歸』14장주: 當周之末, 吾夫子繫辭之外, 狀出道體, 未有若斯之明且備者雲.

369 위와 같은 책 , 1장주: 故邵子曰老子得易之體, 朱子曰老子見得此箇道理, 又曰至妙之理, 有生生之意, 程子所取老氏之說者也.

370『太極圖說』: 此所謂無極而太極也. 所以動而陽, 靜而陰之本體也. 然非有以離乎陰陽也. 卽陰陽而指其本體 不離乎陰陽而爲言耳.

371『周易本義』, 一生二, 自然之理也. 易者, 陰陽之變, 太極者, 其理也.

372『保晩齋集』 권16, 「蠡測」: 太極, 理也, 陰陽五行, 氣也.

373『道德指歸』 1장주: 道者, 太極乘於至靜之中, 以樞紐於陰陽.

374『保晩齋年譜』 권2: 河圖所以狀造化之妙.

375 류승국 저, 『東洋哲學硏究』, 서울:동방학술연구원, 1988, 185쪽 참조.

376 태극太極과 선천일기先天一氣에 관계에 대해서는 조선시대『주역참동계』주석가인 청하자靑霞子 권극중權克中(『청하집』, 「독서록」)의 논리에서 잘 밝혀져 있다. 그 내용은 다음과 같다. “문 : 옛날사람이 태극도를 만들 때에 하나의 원으로 에워 쌓으니 이것이 진짜 태극을 그린 것인가? 답 : 이 그림은 바로 선천일기를 가리킨 것이고 태극이 아니니 태극은 그릴 수 없다. 내 생각에는 리기는 서로 떨어지지 않아 고요할 때에는 리理 가운데 기氣가 있고 움직일 때에는 기氣가운데 리理가 있다고 여긴다. 이 그림의 모양은 밖은 검고 안은 희니 리가 기 가운데 있는 것이다. 밖의 검은 둥근 선은 선천일기이고 안의 하얀 곳은 무극의 진공이다. 일기는 시작이 없기 때문에 검은 테두리 속에 시발점이 없고 진공은 상이 없기 때문에 하얀 곳은 사물을 받아들이지 않았다. 리가 기의 기틀을 타고 끝없이 동정이 이루어지고 있으니, 이 그림의 둥근 모양이 바로 그것이다. 그렇지만 기가 리 가운데 있을 경우에는 그릴 수 없다. 그렸다고 할 경우에는 이미 동한 것이니 바로 이 원상이 그것이다. (問古人爲太極圖, 圍之以一圓相, 是乃眞畫太極否. 曰此圖乃指先天一氣, 非太極也. 若夫太極, 不能畫也, 愚嘗謂理氣不離. 靜時, 氣在理中, 動時, 理在氣中, 此圖相外黑, 內白, 理在氣中也. 外之黑圈, 先天一氣也. 內之白地, 無極眞空也. 一氣無始, 故黑空無起處, 眞空無象, 故白地不受物, 理乘在氣機上動靜無窮, 此圓相是也. 『靑霞集』 권2, 「雜著」, ‘讀書錄’)” 권극중의 논리에 따르면, 일반적으로 태극을 하나의 원(○)으로 표현하는데, 이는 태극을 그린 것이 아니라 선천일기를 그린 것이고, 태극은 그릴 수 없다는 것이다. 가령 ○의 경우는 테두리의 검은 선은 선천일기이고 테두리 안의 공백은 무극의 진공이다. 이는 리가 기를 타고 끝없이 동정을 하고 있는 모양을 그린 것이라고 한다. 기가 리 가운데 있는 상태, 그러니까 태극에 선천일기가 결합된 상태는 그릴 수 없다. 만약 그러한 상태를 그렸다고 한다면, 이는 이미 동한 상태로 ○이 된다는 것이다.

377『太極圖說』朱子解: 極是道理之極至, 總天地萬物之理, 便是太極.

378『朱子語類』下, 卷94, 「周子之書 · 太極圖」, 1085쪽 下段1: 無極而太極, 蓋恐人將太極做一箇有形象底物看, 故又說無極, 言只是此理.

379『性理大全』, 「太極圖解」: 太極無方所無形體無地位可頓放.

380 위와 같은 책, 같은 곳: 極者, 至極之義, 樞紐根柢之名.

381 최영진, 『易學思想의 哲學的 探究』, 성균관대학교 박사학위논문, 1989, 56~60쪽 참조.

382 『朱子語類』, 「尙書2」: 問先生言皇極之極不訓中, 只是標準之義, 然無偏無黨, 無反無側, 亦有中意. 曰只是箇無私意. 問準標之意如何. 曰此是聖人正身, 以作民之準則.

383 『朱子大全』 上, 卷37, 「答程可久」: 太極之義, 正謂理之極致耳, 有是理, 則有是物, 無先後次序之可言, 故曰易有太極, 則是太極, 乃在陰陽之中, 而非在陰陽之外也. 今以大中訓之, 又以乾坤未判大衍未分之時論之, 恐未安也. 形而上者, 謂之道, 形而下者 謂之器, 今論太極而曰 其物謂之神, 又以天地未分, 元氣合而爲一者言之, 亦恐未安也. 有是理卽有是氣, 氣則無不兩者, 故易曰 太極生兩儀, 而老子乃謂道先生一, 而後一乃生二, 則其察理, 亦不精矣. 老莊之言之失, 大抵類此, 恐不足引以爲證也.

384 위와 같은 책 中, 권72, 「皇極辨」: 皇者, 君之稱也. 極者, 至極之意標準之名. 常在物之中央, 而四外望之, 以取正焉者也. 故以極爲在中之準的則可. 便訓極爲中則不可.

385 위와 같은 책, 같은 곳: 因復誤認中爲含糊苟且, 不分善惡之意.

386 『象山集』: 五居九疇之中而曰皇極.(『사고전서』 전자판)

387 위와 같은 책, 같은 곳: 蓋同指此理則曰極曰中曰至 其實一也.(『사고전서』 전자판)

388 『朱子語類』, 「尙書2」: 問先生言皇極之極不訓中, 只是標準之義, 然無偏無黨, 無反無側, 亦有中意. 曰只是箇無私意. 問準標之意如何. 曰此是聖人正身, 以作民之準則.

389 위와 같은 책, 같은 곳: 中不可解做極, 極無中意, 只是在中, 乃至極之所, 爲四向所準標. 故因以爲中.

390 『道德指歸』 10장주: 觀於洪範皇極之無偏無黨, 亦可驗也.

391 『尙書逸旨』, 「洪範初一五行八」: 蓋皇極者 乃人君之心, 天下萬事, 無一不本於人君之心. 故五行得皇極而順, 五事得皇極而敬, 八政得皇極而厚, 五紀得皇極而協, 三德得皇極而乂.

392 『道德指歸』 22장주: 道者, 太極乘於至靜之中, 以樞紐於陰陽, 一氣周流, 無有窮已.

393 오호마 아키라 지음, 이형성 옮김, 『범주로 보는 주자학』, 서울:예문서원, 1992, 82쪽 참조.

394 『先天四演』, 「河圖象箋2」: 河圖中宮, 乃心也極也. 極出萬象, 心出萬法.

395 위와 같은 책, 같은 곳: 河圖則只有兩儀四象兩儀而已, 不可名爲八卦, 何故, 以其畫前之易也.

396 위와 같은 책, 「河圖意箋5」: 河圖 ……以理則太極, 以氣則中土, 以天則北極, 以人則心法, 皆居中制外, 無在而無不在, 卽所謂意之意,

397 『道德指歸』 14장: 當周之末, 吾夫子繫辭之外, 狀出道體, 未有若斯之明且備者雲.

398 위와 같은 책, 같은 곳: 蓋老子此言, 精深微妙, 得大易之要旨.

399 참고로 『도덕지귀』의 1장에서부터 서명응은 '역유태극易有太極'이라는 주석을 달기 시작하여 전체적으로 무극無極과 태극太極, 그리고 음양陰陽이라는 개념으로 주석을 해 나간다. 『도덕지귀』에서 무극無極의 빈도수는 26회이고, 태극太極의 빈도수는 59회나 나타난다.

400 위와 같은 책, 43장: 物, 無極也. 未有天地, 先有無極, 以爲太極之本. 所謂無名天地之始, 是也.

401 위와 같은 책, 24장: 獨立而不改, 言無極墮在陰陽之中, 則遂爲太極, 卓然獨立, 而不爲陰陽所雜, 改其形體也. 周行而不殆, 言太極樞紐陰陽, 萬轉萬變 終始一轍, 無所差跌也.

402 위와 같은 책, 같은 곳: 不知是無極乎, 太極乎, 未定其名, 故以道爲其字也.

403 위와 같은 책, 같은 곳: 此, 以陰陽言之. 蓋上文旣以道而字太極, 則今不應復名之故也.

404 위와 같은 책, 1장주: 試使一心虛靜無欲, 則此正陰陽初生, 太極初乘之時, 無限妙理, 化化生生, 蓋觀於此.

405 『中庸經緯』, 「天命章二」: 自胚胎以前, 屬乎天而爲命, 自形質以後, 屬乎地而爲性, 方其在胚胎也.

406 『道德指歸』 5장주: 中者, 心也. 守中, 謂反其神用, 歸吾心中, 使其虛靜, 如橐籥之中天地之中, 則亦自有

不屈愈出之妙也.

407『保晩齋集』 권16, 「蠡測」: 太極爲萬化之樞紐, 人心爲萬事之樞紐, 故先儒以人心爲太極.

408『皇極經世書』, 「觀物外篇」: 心爲太極, 又曰道爲太極.

409 위와 같은 책, 같은 편: 王植按:邵子言太極, 多就環中言之.

410『先天四演』, 「河圖意箋5」: 中者心, 心之法中, 中者太極, 太極之位中.

411『保晩齋集』 권16, 「蠡測」: 穹窿圓崇, 係日月星辰之象者, 形體之天. 升降上下, 爲春夏秋冬之序者, 流行之天也. 形體之天, 如血肉之心, 流行之天, 如神明之心. 神明之心, 儒者所道. 血肉之心, 醫者所尙, 故從古聖賢所言六經所載者, 多是流行之天而其形體之天 則曆象家專習之.

412 위와 같은 책, 같은 곳: 形體之天, 猶人心之郛郭, 流行之天, 猶人心之性情, 性情郛郭, 初無二致. 故日月之躔次, 氣序之流行, 相洽合, 此至妙自然之理也.

413 위와 같은 책, 같은 곳: 充滿宇宙, 貫徹古今, 莫非五行之錯也. 五行又莫非陰陽之運也. 陰陽又莫非太極之所乘也. 無有乎間斷, 無有乎虧欠, 無有乎縫罅. 自其妙用而言之, 則曰神, 自其流行而言之, 則曰善, 自其賦受而言之, 則曰性, 自其眞實而言之, 則曰誠, 自其條理而言之, 則曰理, 自其主宰而言之, 則曰宰, 自其所由而言之, 則曰道, 神也善也性也誠也理也宰也道也, 斯已備矣.

414 위와 같은 책, 같은 곳: 心一也, 而曰性曰情曰志曰意曰幾曰思曰未發已發曰人心道心. 何其名之不一也. 天一, 而曰善曰誠曰理曰帝曰神曰性曰道. 何其稱之至繁也. 天與心. 體則同體, 用則同用,

415『花潭集』 권2 雜著, 「原理氣」: 太虛, 湛然無形, 號之曰 '先天', 其大無外, 其先無始, 其來不可究, 其湛然虛靜, 氣之原也.

416 위와 같은 책, 같은 곳: 濂溪, 於此不奈何, 只消下語曰, "無極而太極" 是則先天, 不其奇乎. 奇乎奇. 不其妙乎. 妙乎妙. 倏爾躍, 忽爾闢, 孰使之乎. 自能爾也, 亦自不得不爾. 是謂理之時也.

417 위와 같은 책, 같은 곳: 語其所以曰理, 語其所以妙曰神, 語其所然眞實者曰誠, 語其能躍以流行曰道, 總以無不具曰太極. 動靜之不能不相禪, 而用事之機自爾. 所謂一陰一陽之謂道是也.

418 조창록은 「朝鮮朝 開城의 學風과 敍命膺 家의 學文」(『대동문화연구』 47)에서 서경덕과 서명응의 사상적 관련성을 '개성이란 지역을 중심으로 한 지리적 · 문화적 · 사상적 특징들'과 '달성 서씨達城徐氏로 이해될 수 있는 선천상수학적 관련성'들을 포괄적으로 규명하고 있다.

419 소강절의 기본 학설은 기본적으로 변화에 관한 논리이다. 이 변화의 논리는 세계 생성의 근원과 역사이론에 관한 사유이다. 그러므로 소강절의 심성론은 명확한 이론이 존재하지 않는다고 평가된다. 노사광 저, 정인재 역, 『중국철학사—송명편』(탐구당, 1989), 소강절조목 참고.

420『尙書逸旨』. 「書例總敍」: 曰性曰敬曰一曰義之屬, 皆所以本原乎後世性理之學.

421『保晩齋年譜』 권2: 邵子所謂天地之化, 起於中.

422『保晩齋集』 권16, 「蠡測」: 道出於天. 行於命, 成於性, 而具於心. 心發於情, 實於意, 見於事, 而形於物. 自心而泝而上之. 極乎天而天外無道. 自心而沿而下之. 極乎物而物外無道. 故心者. 道之樞也. 至隱至密. 鬼神莫得以窺. 至顯至彰. 婦孺亦得與知. 至近至切. 妙凝乎動靜語黙. 至大至廣. 馴致乎參贊位育.

423『皇極經世書』, 「觀物外篇」 下: 先天之學, 心法也.

424 李遠國, 「陳摶易學思想探微」, 『道教文化研究』 제11집, 상해:三聯書店, 1997.

425 서명응의 『참동고』에서 진단의 역학 이론을 끌어와 주석하고 있다는 측면에서 진단의 심법에 관한 논의들도 서명응은 충분히 숙지했으리라고 판단되지만, 그의 저술 속에서 진단의 심법에 관한 언급은 찾을 수 없다.

426『皇極經世書』, 「觀物外篇」: 先天之學, 心也. 後天之學, 跡也.

427 위와 같은 책, 같은 편: 心爲太極, 又曰道爲太極.

428 이에 관한 연구는 이봉규, 「소옹철학을 형성하는 도가적 사유와 유가적 사유」, 서울대 석사학위논문, 1988, 참고.

429 『先天四演』, 「次序意箋」: 造化之法象, 細推之, 皆然. ……皆從中起也. 至於人物, 則天地 ……變化之法象, 從中而起, 賦與化生.

430 위와 같은 책, 같은 편: 故存此心之體, 惟曰中而已. 妙此心之用, 亦惟曰中而已. 成湯所謂惟皇上帝, 降衷於下民. 劉成子所謂民受天地之中以生雲者, 是豈無所據而架虛鑿空以爲說乎. 蓋深有得於先天之法象也.

431 『中庸經緯』, 「大旨總敍二」: 子思之中庸, 本於夫子之時中, 夫子之時中, 本於堯舜文武之執中, 堯舜文武之執中, 又皆本於天, 而待對之天, 渾渾皆中者, 先天之中也. 流行之天, 渾渾皆中者, 後天之中也. 故中庸立文, 皆有先後天之法象焉.

432 『保晩齋年譜』 권2: 邵子所謂天地之化, 皆起於中是也. 運行於人生而靜以前, 則爲天命之中, 運行於人生而靜以後, 則爲人性之中, 劉成子所謂民受天地之中以生是也. 子思將以中庸之理 導迪後學, 而名其書曰中庸, 則立言體段, 當以中之一字起頭, ……蓋以命卽五行之中, 賦與人心也. 性卽五行之中, 含具人心也. 道卽率循乎日用五行之中也. 教卽品節乎人事五行之中也.

433 『尙書逸旨』, 「大禹謨人心道心一」: 舜禹授受十六言, 萬世心學之淵源, 故體用本末, 先後次第, 極其精密.

434 『緯史』 「序」: 何以知之, 以先天之道, 卽伏羲神農黃帝堯舜禹轉相授受, 以繼天立極者也.

435 위와 같은 책, 같은 곳: 道出於天. 行於命, 成於性, 而具於心. 心發於情, 實於意, 見於事, 而形於物. 自心而溯而上之. 極乎天而天外無道. 自心而沿而下之. 極乎物而物外無道. 故心者, 道之樞也.

436 『中庸經緯』, 「天命章二」: 此中庸之書也, 不曰中而曰命性教, 何也. 以命性教皆中也. 人物之生, 自胚胎以前, 屬乎天而爲命, 自形質以後, 屬乎地而爲性, 方其在胚胎也, 陰陽一闔一闢, 而爲木火金水, 木火金水, 一經一緯, 而爲仁禮義智, 莫不沖和於中土之信, 故土藏四行, 四行無非中, 信實四德, 四德無非中, 是天之爲命皆中也. 及其成形質也, 二實五殊, 妙合凝聚, 生魂魄神氣精, ……是人之爲性皆中也.

437 위와 같은 책, 같은 곳: 心之於人身, 蓋中之中也. 中之中者土也, 土者信也, 信者誠也, 誠者, 命之所以行, 性之所以成. 故惟心能渾涵天命之中以爲體, 發揮人性之中以爲用, 而大本達道之教, 必於心言之, 是道之爲教皆中也. 妙哉中也.

438 『先天四演』, 「河圖意箋5」: 子思之作中庸, 只是推演此理.

439 위와 같은 책, 같은 편: 中者心, 心之法中. 中者太極, 太極之位中. 故五性信爲中, 五行土爲中, 五音宮爲中, 五色黃爲中, 五味甘爲中, 天下之萬性, 實於信. 天下之萬形, 沖於土, 天下之萬聲, 始於宮, 天下之萬彩, 章於黃, 天下之萬食, 和於甘.

440 위와 같은 책, 「後天象箋3」: 命含乎性, 性具乎命, 先天兼包後天, 後天本原先天. 後天本原先天.

441 『朱子語類』下 권78, 「尙書1 · 大禹謨」: 人只有一個心, 但知覺得道理底是道心, 知覺得聲色臭味底是人心.

442 위와 같은 책, 같은 곳: 如喜怒, 人心也, 然無故而喜, 喜至於過而不能禁, 無故而怒, 怒至於甚而不能遏, 是皆爲人心所使也. 須是喜其所當喜, 怒其所當怒, 乃是道心.

443 『尙書逸旨』, 「大禹謨人心道心2」: 心一也, 而知覺之在乎人者, 謂之人心, 以知覺之在乎道者, 謂之道心, 道在天爲元亨利貞, 在地爲生長收藏, 在人爲仁義禮智, 行乎情爲惻隱羞惡辭遜是非, 著乎人倫, 爲親義別序.

444 위와 같은 책, 「大禹謨人心道心1」: 人心道心, 情也. 惟精惟一, 意也, 允執闕中, 事也. 何謂情乎. 或覺於形氣 或覺於性命, 不待商量計度 發於自然. 故危, 非吾使之危之, 其發也自危, 微非吾使之微之, 其發也自微, 是豈非情歟. 何謂意乎. 一念之初, 反復省察, 以爲何者人心, 何者道心. 人心而危則制之伏之, 求必安之, 道心而微, 則擴之充之, 求必著之, 是豈非意歟. 何爲事乎. 內有精一之功, 則大本旣立, 妙用自行, 見於言行者, 無過無不及, 見於氣象者, 無過無不及, 見於政令施措者, 無過無不及, 是豈非事歟.

445『性理大全』,「太極圖說」: 人性雖同, 稟氣不能無偏重, 有得木氣重者, 則惻隱之心常多. 羞惡辭讓是非之心, 爲其所塞而不發. 有得金氣重者, 則羞惡之心常多, 而惻隱辭讓是非之心, 爲其所塞而不發. 水火亦然.

446『保晩齋集』 권16,「蠡測」: 情有四端有七情, 而四端爲經, 七情爲緯. 故有因惻隱而喜怒哀懼愛惡欲者, 有因羞惡而喜怒哀懼愛惡欲者, 有因辭遜是非而喜怒哀懼愛惡欲者.

447 위와 같은 책, 같은 곳: 孟子就其綱而推原五性, 禮記就其目而專言五氣, 後世分析太甚, 有以四端爲發於理, 七情爲發於氣, 則殆若人心之中, 別有無氣之理與夫無理之氣, 對峙各立, 互相迭發者然, 豈其然乎.

448 위와 같은 책, 같은 곳: 四端七情, 均是五行之理, 均是五行之氣, 而但四端明其五性之所直遂, 七情擧其五氣之所變合, 四端猶言視明聽聰, 七情猶但言視聽而已, 是其所從言之, 地頭雖不同, 然要之, 一義也.

449 위와 같은 책, 같은 곳: 四端之本乎五性, 孟子之說, 先儒之論, 已詳矣, 而至如七情之爲五氣, 未有明言者, 蓋合而言之, 則木火土金水, 滾同爲一, 具於心臟, 及其發而爲情, 有此七個名目也. 分而言之, 則七情亦可分屬五行, 如四時之各有專氣. 故喜愛屬木, 木之性和, 木之氣溫, 可見喜愛之屬木也. 怒惡屬金, 金之性刁號, 金之氣肅殺, 可見怒惡之屬金也. 哀懼屬火, 火之用噍殺, 火之體動搖, 可見哀懼之屬火也. 欲屬水, 水之流汚濁, 水之漸浸淫, 可見欲之屬水也. 自七情而約之, 則爲四, 故子思之言喜怒哀樂, 如所謂老陽少陽老陰少陰是也. 自四情而約之, 則爲二, 關雎詩, 只擧哀樂兩端, 如所謂陰陽是也.

450 위와 같은 책, 같은 곳: 太極, 爲萬化之樞紐, 人心, 爲萬事之樞紐, 故先儒以人心爲太極, 後人誤解之, 遂疑未發之前有理無氣, 夫未發之前, 氣機淵靜, 如水不波, 已發之後, 氣機妙運, 如水流行, 一動一靜, 皆氣機之所爲, 而理主宰乎其中. 故朱子感興詩曰 人心妙不測, 出入乘氣機, 豈有無氣之理, 寓於方寸乎.

451 위와 같은 책, 같은 곳: 穹窿圓崇, 係日月星辰之象者, 形體之天. 升降上下, 爲春夏秋冬之序者, 流行之天也. 形體之天, 如血肉之心, 流行之天, 如神明之心. 神明之心, 儒者所道. 血肉之心, 醫者所尙, 故從古聖賢所言, 六經所載者, 多是流行之天, 而其形體之天則曆象家專習之.

452 위와 같은 책, 같은 곳: 七曜居天之中, 日又居七曜之中, 自上下言之, 則土木火在上, 金水月在下, 而惟日正當上下之中, 自左右言之, 則月有九行, 五星各有行道, 或順或逆, 出入黃道南北六度, 而惟日正行南北之中, 旣得上下之中, 又得南北之中, 猶人之有心. 夫人心以火居五臟之中. 日亦以火居五星之中, 則日之於天, 非心也乎.

453 위와 같은 책, 같은 곳: 心一也, 而曰性曰情曰志曰意曰幾曰思曰未發已發曰人心道心, 何其名之不一也. 天一也, 而曰善曰誠曰理曰帝曰神曰性曰道, 何其稱之至繁也. 天與心, 體則同體, 用則同用, 宜其稱名亦不得不同.

454 매문정은 자는 정구定九, 호는 물암勿庵으로 본관은 안휘安徽 선성宣城이다. 순치順治 16년(1659) 27세에 역산학에 뜻을 두고 이후 60년간 필생의 정력을 쏟아 부었다. 그가 서학에 전력한 것은 43세에 『숭정역서崇禎曆書』의 잔본殘本을 얻고서부터라고 한다. 그는 평생을 바쳐 중국 전통의 천문 역산을 탐구하고, 당시에 전해진 서구의 천문 수학을 연구하여 정확한 이해를 해 낸다. 이를 토대로 서법중국기원설西法中國起源說을 펼쳤다.

455 임종태,「이방의 과학과 고전적 전통:17세기 서구 과학에 대한 중국적 이해와 그 변천」,『동아시아에서의 서학수용과 그 대응』, 동양철학회 제45차 추계학술대회, 2004.

456 구만옥,『조선후기 과학사상사 연구 Ⅰ』, 연세국학총서40, 서울:혜안출판사, 2004, 160쪽 참조. 이 밖에도 서학과 관련한 정보는『한국민족대백과사전』 12권의 '서학'조를 참조하라.

457 이러한 주제에 대한 연구가 구만옥의 앞의 책이다.

458 임형택,『실사구시의 한국학』, 서울:창작과비평사, 2000, 132쪽 참조.

459 김영식,「과학의 문화간 전래와 변화」,『동아시아에서의 서양 과학 수용과 그 대응』(한국동양철학회, 45차 학술발표회), 1 ~ 4쪽 참조.

460 박권수(서명응의 易學的 天文觀:1998): 김영식(과학의 문화간 전래와 변화), 임종태(이방의 과학과 고전의 전통), 김용헌(서양의 자연학과 동양의 반향) 이상이 "동아시아에서 서양 과학 수용과 그 대응", 이라는 주제 아래, 한국동양철학회 제45차 학술발표회(2004)에서 발표된 논문들이다. 이들 논문에서 서양 과학을 상수학적 사유로 편입한 대표적인 학자로 서명응을 거론한다.

461 김문식, 「서명응의 생애와 규장각 활동」, 『정신문화연구』 22, 1999, 154쪽 참조.

462 『髀禮準』 上篇, 「序」: 髀, 周髀. 禮, 周禮. 以周禮準天象, 周髀準天數, 名髀禮準, 乃爲之序曰 天文象數, 起自包犧氏, 包犧氏仰觀俯察, 旣作先天方圓圖, 復推演方圖, 製蓋天之儀, 創句股之數, 立周天曆度.

463 『參同攷』, 「中篇」: 天文之森羅布列於上者, 卽河圖象數之所著見. 故曰河圖文.

464 『先天四演』, 「方圓象箋1」: 周髀經, 周公言, 古者包犧立周天曆度, 而孔子繫易曰聖人範圍天地之化而不過, 謂以易度爲天行之範圍, 使春夏秋冬不過其節也. 又曰通乎晝夜之道而知之, 謂於地上春夏之晝, 所以反地下秋冬之夜者, 通知其故, 洞然不惑也. 觀二聖之言, 則其曆度之創自伏犧斷可知矣.

465 『先句齋』「序」: 包犧氏以句股立曆度, 而包犧聖學, 乃其主宰. 故其於天下萬事運神智行神變, 大亦先天方圓圖, 小亦先天方圓圖, 精亦先天方圓圖, 粗亦先天方圓圖, 況於立曆度大事乎. 今觀先天, 圓圖, 明有立二極黃赤之象, 其方圖, 明有立句股測望之象.

466 『先天四演』, 「方圓言箋6」: 唯曆與易, 相爲表裏, 言曆則易可知也.

467 『先句齋』, 「序」: 包犧立天度, 亦豈有他法哉. 卽先天易是也. ……孔子曰 聖人範圍天地之化而不過, 蓋言乎此也.

468 『先天四演』, 「方圓象箋3」: 伏犧仰觀天行, 俯察日景, 驗之於圓圖之象與數, 以定二極赤道, 則天凡九重. 其第九重, 至靜不動, 以包其內八重, 爲之範圍.

469 『保晩齋集』, 卷 16, 「蠡測」: 三代盛時, 雖媍孺卒隷, 亦莫不學習天文, 七月流火, 農夫之辭也. 三星在天, 婦人之詠也. 月離於畢, 戍卒之作也. 非其平日口傳心授見聞習熟. 尙安能綠情率意. 發於言形於詩哉.

470 『髀禮準』 上篇, 「序」: 周衰, 疇人, 知中原將亂, 多逃之外國, 浸浸至秦, 焚書設禁, 則二書皆隱於民間.

471 『先句齋』, 「日躔齋」: 大抵此等之理, 孔子諸子以其所聞於師者, 私相傳說, 而聰睿者其傳不僞, 魯鈍者其傳多爽.

472 『髀禮準』 上篇, 「序」: 漢中葉, 二書復出, 然於周禮則以爲周公之書, 而列之六經, 有疏有註, 乃若周髀, 始爲滎方陳子之徒所亂, 終又爲蔡邕考驗天象, 多所違失之言所蔽, 世不復知周髀爲周公之書者.

473 『先句齋』, 「序」: 故中國之爲先天者, 指其圓曰此象天也, 方曰此象地也. 其於天地相衡, 日月之交運, 五星之留伏進退, 則茫然無所關涉.

474 『髀禮準』 上篇, 「序」: 漢初諸儒, 雖司馬遷之宏博, 亦未之得見 其爲天官書.

475 위와 같은 책, 같은 곳: 周衰, 疇人知中原將亂, 多逃之外國, ……至明季, 句股數法, 自西國流入中國, 推測躔度, 錯錯相符, 以至日月交食, 無所差謬, 其法一以周髀爲主, 而赤道黃道之名, 密合漢臺之銅儀, 晝夜節氣之差, 密合堯典之宅四, 嵩高天頂之稱, 密合水經土中之說, 地圓裏差之理, 密合戴禮曾子之言……是必疇人挾周髀之西國, 傳其法術, 無疑也.

476 위와 같은 책, 같은 곳: 歷唐虞夏商, 至於周公與商高, 論句股法術, 命史官記其問答, 以爲周髀之書, 又因周髀之書, 測天文正官制, 以爲周禮之書, 而天文遂大明於世.

477 임종태 앞의 논문, 27쪽 참조.

478 건가학파乾嘉學派는 고염무顧炎武(1613 ~ 1682)의 학풍을 이어 온 염약거, 호위, 모기령 등의 학자들로, "실사구시實事求是, 무징불신無徵不信"의 입장을 견지하면서, 경학에서 소학, 음운, 천

문, 사학, 수리, 지리, 전장제도, 금석, 교감, 편집 등 다양한 학문분야에서 고증학적 입장을 견지한다. 이들의 학문은 청대 건가 연간에 전성기를 이루는데, 이러한 이유로 건가학파라고 불린다.

479 周瀚光, 王貽梁, 『發明的國度中國科技史』, 상해:화동사범대학출판사, 2001, 199쪽 참조.

480 임종태 앞의 논문, 24~25쪽 참조.

481 『乾坤體義』, 「天地渾儀說」: 地與海, 本是圓形而合 爲一球, 居天球之中, 誠如鷄子黃在青內, 有謂地 爲方者, 語其德靜而不移之性, 非語其形體也.

482 가령 『진서晉書』 등에서 혼천설을 이야기할 때, 천지의 체상體狀을 계란의 노른자의 비유로 사용한 것(天地之體狀 如鳥卵, 天包地外猶殼之裹黃也. 周旋無端, 其形渾渾然, 故曰渾天也)이 그 예이다. 『진서』 이후 혼천설을 이야기할 때 늘상 계란 노른자의 비유가 등장한다.

483 이에 해당하는 대표적인 예가 『주비산경』의 '천원지방'에 대한 조상趙爽의 주석일 것이다. 조상은 천원지방은 하늘이 둥근 것과 땅이 네모진 것은 실제 천지의 모양이 아니며, 하늘을 끝까지 볼 수 없고 땅은 모조리 볼 수 없어서 네모나다거나 둥글다고 정할 수 없다고 본다. 다만 그 속성으로 그렇게 분류하고 수적으로 짝수홀수를 배치한 것이며, 음양으로 짝한 것이라고 본다.(物有圓方, 數有奇耦, 天動爲圓, 其數奇, 地靜爲方, 其數耦, 此配陰陽之義, 非寔天地之體也. 天不可窮而見, 地不可盡而觀, 豈能定其圓方乎.)

484 『曆算全書』, 「論今法於西曆有去取之故」: 所以必用西法者, 以其測算之精而已.

485 위와 같은 책 권4, 「論西曆源流本出中土卽周髀之學」: 今攷西洋曆所言寒暖五帶之說, 與周髀七衡吻合, 豈非舊有其法歟, 且夫北極之下, 以半年爲晝, 半年爲夜, 赤道之下, 五穀一歲再熟, 必非憑臆鑿空.

486 위와 같은 책 권4, 「論中土曆法得傳入西國之由」: 太史公言幽厲之時, 疇人子弟分散, 或在諸夏, 或在四裔, 蓋避亂逃咎, 不憚遠涉.

487 임종태 앞의 논문, 20~22쪽 참조.

488 『曆算全書』 권4, 「論中土曆法得傳入西國之由」: 堯典言乃命羲和欽若昊天曆象日月星辰敬授人時此天子日官在都城者蓋其伯也. 又命其仲叔分宅四方, 以測二分二至之日景, 即測裏差之法也. 羲仲宅嵎夷曰暘穀, 即今登萊海隅之地, 羲叔宅南交則交趾國也. 此東南二處, 皆濱大海. 故以爲限, 又和叔宅朔方曰幽都 今口外朔方地也 地極冷冬至於此, 測日短之景不可更北, 故即以爲限. 獨和仲宅西曰昧穀, 但言西而不限以地者, 其地既無大海之阻, 又自東而西, 氣候略同, 內地無極北嚴凝之畏, 當是時唐虞之聲教四訖, 和仲既奉帝命測驗, 可以西則更西遠人慕德景從, 或有得其一言之指授一事之留傳, 亦即有以開其知覺之路而彼中穎出之人從而擬議之以成其變化固宜有之.

489 위와 같은 책, 같은 곳: 問歐羅巴在數萬裏外, 古曆法何以得流通至彼. 曰太史公言幽厲之時, 疇人子弟分散, 或在諸夏或在四裔, 蓋避亂逃咎不憚遠涉殊方, 固有挾其書器而長征者矣. 然遠國之能言曆術者多在西域則亦有故.

490 위와 같은 책 권5, 「論太陽過宮」: 攷其曆法, 則回回泰西大同小異, 而皆本於蓋天

491 위와 같은 책 권4, 「論蓋天之學流傳西土不止歐邏巴」: 回回, 既與佛教分, 而西洋人精於算, 復從回曆加精. 故又別立耶蘇之教, 以別於回回, 要皆蓋天周髀之學, 流傳西土, 而得之有全有缺, 治之者有精有粗, 然其根則一也./ 위와 같은 책 권5, 「再論恒氣定氣」: 有回回歷, 歐邏巴又從回歷加精.

492 『尚書』, 「堯典」: 西謂西極之地也. 曰昧穀者, 以日所入而名也.

493 『曆算全書』 권1, 「論回回歷與西洋同異」: 回回歷與歐羅巴, 同源異派, 而疎密殊.

494 위와 같은 책 권1, 「論中西二法之同」: 今之用新曆也, 乃兼用其長, 以補舊法之未備, 非盡廢古法而從新術也. 夫西曆之同乎中法者, 不止一端. 其言日五星之㝡高加減也. 卽中法之盈縮曆也. 在太陰則遲疾曆

也. 其言五星之歲輪也, 卽中法之段目也, 其言恒星東行也, 卽中法之歲差也. 其言節氣之以日躔過宮也, 卽中法之定氣也. 其言各省直節氣不同也, 卽中法之裏差也. 但中法言盈縮遲疾, 而西說以最高最卑明其故. 中法言段目, 而西說以歲輪明其故, 中法言歲差, 而西說以恒星東行明其故, 是則中曆所著者, 當然之運, 而西曆所推者, 其所以然之原.

495 위와 같은 책, 같은 곳: 西曆始有者, 則五星之緯度也. 中曆言緯度, 惟太陽太陰有之, 而五星則未有及之者. ……是則中曆缺陷之大段, 得西法以補其未備矣.

496 위와 같은 책, 같은 곳: 「論今法於西曆有去取之故」: 所以必用西法者, 以其測算之精而已, 非好其異也. 故凡冣高卑加減黃道經緯之屬, 皆其測算之根而不得不用者也.

497 『先天四演』, 「方圓象箋7」: 世或言包犧作旋蓋, 黃帝作蓋天, 顓頊作渾天, 然以周髀經考之, 包犧實作蓋天.

498 청몽기차에 대한 과학적 설명과 그 논리에 대한 함의를 분석한 것은 박권수 앞의 논문에 따른다. 박권수는 그의 논문 22쪽에서 청몽기차에 대한 과학적 설명을 하고 있으며, 54~56쪽에서 이에 대한 함의를 상세하게 논하고 있다.

499 『先句齋』, 「日躔齋」: 此理精微, 與地圓一致, 從古聖人, 必無不言之理矣. 今考列子, 載兩小兒所言, 日初出大如車蓋, 及日中如盤盂, 日初出滄滄涼涼, 及日中如探湯者, 已開第穀之端倪.

500 『列子』, 「湯問」 第五: 孔子東遊, 見兩小兒辯. 問其故, 一兒曰:"我以日始出時去人近, 而日中時遠也." 一兒以日初出遠, 而日中時近也. 一兒曰:"日初出大如車蓋,及日中, 則如盤盂, 此不爲遠者小而近者大乎?" 一兒曰:"日初出滄滄涼涼, 及其日中, 如探湯, 此不爲近者熱而遠者涼乎?" 孔子不能決也. 兩小兒笑曰: "孰爲汝多知乎?"

501 『先句齋』, 「序」: 是先天, 卽句股之體也. 句股, 又先天之用也. 用雖萬變, 終不能舍體以爲用. 故三代盛時, 爲句股者, 必以先天兩生四, 四生八之象, 文之於句股之數術, 經緯相乘, 錯綜相發, 於是句股得先天, 而其用益妙, 先天得句股, 而其體益顯, 蓋其相須者也.

502 서명응이 구고의 수법을 「하도」로부터 연역하는 것은 당시 중국 지식인들과 일맥상통하는 측면이 있다. 서양의 기하학과 중국 전통의 수학을 결합해 53권이나 되는 엄청난 양으로 정리한 『수리정온數理精蘊』의 「수리본원편數理本原篇」에서 덧셈과 뺄셈에 해당하는 수학적 풀이들은 모두 「하도」에서 나왔고, 곱셈과 나눗셈에 관한 수학적 계산은 모두 「낙서」에서 기인한 것[溯其本原, 加減實出於河圖, 乘除殆出於洛書]이라고 이해한다. 이는 중국의 지식인들이 서양의 수학과 천문학을 총화하여 작성한 『수리정온』의 인식과 서명응의 인식이 맥락에서는 같음을 보여준다.

503 『先句齋』, 「序」: 先句齋者, 何謂也. 以先天之象而齋句股之法, 又以句股之法而齋七政之行, 則其齋者 益齋, 是以謂之齋也.

504 『髀禮準』 上篇, 「序」: 夫禮失而求諸野, 從古則有, 明知爲古聖遺法, 斯取之矣. 豈以其出自外國而爲嫌哉.

505 노대환에 따르면, 1766년 경 황윤석이 서명응을 만났고, 서명응이 서법중국원류설을 전해주었다고 밝히고 있다. 노대환은 조선에서 '서학중국원류설'이 전개되는 과정을 잘 정리하고 있는데, 그가 거론하는 대표적인 인물로는 서명응, 황윤석, 홍양호, 이헌경 등이다(노대환, 「조선후기의 서양 과학 유입과 서기수용론」, 『진단학보』 83, 1997, 146쪽 참조).

506 서양 과학의 전래와 동시에 중국지식인들의 관심이 『주비산경』에 집중된 것은 『주비산경』의 개천설이 티코 브라헤의 천체구조론 이전의 서양 천문학적 구조와 유사했기 때문이다. 『주비산경』 속에 개천설이 역사적으로 주목을 받은 경우는 서양 과학의 전래와 관련한 것을 제외하고는 6세기 초 양무제가 천체를 관찰하여 천지의天地義를 정하라고 했을 때, 개천설과 결합한 논리로 혼천설을 배척한 경우가 있었다(陳遵嬀, 『中國天文學史』, 상해: 上海人民出版社,

2006, 1315쪽 참조).

507 『曆算全書』, 「論西曆源流本出中土即周髀之學」: 今攷西洋曆所言寒暖五帶之說, 與周髀七衡脗合, 豈非舊有其法歟. 且夫北極之下, 以半年爲晝, 半年爲夜, 赤道之下, 五穀一歲再熟, 必非憑臆鑿空而能爲此言, 夫有所受之矣.

508 『周髀算經』 卷下之一: 凡日月運行四極之道 … 故日運行處極北, 北方日中南方夜半, 日在極東, 東方日中西方夜半, 日在極南, 南方日中北方夜半, 日在極西, 西方日中東方夜半. 凡此四方者, 天地四極四和.

509 위와 같은 책, 같은 곳: 天象蓋笠, 地法覆槃.

510 위와 같은 책, 같은 곳: 極下不生萬物. … 北極左右, 夏有不釋之氷 … 中衡左右, 冬有不死之草, 夏長之類. … 五穀一歲再熟.

511 『周髀算經』 卷上之一: 環矩以爲圓, 合矩以爲方, 方屬地圓屬天, 天圓地方, 方數爲典, 以方出圓.

512 『周禮』, 冬官考工記: 軫之方也, 以象地也. 蓋之圜也, 以象天也.

513 『大戴禮/天員篇』: 單居離問於曾子曰 天圓而地方者, 誠有之乎. 曾子曰 離而聞之雲乎. 單居離曰 弟子不察, 以此敢問也. 曾子曰 天之所生上首, 地之所生下首, 人首圓足方, 繫之天地, 上首之謂圓, 下首之謂方, 如誠天圓而地方, 則是四角之不揜也. 且來吾語汝, 參嘗聞之夫子, 曰天道曰圓, 地道曰方.

514 주511)에 대한 趙爽의 주석: 物有圓方, 數有奇耦, 天動 爲圓, 其數奇, 地靜 爲方, 其數耦, 此配陰陽之義, 非寔天地之體也. 天不可窮而見, 地不可盡而觀, 豈能定其圓方乎.

515 陳遵嬀 저, 『中國天文學史』, 상해: 上海人民出版社, 2006, 1307쪽 참조.

516 임종태 앞의 논문, 15쪽 참조.

517 임종태 앞의 논문 같은 곳 참조.

518 개천설과 혼천설의 논쟁과 그로부터 입체개천설의 탄생 과정에 대해서는 아마다 케이지 저, 김석근 옮김의 『주자의 自然學』, 서울:통나무, 1992, 35~40쪽을 참조하라.

519 『曆算全書』, 「論西曆源流本出中土即周髀之學」: 渾天與蓋天, 原爲兩家, 豈得同歟, 曰蓋天, 卽渾天也. 其雲兩家者, 傳聞誤耳. 天體渾圓, 故惟渾天像爲能惟肖然欲詳求其測算之事, 必寫記於平面, 是爲蓋天, 故渾天如塑像, 蓋天如繪像, 總一天也, 總一周天之度也, 豈得有二法哉.

520 『髀禮準』, 「周髀算經解」: 周髀經文, 凡二百六十三字, 舊本以榮方陳子問答, 釋經之語, 聯綴經文, 混淆難辨, 今特表出經文, 使不雜於傳文.

521 위와 같은 책, 「數法準」: 周髀者, 周學六藝數科之文也. 何則, 周禮大司徒以鄉三物教萬民, ……禮樂射禦書數.

522 위와 같은 책, 같은 곳: 自周末, 疇人子弟挾數書, 分散外夷, 幸有周髀經一篇, 留在中國, 然諸儒茫然不知爲何語, 蔡邕徒見經中有笠寫天之文, 疑其爲儀器之書, 與宣夜渾天等儀器, 列之爲三. 太史公張橫渠未詳句股之數天文具焉, 而又疑夫子不以天文語顔閔, 夫旣曰身通六藝, 則是於教六藝之時, 已教天文矣.

523 『周髀算經』: 請問 古者包羲立周天曆度, 夫天不可階而升, 地不可將尺寸而度.

524 위와 같은 책, 같은 곳: 數之法, 出於圓方.

525 『先句齋』, 「序」: 西國之爲句股者, 指其偃曰比例幾何, 平曰準度幾何.

526 『髀禮準』, 「周髀算經解」: 此測對之法, 平立其矩, 使矩之角直, 復自一股引繩, 以度其分, 則此分爲我所知. 故以所知比例於所不知, 可得測度之準也.……此測高之法, 偃仰也. 以矩之一股, 植立在前, 一股定平在下, 然後比例測之, 蓋平高與立股之比, 則所知之.

527 삼각법은 점 O를 기준점으로 삼아, X축과 Y축을 직각이 되게 그리고, 그 사이에 사선을 그어 한 점 p를 지정한 뒤, 이를 좌표 p(x,y)로 설정한다. 그리고 p로부터 X축에 선을 그어 내려 이

를 x로, Y축에 선을 그어 이를 y로 삼는다. 그리고 점 O에서 점 p에 이르는 선분을 r이라고 한다. 그러면 xop 사이의 각 α를 기준으로 정현, 여현, 정접의 비가 형성된다. 이로부터 삼각법의 다양한 계산식이 가능하다.

528 이는 웅삼발熊三拔이 편찬한 『표도설表度說』의 내용과 기본적으로 같은 것이다.

529 『주비산경』 卷上之二에 영방과 진자의 대화에서 해의 높이와 크기, 빛이 비치는 범위 등에 대해 대화를 나누고, 이를 계산하는 법을 설명한 내용이 일측법에 해당한다. 이 계산에서도 삼각법을 사용해 비례식으로 값을 얻는다.

530 야마다 케이지 지음, 박성환 옮김, 『중국과학의 사상적 풍토』, 서울:전파과학사, 1994, 12~17쪽 참조.

531 강희제에게 기하학을 강의한 선교사는 남회인南懷仁(Ferdinard Verbiest)이다. 그는 『수리정온』을 만들 때, 주도적으로 참여한다. 『수리정온』은 총 53권으로 1723년에 완성되었다. 주된 내용은 대수학과 삼각법에 관한 내용이다. 이에 관한 내용은 『수학대사전』, 서울:한국사전연구사, 1995, 중국의 수학조를 참조하라.

532 해석기하학을 창시한 사람은 Descartes이다. 그는 공간상에 좌표계를 설정하고, 이를 대수식으로 적용해 풀이한다. 이로부터 해석기하학이 탄생한다. 그의 『성찰』의 부록 1에는 그가 이성의 훈련을 위해 기하학을 공부하였다는 점을 보여준다. 그 결과 현재 우리가 사용하는 이차방정식($aX^2+bX=c$)과 해석기하학의 표준식을 완성한다.

533 『髀禮準』, 「周髀算經解」: 其制八線也. 合句股方數之弧角八法, 以成八線.

534 위와 같은 책, 같은 곳: 圓方, 卽包犧所作先天方圓圖. 曰方圓者, 起於中也. 曰圓方者, 先其大也. 言推測天地之數法, 出於方圓圖. 蓋包犧旣作方圓圖, 凡立象制器, 大亦方圓圖, 小亦方圓圖, 遠亦方圓圖, 近亦方圓圖也.

535 『先句齋』, 「序」: 今觀先天方圖, 明有立二極黃赤之象, 其方圓, 明有立句股測望之象.

536 『髀禮準』, 「周髀算經解」: 圓圖象天, 方圖象地, 然圖皆從中起, 萬化萬事, 生於心也. 故測天就地起數, 測圓就方起數, 皆從中起也.

537 위와 같은 책, 같은 곳: 凡度圓形, 屢切其外邊, 以爲正方形, 然後始得圓體者, 圓出於方也.

538 위와 같은 책, 같은 곳: 天道圓, 圓者, 其數奇, 而輪流不停, 荒無際涯. 地道方, 方者, 其數偶, 而典則有常, 一定不易. 故測天者, 恒於地上度之. 測圓者, 以徑自乘爲正方形. 而以方率圓率比例推之, 卽得圓積, 皆以典常之方, 度其輪流之圓也. 是以八線之圓數, 亦必以句股之弧角直角斜角, 多割其圓, 然後推之, 則句股又所以出線也.

539 『先句齋』, 「序」: 以先天之象而齊句股之法, 又以句股之法而齊七政之行.

540 『尙書逸旨』, 「堯典命羲和四」: 今西洋諸國曆學, 至爲精密, 一以周髀爲本.

541 위와 같은 책, 「序例總序」: 宇宙載籍, 惟易卦尙書, 爲邃古之書.

542 『髀禮準』, 「周髀算經解」: 句股之數, 必得儀象, 可以推測. 故伏羲作句股, 並製蓋天儀, 相待以用也.

543 『尙書逸旨』, 「舜典璇機玉衡四」: 古法之存於後者, 多矣. 惟後人之知, 不及古人. 故不能發揮用之, 非法之無也. 蔡邕以爲古之言天者, 有渾天蓋天宣夜周髀, 而宣夜絶無師說, 蓋天術數具存, 考驗天象多所違失, 然今所傳蓋天, 爲器精妙, 天體之運行, 日月之遲疾, 五緯之留伏, 更漏之刻分, 一測可得不差毫釐. 未知邕所稱違失者, 果何指也. 至於周髀, 乃蓋天之數, 蓋天爲周髀之器, 而邕又混稱於渾天蓋天宣夜之列, 其意似若以周髀亦爲觀天之器者然, 甚矣. 邕之謬乎.

544 『保晩齋集』卷7, 「新法渾天圖序」: 圖起於象, 象明, 則圖明矣. 圖凡有二, 象亦有二, 堯典之曆象, 卽渾天象也, 而以天度中闊南北狹, 一惟圓鐘. 故圓鐘其形, 寫日月星辰於表. …周髀經之笠以寫天, 卽蓋天象也,而日月星辰, 在天之裏, 人中處仰之. ……二者雖同出於古, 然以象測天, 則渾天蓋天一也.

545『先句齋』,「黃赤齋」: 包犧立天度, 亦豈有他法哉. 卽先天易是也. 先天易, 太極生兩儀. 故中分渾圓之一, 而生兩儀, 而無窮之造化, 皆由此出. 孔子曰聖人範圍天地之化而不過, 蓋言乎此也.

546 위와 같은 책, 같은 곳: 恒星天, 北南二極, …太陽天, 北南兩黃極…古者包犧氏之立周天曆度也. 以天地萬化, 皆起於中, 於是中分二天, 立爲二道, 而萬世曆象家, 莫不宗焉.

547『尙書逸旨』,「洪範七稽疑三十」: 河圖, 體圓而用方.

548 박권수는 이와 관련해, 서명응이 서양 천문학 지식을 충분히 습득하였다고 본다. 또한 서명응은 지원설을 공간적으로도 완전히 이해하였다고 본다. 그러면서 박권수는 서명응의 글에서 지원리차와 동서에 이르는 자오선 등을 근거로 들고 있다. 박권수 앞의 논문, 17~18쪽 참조.

549『先天四演』,「方圓象箋7」: 世或言包犧作旋蓋, 黃帝作蓋天, 顓頊作渾天, 然以周髀經考之, 包犧實作蓋天.

550『先句齋』,「日躔齋」: 戴德得地圓之眞傳而記之, 故其言不差. 列禦寇半得半失, 自求其理, 終不能曉解, 則遂以荒唐之說, 敢侮聖人. 其意以爲雖聖人, 亦難答此問也.

551『周髀算經』,「周髀算經序」: 因周髀之書, 測天文, 正官制以爲周禮之書.

552『尙書逸旨』,「禹貢五服九」: 禹之治水, 以數則用句股弦, 以器則用玉衡璿璣矣. 何以知其然哉. 以五服皆五百裏而知之也. 夫五百裏者, 兩其二百五十裏也. 二百五十裏者, 又北極出地一度之差也. 天數奇地數偶, 故必兩其二百五十裏, 以爲各服幅圓之等及, 其合五服之裏, 爲二千五百裏, 則是亦二百五十裏之成數也.

553 위와 같은 책, 같은 곳: 且有人南行二百五十裏, 則北極低一度, 南星高一度, 北行二百五十裏, 則南星高一度, 北極低一度. 由是一遵蓋天周髀之說, 以地體爲至圓, 而由東至西隨地定子午線. 凡節氣時刻, 在東者加四分在西者減四分, 晝夜亦然, 錯錯相符, 行之屢年, 無毫釐差誤. 由是觀之, 地圓庸詎非眞至不易之理乎.

554『先天四演』,「方圓象箋7」: 今西曆推日食方位, 明知四隅初無四角之蔽.

555 니콜라우스 코페르니쿠스 지음, 민영기/최원재 옮김,『천체의 회전에 관하여』, 서울: 서해문집, 1998, 24~25쪽 참조.

556『先句齊』,「象限齊」: 其地球之三百六十度, 每地二百五十裏當天一度, 通爲九萬裏者.

557 박권수는 지구반경을 9만리로 보고, 250리를 1도로 계산하면, 지원리차의 내용을 얻을 수 있다고 본다. 그러나 필자의 생각으로는 이러한 내용을 서명응 스스로 계산한 것이 아니라 서양 과학서의 내용을 가져와「우공」의 내용과 결합한 것으로 본다. 이에 관해서는 박권수 앞의 논문 21쪽 참조.

558 '철학함(Philosopiren)'이라는 태도에서 보자면, 기존의 철학을 비판적으로 성찰하고 재해석하면서 새로운 철학을 제시하는 것이 철학함이라고 볼 수 있다. 이는 'critic'이라는 말의 라틴어적 의미가 '어깨 위에 올라섬'이라는 것과 맥을 같이한다. 어깨가 되는 기존의 철학을 비판하면서 새로운 철학을 제시한다는 점에서, 철학의 발전은 늘상 비판적 재해석의 과정이었다. 이러한 점에서 서명응의 비판과 재해석은 기존 지식을 묵수하는 것이 아니라 발전적인 재해석으로 이해할 수 있다.

559『先天四演』,「方圓象箋7」: 然儒家每蔽於內圖方位之易置, 常以地圓之理爲疑殊不知地圓之理, 已昭示於河圖中五. 河圖中五縱橫成三, 窿然地圓, 使其外四點皆指四正, 而並無一點爲角於四隅. 嗚呼. 此其所以示人地體之圓, 本自如此, 而欲使內圖依此法鋪置也.

560 위와 같은 책, 같은 곳: 故內圖位置, 今但以河圖中五正之, 則八純中軸, 正貫於南北. 八偶中衡, 正貫於東西. 與外圖陰陽, 一一相衡, 已中衡以上十六坤, 自成覆甌之象. 中衡以下十六乾, 自成仰釜之象. 其形以漸斜低, 窿然至圓, 一似河圖中五之象.

561 『緯史』, 「先天五帶全體圖」: 包犧氏旣成方圓二圖, 以擬天包地外之象, 於是黙觀乎方圖之位置, 則八純卦爲南北之軸, 八偶卦爲東西之衡, 一緯一經十字上交, 乃生四角, 外指四正, 自然密合於河圖中五之外四點, 皆指四正之象. 是以一循河圖中五之位置, 布方圖於原圖之內, 蓋河圖中五, 乃天所以啓佑包犧氏之聖智者, 則實亦包犧之師承也.

562 『先句齋』, 「序」: 包犧氏以句股立曆度, 而包犧聖學, 乃其主宰. 故其於天下萬事, 運神智行神變, 大亦先天方圓圖, 小亦先天方圓圖, 精亦先天方圓圖, 粗亦先天方圓圖, 況於立曆度大事乎. …… 是先天, 卽句股之體也. 句股, 又先天之用也. 用雖萬變, 終不能舍體以爲用. 故三代盛時, 爲句股者, 必以先天兩生四, 四生八之象, 文之於句股之數術, 經緯相乘, 錯綜相發, 於是句股得先天, 而其用益妙, 先天得句股, 而其體益顯, 蓋其相須者也.

563 『先天四演』, 「方圓數箋2」: 以乾坤坎離, 在天爲北南二極爲赤黃二道, 在時爲冬夏二至爲春秋二分, 在人爲氣精二用爲魂魄二物, 魂魄氣精, 覆冒千萬變之陰陽, 二分二至, 覆冒千萬化之陰陽, 二道二極覆冒萬千運之陰陽.

564 『髀禮準』, 「下規準」: 蓋北極之星五者, 河圖中宮天五之數也. 南極之星十五者, 河圖中宮之十含天五之數也,

565 『九章算術』, 「序」: 昔在庖犧氏始畫八卦, 以通神明之德, 以類萬物之情, 作九九之數, 以合六爻之變. 暨於黃帝, 神而化之, 引而伸之, 於是建曆紀, 協律呂, 用稽道原, 然後兩儀四象精微之氣, 可得而效焉. … 往者暴秦焚書, 經術散壞.

566 이러한 점이 서명응과 중국학자들과의 차이점이다. 가령 『수리정온數理精蘊』의 수리본원편數理本原篇에서는 '수학의 본원을 거슬러 올라가면 가멸加減은 하도河圖에서 나오고, 승제乘除는 낙서洛書에서 나온다[溯其本原, 加減實出於河圖, 乘除殆出於洛書]'라고 하는 데, 반해 서명응은 「복희64괘방원도」에서 근거를 찾고 있기 때문이다.

567 『緯史』: 中純八八含外圖一一爲九, 故二極不動, 中衡八一自相偶爲九. 故二規行化.

568 위와 같은 책, 같은 곳: 外十六坤, 十六乾, 象黃赤二規之匡郭, 內三十六卦, 應二規以內之三十六度.

569 위와 같은 책, 같은 곳: 句股之法 黃赤地平大小雖不同, 皆分爲三百六十度者 圖函三爲一之象也.

570 위와 같은 책, 같은 곳: 地平極, 天頂也. 法於地平上, 側立孤線, 湊會天頂, 成一點. 故天頂, 地平極一也.

571 특히 홍대용의 『주해수용』 내편 하에서 이에 관해 잘 정리하고 있다. 홍대용은 수학적 계산에 대해서는 상세하게 설명하지 않지만, 수학적 개념에 대해서는 매우 잘 정리하고 있다.

572 『緯史』: 句股測量之後, 又必以四率比例, 求其實數者.

573 이에 관한 상세한 설명은 한영호, 「서양 기하학의 조선 전래와 홍대용의 『주해수용』」, 『역사학보』 170, 71쪽 참조.

574 『周髀算經』: 天文算法類一, 提要, 西法多出於周髀, 此皆顯證特後來, 測驗增修, 愈推愈密耳. 明史曆志謂堯時宅西居昧穀疇人子弟, 散入遐方因而傳 爲西法者, 固有由矣.

575 『緯史』, 「起例第一」: 自伏犧氏作先天圖, 以生周髀數法, 而歷神農皇帝, 至於堯舜禹, 更相授受, 上以度天, 下以度地, 中以流乎人事.

576 위와 같은 책, 「선천오대전체도先天五帶全體圖」 참조. 서명응은 『위사』라는 저서에서 '선천오대전체도'라는 그림을 그리고 선천의 방원도와 관련지어 오대주의 기후에 관한 설명을 붙이고 있다.

577 서명응은 『상서일지尙書逸旨』를 통해서 천문과 그것을 관측하는 기구들에 관한 기록들이 사라졌다고 주장하고, 그것들에 관한 내용을 중심으로 『상서일지』를 구성하고 있는데, 이는 주자와 채계통의 시대에는 아직 서양 과학이 들어오지 않아 이러한 문제의식이 일어나지 않았을

것이라고 추측하기도 한다.(唯是上古曆象之法, 至精至妙, 以數則有周髀句股, 以器則有蓋天渾天機衡圭表, 而皆逸於戰國, 至明季乃出, 故朱門講說, 自天人性命, 以至異端繁事, 蓋無不語及, 而獨於六者之法, 一不概見者, 誠以法與理殊, 理可以觸類伸長, 法雖亞聖大賢, 旣不得其端倪, 則無以叩發神知也.—『尙書逸旨』序)

578『周郫算經』: 周公問於商高曰 古者包犧立周天度數, 數從安出, 商高曰 數之法, 出於圓方, 圓出於方, 方出於矩, 矩出於九九八十一.

579『髀禮準』, 序: 數者象之節度, 象者數之體段, 故不明乎象, 無以盡其數. 治周髀者, 惡能知周禮乃天象之書哉.

580 위와 같은 책, 같은 곳: 若使恒星七曜同在一重, 無高卑之殊軌, 則相遇之時, 必觸撞破碎, 久然後復如之何其掩食而過, 其形自如乎, 此所謂必然之象. ……皇道赤道出入, 而節氣生焉, 太陽與太陰循環, 而朔望盈虛生焉 ……此所謂必然之數也.

581『保晩齋集』卷 16,「蠡測」: 朱子曰 人常說九重分九處爲號, 非也. 只是旋有九耳.

582 시마다겐지, 김석근,『주자의 자연학』, 서울:통나무, 1991, 146~147쪽 참조.

583『保晩齋集』卷 16,「蠡測」: 天有九重, 其第九重, 至靜不動, 以第八重則恒星之所離也.

584 위와 같은 책, 같은 곳: 天凡九重, 其第九重, 至靜不動, 而第八重則恒星之所麗也. 第七重則土星之所麗也. 第六重則木星之所麗也. 第五重則火星之所麗也. 第四重則太陽之所麗也. 第三重則金星之所麗 也. 第二重則水星之所麗也. 第一重則太陰之所麗也. 八重各自旋轉, 有遲有速, 而貫之以北南二極, 對待兩端, 外依於至靜不動之體, 如輪之有軸, 如磑之有臍, 如戶之有樞. 戶開闔而不虧, 以其有樞故也. 磑旋磨而不移, 以其有臍故也. 輪流行而不跌, 以其有軸故也. 天之八重, 循環不停, 萬古常然者, 亦以其北南二極, 對待兩端, 外有依故也.

585 위와 같은 책, 上篇: 恒星與永靜相較, 而歲差生焉, 太陽與恒星相會, 而歲實生焉, 黃道與赤道出入, 而節氣生焉, 太陽與太陰循環而朔望盈虛生焉, 黃道與白道交錯, 而薄蝕生焉, 五星與太陽離合, 而遲疾順逆生焉. ……西國人於靜天之下, 設宗動天. 東西歲差天, 南北歲差天 旋以無益術數而去之.

586 위와 같은 책, 같은 편: 蓋九重天, 乃犧黃立曆度時, 因先天坤八得乾一爲九之數, 灼知八重外依靜天而特設此象. 豈後人所可增損哉.

587 위와 같은 책, 같은 편: 楚辭曰 圜則九重, 孰營度之. 朱子曰 人常說九重分九處爲號. 非也. 只是旋有九耳. 屈子去古未遠. 其說必有所受. 朱子析理精深. 其說必有所據. 嗚呼. 其不信矣乎. 所謂有文以可徵者然也.

588 위와 같은 책, 같은 편: 凡爲掩食者, 必在下者掩之食之, 在上者爲所掩所食. 故月掩日食者, 以日在上月在下也. 月掩五星食者, 以五星在上月在下也. 月五星掩恒星食者, 以恒星在上月五星在下也. 五星又自相掩食者, 以五星各有上有下也. 若使恒星日月五星, 同在一重, 無高卑之殊軌,則相遇之時, 必觸撞破碎, 久然後復. 如之何其掩食而過, 其形自如乎. 所謂有象以可驗者然也.

589 위와 같은 책, 같은 편: 星曆家先度地面地心. 然後從地面測之, 則太陰去地心四十八萬二千五百二十二裏有餘. 水星去地心九十一萬八千七百五十裏有餘. 金星去地心二百四十萬六百八十一裏有餘, 太陽去地心一千六百五萬五千六百十裏有餘, 火星去地二千七百四十一萬二千六百裏有餘. 木星去地一萬二千六百七十六萬九千五百八十四裏有餘. 土星去地二萬五百七十七萬五百六十四裏有餘. 經星去地三萬二千二百七十六萬九千八百四十五裏有餘. 自太陽以上去地絕遠, 其頫視於地, 特一點爾. 地面地心, 無甚相遠. 故不必自地心起數. 至若金水太陰, 去地不遠, 必須自地心起數, 所謂有數以可憑者然也. 嗚呼, 是豈懸空揣摸, 無所稽之言乎. 天之九重, 知其信然矣夫.

590『保晩齋集』卷 16,「蠡測」: 九重天之說, 何以信其必然乎. 爲其有文以可徵也, 爲其有象以可驗也, 爲其有數以可憑也.

591 위와 같은 책, 같은 곳: 穹窿圓崇, 係日月星辰之象者, 形體之天. 升降上下, 爲春夏秋冬之序者, 流行之

天也. 形體之天, 如血肉之心, 流行之天, 如神明之心. 神明之心, 儒者所道. 血肉之心, 醫者所尙, 故從古聖賢所言, 六經所載者, 多是流行之天, 而其形體之天則曆象家專習之.

592 중국에서는 매문정을 비롯한 황종희, 방이지, 대진 등을 들 수 있다. 江曉原 등 저, 『天文西法東漸集』, 上海書店出版社, 2001, 375쪽 참조.

593 료명춘 앞의 책, 636쪽 참조.

594 까오 화이민 저, 신하령, 김태완 공역, 『상수역학』, 서울:신지서원, 1994, 27쪽 참조.

595 『易學二十四圖解』, 「易學二十四圖總解」(한국경학자료집성, 역경10, 성균관대학교, 대동문화연구원)

596 『先天四演』, 「方圓象箋6」: 沈括梅文鼎輩不知此理, 筆談則以爲斗建亦有歲差, 正月之建寅者, 今建於醜. 曆算全書則又以斗建, 未能一一盡合於本月之方位, 而疑古聖設此法.

597 구만옥 앞의 책, 224쪽 참조.

598 노대환 앞의 논문, 136쪽 참조.

599 민영규, '17세기 李朝學人의 地動說—金錫文의 易學二十四圖解—', 『동방학지』 16, 1975.

600 黃胤錫, 『頤齋亂稿』卷14, 「與林成滿書」: 而西洋新法, 自華而東, 爰有大穀金公, 作易學圖解二十五篇, 包幷利熊, 參合孔邵.

601 구만옥 앞의 책, 226~227쪽 참조.

602 『易學十二圖解』: 眞而精, 明而虛, 虛而精, 明而眞, 眞明而精虛, 虛明而精眞, 眞精明虛妙合爲一, 易所謂太極, 玄所謂太一, 中庸所謂性命, 大學所謂明德, 康節所發揮, 程朱之所推演.

603 위와 같은 책: 故見乎眞謂之仁, 見乎精謂之義,見乎明謂之智,見乎虛謂之禮, 於天地謂之道, 於物謂之理, 於人謂之本然之性, 於心謂之道心. 由是觀之, 仁義禮智道理性心者, 眞精明虛之體也, 眞精明虛者, 仁義禮智道理性心之體也.

604 조성산, 『조선후기 낙론계 학풍의 형성과 경세론 연구』, 고대 박사학위논문, 2003, 27~29쪽 참조.

605 노대환 앞의 논문, 146쪽 참조.

606 노대환 앞의 논문, 147쪽 참조.

607 김용헌, 「서양의 자연학과 동양의 반향」, 『동아시아에서 서양 과학 수용과 그 대응』, 한국동양철학회 제45차 학술발표회(2004.) 42쪽 참조.

608 『湛軒書』, 內集 卷1, 三經問辨, 啓蒙起疑: 河圖之圓, 無角也. 圓者星也. 非星曆紀之法不行. 故曰曆紀之數, 肇於河圖, 洛書之方, 有隅角也. 方者土也. 非土畫州之法不行. 故畫州之法, 倣於洛書. 邵朱之意, 蓋如此, 恐推之太深.

609 『湛軒書』, 內集 卷4, 補遺, 『醫山問答』: 夫吾之出世, 計以一元, 不知其爲幾千萬億, 周遊各界, 閱其凝融, 又不知其爲幾千萬億.

610 네이산 씨빈, 「왕석천과 17세기 중국에서의 서양 천문학」, 『중국 전통문화와 과학』, 서울: 창작과비평사, 1986, 67쪽 참조.

611 마테오 리치가 『건곤체의乾坤體義』에서 보여준 천체구조는 여러 개의 동심원이 층차로 구성된 체계이다. 지구가 그 중심이 되고, 중심인 지구로부터 외부로 나아가는 차례가 달, 수성, 금성, 태양, 화성, 목성, 토성, 항성으로 되어 있다. 9중천인 "종동천"은 종교적 의미의 중천이다. 그런데 이 종동천만 제거하면 아리스토텔레스의 우주론과 같다. 또한 이후에 12중천 모형을 제시하면서 '최고의 중천은 제12중천으로 천주상제가 거처하는 곳으로 영원히 고요하

여 움직이지 않으며, 이보다 큰 것이 없는 천당이라는 12중천설의 구조도 제시하는데, 이 역시 아리스토텔레스의 천체구조를 종교적으로 확대한 것이다. 江曉原, 「明淸之際中國學者對西方宇宙模型之硏究及態度」, 『天文西法東漸集』, 상해:上海書店出版社, 2001.

612 갈릴레오 갈릴레이의 『두 체계에 관한 대화』가 대표적이다. 이 책에서는 코페르니쿠스의 지동설을 주장하는 실비아티와 아리스토텔레스의 천동설을 주장하는 심플리치오를 대화 상대자로 설정해, 지구가 원운동을 한다는 주장을 펼친다.

613 씨빈의 앞의 책, 370쪽 참조.

614 박성래 편저, 『중국과학의 사상』, 서울:전파과학사, 1993. 113쪽 참조.

615 하이데거 저, 최상욱 옮김, 『세계상의 시대 Die Zeit des Weltbildes』, 서울: 서광사, 1995, 15쪽 참조.

616 조선후기 실학자들의 사상을 '근대로의 이행'이라는 관점에서 접근한 연구들은 다음과 같다. 강재언, 『조선의 서학사』, 서울:민음사, 1990, 한우근, 『성호이익연구』, 서울대출판부, 1980, 이원순, 「성호 이익의 서학세계」, 『조선서학사연구』, 서울:일지사, 1986 등이 있다.

617 노대환 앞의 논문, 145쪽 참조.

618 '정성적 과학'이란 씨빈이 중국 과학의 성격을 분류하면서 '음양과 오행, 그리고 다른 개념들의 인간적 경험의 영역에 적용되는 분야'라고 규정한 것이다. 그래서 그는 '정성적 과학'의 분야를 의학과 약재에 대한 지식, 연금술, 천문, 풍수설, 사물에 관한 물리적 지식이 여기에 해당한다고 본다. 네이산 씨빈, 「중국의 과학과 기술」, 『중국전통문화와 과학』, 서울:창작과비평사, 1986, 15쪽 참조.

619 임형택은 조선의 18세기와 19세기에 경학에 관한 연구가 활발하고, 경학사에서 가장 많은 저작이 탄생하게 된 이유로 '위기의식'을 지적한다. 당시의 위기의식은 서양 과학이 한자유교문화권의 중심부인 중국에 유입된 것과 당시의 내부적인 경장과 개혁의 요구 때문이라고 한다. 임형택, 『실사구시의 한국학』, 서울:창작과비평사, 2000, 200쪽 참조.

620 『한국문집총간해제5』, 서울:민족문화추진회. 2001. 231쪽 참조.

621 임형택, 「21세기에 다시 읽는 실학」, 2002, 대동문화연구원 동양학학술회의, 성균관대동아시아학술원.

622 김문식, 『이조후기 경학사상연구』, 서울:일조각, 1996, 83쪽 참조. 서명응의 『보만재총서』 편집에 참여한 인물로는 성대중, 박지원, 이덕무 등이 있다. 이들은 북학파, 실학자 등으로 분류된다.

623 김인규, 『북학사상연구』, 성균관대학교 대학원박사학위논문, 1998. 147~149쪽 요약.

624 『緯史』 卷1, 「北軸陽儀一之一」, '地球初位' 北海條: 北海之下, 有海水者, 河圖天一生水之象也. 方圖乾一北中之象也. 其地四時極寒, 然海水四時不氷. 利瑪竇以爲潮水甚急, 而不能成氷, 此說誤矣. 朱子曰子午卯酉, 以其四中而無潮, 其餘皆有潮, 豈以極北, 子中之海, 而有潮乎.

625 徐浩修, 『私稿』, 「先考文靖公行狀」: 公於詞章, 始而原本於道理, 頗喜曾朱.

626 徐瀅修, 『明皐全集』, 「本生先考文靖公君行狀」: 其爲學, 本之義理, 參之名物, 而尤沈於先天易.

627 이와 관련해서는 구만옥, 『조선후기 과학사상사 연구 I』(연세국학총서40, 혜안출판사, 2004)의 182~186쪽을 참고하라. 구만옥은 마테오 리치가 오행설을 비판하면서 사원소설을 제시하는 내용들을 상세하게 해명하고 있다.

628 홍대용의 기일원론적 우주관의 특징은 마테오 리치가 제시한 사원소와 그 성질에 따른 우주론적 도식을 준용한다는 점이다. 첫째는 오행설을 부정한다. 오행 가운데 목木과 금金은 일日

과 지地가 낳은 것이어서 순수한 원소[元行]로 볼 수 없다고 한다. 다만 화火란 태양太陽이며, 수水와 토土는 지구地球라고 말한다. 이러한 논리는 마테오 리치가 오행설을 비판하는 것과 그 내용이 같다. 둘째는 무한한 우주를 가득 채우고 있는 것이 기氣이며, 지구가 토土와 수水로 이루어졌다고 한다. 이는 마테오 리치가 사원소 가운데 가장 가벼운 화火는 우주의 가장 밖에 위치하며, 가장 무거운 토土는 우주의 중심에 위치하고, 그것이 바로 지구이다. 토土에 비해 비교적 가벼운 수水는 지구 위에 실려 있게 된다. 그리고 수水와 토土로 이루어진 지구와 화火로 이루어진 외곽의 하늘 사이에 넓은 공간은 기氣의 영역이 자리한다는 것과 동일하다. 결국 홍대용은 마테오 리치가 『건곤체의』에서 사원소설을 소개하고 이를 천체의 구조에 적용했던 것을 준용하고 있는 것으로 이해된다.

629 김용헌, 「조선후기 서구 자연학의 유입과 그 영향」, 40쪽(서지사항은 임종태와 같음)

630 구만옥 앞의 책, 246쪽 참조.

631 김용헌 앞의 논문, 42쪽 참조.

632 서명응의 이러한 태도는 중화의 문명이 조선에 있다는 조선중화주의의 사유와 유사한 측면이 있다. 그 전거를 확인할 수 없지만, 구한말의 언론인 권덕규權悳奎는 1926년 11월에 『동광東光』이라는 잡지에서 "朝鮮에서 胚胎한 支那의 文化, 朝鮮古代史研究一端"이라는 제목의 기사에서 서명응의 말을 인용하고 있는데, 그 내용은 다음과 같다. "保晩齋의 이른바 '조션이 中華보다 낫고도 못한 것은 文籍이 업는 까닭이요. 中華가 조선만 못하고도 나은 것은 文籍이 잇슴으로 낫다'한 것이 과연 올흔 말이다."

색 인

(ㅇ)

(ㅈ)